Dirk Lange
Gerhard Himmelmann (Hrsg.)

Demokratiedidaktik

Impulse für die
Politische Bildung

VS VERLAG

Bibliografische Information der Deutschen Nationalbibliothek
Die Deutsche Nationalbibliothek verzeichnet diese Publikation in der
Deutschen Nationalbibliografie; detaillierte bibliografische Daten sind im Internet über
<http://dnb.d-nb.de> abrufbar.

1. Auflage 2010

Alle Rechte vorbehalten
© VS Verlag für Sozialwissenschaften | Springer Fachmedien Wiesbaden GmbH 2010

Lektorat: Frank Schindler
Redaktionelle Mitarbeit: Lotte Heerschop

VS Verlag für Sozialwissenschaften ist eine Marke von Springer Fachmedien.
Springer Fachmedien ist Teil der Fachverlagsgruppe Springer Science+Business Media.
www.vs-verlag.de

Umschlaggestaltung: KünkelLopka Medienentwicklung, Heidelberg
Gedruckt auf säurefreiem und chlorfrei gebleichtem Papier
Printed in Germany

ISBN 978-3-531-17116-6

Inhalt

II. Diskussion um „Demokratiekompetenz"

III. Didaktische Konkretionen

IV. Democratic Citizenship Education

Einleitung

Spurensuche und neue Denkanstöße

Gerhard Himmelmann/Dirk Lange

Die Sektion Politische Wissenschaft und Politische Bildung der Deutschen Vereinigung für Politische Wissenschaft (DVPW) sieht ihre Aufgabe darin, zur Vermittlung von Politikwissenschaft und Politikdidaktik beizutragen. Dabei ist vorauszusetzen, dass sich weder die Politikwissenschaft noch die Politikdidaktik als homogene Aussagesysteme erfassen lassen. Sowohl die Fachwissenschaft wie die Fachdidaktik entwickeln in ihrer Domäne einen eigenständigen Pluralismus von Zugängen, Fachschwerpunkten und Forschungsrichtungen. Sie leben von kontroversen und thematischen Variationen. Sie sind vor allem auf neue Denkanstöße für eine lebendige innere Diskussionskultur angewiesen. Um solche neuen Denkanstöße handelt es sich bei den Konzepten wie Demokratiepädagogik, Demokratiedidaktik oder Demokratielernen, die sich in den letzten Jahren entwickelt und eine ausgedehnte Diskussion in der Politischen Bildung und in der Pädagogik angestoßen haben.

Angesichts des globalen Umbruchs im Jahre 1989 wurde etwa in der Politikwissenschaft über das institutionelle System der repräsentativen Demokratie hinaus verstärkt nach der „Substanz" sowie nach den mentalen und sozialen Voraussetzungen der Demokratie gefragt. Es wurde die Übertragbarkeit ihrer institutionellen „Prinzipien" und „Elemente" in unterentwickelte und ungeübte Länder problematisiert. Intensiv wurden einerseits die Ursachen von „defekten", „unvollständigen", „schwachen" oder „zerfallenden" Demokratien diskutiert. Andererseits wurden die spezifischen Bestandsvoraussetzungen von „etablierten" oder „starken" Demokratien in den Blick genommen. Es haben sich neue Theorien der „deliberativen", der „assoziativen", der „republikanischen", der „responsiven" oder der „reflexiven" Demokratie zu Wort gemeldet und ihrerseits neue Variationen für die konzeptionelle Erweiterung und Vertiefung des demokratischen Gedankens geliefert. Neben der Ebene der repräsentativ-rechtsstaatlichen Herrschaftsform von Demokratie wurde damit analytisch auch die Ebene der Demokratie als Gesellschafts- und schließlich als Lebensform erschlossen. Gerade die Ebene der Demokratie als Lebensform war bereits zu Beginn des 20. Jahrhunderts von John Dewey und dem amerikanischen Pragmatismus hervorgehoben worden. Der Ansatz der Demokratie als Gesellschaftsform hatte vor allem die Diskussion in der Gründungsphase der Bundesrepublik stark geprägt und wurde in der jüngsten Zeit unter dem Thema Zivilgesellschaft neu belebt.

Schon eine oberflächige Kenntnisnahme dieser Entwicklungen und Theorien zeigt, dass in modernen Demokratieanalysen und -theorien neben den unterschiedlichen Ausprägungsformen und Wandlungen der institutionellen Demokratie die gesellschaftlichen Vorbedingungen, die sozialen Grundlagen und die normativen sowie die vorpolitisch-mentalen Konstitutionselemente von Demokratie einen sehr viel höheren Stellenwert gewonnen haben als früher. Es entwickelten sich sowohl praktische Bemühungen der institutionellen Demokratieentwicklungspolitik (wie etwa die Ausweitung der plebiszitären Komponenten im Regierungssystem der BRD) als auch Bestrebungen einer bürgerschaftlich-zivilgesellschaftlichen Vertiefung der bestehenden Institutionendemokratie. Hinzu traten schließlich besondere Bemühungen zur pädagogisch-didaktischen Pflege der sozio-moralischen Ressourcen der Demokratie in den Subjekten, bei den Jugendlichen und in den Schulen selbst. So sollte etwa das Demokratiebewusstsein als individuelle Sinnorientierung gestärkt werden. Es sollten zugleich spezifische Demokratiekompetenzen der Individuen gefördert werden, um immer wiederkehrenden Gefährdungen des demokratischen Gedankens zu begegnen. Entsprechend zogen neuere Ansätze des Demokratie-Lernens, bzw. der Demokratiepädagogik breite Aufmerksamkeit auf sich. Allzu oft wird der moralisch-pädagogische Aspekt, d. h. die Vermittlungsproblematik von Demokratie, in der Politischen Wissenschaft selbst noch unterschätzt.

Die Sektion Politische Wissenschaft und Politische Bildung der DVPW hat sich bisher bemüht, zu diesen komplexen Entwicklungen und Debatten einschlägige Beiträge zu leisten. Die Sektionstagung des Jahres 2004 zum Thema „Demokratie in Fachwissenschaft, Pädagogik und Didaktik der Politischen Bildung" hat vor allem Anschluss an die europäische Diskussion über „Democratic Citizenship Education" gesucht. Die Erklärung des Jahres 2005 zum „Europäischen Jahr der Demokratieerziehung" durch den Europarat wurde damit seitens der Politikwissenschaft und der Politischen Bildung mit Leben gefüllt. Aus dieser Tagung ist der Sammelband: Gerhard Himmelmann/Dirk Lange (Hrsg.): Demokratiekompetenz. Beiträge aus Politikwissenschaft, Pädagogik und Politscher Bildung (VS Verlag, Wiesbaden 2005) entstanden.

Die damit angestoßene Diskussion wurde im Jahre 2006 mit einer weiteren Sektionstagung des wissenschaftlichen Kongresses der DVPW in Münster fortgeführt. Hier stellten sich verschiedene Autoren aus unterschiedlichen Disziplinen dem so lange vernachlässigten und doch so wichtigen Thema des Demokratiebewusstseins. Aus den Beiträgen zu dieser Tagung konnte im Jahre 2007 der Sammelband: Dirk Lange/Gerhard Himmelmann (Hrsg.): Demokratiebewusstsein. Interdisziplinäre Annäherungen an ein zentrales Thema der Politischen Bildung (VS Verlag, Wiesbaden 2007) veröffentlicht werden.

Im Sinne einer Trilogie soll das hier vorliegende Folgeprojekt zum Thema „Demokratiedidaktik. Impulse für die Politische Bildung" die Sektionsarbeit zum Thema „Demokratie und Politische Bildung" fortsetzen und damit zur Erweiterung und Festigung der demokratisch-politischen Kultur in Deutschland beitragen.

Die Beiträge zum vorliegenden Sammelband bieten einen Brückenschlag zwischen Demokratiepädagogik und Politischer Bildung. Sie sollen die Bedeutung verschiedener pädagogischer Zugänge zur Demokratie, das alte Verständnis der Politikwissenschaft als Demokratiewissenschaft, das Verständnis der demokratischen politischen Kultur sowie die vorpolitischen Bestandsvoraussetzungen der etablierten demokratischen Institutionen thematisieren. Sie zielen auf pädagogische Konsequenzen einer prospektiven Demokratiepolitik und dienen letztendlich als Bereicherung der Debatte um das Problem der personalen Demokratiekompetenz bzw. zur Konstitution einer demokratischen Persönlichkeit. Daneben sollen im vorliegenden Sammelband zugleich die Gemeinsamkeiten und Unterschiede von fachlich organisierter Politischer Bildung an Schulen und der allgemeinen demokratischen Schulentwicklung sowie der außerschulischen Kinder- und Jugendarbeit thematisiert werden. Dabei sind auch Überschneidungen und Unterschiede im Bereich der Methoden Gegenstand der Diskussion. Einen besonderen Problembereich berührt die Frage nach der Differenzierung der Demokratie- bzw. Politikdidaktik in verschiedenen Schul- und Jahrgangsstufen. Schließlich sollen internationale Entwicklungen im Feld der „Democratic Citizenship Education" in den Erneuerungsprozess einbezogen werden.

Im breiten Spektrum dieser Themen und Fragestellungen soll der Sammelband weitere Initiativen anregen und Forschungsanstöße geben.

Ein erster Themenblock steht unter der Überschrift „Anstöße, Brückenschläge und Erweiterungen". Zunächst entwickelt Gerhard Himmelmann mögliche Brückenschläge zwischen der klassischen Politikdidaktik und den neuen Entwicklungen der Demokratiepädagogik. Er verfolgt die unterschiedlichsten Bildungsinitiativen auf nationaler und internationaler Ebene. Die neuen bildungspolitischen Projektinitiativen antworten auf neue gesellschaftliche Herausforderungen. Neue gesellschaftliche Probleme, so die These, erfordern neue bildungspolitische Konzepte. Himmelmann erörtert schließlich „tektonische Verschiebungen" in den Aufgaben und Schwerpunkten der klassischen Politischen Bildung. Diese Verschiebungen lassen es angeraten erscheinen, die klassische Politische Bildung mit einem breiter angelegten Demokratie-Lernen zu verbinden.

Sodann präsentiert Hans-Peter Bartels seinen Vorstoß zur Gründung eines eigenständigen „Instituts für die Didaktik der Demokratie" (IDD). Hier geht es um eine neuartige Synthese zwischen der Gesellschafts-, Jugend- und Sozialisationsforschung mit der übergreifenden Schul- und Unterrichtsforschung sowie der Forschung zur allgemeinen bürgerschaftlichen Kinder-, Jugend- und Erwachsenenbildung.

Werner J. Patzelt geht in seinem Beitrag „soziomoralische Grundlagen und politisches Wissen in einer Demokratie" auf die notwendige Rationalität bildungspolitischer Zielsetzung ein. Die Ethik der Verantwortung, Kritikfähigkeit und Kritikbereitschaft eingeschlossen, dienen hierbei als Ansatzpunkte einer didaktischen Gegentendenz zur (von Politikverdrossenheit geprägten) Jugendmentalität.

Diesbezüglich fragt sich Jan W. van Deth inwieweit sich Schüler eigentlich mit dem politischen System auskennen und verbindet dies mit der Forderung nach einer *frühzeitigen* Demokratieförderung, welche schon in der *kindlichen* Bildungs- bzw. Orientierungsphase ansetzen sollte. Herkunft, Bildung und Geschlecht beeinflussen das Verständnis von Politik und müssen, so van Deth, daher Schwerpunkte zukünftiger Bildungsforschung sein.

Wolfgang Beutel verortet das Anliegen der spezifischen Demokratiepädagogik im Bereich des Verantwortungslernens. Er kann sich auf diverse Praxisbeispiele aus dem Förderprogramm „Demokratisch Handeln" und aus dem BLK-Programm „Demokratie lernen & leben" rückbeziehen. Dabei wird zugleich das vielfältige Spektrum an bürgerschaftlichen Kompetenzen deutlich, das in diesen unterschiedlichen Projekten anvisiert wird.

Eine Didaktik der Demokratie greift – so die hier vertretene These – über das Lernen in einem abgesonderten Schulfach hinaus. Volker Reinhardt setzt sich daher mit den Kriterien einer demokratischen Schulqualität auseinander. Er geht von den Qualitätskriterien des Deutschen Schulpreises und dem Qualitätsrahmen Demokratiepädagogik aus, wie er im BLK-Programm entwickelt wurde. Demokratielernen differenziert er in die drei Handlungsfelder: Informationen über Demokratie, Erlangung von Kompetenzen für die Demokratie und Lernen durch Erfahrung mit Demokratie. Anknüpfungspunkte ergeben sich in älteren Konzepten der „Schule als Polis". Reinhardt hebt freilich auch die Schwierigkeiten und Mühen der demokratischen Partizipation hervor, die nicht unterschlagen werden dürfen. Er entwickelt schließlich aus den verschiedenen Entwürfen differenzierte Kriterien für die Ausgestaltung der demokratischen Schulentwicklung. Sein Schwerpunkt bleibt damit, die Erweiterung des fach- und unterrichtsbezogenen Politik- und Demokratielernens durch ein schulform- und schulstufenübergreifendes „Lernen durch Demokratie".

Benedikt Sturzenhecker und Elisabeth Richter thematisieren schließlich das weite Feld der Kinder- und Jugendarbeit. Demokratiebildung ist für sie Selbstbildung und kann sich nur durch Teilhabe, Mit- und Selbstbestimmung, durch Beteiligung und Mitverantwortung sowie durch soziales Engagement entfalten. Hier scheint das Demokratiepotenzial in der Kinder- und Jugendarbeit bei weitem noch nicht ausgeschöpft zu sein. Die Autoren verweisen auf empirische Studien, die die besondere Wertschätzung der Jugendlichen gegenüber konkreten Beteiligungschancen in Schulen, Kommunen und freier Jugendarbeit zum Ausdruck bringen.

Abschließende Worte für den ersten Themenschwerpunkt des vorliegenden Sammelbandes findet Peter Steinbach mit seinem Beitrag: „Gedenken um zu widerstehen". Thematisch rückt hier der Widerstand gegen die NS-Diktatur in den Vordergrund; stets mit Rückschlüssen auf die zu ziehenden didaktischen Lehren eines gesellschaftlichen Schweigens und kritischen Widersetzens. Politische Bildung wird hier als historischer Lernprozess verstanden, dessen Aktualität und Zweckdienlichkeit kaum zu unterschätzen sei.

Ein zweites Schwerpunktthema dieses Sammelbandes befasst sich mit der Kernbotschaft einer demokratisch-politischen Bildung: der Demokratiekompetenz. In der traditionellen Politischen Bildung gilt als Kernbotschaft die Zielstellung „politische Mündigkeit" oder „politische Urteilsfähigkeit". Neuere Ansätze betonen die Bedeutung des „Politik"- und „Demokratiebewusstseins", während in der kompetenztheoretischen Debatte neuerdings die Zielstellung „Politikkompetenz" hervorgehoben wird. Gegenüber diesen Zielsetzungen schiebt sich inzwischen die Aufgabe der Entwicklung, Förderung und Vertiefung der spezifischen „Demokratiekompetenz" stärker in den Vordergrund. Die Problematik des Konzepts Demokratiekompetenz wird in diesem Sammelband durch fünf Beiträge erörtert.

Zunächst wird von Sibylle Reinhardt auf empirische Studien aus der Wirkungsforschung im Rahmen der Demokratiepädagogik/ Demokratiedidaktik Bezug genommen. Sie stellt Zwiespältigkeiten fest und weist darauf hin, dass ein Transfer der Partizipationsbereitschaft im Nahraum auf die Demokratiekompetenz im Staat nicht eindeutig feststellbar sei. Die Wirkungsforschung bleibt also ein offenes Feld – ein Ergebnis, das ähnliche Untersuchungen in angelsächsischen Ländern bereits differenziert dokumentiert haben.

Hermann Veith stellt die bisher entwickelten Kompetenzmodelle vor, wie sie im nationalen und internationalen Rahmen thematisiert wurden. Er leitet daraus eine demokratiepädagogische Kompetenzsystematik ab: Es müssen zunächst die unterschiedlichen Ebenen von Demokratie und deren Anforderungen an die Menschen differenziert werden. Es sollten dann die entsprechenden Fähigkeiten und Fertigkeiten klar definiert und schließlich die politischen, sozialen und moralischen Kompetenzen gegeneinander abgegrenzt werden.

Auch Michael May zielt in seinem Beitrag auf einen Vergleich der Ansätze zur Demokratiefähigkeit – hier wiederum mit Blickrichtung auf empirische Studien. Keiner der vorliegenden Ansätze kann nach May bisher einen privilegierten Zugang zum Problem der Demokratiekompetenz beanspruchen. Vor allem bleibe eine differenzierte Niveaubildung im Ansatz der Demokratiekompetenz noch völlig offen.

Silvia-Iris Beutel greift das schwierige Problem der Leistungsbeurteilung im Ansatz der Demokratiepädagogik auf. Im Anschluss an die Reformpädagogik plädiert sie für ein demokratisches Erfahrungslernen, d. h. für vielfältige Verfahren der Mitwirkung und Selbstreflexion von Schülerinnen und Schülern in der Leistungsbeurteilung. Als zukunftsweisende Modelle der offenen Leistungsbeurteilung – jenseits von Ziffernoten oder Textbausteinen – betrachtet sie die vielfältigen demokratiepädagogischen Innovationen in jenen Schulen, die mit dem Deutschen Schulpreis ausgezeichnet wurden.

Ingo Juchler beschließt den Block zur Demokratiekompetenz und lässt keinen Zweifel über die elementare Notwendigkeit der eigenständigen Demokratiebildung. Er erörtert mahnende Stimmen bereits aus der Antike und verweist auf drängende Appelle aus der Gegenwart. Er orientiert sich an der im internationalen Kontext diskutierten Kompetenz „Political Literacy" als elementares Erfordernis einer lebendigen Demokratie. Das weit verbreitete Modell von „Civic Literacy" bleibt dabei freilich noch außen vor.

Der dritte Themenblock dieses Sammelbandes thematisiert didaktische Fragen im engeren Sinne. Zunächst entwickelt Tilmann Grammes Anforderungen an eine Didaktik der Demokratie. Er bezieht sich auf das Madgeburger Mannifest des BLK-Programms „Demokratie lernen & leben" aus dem Jahre 2005 und hebt thematische Spannungsbereiche hervor, die in entsprechenden didaktischen Reflexionen und Interpretationen hervorgehoben werden müssten. Es sind die Prinzipien: Inklusion und Partizipation, Partizipation und Repräsentation, Deliberation und Regieren, Effizienz und Kontingenz sowie Öffentlichkeit und Privatheit sowie schließlich Legitimation und Macht.

Sven Heidemeyer und Dirk Lange präsentieren das Oldenburger Modell der Didaktischen Rekonstruktion. Dieses Verfahren geht von den Wirklichkeitsvorstellungen der Schülerinnen und Schüler aus und folgt zunächst deren Aussagen. Im Anschluss werden die Schülervorstellungen durch eine sog. fachliche Klärung aufgearbeitet, d. h. die Schülervorstellungen werden anhand von fachwissenschaftlichen Konzepten oder Theorien überprüft. Anschließend können klärende thematische Schwerpunktsetzungen für den Unterricht herausgearbeitet werden, die sich unmittelbar an die zuvor erhobenen Schülervorstellungen anschließen.

Eine sinnstiftende Verknüpfung von Demokratiepädagogik und kategorialer Politikdidaktik regt Andreas Petrik an. Er knüpft an ein in der Literatur bereits mehrfach diskutiertes Projekt aus dem BLK-Programm an. Es handelt sich um den Fall „Kastanie". Zugleich präsentiert er das von ihm erarbeitete Projekt „Dorfgründung". Sein zentraler didaktischer Ansatz liegt in der Gewinnung eines nahräumlichen Demokratie- und Politikbegriffs. Aufbauende Lernwege sollen in einem idealtypischen Lernprozess Übergänge von der Analyse der Lebens- zur Herrschaftsform schaffen, um – so seine These – Demokratie desto nachhaltiger politisch lernen zu können.

Die Möglichkeiten und Chancen von Kindern zur „Entdeckung von Demokratie" hat sich Bernhard Ohlmeier zum Thema gesetzt. Er schlägt einen Bogen von den gesellschaftlichen Wurzeln von Politik in der Lebenswelt von Kindern zu den Konzepten von demokratischer Kommunikation und Interaktion. Gerade in „demokratischen Lernkulturen" lasse sich Demokratie lebensnah und „von Anfang an" entdecken. Freilich gehöre zum Erfahrungsaspekt der vielfältigen Zugänge zum Demokratielernen notwendig die fachliche Reflexion. Beispielhaft präsentiert Ohlmeier schließlich das Verfahren der Klassenkonferenz und das Projekt „Spielstadt Mini-München".

Ein weiterer Beitrag in diesem Themenblock konzentriert sich schließlich auf die Problematik der Konstitution einer demokratischen Persönlichkeit und einer demokratiedidaktischen Urteilsbildung von Schülerinnen und Schülern. Anhand eines selbst initiierten Unterrichtsprojekts „Politische Utopien" sowie anhand einer schriftlichen Befragung der Schülerinnen und Schüler kann Meierhenrich in vielfältigen Selbstaussagen beeindruckende Kompetenzfortschritte seiner Schülerinnen und Schüler feststellen. Die Konstitutionsbedingungen einer demokratischen Persönlichkeit sieht Meierhenrich vor allem in der freien Dialog- und Reflexionsfähigkeit, die er als Schlüsselfähigkeiten in der Demokratie charakterisiert. Gerade eine utopiebezogene Projektarbeit könne zu Grundsatzfragen von Politik und Demokratie vorstoßen und damit zur Verinnerlichung von demokratischen Grundwerten beitragen.

Einen sehr direkten und originellen Weg des Demokratielernens haben Lehrende des Instituts für Sozialwissenschaften der Technischen Universität Braunschweig eingeschlagen, als sie gebeten wurden, Grundschulkindern im Rahmen einer „Kinder-Uni" ein Schnupperstudium in Sozialwissenschaft zu ermöglichen. Sie wählten das Thema „Warum brauchen wir Demokratie?". Es scheint, dass dieses Thema den „Minis" im wahrsten Sinne des Wortes schmackhaft gemacht werden kann.

Einen letzten Gedankengang zum Themenblock „Didaktische Konkretionen"
liefert Andres Klee mit seiner Hervorhebung der absoluten Notwendigkeit einer
demokratischen *Vorabvermittlung* von Wissen. Ein frühzeitiges Urteilsvermö-
gen verhindere schließlich ein affirmatives Bürgerverhalten und eine nachhaltige Kritiklosigkeit der Lernenden. Für Klee ist in diesem Zusammenhang die
Methodik der Qualitativen Inhaltsanalyse ein sehr geeignetes Instrument subjektive Erklärungsmuster der Befragten und die Vorstellungswelt der Lernenden zu
explizieren.

Einen internationalen Impuls für eine weiter gefasste Bürgerschaftsbildung
bieten die Konzepte von „Democratic Citizenchip Education". Hier liegen recht
unterschiedliche Varianten vor. Wolfgang Berg präsentiert zunächst grundsätzliche Überlegungen aus dem internationalen Netzwerk „Children's Identity and
Citizenchip in Europe (CiCe)". Er plädiert im Kontext dieses europaweiten
Netzwerkes, das durch Alistair Roos, London, koordiniert wird, dafür, einen
starken Akzent auf den Prozess der demokratischen Identitätsbildung des
Selbstbewusstseins und des Selbstwertgefühls gekoppelt mit Selbstwirksam-
keits- und Kontrollüberzeugungen zu legen. Dies biete sich lerntheoretisch gerade für einen handlungsorientierten Unterricht an, führe also von der didaktischen Zielbestimmung auch zu einer spezifischen Unterrichtsmethode. Abschließend gibt Berg einen Einblick in die Jahreskonferenz 2007 des Netzwerkes CiCe in Montpellier, so dass die große thematische und internationale
Spannweite dieses Konzepts von „Education for Citizenchip" deutlich wird.

Henry Milner greift das Problem des Zusammenhangs von messbaren
Kenntnissen von Bürgern und tatsächlicher politischer Beteiligung auf. Hier
stellt er für verschiedene Länder ganz unterschiedliche Korellationen fest. Um
jedoch das Wissen und die tatsächliche Demokratiebeteiligung zu fördern, empfiehlt er die Pflege spezifischer Gewohnheiten (habits) durch direkte Kontakte
von Schulen und politischen Repräsentanten. Gerade in Zeiten von Wahlen
sollten Schülerinnen und Schüler solche Kontakte erleben.

Murray Print liefert einen interessanten Einblick in den bildungspolitischen
Verlaufsprozess in Australien und lässt keinen Zweifel daran, dass es nur eine
Frage der Zeit war bis die erfolgreiche *„benchmark"*-Konzeption (ausgehend
von ökonomisch-betrieblichen Verbesserungsmaßnahmen) sich auch auf die
bildungs-politische und damit politik-didaktische Forschung auslagern würde.
Sein Beitrag lebt von dem Vergleichsmoment mit deutschen Entwicklungsten-
denzen und ermöglicht es stets Rückschlüsse auf *gängige* Diskussionsschwer-
punkte zu.

I. Anstöße, Brückenschläge und Erweiterungen

Brückenschlag zwischen Demokratiepädagogik, Demokratie-Lernen und Politischer Bildung

Gerhard Himmelmann

1. Anstöße zur Erneuerung

Im Jahre 2001 traten verschiedene Initiativen und Konzepte zur Erneuerung der demokratisch-politischen Bildung in der Bundesrepublik in Erscheinung. Sie lösten „den größten und schärfsten konzeptionellen Streit in der Politikdidaktik seit den politischen Zielkämpfen der 1970er Jahre aus" (Petrik 2007: S. 67). Das Bemerkenswerte an dieser Debatte (1) war, dass es sich nicht um einen politischen Richtungsstreit wie in den 1970er Jahren handelte. Vielmehr standen konzeptionell-didaktische Fragen im Mittelpunkt. Diese Fragen berührten grundsätzliche Probleme der gesellschaftlichen Aufgabenstellung, des fachwissenschaftlichen Bezugs und der schulischen Tiefenwirkung eines demokratisch-politischen Lernens. Nicht zuletzt wurden die zentrale Begriffsbildung und der europäische bzw. internationale Zuschnitt der demokratisch-politischen Bildung zum Gegenstand der Debatte. Die Anstöße, die hier in Rede stehen, erbrachten für die politische Bildung zahlreiche und wichtige Anregungen, erzeugten jedoch auch Reibungsflächen. Teilweise standen diese Auseinandersetzungen unter dem Motto „Politik-Lernen versus Demokratie-Lernen". Diese Polarisierung hat die grundsätzlichen Gemeinsamkeiten und die Brücken zwischen den verschiedenen Konzepten leider zuweilen verdeckt.

1. Bei den genannten Initiativen und neuen Konzepten handelt es sich zunächst um das BLK-Programm „Demokratie lernen & leben". Dieses Programm wurde in seiner Laufzeit von 2002 bis 2007 von einer prominent besetzten Steuerungsgruppe unter Federführung von Gerhard de Haan (FU Berlin) geleitet und von zwei zentralen Gutachten untermauert. Eines dieser Gutachten stammt aus der Feder von Wolfgang Edelstein (MPG-Berlin) und Peter Fauser (Universität Jena), ein anderes wurde von Anne Sliwka (Freudenbergstiftung) verfasst (Edelstein/Fauser 2001, Sliwka 2001). Ein ebenfalls höchst prominent besetzter Beirat aus Politik und Wissenschaft sowie eine eigene „Arbeitsgruppe Qualität und Kompetenz" begleitete und evaluierte die gesamte Arbeit des BLK-Programms (Abs u. a. 2007, Haan u. a. 2007, Eikel u. a. 2007). Zahlreiche „Beiträge zur Demokratiepädagogik" von prominenten Autoren, mehr als 50 erprobte „Praxis-Bausteine" des Demokratie-Lernens und der abschließend erarbeitete „Quali-

tätsrahmen Demokratiepädagogik" (Haan u. a. 2007) sowie schließlich verschiedene begleitende Buchpublikationen zeugen von der Fruchtbarkeit, aber
auch von den oft schwierigen Gelingensbedingungen der einzelnen Programm-
aktivitäten (Eikel/Haan 2007, Giesel u. a. 2007, Henkenborg u. a. 2008, Beu-
tel/Fauser 2007, Petrik 2007, May 2007, 2008,).

2. Neben der BLK-Initiative zog und zieht das schon seit 1990 laufende
Förderprogramm „Demokratisch Handeln" unter der Leitung von Peter Fauser
und Wolfgang Beutel (beide Universität Jena) jährlich neue Aufmerksamkeit
auf sich. Es geht in diesem Programm um die Frage: „Schule politikfern und
doch politisch?" (Beutel/Fauser 1995). Ein weiteres Thema kreiste um das Problem: „Erfahrene Demokratie. Wie Politik praktisch gelernt werden kann?" (Beu-
tel/Fauser 2001). Das Förderprogramm „Demokratisch Handeln" konnte (und
kann) sich auf die federführende Unterstützung des Landes Thüringen, auf die
Beteiligung weiterer Bundesländer sowie auf die Förderung durch die Theodor-
Heuss-Stiftung und die Robert-Bosch-Stiftung (unter besonderem persönlichen
Einsatz von Hildegard Hamm-Brücher) stützen. Jährlich werden die eingereich-
ten Wettbewerbsbeiträge in einer Broschüre zusammengestellt und von einer
breit besetzten Jury ausgewertet. Die herausragenden Arbeiten werden in einer
eigenen „Demokratie-Werkstatt" ausgezeichnet (Beutel u. a. 1991 ff.).

Diese beiden hier zunächst genannten Ansätze entstanden im Wesentlichen
aus einem pädagogisch-demokratiepolitischen Umfeld. Sie antworteten auf
drängend empfundene gesellschaftspolitische Problemlagen mit demokratiepädagogischen Mitteln und zielten in Fortführung der Reformpädagogik auf
eine vertiefte demokratische Schulentwicklung. Es handelte sich um Ansätze,
die neben, außerhalb bzw. an der etablierten Politikdidaktik vorbei neue Modelle eines demokratisch-politischen Lernens erproben.

3. Hinzu trat im Jahre 2001 das spezielle Konzept des „Demokratie-Lernens" (Himmelmann 2001/2007). Das Anliegen dieses Ansatzes richtet sich –
aus der Politikdidaktik heraus – auf eine innere Erneuerung der als verengt emp-
fundenen „Politik"-Didaktik. Es präsentiert einen dreifach entfalteten Demokratiebegriff und entwickelt daraus eine neue Lehr- und Lernkonzeption. Demokratie wird fachlich als Lebensform, Gesellschaftsform und Herrschaftsform interpretiert und didaktisch, d. h. als entwicklungs- und lernpsychologisches sowie
alters- und schulstufenspezifisches Konzept aufgefächert. Der Demokratiebegriff wird in das Zentrum der pädagogisch-didaktischen Bemühungen gerückt,
ohne dass deswegen der Ansatz von „Politik" in allen Stufen, besonders etwa im
Bereich Demokratie als Herrschaftssystem ausgeblendet wird. Der Ansatz will
die „politische" Bildung zu ihrer spezifischen „demokratiepolitischen" Botschaft zurückführen, um daraus eine attraktive innere Philosophie der Politi-

schen Bildung zu entwickeln und damit zur Stärkung und Vitalisierung der Demokratie beizutragen.

4. Als vierte Initiative im Feld der neuen demokratisch-politischen Bildung müssen die zahlreichen freien Sponsorenprogramme, die freiwilligen Initiativen und die vielfältigen Wettbewerbe privater und öffentlicher Träger, die Aktionen von Stiftungen und Akademien, auch der Schulen selbst, angeführt werden, die inzwischen eine beachtliche Bedeutung entfaltet haben (vgl. z. B. Fauser/Messner 2007, Becker 2008). Sie widmen sich ähnlich wie die beiden erstgenannten demokratie-pädagogischen Initiativen oft den demokratiepolitisch heiklen Problemen wie: Gewalt von Jugendlichen, Mobbing und Vandalismus an Schulen, Rechts- und Linksextremismus, Fremdenfeindlichkeit, Antisemitismus etc.,(vgl. auch AKJS 2002). Sie wollen der gesellschaftliche Orientierungslosigkeit und der Politikverdrossenheit von Jugendlichen vorbeugen und – in ganz unterschiedlichen Varianten – die demokratische Identitätsbildung, die Selbstwirksamkeit, die Zivilcourage, die soziale Kooperations- und Verantwortungsfähigkeit, das interkulturelle Lernen und die Friedenserziehung der Schülerinnen und Schüler fördern sowie die Ansätze zu Konfliktmoderation und Streitschlichtung an Schulen unterstützen. Sie haben zumeist eine besondere zivilgesellschaftliche Prägung und sind zugleich ein Spiegel des breiten zivilgesellschaftlichen Engagements in der Bildungspolitik. Sie unterstützen die schulische und außerschulische demokratisch-politische Bildungsarbeit im Sinne eines vielfältigen demokratisch-sozialen Lernens.

5. Eine weitere, wiederum recht bedeutsame Initiative zur Ausweitung und Erneuerung der demokratisch-politschen Bildung entwickelte sich schließlich auf der internationalen Ebene. Hier muss besonders das Bemühen des Europarates gewürdigt werden. Seit 1997 hat der Rat für Kulturelle Kooperation des Europarates ein Programm zur Erarbeitung eines Konzepts „Education for Democratic Citizenchip" aufgelegt. Im Jahre 2000 trat der Rat für Kulturelle Kooperation mit der zentralen Programmschrift „Strategies for Learning Democratic Citizenchip" an die Öffentlichkeit. Diese Programmschrift wurde – neben zahlreichen weiteren Texten und Strategiekonzepten – unter dem Titel „Demokratie-Lernen in Europa" auf Deutsch veröffentlicht (Dürr u. a. 2001). Eine weitere Programmschrift folgte im Jahre 2004 unter dem Titel „The School – a democratic learning community" (Dürr u. a. 2004). Sie wurde unter der maßgeblichen Federführung von Karlheinz Dürr, Mitarbeiter der Landeszentrale für politische Bildung Baden-Württemberg und einziger deutscher Vertreter in den Arbeitsstäben des Europarates, erarbeitet (Dürr 2005). Neben den Vorstößen des Europarates bedürfen auch die demokratiepolitisch bedeutsamen Bildungsinitiativen der UNESCO, der Europäischen Union, des Euridyce-Netzwerkes, der OECD, des CIDREE-Konsortiums und vieler einzelner europäischer und asiati-

scher Staaten einer angemessenen Beachtung (vgl. Lange 2007: S. 154 ff.: Berichte zum Thema „Politische Bildung international"). Viele der angelsächsischen Strategien und Programme des sozialen, moralischen und demokratischen Lernens wurden jedoch bis heute nicht ins Deutsche übersetzt oder im deutschsprachigen Raum auf breiter Basis rezipiert.

2. Vielfältige Begründungen

Seit dem Jahre 2000 kann man also von einem regelrechten Boom einer neuen, breit angelegten demokratisch-politischen Bildung sprechen. Es handelt sich offenbar nicht nur um eine begrenzte oder kurzfristige Mode-Erscheinung, wie zuweilen vermutet wurde, auch nicht nur um Einzelmeinungen, sondern um einen langfristigen europäischen und sogar weltweiten Trend. Auffällig ist, dass sich auch in der deutschen bildungspolitischen Debatte seit einiger Zeit wieder verstärkt Autoren der allgemeinen Pädagogik, der Schulpädagogik, der Jugendforschung und der politischen Sozialisation mit dem Thema der angemessenen demokratisch-politischen Bildung befassen (z. B. Burk u. a. 2003, Palentin/ Hurrelmann 2003, Sliwka 2008).

Im internationalen Kontext widmen sich vor allem die neuen Beitrittsländer zur Europäischen Union und die „neuen Demokratien" in der Welt seit Mitte 1990er Jahre intensiv der demokratisch-politischen Bildungsaufgabe. Zur Überraschung mancher Beobachter stellen sich auch die Länder mit entwickelten Demokratien wie etwa England, USA und Kanada sowie auch die skandinavischen Staaten verstärkt dieser Aufgabe.

Für die Länder der „neuen Demokratien" erklärt sich die neuerliche Hinwendung zu einer betont demokratisch-politischen Bildung zunächst aus der Erkenntnis, dass die Demokratie eine sehr komplexe Lebens-, Gesellschafts- und Herrschaftsformation ist, die auf den verschiedenen Ebenen des Alltagslebens, der Gesellschaft und der Politik gelernt, geübt und praktisch erfahrbar werden muss, um ihre innere Überzeugungskraft zu entwickeln, zu erhalten und zu stärken. Die Menschen müssen den persönlichen Nutzen der neu gewonnenen Demokratie erkennen und ihre Vorteilhaftigkeit lebensnah erfahren können, um zu verlässlichen Stützen dieser Art der politischen Gesellschaftsorganisation werden zu können. Es hat sich nach allen Erfahrungen als nicht ausreichend herausgestellt, wenn diesen Ländern einfach ein demokratisches Institutionensystem „von oben her" übergestülpt wird. Vor allem die autoritären Strukturen, Umgangsformen und Mentalitäten in den vielfältigsten Bereichen jener Gesellschaften müssen überwunden werden. Demokratie muss „von unten nach oben" und „von innen nach außen" wachsen, um ihr eigenes hohes Versprechen einlösen und den hohen Erwartungen der Menschen entsprechen zu können. Es müssen neue zwischenmenschliche Verhaltensweisen eingeübt werden. Es muss insgesamt eine neue demokratisch-politische Kultur des Umgangs im Alltagsleben, in der Gesellschaft und in der Politik erprobt und eingeübt werden, um schließlich – bei allen Unterschieden der Menschen, der Kulturen und der historischen Erfahrungen – zumindest ein jeweils erträgliches Zusammenleben der Menschen nach den Prinzipien der gegenseitigen Anerkennung, des Respekts und des gleichen Eigenwertes eines jeden Mitglieds der Gesellschaft zu ermöglichen. Dies alles erfordert Zeit, um sich zu entwickeln und zu festigen. Es erfordert vor allem aber ein intensives pädagogisches Bemühen in allen Bildungseinrichtungen, denn Demokraten fallen nicht einfach vom Himmel. Demokratie muss gelernt werden, um gelebt werden zu können. Sie muss zugleich gelebt werden, um gelernt werden zu können.

In den Ländern mit etablierten demokratischen Strukturen und Traditionen erklärt sich die Hinwendung zu einer neuen Art der demokratisch-politischen Bildung aus den vielfältigen Unsicherheiten und neuen Herausforderungen in der Zeit nach 1989 (neue Kriege, ethnische Zerwürfnisse, neue Migrationsbewegungen, neuer Terrorismus, Erosion der traditionellen sozialen Bindungen etc.). Sie erklärt sich aber vor allem aus den politischen, sozialen, kulturellen und mentalen Verwerfungen als Folge der Individualisierung der sozialen Verhältnisse einerseits und der komplexen ökonomisch-politischen Globalisierung andererseits. Für die bisher so stabil eingeschätzten Demokratien sollen die Wertgrundlagen der Demokratie revitalisiert und neue Legitimationspotenziale aktiviert werden. Auf diese Weise soll das demokratische Modell des gesellschaftlichen Zusammenlebens der Menschen, so variationsreich es sich heute schon darstellt, gegen Erosionserscheinungen und Störfälle geschützt und angesichts permanenter sozialer und ökonomischer Krisen zukunftsfähig weiterentwickelt werden.

3. Politische Bildung in der Bundesrepublik vor neuen Herausforderungen

In Deutschland lässt sich ein gewisser Gegentrend beobachten, denn die demokratisch-politische Bildung ist hierzulande stark in die Defensive geraten. Dabei ist es im internationalen Vergleich zunächst bemerkenswert, dass sich in Deutschland nach 1949 die Begriffsbildung „politische Bildung" entwickelt hat. Daneben behaupteten sich noch lange Zeit die seit der Weimarer Republik bekannten Begriffe von „staatsbürgerlicher Bildung" bzw. einer „staatsbürgerlicher Erziehung". Diese Ausrichtung auf den „Staat" und auf die hohe „Politik" stand und steht wiederum in einem gewissen Gegensatz zu der frühen schulischen Bezeichnung des Faches als „Sozialkunde", „Gemeinschaftskunde" oder auch zu der Bezeichnung „Gesellschaftslehre". Diese schulfachlichen Bezeichnungen stammen aus dem amerikanischen Kulturkreis und Sprachgebrauch („social studies" oder „community education"). Auf schulischer Ebene haben sich seit den 1960er Jahren im Rahmen des deutschen Föderalismus unterschiedliche Schulstrukturen und Curriculum-Entwürfe schließlich insgesamt ca. 23 Fachbezeichnungen durchgesetzt. Es bestehen zugleich ganz unterschiedliche Kombinationen von Politik, Soziologie, Geografie, Geschichte, Recht und Wirtschaft als Fachschwerpunkte in der Schule. Auf der einen Seite schleppt sich in der Begriffsbildung „politische" Bildung also noch die alte staatsbezogene Tradition des politischen Denkens in Deutschland fort. Auf der anderen Seite herrschen eine gewisse Beliebigkeit der Fachbezeichnungen sowie ein Mangel an einer profilbildenden inneren Philosophie dieses Faches.

Es scheint sogar, dass die politische Bildung in der öffentlichen Debatte und in der Bildungspolitik insgesamt an pädagogischer Dringlichkeit und demokratie-politischer Aussagekraft verloren hat. Sie wird von manchen Seiten inzwischen kaum mehr so ernsthaft wie es notwendig wäre zur Kenntnis genommen und fachlich auf vielen Ebenen zurückgedrängt. Eine Landeszentrale für politische Bildung wurde sogar aufgelöst (Niedersachsen). In mehreren Bundesländern wurde das Fach Politik mit dem Fach Wirtschaft zusammengelegt. Der Politikanteil wurde bei gleicher Stundenzahl so um 50 % reduziert. In anderen Bundesländern wird Sozialkunde als prüfungsrelevantes Fach für das Abitur zuweilen auf wenige sog. sozialwissenschaftliche „Profilschulen" begrenzt.

Im Gegenzug dazu blühen, wie eingangs angedeutet, zivilgesellschaftlich orientierte Initiativen und Konzepte. Viele der genannten Initiativen treten dem Negativtrend in Deutschland dadurch entgegen, dass sie sich auf ein breiteres fachwissenschaftliches Fundament beziehen und ein breiteres Spektrum an sozialen, moralischen und demokratischen Kompetenzen miteinander kombinieren. Sie zielen neben der Förderung der politischen Urteilsfähigkeit und der politischen Mündigkeit zugleich auf eine breitere soziale, interkulturelle, ökonomische und emotionale Mündigkeit. Sie widmen sich also einer erweiterten bildungspolitischen Aufgabenstellung. Sie zeichnen sich durch eine gewisse bildungspolitische Attraktivität und eine gewisse „ad-hoc-Plausibilität" aus, indem sie pädagogische und demokratie-didaktische Intensionen koppeln und so den Vorstellungen gerade der engagierten und reformorientierten Lehrkräfte, Schulleitungen und Kollegien entgegen kommen.

Im internationalen Kontext erscheint die deutsche Tradition von „politischer" Bildung eher als ein „Sonderweg" (Koopmann 2002). Im internationalen Diskurs besteht eine gewisse Verständnishürde zwischen der deutschen Variante der „politischen Bildung" und den modernen, eher soziologisch-pädagogisch geprägten Ansätzen von „civic education" oder „citizenchip education" bzw. „Democratic Citizenchip Education" (EDC). Die Begriffsprägung „politicial education" wird von vielen Autoren aus osteuropäischen Ländern als „ideologieverdächtig" abgelehnt und von Autoren aus westlich-demokratischen Ländern als „too narrow" zurückgewiesen. Bemerkenswert bleibt, dass sich z. B. die Bundeszentrale für politische Bildung in ihren Auslandskontakten „Federal Agency for Civic Education" nennt und damit den in Deutschland gebrauchten Begriff von „politischer Bildung" („political education") gleichsam „versteckt". Bemerkenswert ist auch, dass Vertreter der deutschen politischen Bildung – trotz reicher pädagogisch-didaktischer Erfahrungen – im europäischen, d. h. zugleich vor allem englischsprachigen Diskurs (fast) keine Rolle spielen und auch nicht zitiert werden.

4. Tektonische Verschiebungen

In neuerer Zeit wird in der deutschen Debatte über gewisse „tektonische Verschiebungen" in der politischen Bildung diskutiert (Krüger 2007). Ein Teil dieser tektonischen Verschiebungen bezieht sich auf die neuen Herausforderungen der demokratiepolitischen Integration von einbürgerungswilligen Zuwanderern und den daraus folgenden neuen Aufgaben einer demokratisch-politischen Bildung. Verwiesen wird auf die neuartigen „Integrationskurse" und den vorgeschriebenen „Einbürgerungstests". Auch für die bereits länger in Deutschland lebenden Bevölkerungsgruppen mit Migrationshintergrund bedarf es offenbar einer erneuerten Konzeption für eine breite bürgerschaftliche demokratisch-politischer Bildung. Gleiches gilt für die bildungs- und politikfernen Milieus, die überwiegend den sozialen Unterschichten der deutschen Bevölkerung zuzuordnen sind (vgl. Detjen 2007).

Diese drei zum Teil recht großen Personengruppen konnten bisher mit den klassischen Angeboten der herkömmlichen „politischen" Bildung kaum erreicht werden. Siegfried Schiele meint, dass es neu zu entwickelnder „niedrigschwelliger" Angebote und einer viel intensiveren Verknüpfung von demokratisch-politischer Bildung, Sozialarbeit und integrativer Kulturarbeit bedürfe (Schiele 2008). Eine erneuerte politische Bildung müsse sich – so die These – zugleich stärker der „Persönlichkeitsbildung" und der „Lebenshilfe" widmen, wenn sie in diesen demokratie- und politikfernen Schichten akzeptiert werden bzw. auf sie einwirken will. Sie müsse sich letztlich auch für die Vermittlung von allgemeinen Schlüsselkompetenzen öffnen. Um diese bisher von der traditionellen „politischen" Bildung kaum erreichten, aber im Bereich von fremdenfeindlichen oder rechtsextremistischen Strömungen überproportional vertretenen Schichten über-

haupt ansprechen zu können, müssten zugleich die klassischen Methoden und
Formate der bisherigen politischen Bildung zielgruppenspezifisch überarbeitet
werden.

Thomas Krüger, der Leiter der Bundeszentrale für politische Bildung
spricht in diesem Zusammenhang von „Entgrenzung" der politischen Bildung
und von der Suche nach neuen Übergängen zur Sozialarbeit, zur Kulturförde-
rung und zur interkulturellen Bildung. Joachim Detjen plädiert seinerseits dafür,
das Bildungsverhalten, die sozialpsychologische Lebenslage-Definition und die
spezifische Sozialisation vor allem der „desinteressierten" Jugendlichen konzeptionell stärker zu berücksichtigen. Die „Desinteressierten" an der Demokratie
und am politischen Geschehen für entsprechende Bildungsangebote zu gewinnen, sei bisher noch eine ungelöste Herausforderung, der sich die politische
Bildung endlich stellen müsse (Detjen 2007). Siegfried Schiele und Gotthard
Breit wiederum kritisieren, dass sich die bisherige politische Bildung im Wesentlichen an den höheren Bildungsschichten orientiere und daher nie so recht
die notwendige gesellschaftliche Durchschlagskraft hat entfalten können (Schie-
le/Breit 2008). Während Thomas Krüger von „Entgrenzung" und „Öffnung" der
politischen Bildung spricht, thematisiert Joachim Detjen die sozialstrukturelle
„Vertiefung". Siegfried Schiele und Gotthard Breit verstärken den neuen Denk-
ansatz durch die Forderung nach „Elementarisierung" mit größerer „Anschau-
lichkeit" und „Verständlichkeit".

Hinter diesen Analysen und Forderungen steht zum Teil eine unterschwel-
lig vorgetragene Kritik an der derzeitigen Theorie und Praxis der politischen
Bildung in der Bundesrepublik. Die traditionelle politische Bildung erscheint in
diesem Lichte eher gymnasial orientiert, zugleich wenig anschaulich und wenig
verständlich, sondern eher elitär (auf die Sek. II) ausgerichtet und akademisch
geprägt. Oft wird die akademisch-universitäre Politik-Didaktik von den Prakti-
kern der politischen Bildung vor Ort, vor allem in Grund-, Haupt- und Real-
schulen sowie in der Erwachsenenbildung, als zu abstrakt, theoretisch und pra-
xisfern beurteilt. Der traditionellen Politikdidaktik wird außerdem entgegen
gehalten, dass sie sich in der Schule zu stark auf das Fach und zu wenig auf die
Schule als Ganzes ausrichte. Verbreitet ist schließlich die Klage, dass sich ein
Großteil der Politikdidaktiker zu stark an der Aufklärung über Politik orientiere,
sich dagegen zu wenig mit der Verantwortung für die gemeinschaftlich-gesell-
schaftliche Lebensbewältigung befasse und darüber hinaus das „soziale Lernen"
in ihrem Lehrprogramm z. T. bewusst ausklammere oder sogar bekämpfe. Es
fehle vor allem eine sinnvolle Vernetzung der demokratischen Elementarbil-
dung in der Grundschule mit der demokratisch-politischen Bildung in der Sekundarstufe I und in der Sekundarstufe II. Auch eine Vernetzung der schuli-

schen und der außerschulischen Bildung stellt immer noch ein Defizit des Gesamtkonzepts der politischen Bildung in der Bundesrepublik dar.

All diese recht schwierig zu lösenden Problemzonen der aktuellen Lage der politischen Bildung zeigen, dass die politische Bildung in Deutschland vor recht kritischen Herausforderungen steht, die mit einem einfachen Beharren auf bestehenden Positionen und mit einem oft anzutreffenden überschwänglichen Selbstlob kaum zu bewältigen sein wird.

Vor dem komplexen Hintergrund der erörterten, freilich aber auch nicht überzubewertenden Probleme der „politischen" Bildung in Deutschland sind die verschiedenen Konzepte der Demokratiepädagogik als Versuche einer Erneuerung zu werten. Nach den zwischenzeitlichen Debatten und Kontroversen ist es an der Zeit, Brücken der gegenseitigen Ergänzung zu schlagen und nachhaltige Anstrengungen zu mehr Gemeinsamkeiten zu unternehmen. Eine Ausgrenzung etwa des breiteren sozialen Lernens und eine Abschottung gegen eine sozialpädagogische bzw. sozialpraktische Grundbildung wirkt hier nur kontraproduktiv. Die Bedarfe der prekären gesellschaftlichen Zustände, die Not der Lehrkräfte, die aktuell kursierenden bildungspolitischen Reformansätze sowie die neuen schulischen Entwicklungsaufgaben (Ganztagsschulen, Stadtteilschulen, Gesamtschulen etc.) drängen zu Neuerungen, von denen die Ansätze der Demokratiepädagogik bzw. des Demokratie-Lernens immerhin eine reformorientierte Zielrichtungen angeben. Gleichzeitig deuten die angelsächsischen Begriffe von „civic education" bzw. „democratic citizenship education" auch inhaltlich eine Orientierung an, die möglicherweise auch in Deutschland zukunftsbedeutsam werden könnte. Als Leitmotiv mag hier der Dreischritt gelten „Learning of democracy, learning for democracy, learning through democracy" (Bierca u. a. 2004). Auf die „through-Perspektive" kommt es in einem handlungsorientierten Unterricht besonders an.

5. Denkanstöße

Will man einen Beitrag zur Überwindung der angedeuteten Schwierigkeiten und Probleme leisten, so muss man zunächst darauf verweisen, dass eine demokratisch-politische Bildung weder auf das Fach Sozialkunde/ Gemeinschaftskunde/ Politik in der Schule verzichten kann noch auf eine breite Verankerung im überfachlichen Schulkonzept. Sie sollte in allen Schulformen und in allen Schulstufen verankert sein. Eine demokratisch-politische Bildung kann sich, wenn sie kognitive Lernprozesse handlungsorientiert anstoßen will, vor allem in außerfachlichen und außerschulischen Vorhaben, in praxisorientierter Projektarbeit und in der Ausgestaltung der Schulstrukturen verwirklichen. „Demokratie" soll in der Schule nicht nur einen spezifischen Lehrstoff umschreiben, sondern den Schülerinnen und Schülern auch ein lebensnahes Praxis- und Erfahrungsfeld eröffnen. Dabei bedarf die Handlungs- und Lebensweltorientierung stets einer begleitenden Reflexion („thinking about what we are doing", John Dewey).

Bedacht werden muss, dass der Fachunterricht und die Schule selbst nur elementare vorpolitische Übungsfelder der Demokratie darstellen können. So können demokratische Wahlen und Abstimmungen, demokratische Teilhabeprozesse z. B. in Klassenkonferenzen oder in Klassenratssitzungen nur im begrenzten Maße die harten demokratischen oder die komplexen politischen Realitäten widerspiegeln.

Angesichts der inzwischen überbordenden Literatur zu den vielfältigen didaktisch methodischen „Techniken" des Lehrens und Lernens darf schließlich nicht in Vergessenheit geraten, dass nicht die ausgefeilteste didaktisch-methodische „Technik" über den demokratischen Bildungsvorgang entscheidet, sondern vor allem die vorbildhafte Kultur der gegenseitigen Anerkennung, die soziale Wertschätzung und die emotionale Zuwendung unter den Beteiligten. Die pädagogischen Einstellungen und Wirkungsstärke der Lehrkräfte sind als selbstständige Quellen des Lernens (am Modell) schlechthin nicht zu unterschätzen.

Es ist letztlich nicht erstaunlich, dass Schulen mit besonderem reformpädagogischen Profil, mit hohem Engagement der Lehrkräfte, mit Auszeichnungen in Wettbewerben oder Leistungsvergleichen sowie mit Erfolgen in der Konkurrenz um den deutschen Schulpreis Schulen sind, die sich als Schulen mit betont demokratischen Strukturen und demokratischen Umgangsformen zwischen allen Beteiligten verstehen (Fauser u. a. 2006 und 2007).

(1) Die Debatte lief zum Teil unter der plakativen aber irreführenden Gegenüberstellung von Politik-Didaktik und Demokratiepädagogik. Bis Ende 2007 sind zu dieser Kontroverse mehr als 90 Aufsätze und Bücher erschienen, auf die im Einzelnen an dieser Stelle nicht eingegangen werden kann. Die einzelnen Literaturverweise zu diesem Text bieten jeweils ein breites und ergänzendes Nachweisangebot. Eine Aufarbeitung dieser jüngsten Debatte in der deutschen Politik-Didaktik fehlt bisher.

Literatur

Abs, Hermann-Josef/Roczen, Nina/Klieme, Eckhard (2007): Abschlußbericht zur Evaluation des BLK-Programms „Demokratie lernen & leben". Gesellschaft zur Förderung Pädagogischer Forschung. Materialien zur Bildungsforschung. Bd. 19. Frankfurt: Gesellschaft zur Förderung Pädagogischer Forschung

AKJS/Aktion Kinder- und Jugendschutz, Landesarbeitsstelle Schleswig-Holstein e.V. (2002): Demokratie lernen – Zivilcourage zeigen. Kiel: Selbstverlag

Becker, Günter 2008: Soziale, moralische und demokratische Kompetenzen fördern. Ein Überblick über schulische Förderkonzepte. Weinheim und Basel: Beltz

Beutel, Wolfgang u. a. (1991 ff.): Ergebnisse und Kurzdarstellungen zu den Ausschreibungen.. Jena: Selbstverlag

Beutel, Wolfgang/Fauser, Peter (1995) (Hrsg.): Politisch bewegt – Jugend, Schule und Gewalt in der Demokratie. Seelze: Friedrich

Beutel, Wolfgang/Fauser, Peter (1995): Die Schule: Politikfern – und doch politisch? In: Beutel/ Fauser (1995): 9-35

Beutel, Wolfgang/Fauser, Peter (2001): Erfahrene Demokratie. Wie Politik praktisch gelernt werden kann. Opladen: Leske Budrich

Beutel, Wolfgang/Fauser, Peter (Hrsg.) (2007): Demokratiepädagogik. Lernen für die Zivilgesellschaft. Schwalbach/Ts: Wochenschau

Biedermann, Horst (2006): Junge Menschen an der Schwelle politischer Mündigkeit. Münster: Waxmann

Burk, Karlheinz/Speck-Hamdan, Angelika/Wedekind, Hartmut (Hrsg.) (2003): Kinder beteiligen – Demokratie lernen? Frankfurt/M.: Grundschulverband/Beltz

Detjen, Joachim (2007): Bildungsferne Milieus als Herausforderung der politischen Bildung. Vortrag. Politische Akademie Tutzingen 01.12.2007

Dürr, Karl-Heinz u. a. (2001): Strategies for learning democratic citizenship (deutsch: Demokratie-Lernen in Europa) Council for Cultureal Co-Operation, Council of Europe. DECS/EDU/CIT 16 all, Strasbourg (www.coe.int)

Dürr, Karl-Heinz (2004): The school – a democratic learning community. Council for Cultureal Co-Operation. Council of Europe. DGIV/EDU/CIT, 23, Strasbourg

Dürr, Karl-Heinz (2005): Die Europäisierung der Demokratiebildung. In: Aus Politik und Zeitgeschichte, B. 36. 2005. S. 16-21

Edelstein, Wolfgang/Fauser, Peter (2001): Demokratie lernen und leben. Gutachten zum Programm. BLK-Materialien zur Bildungsplanung und Forschungsförderung. H. 96. Bonn: BLK

Eikel, Angelika/Haan, Gerhard de (Hrsg.) (2007): Demokratische Partizipation in der Schule ermöglichen, fördern, umsetzen. Schwalbach/Ts: Wochenschau

Fauser, Peter/Messner, Rudolf (Hrsg.) (2007): Fordern & Fördern. Was Schülerwettbewerbe leisten. Hamburg: edition Körber-Stiftung

Fauser, Peter/Prenzel, Manfred/Schratz, Michael (2007 und 2008): Was für Schulen! Gute Schulen in Deutschland. Der deutsche Schulpreis 2006 und 2007. Seelze-Velber: Kallmeyer – Klett

Giesel, Katharina/Haan, Gerhard de/Diemer, Tobias (2007): Demokratie in der Schule. Frankfurt: Lang

Haan, Gerhard de/Edelstein, Wolfgang/Eikel, Angelika (Hrsg.) (2007): Qualitätsrahmen Demokratiepädagogik. Weinheim und Basel: Beltz

Henkenborg, Peter/Krieger, Anett/Pinseler, Jan/Behrens, Rico (2008): Politische Bildung in Ostdeutschland. Demokratie-Lernen zwischen Anspruch und Wirklichkeit. Wiesbaden: VS-Verlag

Himmelmann, Gerhard (2001/2007): Demokratie-Lernen als Lebens-, Gesellschafts- und Herrschaftsform. 3. Aufl. Schwalbach/Ts: Wochenschau

Himmelmann, Gerhard/Lange, Dirk (Hrsg.) (2005): Demokratiekompetenz. Beiträge aus Politikwis-
    senschaft, Pädagogik und politischer Bildung. Wiesbaden: VS-Verlag
Himmelmann Gerhard (2006) (Hrsg.): Leitbild Demokratieerziehung. Mit einer Einleitung von Dirk
    Lange und Detlef Eichner. Schwalbach/Ts: Wochenschau
Himmelmann, Gerhard (2006): Expertise zum Thema: „Was ist Demokratiekompetenz?" In: ders.
    (2006): 120-187
Koopmann, Klaus (2002): Politik-Didaktik in Deutschland – auf einem deutschen Sonderweg? In:
    Politische Bildung: 125-127
Krüger, Thomas (2007): Zur Lage der politischen Bildung. Vortrag Landeszentrale für politische
    Bildung Baden-Württemberg. Bad Urach 13.04.2007
Lange, Dirk (Hrsg.) (2007): Strategien der politischen Bildung. Handbuch für den sozialwissen-
    schaftlichen Unterricht. Bd. 2 von 6. Hrsg. von Dirk Lange und Volker Reinhardt. Hohengeh-
    ren: Schneider
May, Michael (2007): Demokratiefähigkeit und Bürgerkompetenzen. Wiesbaden: VS-Verlag
May, Michael (2008): Demokratielernen oder Politiklernen? Schwalbach/Ts: Wochenschau
Ohlmeier, Bernhard (2006): Kinder auf dem Weg zur politischen Kultur. Hamburg: Dr Kovac
Palentin, Chritian/Hurrelmann, Klaus (Hrsg.) (2003): Schülerdemokratie. Mitbestimmung in der
    Schule. München: Luchterhand
Petrik, Andreas (2007): Von den Schwierigkeiten, ein politischer Mensch zu werden. Opladen:
    Barbara Budrich
Richter, Dagmar (Hrsg.) (2007): Politische Bildung von Anfang an. Demokratie-Lernen in der
    Grundschule. Schwalbach/Ts: Wochenschau
Schiele, Siegfried (2008): Elementarisierung politischer Bildung. Überlegungen zu einem Konzept.
    In: Politik unterrichten. Heft 1/08. 2008. 4-11.
Schiele, Siegfried/Breit, Gotthard (2008): Vorsicht Politik. Schwalbach/Ts: Wochenschau
Sliwka, Anne (2001): Demokratie lernen und leben. 2 Bde. Freudenberg-Stiftung. Gutachten und
    Empfehlungen. Weinheim und Basel: Beltz
Sliwka, Anne/Dietrich, Martina/Hofer, Manfred (Eds.) (2006): Citizenchip Education. Theory,
    Research, Practise. Münster: Waxmann
Sliwka, Anne (2008): Bürgerbildung. Demokratie beginnt in der Schule. Weinheim und Basel: Beltz

Weil sich Demokratie nicht vererbt
Argumente für zusätzliche Anstrengungen beim Demokratielernen

Hans-Peter Bartels, MdB

1. Die landläufige Politikverdrossenheit

Parteien-, Politik- und Politikerverachtung gehören in Deutschland (wie in vielen anderen etablierten Demokratien) zum guten Ton. Auf Dauer aber kann ein demokratisches Gemeinwesen nur ein begrenztes Maß dieser Haltung ertragen.

- Nach einer Erhebung vom November 2006 (Infratest Dimap 2006) sind 51 Prozent der Befragten „weniger bis gar nicht zufrieden" mit den demokratischen Abläufen.

- Die Studie „Jugend in Brandenburg" (Sturzbecher 2005) ermittelt, dass fast 90 Prozent der 12- bis 20-jährigen von sich selbst sagen, sie seien „politikverdrossen" (eher hoch: 40,0 %, hoch: 49,2 %).

- Nach einer Studie im Auftrag der FES (Decker/Brähler 2008) mit 2500 Befragten bundesweit sind explizit antidemokratische und antipluralistische Einstellungsmuster weit verbreitet.
  - „Was Deutschland jetzt braucht, ist eine einzige starke Partei, die die Volksgemeinschaft insgesamt verkörpert.", das meinen 22 Prozent, das heißt mehr als jeder fünfte Erwachsene.
  - Den Satz „Wir sollten einen Führer haben, der Deutschland zum Wohle aller mit starker Hand regiert." halten 13 Prozent für richtig.
  - „Auch heute noch ist der Einfluss der Juden zu groß." (Zustimmung: 18 Prozent)

- Das erinnert an die berühmte Sinus-Studie von 1981 (Greiffenhagen 1981), nach der 13 Prozent aller Wähler in der Bundesrepublik über ein abgeschlossenes rechtsextremes Weltbild verfügen. Mosaiksteine in diesem Bild:
  - „Wir sollten wieder eine einzige starke Partei haben, die wirklich die Interessen aller Schichten unseres Volkes vertritt." (Völlig richtig: 11 Prozent. Teilweise richtig: 17 Prozent).

– „Gäbe es bei uns wieder Arbeitslager, kämen Zucht und Ordnung von
allein." (Völlig richtig: 8 Prozent. Teilweise richtig: 20 Prozent).

▪ Das Wählen rechtsextremer Parteien wird „normal", insbesondere in Ostdeutschland:

Jahr	Bundesland	Partei	Ergebnis
1998	Sachsen-Anhalt	DVU	12,9 %
1999	Brandenburg	DVU	5,3 %
2004	Brandenburg	DVU	6,1 %
2004	Sachsen	NPD	9,2 %
2004	Saarland	NPD	4,0 %
2006	Mecklenburg-Vorpommern	NPD	7,3 %

▪ Die Wahlbeteiligung geht zurück bei Bundestagswahlen (1972: 91,1 % –
2005: 77,7 %) wie bei Landtagswahlen:
  – Schleswig-Holstein   1983: 84,8 % – 2005: 66,5 %
  – Bayern   1966: 80,0 % – 2009: 58,1 %
  – Hessen   1978: 87,7 % – 2009: 61,0 %
  – Baden-Württemberg   1972: 80,0 % – 2006: 53,4 %
  – Mecklenburg-Vorpommern   1994: 72,9 % – 2006: 53,4 %

Und nicht zuletzt auch bei Kommunalwahlen 2007 in Sachsen-Anhalt (36,5
Prozent) oder den Wahlen zum europäischen Parlament 2005 (45,5 Prozent).
▪ Den großen Mitgliederparteien kommen die Mitglieder abhanden.
  – SPD 1990: 950.000 – 2008: 523.000
  – CDU 1990: 750.000 – 2008: 530.000

Eigentümlich ist, dass die Bürgerinnen und Bürger am wenigsten Vertrauen in
die Institutionen zu haben scheinen, die sie selbst direkt wählen bzw. in denen
sie sich jederzeit selbst engagieren könnten: Parteien und Parlamente. Am meisten Vertrauen wird umgekehrt Institutionen entgegengebracht, die ihre Legitimation aus denselben Wahlen gewinnen, aber nur indirekt (als Ergebnis von
Aushandlungsprozessen zwischen den politischen Kräften) Bundespräsident und
Bundesverfassungsgericht.

Wir haben uns an solche Befunde inzwischen gewöhnt, aber können wir es wirklich dabei belassen?

Für die Verbreitung dieser Haltung, die eher nicht an Relevanz verliert, sondern über viele Jahre zuzunehmen scheint, gibt es eine ganze Reihe von möglichen Erklärungsmustern. Eine wesentliche Ursache des Problems ist jedenfalls seit Generationen das massenhafte Akzeptieren falscher Vorstellungen über die Funktionsweise der Demokratie und ihrer Institutionen. Dass diese Klischees und Stereotype eher an Reichweite gewinnen als abnehmen, deutet auf ein gravierendes Defizit beim Demokratie-Lernen in Deutschland hin.

Die Bilder sind bekannt: „Überparteilichkeit" gilt allemal mehr als Parteilichkeit, Politik wird weithin als etwas Anrüchiges und Peinliches empfunden. Gustav Radbruch hat – ähnlich wie Ernst Fraenkel (1964) – die These von der möglichen Überparteilichkeit der Regierung im Erfahrungshorizont der ersten deutschen Republik als „Lebenslüge des Obrigkeitsstaates" (Radbruch 1930) bezeichnet. Positiv besetzt sind auch heute Klischees von außerhalb der demokratischen Sphäre: starke Männer, einsame Entschlüsse, Machtworte. Negativ dagegen: „Parteienstreit", „Fraktionszwang", „Parteipolitik", „faule Kompromisse".

Vielen dieser Klischees liegt die Vorstellung zugrunde, es gäbe eine objektive Wahrheit, zu jedem Problem eine Lösung, die „von allen gewünscht" würde. Dabei wird Wahrheit auf Nützlichkeit reduziert und die beste Entscheidung, die beste Handlung, ist jene, die für alle oder zumindest für die meisten am nützlichsten ist. Hier schwingt die Illusion der Messbarkeit mit, als könne man einfach ausrechnen, welche Handlung die beste sei. Diese Ratio ist aus der Ökonomie in die Politik gesickert. In der Wirtschaft mag es angebracht sein, das Handeln allein an Nützlichkeit – die in Euro und Dollar gemessen werden kann – auszurichten und anhand von Prognosen (die sich übrigens im Nachhinein oft genug als falsch herausstellen) Entscheidungen „auszurechnen".

Auch Ralf Dahrendorf hat darauf aufmerksam gemacht, dass die Menschen in ihrer Rolle als Verbraucher stets ungeduldiger werden und mit dieser Haltung ebenfalls dem „politischen Angebot" begegnen. Doch, so Dahrendorf mit Recht, „die Demokratie braucht Zeit, nicht nur für die Wahlen, sondern auch für Erörterungen und wohlweisliches Abwägen. Der Verbraucher als Wähler will dies allerdings nicht hinnehmen und wendet sich daher ab." (Dahrendorf 2003).

Demokratie funktioniert nicht nach Marktprinzipien. Dass man „richtige" Entscheidungen im politisch-moralischen Bereich einfach ausrechnen könne, dass man im Sinne eines radikalen Utilitarismus nur auf „das größte Glück der größten Zahl" blicken müsse, hat seit dem 19. Jahrhundert, seit Bentham und Mill, kein ernstzunehmender Denker mehr vertreten, und trotzdem hat dieses technokratische Ideal Hochkonjunktur.

Es leugnet die Existenz unterschiedlicher Überzeugungen und Interessen in der Gesellschaft. Wenn es eigentlich nur eine richtige Überzeugung und ein gemeinsames Interesse gibt, ist es folgerichtig, vom Willen „des Bürgers" und „des Volkes" zu reden. Dagegen steht dann „der Politiker", der offenbar selbst kein Bürger ist und sich nicht um den Willen „des Bürgers" schert, sondern nur seinen eigenen Vorteil sucht – oder dem, vom „Fraktionszwang" unterjocht, im „parteipolitischen Streit" das Rückrat gebrochen wird. Diese Vorstellungen sind weit verbreitet. Sie werden noch verstärkt von manchen Medien.

Der Bonner Politikwissenschaftler Frank Decker schreibt: „Die demokratiepolitischen Implikationen dieser Entwicklung sind prekär. In dem Maße, wie die Entscheidungsprozesse infolge der komplizierten Probleme inklusiver, konsensueller und outputlastiger werden, werden sie für das Publikum zugleich undurchschaubarer." (Decker 2003). Eben diese Ambivalenz wird von der englischen Politologin Margaret Canovan als das „demokratische Paradoxon" (Canovan 2002) moderner Politik charakterisiert.

Einen richtungweisenden Essay hat der Dresdner Politologe Werner Patzelt 2001 in der Wochenzeitung Die Zeit veröffentlicht. Seine These: Viele Deutsche verachten Politik und Politiker, weil sie ihr Regierungssystem nicht verstehen. Die Zeit überschrieb den Patzelt-Aufsatz: „Verdrossen sind die Ahnungslosen" (Patzelt 2001).

Dass das so ist, daran tragen viele Schuld: die politische Bildung in der Schule, Elternhäuser, Medien, Politik. Der ehemalige Direktor des Deutschen Bundestages, Professor Wolfgang Zeh, hat in einem Beitrag für die FAZ 1992 einmal die politikverdrossenen Stereotype aufgelistet, die oft von Abgeordneten selbst dem jeweiligen politischen Gegner populistisch um die Ohren gehauen werden. Zeh warnt: „Sagt nie, es sei ja ‚nur parteipolitisch'. (…) Hört damit auf, jede Entscheidung des Bundesverfassungsgerichts als ‚schallende Ohrfeige' für die im Rechtsstreit unterlegene Seite zu bezeichnen. (…) Missbraucht die Befürchtung, etwas ‚fördere die Politikverdrossenheit', nicht in der politischen Auseinandersetzung. (…) Erzählt auch nicht zu oft die alte Sage, früher sei es im Bundestag viel besser gewesen, es habe gewaltigere Redner, bedeutendere Persönlichkeiten und knorrigere Charaktere gegeben. Es ist nur eine Altersentscheidung, so zu reden (…)." (Zeh 1992)

Unzufriedenheit mit der Demokratie gibt es nicht nur in Deutschland. In Frankreich beispielsweise, so eine Umfrage aus dem Jahr 2006, glauben 45 Prozent, dass die Demokratie „gut funktioniert"; 53 Prozent glauben das Gegenteil (Veit 2007).

So „normal" aber Politikverdrossenheit im internationalen und auch im historischen Vergleich sein mag, wir kommen nicht umhin, die Geschichte in Deutschland als einen Sonderfall zu betrachten – am Ende der Weimarer Republik stand ja nicht der Übergang zu einer besseren zweiten Republik, sondern die Diktatur der Nazis: Parteiverbote, Ermordung Andersdenkender, Staatsterror, Verfolgung, KZ, Weltkrieg, Vernichtungslager. Auf dieser extremen Erfahrung des antidemokratischen Grauens errichteten die Überlebenden und die Nachgeborenen im Westen die Bundesrepublik Deutschland. Unsere deutsche Erfahrung, auch die der Ostdeutschen, sollte lauten: Demokratie ist kostbar, musste erkämpft werden, muss wehrhaft sein, ist nicht von selbst da. Auch andere Länder haben Rückfälle in die Diktatur erlebt – Italien, Griechenland, Spanien oder Portugal – aber nirgendwo war der Zivilisationsbruch so brutal wie in Deutschland. Dafür allerdings gehen wir heute sehr sorglos mit diesem erkämpften kostbaren Gut um. Die anständige Gesellschaft verabscheut Rechtsextremismus und tut manches, um ihm zu wehren. Doch gleichzeitig distanzieren sich viele vom Gang der Dinge in ihren demokratischen Institutionen und geben damit in einem fundamentalen Punkt den Feinden der Freiheit Recht: Es ist zwar unschicklich, sich pöbelhaft aufzuführen – aber politikverachtende Rhetorik gilt keineswegs als degoutant, sondern als höchst gesellschaftsfähig. Der Politikwissenschaftler Manfred Funke spricht daher in diesem Zusammenhang, skeptisch wie Radbruch, von einem „Extremismus der Mitte" (Funke 1978).

Die Frage ist also, wie alle Bürgerinnen und Bürger für die demokratische Lebensform gewonnen werden können, wie die „Ahnungslosigkeit" verringert und wie möglichst viele Mitbürger in die Lage versetzt werden können, ihre Rolle als Staatsbürger, als Citoyens an- und wahrzunehmen.

2. Was schon geschieht

Es gibt in Deutschland durchaus eine erhebliche Anzahl an Einrichtungen, Stiftungen und Projekten, welche sich um die Vermittlung der Demokratie verdient machen.

Die Bundes- und Landeszentralen für politische Bildung leisten gute Arbeit unter schwierigen Bedingungen. Sie stellen Bildungseinrichtungen und Interessierten kostenlos oder für wenig Geld Bücher, Themenhefte und Lehrmaterialien zur Funktionsweise unserer demokratischen Institutionen und zu aktuellen und historischen politischen Themen zur Verfügung. Darüber hinaus veranstalten sie Seminare und Tagungen. Trotzdem müssen sie immer wieder um ihre Etats kämpfen.

Demokratie lernen & leben war ein 2007 ausgelaufenes Modellprogramm der Bund-Länder-Kommission für Bildungsförderung und des Bundesministeriums für Bildung und Forschung (BMBF) in Trägerschaft der FU Berlin. Es setzte an den Schulen, als einzigen Institutionen, die die Chance haben, alle

Kinder und Jugendlichen zu erreichen, an. Das Programm, so die Organisatoren, sollte vor allem durch die Demokratisierung des Schullebens und des Unterrichts die Bereitschaft junger Menschen zur aktiven Mitwirkung an der Zivilgesellschaft fördern. Die Identifikation mit und das Gefühl für unsere Demokratie sollte so verstärkt werden.

In eine ähnliche Richtung zielt der Wettbewerb Demokratisch Handeln in Trägerschaft des Fördervereins Demokratisch Handeln e.V., der vom BMBF und vom Thüringer Kultusministerium gefördert wird. Er soll Projekte, Initiativen und Ideen unterstützen, in denen das Lernen für Demokratie und Politik um Erfahrungsmöglichkeiten erweitert wird. Im Mittelpunkt eines „verstehenden und handelnden Lernens" sollen dabei Themen und Aufgaben des Gemeinwesens stehen.

Die Deutsche Gesellschaft für Demokratiepädagogik e.V. (DeGeDe) versucht interessierte Professionen und Praktiker mit dem Ziel, die Entwicklung von Kompetenzen für ein Leben in der Zivilgesellschaft nachhaltig zu fördern, zu organisieren.

Eine ganz ähnliche Zielsetzung hat die Deutsche Vereinigung für politische Bildung e.V. (DVPB), welche sich an Lehrer, Wissenschaftler und außerschulische Pädagogen richtet.

Hinzu kommen – neben weiteren bundesweiten Programmen, Zusammenschlüssen, Verbänden, etc. – unzählige regionale Aktionen, Projekte und Bildungsprogramme.

Doch trotz alledem sinkt die Zufriedenheit mit unserer Staatsform, bezeichnet sich eine größer werdende Anzahl von Bürgerinnen und Bürgern als „politikverdrossen". Die bisherigen Anstrengungen, so wichtig sie sind, scheinen nicht auszureichen. Dies mag vielleicht auch an der schlechten Ausstattung der etablierten politischen Bildung mit Finanzmitteln liegen. Im Kern bedarf es aber wohl eines neuen, zusätzlichen Ansatzes.

3. Was passieren muss

Demokratie braucht Demokraten, sonst ist sie verloren. So banal diese Erkenntnis von Friedrich Ebert scheinen mag, so grundlegend ist sie. Niemand wird als Demokrat geboren. Wenn uns daran gelegen ist, eine funktionierende Demokratie zu erhalten, müssen wir dafür sorgen, dass Demokraten „nachwachsen", und die dafür notwendigen Kompetenzen müssen genauso erlernt werden wie die Kulturtechniken des Lesens, Schreibens und Rechnens. Das heißt, dass die für die Partizipation an der Demokratie notwendigen Kompetenzen genauso systematisch vermittelt werden müssen wie die anderen zentralen Kulturtechniken unserer Gesellschaft.

Genau hier aber stoßen die existierenden Einrichtungen im Bereich der politischen Bildung an ihre Grenzen. Viele leisten wertvolle Arbeit, sie sind jedoch von vornherein nicht so angelegt, dass sie wirklich Breitenwirkung erreichen können.

Die Vermittlung der „Demokratiekompetenz" muss an den Schulen, die im Grundsatz alle Kinder und Jugendlichen erreichen, beginnen. Allerdings dürfen die Schulen nicht die einzigen Adressaten bleiben.

Die Rolle der Medien hat der ehemalige Bundestagspräsident Wolfgang Thierse vor einigen Monaten in einer Grundsatzrede scharf analysiert: Politik werde in vielen Medien auf inszenierte Widersprüche, Sensationen und Katastrophen reduziert, während die wirklichen Interessenzusammenhänge sowie die tatsächliche Arbeit der Parlamentarier ausgeblendet bleiben. Typisch sei die „Skandalisierung des Streits", der ja eigentlich „das Wesen der Demokratie" und „alltägliche und unausweichliche Normalität" darstelle.

Politische Grundbildung sollte heute stärker an den Vorurteilen, an den Ressentiments und pseudoplausiblen Parolen des verdrossenen Mainstreams ansetzen. Es gibt, und sei es durch „Explosiv"-Nachrichten-Schauen im Privatfernsehen, immer schon ein Vorverständnis, das oft nicht unproblematisch ist. Und auch vorbildhaft verdrossene Lehrer (und Eltern und Journalisten und Abgeordnete) soll es geben.

In seinem bereits erwähnten Zeit-Essay stellt Werner Patzelt einige dieser Stereotypen dar: „So glaubt gerade die Hälfte der Bevölkerung schon etwas von Gewaltenteilung gehört zu haben. Was Föderalismus sei, wissen 59 Prozent nicht; vom Rest machen 14 Prozent falsche Angaben. 40 Prozent der Deutschen können nichts oder nur Unrichtiges über den Bundesrat äußern. Vom Bundestag, den die Bürger doch alle vier Jahre wählen, sagen gut 60 Prozent der Deutschen, über seine Arbeitsweise erführen sie zu wenig. 58 Prozent können keine Angaben machen, wo – außer im fernsehbekannten Plenarsaal – die Arbeit des Bundestages stattfinde. (…) Die Bürger verkennen weithin, dass es die zentrale Aufgabe der regierungstragenden Fraktionen ist, die Regierung gemäß parlamentarischem Mehrheitswillen auf Kurs und insgesamt im Amt zu halten. Ganze 30 Prozent kennen diese Parlamentsaufgabe. Und während der Opposition in Wirklichkeit keineswegs die Pflicht zukommt, der gegnerischen Regierung bei der Arbeit zu helfen, meinen das seit Jahrzehnten zwei Drittel der Deutschen. Hingegen hält nur jeder zweite die – völlig systemkonforme – öffentliche Kritik an der Regierungspolitik für eine Aufgabe der Opposition."

Angesichts der weit auseinanderdriftenden Vorstellungen über die Funktionsweise unserer Demokratie (wie sie tatsächlich verfassungsgemäß funktio-

niert – bei uns und anderswo) brauchen wir eine bessere Vermittlung der Grundlagen. Natürlich: Es geht nicht um pure Apologie der gegebenen politischen
Verhältnisse. Nicht jede Kritik an den politischen Konstellationen in der deutschen Republik beruht lediglich auf Vorurteilen, Ressentiments oder Ignoranz.
Mit einigem Recht wird auf Repräsentationslücken im Bereich der Parteien und
Parlamente hingewiesen, da ressourcenschwache Bevölkerungskreise hier of-
fenkundig weniger Partizipationsmöglichkeiten finden. Die Kommunikation
zwischen politischen Eliten und manchen Teilen der Bevölkerung lässt durchaus
Raum für Verbesserungen. Es ist nicht absurd, die Frage aufzuwerfen, ob Politik
im offiziellen Diskurs zuletzt nicht zu sehr als alternativloser Vollzug technisch-
ökonomischer Zwänge aufgefasst wurde. Doch gerade weil einige dieser Probleme real existieren, kommt es erst recht auf Einsichten in die Komplexität
moderner Gesellschaften und demokratischer Verfahrensweisen an.

Die Grundlagen dieser Demokratie also sollten allen Beteiligten bekannt
sein und von ihnen verstanden werden. Es reicht nicht, nur passiv zu dulden
oder zu ertragen, dass man in einer Demokratie lebt. Man muss sich auch dessen
bewusst werden, was das bedeutet. Eine bloß akzeptierte Demokratie würde
leichter verworfen, erschiene als beliebig austauschbare Staatsform. Vielleicht
haben wir unsere – historisch gesehen noch ziemlich junge – Republik zu lange
als selbstverständlich wahrgenommen und darüber die Notwendigkeit vergessen, uns stets ihrer Grundlagen zu vergewissern.

4. Institutionelle Überlegungen

Die Vermittlung der Grundlagen muss gestaltet und begleitet werden. Demokratie-Lernen ist kein Nebenbeigeschäft.

In Kiel etwa gibt es lange schon eine große Einrichtung für anwendungs-
orientierte Wissenschaft, die auf diskrete Weise gewiss zur Bildung und zum
Erfolg des Exportweltmeisters Deutschland beigetragen hat: das Leibnitz-Insti-
tut für die Pädagogik der Naturwissenschaften IPN mit 143 Mitarbeitern. Sie
schöpfen keine neue naturwissenschaftliche Erkenntnis, sondern kümmern sich
um die Frage, wie all das wichtige Wissen von der Natur unserer Welt in das
Bewusstsein der Menschen von heute kommen kann, vom Kindergarten über
Schule und Medien bis zur Hochschuldidaktik.

Dies könnte ein Vorbild für ein „Institut für die Didaktik der Demokratie"
sein, welches die Möglichkeiten der Vermittlung demokratischer Schlüsselkompetenzen erforscht. Es könnte die Erfahrungen von Modellprogrammen wie
Demokratie lernen & leben und Projekten bündeln und auswerten, die vielen
verschiedenen Lehrpläne deutscher Schulen danach durchforsten, welchen Stel-

lenwert dieser Stoff bisher hat und auf welche Weise und in welchem Umfang er unterrichtet wird. Es könnte auch untersuchen, welche Vorurteile beispielsweise bei Journalisten und Lehrern vorherrschen. Auf Grundlage dieser Forschungen können dann Empfehlungen für Lehrpläne und Ausbildungsordnungen erarbeitet werden.

Eine solche Institution wäre, wegen Ihrer zentralen Bedeutung und der dort bereits vorhandenen Erfahrungen, in Berlin gut angesiedelt. Die Kosten könnten sich Bund und Land teilen.

Der Auftrag des Instituts für die Didaktik der Demokratie (IDD) müsste es sein, durch seine Forschung die Pädagogik der demokratischen Bildung weiter zu entwickeln und zu fördern. Die Arbeit des IDD soll Grundlagenforschung in Fragen des Lehrens, Lernens und Lebens demokratischer Werte umfassen.

Bisherigen Programmen mangelt es oft an Kontinuität und Systematik. Das IDD könnte hier Abhilfe schaffen. Es wird dabei im Wesentlichen auf die folgenden fünf Zielgruppen ankommen:

- Kinder- und Jugendliche
  Sie können fast vollständig über die Schulen erreicht werden. In diesem Bereich gibt es auch die meisten Erfahrungen – etwa eine große Anzahl deutscher und internationaler Studien und Projekte im Bereich der „civic education". Die Ergebnisse finden in der deutschen Diskussion und eben gerade in der Umsetzung noch keine genügende Beachtung.

- Lehrer und Lehrerinnen
  Die Lehrenden sind in ihrer Rolle als Erzieher auch für die Vermittlung demokratischer Kernkompetenzen verantwortlich. Diese Aufgabe können sie aber nur erfüllen, wenn sie selbst über diese Kompetenzen verfügen, was leider nicht selbstverständlich ist.

- Personen, die im Bereich der politischen Bildung tätig sind
  Ihnen soll durch die Forschungsergebnisse des IDD ein verbessertes Instrumentarium zur Verfügung gestellt werden.

- Journalisten
  Den Medien kommt eine große Verantwortung für unser demokratisches Gemeinwesen zu. Wenn sie über politische Ereignisse berichten und diese kommentieren, sollten sie die Funktionszusammenhänge kennen. Sie müssen in die Lage versetzt werden, der Versuchung zu widerstehen, den einfachen Weg zu beschreiten, sich anzubiedern oder, vermeintlich zugunsten besserer Verständlichkeit, antipolitische Klischees zu bedienen.

- „Politiker"
  Nicht zuletzt gehören auch die Gewählten gelegentlich zu denen, die, um schnelle Zustimmung zu erheischen, Vorurteile über politische Abläufe bedienen – und es vielleicht auch manchmal einfach nicht besser wissen. Die-

se Zielgruppe wird möglicherweise schwer zu fassen sein, muss aber gewiss mitbedacht werden.

Die „civic literacy", also die politische Grundbildung oder „Staatsbürgerkompetenz" findet in der deutschen Forschung und Bildungspolitik bisher eine weitaus geringere Beachtung als die „scientific literacy", die naturwissenschaftliche Grundbildung.

Dabei ist die „politische Grundbildung", verstanden als die Fähigkeit, politische und gesellschaftliche Fragen zu erkennen und diesbezügliche Berichte und Belege kritisch einordnen zu können, um Entscheidungen zu verstehen und zu treffen, welche unser politisches Gemeinwesen betreffen, zweifelsohne eine unverzichtbare Kernkompetenz für die aktive Teilhabe an unserer Gesellschaft.

Das Institut sollte ein eigenständiges theoretisches Konzept von civic literacy erarbeiten, welches den nationalen und internationalen Stand der Diskussion des Themas aufgreift und weiterentwickelt. Dieses Konzept sollte durch Publikationen öffentlich zugänglich gemacht werden.

Der Schwerpunkt sollte hierbei nicht allein auf den rein kognitiven Kompetenzen liegen, sondern weitere Aspekte, etwa motivationale Orientierungen, Interessen und Überzeugungen mit einbeziehen. Hierbei gilt es die Entwicklung der civic literacy von der Kindheit über die Schulzeit bis ins höhere Alter im Blick zu haben.

Auf der Grundlage eines solchen Auftrages müsste sich das Institut u.a. folgenden Aufgaben widmen:

- Die Erforschung des Standes der politischen Grundbildung in Deutschland und der Bereitschaft zur Partizipation.
- Die Auswirkungen der Wahrnehmung von Partizipationsmöglichkeiten im politischen Sektor auf andere Bereiche. (Bei Schülern könnte z.b. das sonstige Lernverhalten beobachtet werden.)
- Die Wirksamkeit unterschiedlicher Methoden des Demokratie-Lernens.
- In Hinblick auf die oben genannten Zielgruppen:
  - Curriculumsforschung mit dem Ziel, einheitliche Vorschläge für Lehrpläne an Schulen zu machen;
  - Erarbeitung von Empfehlungen für die Lehrerbildung;
  - Entwicklung neuer Instrumente für Multiplikatoren, die im Bereich der politischen Bildung tätig sind;
  - Erarbeitung von Handreichungen für „Politiker";
  - Erarbeitung von Empfehlungen für die Journalistenausbildung.

Da sich unmittelbar politische, gesellschaftliche, medienwissenschaftliche, didaktische, auf Grundwerte bezogene und gesellschaftspsychologische Fragestellungen ergeben, muss das Institut von Anfang an interdisziplinäre Forschung betreiben. Dementsprechend sollten die Fragestellungen in Teams aus Politologen, Soziologen, Pädagogen, Fachdidaktikern (für Geschichte und Fächer mit politischem Schwerpunkt), Philosophen, Psychologen und Medienwissenschaftlern bearbeitet werden.

Dies ist der konzeptionelle Rahmen für ein zusätzliches Instrument der Demokratie-Bildung. Im Bundestag gibt es ein hinreichendes Problembewusstsein und auch die Bereitschaft, die hierfür notwendigen Mittel – Geld – zu mobilisieren. Das würde niemandem, der schon einschlägig tätig ist, Konkurrenz machen, sondern sollte für neuen, zusätzlichen Schub sorgen. Denn der mit diesem Satz immer gern zitierte erste Bundespräsident Theodor Heuss hatte ja so recht, als er vor einem halben Jahrhundert sagte: „Demokratie ist keine Glücksversicherung, sondern das Ergebnis politischer Bildung und demokratischer Gesinnung."

Gerade nach dem Ende des Systemkonflikts 1989/90 versteht sich nicht mehr von selbst, was Alexis de Tocqueville schon zu Beginn der amerikanischen Republik notierte: „Um die politische Freiheit zu verlieren, genügt es, sie nicht festzuhalten."

Literaturverzeichnis

Anschütz, Gerhard/Thoma, Richard (Hrsg.) (1930): Handbuch des deutschen Staatsrechts, Band 1. Tübingen: Mohr

Dahrendorf, Ralf (2003): Demokratie mit dem Volk verbinden. In: Süddeutsche Zeitung, 24.05.2003. München: Süddeutscher Verlag

Decker, Frank (2003): Der gute und der schlechte Populismus. In: Berliner Republik 3/2003. Berlin: Vorwärts-Verlag

Decker, Oliver/Brähler, Elmar (2008): Bewegung in der Mitte. Rechtsextreme Einstellungen in Deutschland 2008. Berlin: Friedrich-Ebert-Stiftung

Fraenkel, Ernst (1964): Deutschland und die westlichen Demokratien. Stuttgart: Kohlhammer

Funke, Manfred (Hrsg.) (1978): Extremismus im demokratischen Rechtsstaat. Ausgewählte Texte und Materialien zur aktuellen Diskussion. Düsseldorf: Bundeszentrale für politische Bildung

Greiffenhagen, Martin (1981) *5 Millionen Deutsche: „Wir sollten wieder einen Führer haben ..."* Die SINUS-Studie über rechtsextremistische Einstellungen bei den Deutschen. Reinbek bei Hamburg: rororo

Infratest Dimap (2006) *Deutschlandtrend November 2006*. Eine Umfrage zur politischen Stimmung im Auftrag der ARD-Tagesthemen und acht Tageszeitungen

Canovan, Margaret (2002) Taking Politics to the People: Populism and the Identity of Democracy. In: Mény, Y./Surel, Y. (2002): 25 ff.

Mény, Yves/Surel, Yves (Hrsg.) (2002): Democracies and the Populist Challenge. Basingstoke: Palgrave

Patzelt, Werner (2001): Verdrossen sind die Ahnungslosen. In: Die Zeit, 22.01.2001. Hamburg: Zeitverlag Gerd Bucerius

Radbruch, Gustav (1930): Die politischen Parteien im System des deutschen Verfassungsrechts. In: Anschütz, G./Thoma, R. (1930): 19 ff.

Sturzbecher, Dietmar (2005): Jugend in Brandenburg. Ergebnisüberblick der Zeitreihenstudie zur Lebenssituation Jugendlicher in Brandenburg. Potsdam

Veit, Winfried (2007): Der Lange Marsch in die VI. Republik. Frankreich vor den Wahlen des Jahres 2007. Paris: Friedrich-Ebert-Stiftung

Zeh, Wolfgang (1992): Fürstenspiegel für Abgeordnete. In: Frankfurter Allgemeine Zeitung, 01.09.199., Frankfurt: Fazit

Soziomoralische Grundlagen und politisches Wissen in einer Demokratie

Werner J. Patzelt

1. Demokratie – ein störanfälliges Institutionengefüge

Wie alle gesellschaftlichen Strukturgefüge sind auch politische Ordnungsformen keine Naturtatsachen. Sie sind vielmehr höchst störanfällige Hervorbringungen sozialen Handelns. Ihre Erzeugung und Stabilisierung beginnt mit Situationsdefinitionen, die wechselseitig zusammenpassen, und setzt sich fort in Handlungsmustern, die sinnhaft aufeinander bezogen sind. Stabilisieren sich solche Handlungsmuster, dann entstehen Rollen und Rollenstrukturen; und werden deren Ordnungsprinzipien und Geltungsansprüche auch noch symbolisch zum Ausdruck gebracht und so in emotionale Tiefenschichten innerer Bindung eingetragen, dann werden soziale Ordnungsarrangements zu überaus stabilen Institutionen. Diese können dann sogar die Lebensspannen jener Menschen überdauern, die in ihr Wirkungsfeld geraten, von ihnen sozialisiert werden, sie tragen und eines Tages wieder verlassen (vgl. Patzelt 2007). Institutionen als soziale und politische Tatsachen wirken also nur auf jenen stabil, der diese immer wieder neu erforderlichen Konstitutions- und Stabilisierungsprozesse ausblendet oder ihr Gelingen – ganz kontrafaktisch – für selbstverständlich hält. Fragt man aber danach, was der Hervorbringung und Aufrechterhaltung etwa politischer Ordnung konkret zugrunde liegt, so geraten die handlungsleitend benutzten Wissensbestände und Deutungsroutinen, die als selbstverständlich behandelten Praxen und Werturteile ins Blickfeld, kurzum: ihre soziomoralischen Grundlagen.

Um sie geht es im Folgenden am Fall des freiheitlichen, demokratischen Staates. Der ist ja eine besonders komplexe Ordnungsform, die nachgerade paradoxe Forderungen und Verhaltensanmutungen an seine Bürger richtet. Da soll man auf Geborgenheit in einer staatlich beglaubigten Weltanschauung verzichten und gleichwohl einen Kanon gemeinsamer Grundwerte anerkennen. Man muss die Geltung gleichen Rechts für alle akzeptieren, selbst wenn das in tiefen Widerspruch zum Gerechtigkeitsempfinden gerät. Die eigenen Wertvorstellungen und Interessen soll man so hoch ansetzen, dass man sich ihretwillen politisch engagiert – und zugleich muss man immer wieder dulden, dass eigener Gestaltungswille sich am konkurrierenden des Gegners bricht. Obendrein soll man die tief sitzende Ablehnung einer bestimmten Regierung mit der Bejahung jener Verfassungsordnung verbinden, welche diese Regierung mit Autorität ausstattet. Leicht ist zu erkennen: Eine freiheitliche demokratische Ordnung stellt hohe Anforderungen an Ethos wie Vernunft ihrer Bürger und ist bereits von ihren soziomoralischen Grundlagen her, nicht erst in ihrer komplexen Systemstruktur, sehr störanfällig.

2. Aufgaben politischer Bildung in der Demokratie

Zwar lassen sich, bei einiger Umsicht, durchaus funktionstüchtige und einer gegebenen Gesellschaft auch angemessene Institutionen ersinnen, bei deren Zusammenwirken Recht, Freiheit und Demokratie auf Dauer gestellt sind. Doch viel schwerer ist es, solche Institutionen praktisch einzurichten und im Alltag jener Menschen funktionstüchtig zu halten, deren Pflege, Nutzung und Leitung man sie anvertraut. Durch konsequente Verfassungsgebung und den Einsatz sozial befriedender Finanzmittel lässt sich da zwar manches in kurzer Frist erreichen. Nachhaltig sichern aber kann man eine ‚Verfassung der Freiheit' (vgl. Hayek 1991) nur dann, wenn ihre Institutionen – gleich Festungsmauern – nicht nur tauglich entworfen und gekonnt ausgeführt, sondern auch gut bemannt sind (vgl. Popper 2003). Sicher kann man politische Systeme schon ihrerseits fehlertolerant gestalten, kann man die in ihre Institutionen gleichsam ‚eingebaute Intelligenz' als Puffer gegen Einsichtsmängel und Missbräuche von Bürgern wie Politikern nutzen. Auch kann man die in seiner Konstruktion angelegte Funktionslogik eines gut gebauten Systems bis zu einem bestimmten Grad die Funktionsbereitschaft derer überlagern lassen, die es unzulänglich betreiben. Solche Kunstgriffe sind auch mehr als bloße ‚Aushilfen', wäre die Vorstellung doch ganz vermessen, allein guten Bürgern und Politikern komme ein guter Staat zu.

Doch als komplizierteste und störanfälligste aller politischen Ordnungsformen kann eine Demokratie nur dann Bestand haben, wenn sie nicht allein institutionell abgesichert ist, sondern obendrein von der frei erteilten Zustimmung, der bereitwilligen Mitwirkung und der verlässlichen Handlungskompetenz ihrer Bürger getragen wird. Um Bürgerethos und Partizipation kann ein freiheitlicher Staat aber zunächst nur werben. Erzwingt er beides als bloße Gesten, so ist derlei legitimatorisch unnütz. Der Staat kann beides aber fördern, wenn er nämlich auf plausiblen Prinzipien aufgebaut, für politisches Engagement offen und bei der Erfüllung seiner Aufgaben effektiv ist. Allerdings zeitigt Partizipation ohne sie untersetzende Handlungskompetenz oft nur Enttäuschungen und Rückzug; im schlimmsten Fall beschädigt sie sogar das partizipationsoffene System und führt zum Wunsch, es gegen ‚Störungen von außen' abzuschotten. Das öffnet den Weg zu autoritärer Herrschaft. Obendrein wird gerade ein demokratischer Staat nur dann Effektivität entfalten, wenn zweckmäßig entworfene Institutionen in der Praxis auch sinnvoll genutzt werden – wobei guter Wille allein das Gelingen all dessen keineswegs verbürgt.

Genau hier ist politischer Bildung ihre Aufgabe gestellt. Schon in einem unangefochten stabilen Staat mit freiheitlicher Ordnung ist ihre Bringschuld nicht gering: Auch dort müssen jeder Generation aufs neue die Wertgrundlagen und Spielregeln des Gemeinwesens nahegebracht, müssen immer wieder Kenntnisse seiner Beschaffenheit und praktischen Funktionsweise vermittelt, muss für politisches Engagement geworben, muss zu entsprechender Handlungskompetenz befähigt werden und gilt es, der Demokratie in jeder nachrückenden Generation eine bestandssichernde Zahl an Demokraten zu gewinnen. Stabilität und Bestandskraft einer Verfassung der Freiheit erweisen sich so als Ergebnis steter Reproduktion von politischen Tugenden, Gemeinsinn und Handlungskompetenz. Also geht es bei politischer Bildung um nichts weniger als die Pflege der soziomoralischen, kognitiven und alltagspraktischen Grundlagen eines Staates. Leitet der seine Legitimität vor allem vom Volk und dessen politischer Teilhabe ab, dann wird die Befähigung des Volks zur Demokratie, die Erziehung von *citoyens*, sogar zum unverzichtbaren Teil der Staatsaufgaben. Tatsächlich stimmt jener berühmte, hier ein wenig abgewandelte Satz nicht ganz, nach dem ein freiheitlicher Staat nicht jene Voraussetzungen sichern könne, von deren Bestehen er abhängt (vgl. Böckenförde 1978). Doch, er kann – nämlich durch Investitionen in die politische Bildung seiner Bürger – zur Pflege seiner soziomoralischen Wurzeln beitragen.

3. Realistischer Republikanismus

Wo der Staat als wohlmeinende Obrigkeit gilt, der von den Bürgern Achtung und Gehorsam entgegenzubringen sind, wird politische Bildung Untertanen heranzuziehen haben. Andere Aufgaben hat sie, wenn eine Bürgerschaft ihr politisches System als eine für Mitwirkung stets offene Form der Arbeitsteilung versteht, also auch demokratische Elitenherrschaft zum alle Aktivbürger einbeziehenden Prozess ausgestaltet, d.h. als *res publica*. Doch republikanische Gesinnung allein reicht nicht aus, um die so komplizierte freiheitliche Ordnung bestandsfest zu erhalten und gut zu regieren. Es braucht dafür schon auch Wissen um ‚tà politiká‘, also um jene Dinge, die letztlich auch den passiven Teil der Bürgerschaft angehen: von der inneren Sicherheit über gesicherte Wirtschaftskraft bis zum äußeren Frieden. Also sollte in einem solchen Gemeinwesen schon ein Großteil der Bürger um die grundsätzliche Beschaffenheit jener sozialen, wirtschaftlichen, rechtlichen und politischen Systeme Bescheid wissen, in denen er lebt und die mitzugestalten ihm doch von keiner ‚Obrigkeit' mehr abgenommen wird. Und wünschenswert wäre es, wenn viele Bürger nicht nur zur rein theoretischen Einsicht in den Wert politischen Engagements gelangten, sondern auch zu einer inneren Haltung fänden, die sie ganz praktisch zur Anteilnahme am politischen Geschehen und zur Bereitschaft bringt, politische Verantwortung zu übernehmen – und sei es nur im eigenen Wirkungskreis oder auf kurze Zeit.

Schön, doch eher weltfremd, ist die Vorstellung, man könne durch politische Bildung das republikanische Ethos so weit prägen, dass im Gefahrenfall die Bürgerschaft ihre freiheitliche Ordnung auch wirklich verteidigte. Bei den zu solchen Zeiten auftretenden Konflikten zwischen Individual- und Kollektivrationalität wird nämlich die letztere meist den kürzeren ziehen, also die Mehrheit der Bürger zunächst die eigene Haut zu retten versuchen – und dann erst, meist zu spät, das freiheitliche Gemeinwesen. Also wird gerade eine wehrhafte Demokratie ihren Schutz zuallererst gut gebauten Institutionen anvertrauen. Sie wird aber sodann durch politische Bildung dafür zu sorgen versuchen, dass diese Institutionen wenigstens in Normalzeiten gute Besatzungen finden, und sie wird darauf hoffen, dass aus deren Kreis in Krisenzeiten genügend tatkräftige Verteidiger hervorgehen. Grundsätzlich aber dürfen keine zu hohen Erwartungen in die Partizipationsbereitschaft der Bürger gesetzt werden – gerade dann nicht, wenn man wirklich alles tut, um Republikanertum und Handlungskompetenz zu fördern.

Es ist ja auch ganz natürlich und liegt obendrein im Sinn gesellschaftlicher Arbeitsteilung, dass sich nicht jeder für alles gleich stark interessiert und engagiert. Es gibt auch gar keinen Grund, warum es sich mit der Politik da anders als mit so vielen anderen Dingen verhalten sollte, die zwar an sich, doch eben nicht für jeden wichtig und wertvoll sind. Die Behauptung, Demokratie bestehe erst dann, wenn wirklich alle sich politisch beteiligten, geht deshalb von falschen Vorstellungen über die Natur des Menschen, den Zweck gesellschaftlicher Arbeitsteilung und die Rolle politischer Institutionen aus. Den überdurchschnittlich an Politik interessierten und dauernd an ihr teilnehmenden *citoyen* soll die politische Bildung darum zwar ruhig ihr Wunschziel nennen; sie überforderte aber ihre und der Bürger Leistungsfähigkeit, wollte sie erzwingen, dass dieses Merkmal meist nur einer Minderheit auch wirklich zu dem einer Mehrheit würde. Schon auf einen solchen Versuch sollte sie sich gar nicht einlassen, führt ‚zwangsweise Politisierung' doch allenfalls zu äußeren Gesten, kaum aber zu jener inneren Haltung, die selbst dann noch trägt, wenn äußerer Druck entfällt. Nur scheinbar ist es darum paradox, politischen Bildnern stets die Einsicht abzuverlangen, dass zur Freiheit eines Bürgers auch sein Recht gehört, von Politik nichts hören und wissen zu wollen, also im griechischen Sinn ein ‚Idiot' zu bleiben. Doch ebensowenig wie das Erlernen der Verkehrsregeln ganz ins Belieben des Einzelnen gestellt wird, muss man darauf verzichten, erwünschte oder notwendige politische Grundkenntnisse dort zu vermitteln, wo dies fraglos möglich ist, nämlich im der staatlichen Aufsicht anvertrauten Erziehungssystem. Gerade wenn dort die Ziele nicht unerreichbar hoch angesetzt werden, wenn also nicht – in maximalistischem Eifer – ‚Idealbürger' herangezogen werden sollen, sondern ‚nur' eine akzeptable Annäherung an plausibel gemachte Ziele attraktiv gemacht wird: Genau dann leistet politische Bildung ihr Optimum.

4. Politisches Wissen und seine Ordnung

Das Bemühen, in diesem Sinn unverzichtbare Grundkenntnisse unseres sozialen, wirtschaftlichen, rechtlichen und politischen Systems zu vermitteln sowie für deren Nutzung in politischer Partizipation wenigstens zu werben, prägt denn auch alle deutschen Lehrpläne für Gemeinschafts- oder Sozialkunde, desgleichen – in wirklich nennenswertem Umfang – die Veranstaltungsprogramme und Publikationsreihen der Zentralen für politische Bildung sowie der Bildungswerke politischer Parteien. Eine ganz besondere Rolle bei der Vermittlung von demokratischem Bürgerethos und staatsbürgerlich hilfreichen Wissensbeständen spielen vor allem die Schulen: Sie erfassen jeden nachrückenden Jahrgang und können, durch Unterlassen nicht minder als durch Tun, immer neue Generationen prägen – sei es zu *citoyens*, sei es zu *bourgeois*. Aller Erfahrung nach kann dabei auch eine demokratische Schulkultur schon im Vor- und Umfeld kognitiver Politikvermittlung nachhaltig persönlichkeitsformend wirken, weshalb auf Demokratieerziehung solcher Art ebenfalls gesetzt werden sollte. Obendrein können gut konzipierter Unterricht, sinnvoll aufbereitete Materialien und ein funktionstüchtiges System der Leistungskontrolle ab der schulischen Mittelstufe sehr wohl dazu führen, dass Voraussetzungen wirklich gelingender Orientierung in Staat, Wirtschaft und Gesellschaft geschaffen werden.

Doch Faktenwissen – in Zeiten populärer Quizshows wieder einmal aufgewertet – ist ja nur ein Teil jener Voraussetzungen. Zwar muss vielerlei wirklich auf der Faktenebene gekannt werden: Politik – und deren Vorformen – im eigenen Erfahrungsbereich von Familie, Schule, Gemeinde; Aufbau und Funktionsweise des politischen Systems des eigenen Landes, ansatzweise auch Europas; Prinzipien, Grundzüge und Steuerungselemente unseres Wirtschaftssystems; praktisch wichtige Ausschnitte aus unterschiedlichen Rechtsgebieten; sowie Umrisse des internationalen Systems, seiner prägenden Konflikte und womöglich zielführenden Gestaltungsversuche. Doch bei raschen wirtschaftlichen, gesellschaftlichen und politischen Wandlungsprozessen veraltet recht schnell, was allzu konkret ist und eng an der Oberfläche des rein zeitgenössisch Interessanten bleibt. Leider macht aber gerade das Aktuelle die politische Bildung attraktiv, so dass ihr immer wieder zur Herausforderung wird, nicht nur dieses politisch bildend zu begleiten, sondern am bloßen Beispielsfall des Aktuellen das politisch dauerhaft Wichtige zu vermitteln.

Diesbezüglich tut die politische Bildung gut daran, sich eng mit der Politikwissenschaft zu verbinden. Konkrete Politik folgt nämlich bestimmten Erfahrungsregeln; politische Prozesse laufen nicht auf jede beliebige Weise gleichermaßen erfolgreich ab; und allen politischen Strukturen eignet jeweils eine besondere Funktionslogik, gemäß welcher man viel, gegen die man indessen nur wenig erreichen kann. Ist also der für politisches Engagement brauchbar ausgestatte und ausreichend mit Reflexions-, Argumentations- und Handlungskompetenz versehene Bürger das Leitbild politischer Bildung, so ist folglich Wissen um die Funktionslogik einer freiheitlichen Demokratie zu vermitteln. Was dabei an systematischen Kategorien und fallübergreifenden Einsichten erworben wird, kann lebenslang sowohl bei der Auseinandersetzung mit dem Tagesgeschehen Orientierung stiften als auch eine geistige Grundstruktur bieten, in die sich immer neue Informationen aufnehmen und an einem solchen Platz verorten lassen, von dem aus jeder neu zur Kenntnis genommene Einzelbefund das Gesamtverständnis verbessern hilft (zu allen Einzelheiten: Patzelt 2007/6). Tatsächlich ist ja nicht ‚Klugheit für den Tag', sondern ‚Weisheit für allemal' das Ziel politischer Bildung.

Neben den Schulen sind deren wichtigste Mittler die Massenmedien, allen voran das Fernsehen. In einer Mediendemokratie sind die Massenmedien obendrein wichtige politische Akteure: Sie setzen oder entziehen Themen; sie prägen die Denk- und Redefiguren des politischen Diskurses; und unter ihrem Einfluss wurde auch die auf Massenunterstützung angewiesene demokratische Politik anders, als sie einst war (vgl. Pfetsch 2008). Darum ist es wichtig, möglichst große Kreise des Volks mit der Fähigkeit auszustatten, die Massenmedien als faktisch wichtigste Quelle politischer Information und Meinungsbildung kritisch zu nutzen. Das verlangt erhebliche Fähigkeiten der Quellen- und Medienkritik: Klar muss werden, wie Informationen Interessen transportieren, indem nämlich bereits die Auswahl oder Präsentation von Informationen vom Wunsche geprägt ist, genau im eigenen Sinn meinungsbildend zu wirken. Natürlich ist – zumal in einer pluralistischen Gesellschaft – derlei weder unrecht noch anstößig. Doch wenn diese Tatsache unbemerkt bleibt, so gerät man auf die schiefe Ebene hin zur träge geduldeten Manipulation. Auf ihr wandelt ebenfalls, wem die von den Nachrichtenfaktoren ausgehenden oder ganz medienspezifischen Prägungseffekte der von Hörfunk, Presse und Fernsehen verfertigten ‚Medienwirklichkeit' nicht ins Bewusstsein gelangen, etwa vom ‚Negativismus' bis zur ‚Neophilie'. Wer nämlich dergleichen nicht kennt und bei seinem Informationsverhalten nicht interpretierend neutralisiert, der hält leicht für Merkmale der ‚außen' bestehenden politischen Handlungswirklichkeit, was im Wesentlichen doch nur Spuren des Verfertigungsprozesses von Medienwirklichkeit sind. Für bare Münze nehmend, was man liest, hört oder sieht, erwirbt man sich dann ein verzerrtes Weltbild, anhand dessen gleichwohl folgenreich geurteilt und gehandelt wird – sei es durch politikverdrossene Abstinenz, sei es durch fehlinformierten Aktionismus. Derlei ist ‚Manipulation ohne Manipulateure'. Sie hat besonders nachteilige Wirkungen in einer Konkurrenzdemokratie, weil deren nachhaltige Funktionstüchtigkeit von kompetent urteilenden Wählern abhängt.

Kritisch mit Medienberichterstattung umgehen zu können und das sowohl zu wollen als auch zu tun, sind Elemente politischer Rationalität. Auch diese gehört zu den Merkmalen eines Bürgers, der unserem Leitbild politischer Bildung entspricht: Er soll rational handeln oder immerhin rational urteilen können. Sieben Elemente umfasst solche Rationalität als anzustrebende Eigenschaft eines Bürgers bzw. als Ziel politischer Bildung (siehe Grosser u.a. 1980: 154-156). Erstens gehört zu ihr, sich das für die Beurteilung oder Gestaltung eines Sachverhalts nötige Wissen verfügbar zu machen sowie Verzerrungen und Ungewissheiten der erhaltenen Informationen in Rechnung zu stellen. Zweitens gehört zu ihr die Fähigkeit, Tatsachenbehauptungen von Werturteilen zu unterscheiden und die Prüfung der sachlichen Richtigkeit einer Aussage streng von einer Klärung des ethischen Wertes dessen zu trennen, wovon in ihr die Rede ist. Drittens müssen Fähigkeit wie Bereitschaft vorhanden sein, Argumentationen und Urteile auf Widersprüche und sachliche Fehler zu befragen sowie eigene Argumentationen bzw. Urteile dann zu verbessern, wenn sie widersprüchlich oder sachlich falsch sind. Dabei muss die Bereitschaft, sich auf die Argumente eines anderen einzulassen und aus ihnen zu lernen, von der persönlichen Beziehung zum anderen ganz unabhängig sein. Viertens braucht es Kompetenz zum Perspektivenwechsel: Man muss auch mit den Augen des anderen einen Sachverhalt oder Streitfall betrachten sowie verstehen können, warum die Überzeugung des anderen sich von der eigenen unterscheidet. Fünftens muss Geläufigkeit hinzukommen, in komplexen, strukturellen, prozesshaften und historischen Zusammenhängen zu denken; die Implikationen und Konsequenzen von Entscheidungen zu erwägen; und politische Situationen als Konstellationen zugleich objektiver Vorgegebenheiten sowie subjektiver Absichten der Beteiligten zu durchschauen. Sechstens gehört zur politischen Rationalität Übung darin, bei der Frage nach politischen Handlungsoptionen das Wünschbare und Gesollte vom Faktischen und derzeit Möglichen zu unterscheiden. Siebtens ist Bestandteil politischer Rationalität die Fähigkeit, stets die folgenden, grundlegenden

Einsichten in die Natur von Politik zu beherzigen: die Relativität jeder politischen Problemlösung; die Tatsache, dass Politik sich stets und notwendigerweise als ein Komplex von Herrschafts- und Machtstrukturen darstellt; die Notwendigkeit von Institutionen mit begrenzter Zwecksetzung; die Notwendigkeit ordnungspolitischer Grundentscheidungen; die Möglichkeit von Zielkonflikten und die Notwendigkeit des Setzens von Prioritäten; die Erforderlichkeit von Kompromissen für gerechtes Zusammenleben; sowie die Tatsache, dass nicht nur die Entscheidungsinhalte, sondern auch die Verfahren des Zustandekommens von Entscheidungen Wirkungen auf die beteiligten und betroffenen Menschen sowie auf die Entwicklung der politischen Ordnung besitzen.

5. Bürgertugenden in der Demokratie

Mit Rationalität als Ziel politischer Bildung ist auch schon der Bereich echter Bürgertugenden betreten (vgl. Münkler 1996), zumal dort, wo das Gemeinwesen auf den Wert einer vernünftigen Erörterung der die Allgemeinheit betreffenden Fragen baut. Gewiss ist es müßig, Rationalität und Betroffenheit oder Rationalität und Wertempfinden gegeneinander auszuspielen: Allein durch rationales Handeln lässt sich Schaden wenden und Nutzen mehren, und zugleich werden nur Wertempfinden und Betroffenheit jene Antriebskraft und Zähigkeit verleihen, die beide – aufgrund der erforderlichen mühevollen Umsicht – für rationales Urteilen und Handeln erforderlich sind. Letztlich gibt es kein besseres Anzeichen für das Gelingen der nötigen Verschränkung von Rationalität mit emotional abgesichertem Ethos als jenes Ausmaß, in dem die Folgen von Handlungen rational bedacht und dann auch diese, nicht aber ihre Motive, moralisch beurteilt werden. Gerade wenn politische Bildung durch Wertvermittlung ethisch wirken und Gesinnungen prägen soll, muss sie also besonders hartnäckig auf eine rational unterfangene Ethik der Verantwortung hin erziehen.

Sodann gehören Kritikbereitschaft und Kritikfähigkeit zu jenen Bürgertugenden, die es durch politische Bildung zu vermitteln gilt. Längst nicht alles, was an Selbstverständlichkeiten und Strukturen, an Positionen und Prozessen jeweils besteht, ist ja deswegen auch schon gut, weil es nun besteht oder einst gut gemeint war. Vor allem ein politisches System wie unseres, das sich als materieller Rechtsstaat an klar formulierte Werte gebunden hat und seine Legitimität nicht zuletzt aus effektivem Funktionieren im Dienst jener Werte gewinnt, hat stete Kritik nötig. Es muss nämlich die Praxis immer wieder an den Normen gemessen werden, welche man ihr zugrunde gelegt hat; stets neu entstehende Abweichungen der Funktionswirklichkeit der politischen Institutionen von ihren auf die politischen Grundwerte bezogenen Leitideen müssen aufgedeckt, zur Kenntnis gebracht und durch Erzeugung politischen Handlungsdrucks Mal um Mal verringert werden; obendrein müssen Personen, die ein staatliches Amt bekleiden, beobachtet und nötigenfalls durch öffentlichen Druck wieder um ihr Amt gebracht werden, falls sie es unzulänglich oder zu Lasten des Gemeinwohls versehen. Solche Kritik braucht einesteils klare Maßstäbe, andernteils reflektierende und argumentative Kompetenz.

Eine weitere Bürgertugend ist Reformbereitschaft. Sie braucht es nicht nur seitens der Amtsträger eines politischen Systems, sondern gerade auch in der Bürgerschaft. Sich auf Alternativen zum Herkömmlichen einzulassen, neue Wege zu erkunden und aus bloß ererbten Selbstverständlichkeiten auszuspüren: Das alles sind Zeichen einer offenen Gesellschaft und Vorbedingungen ihrer weiteren Lebensfähigkeit. Reformbereitschaft muss freilich in Kritik als Kunst der Unterscheidung wurzeln, wird sie doch zur blanken Neuerungssucht, zur bloß umtriebigen *rerum novarum cupido*, wenn sie nicht an rationale Urteilsbildung darüber gebunden ist, was es an Werten oder bewährten Strukturen aufrechtzuerhalten gilt, was anderes aber untauglich, überholt oder fehlerhaft geworden ist und deshalb ersetzt werden sollte – und welche anderen Dinge sogar neu in die bisherige politische Ordnung einzufügen wären. Wenig hilfreich ist deshalb die verbreitete Übung, Reaktion und Fortschritt, Konservative und Progressive einander einfach gegenüberzustellen und politische Tugenden nach solchen Etiketten zu ordnen. Gerade wer erhalten will, muss nämlich reformieren; und was es in einer freiheitlichen demokratischen Ordnung wie jener des Grundgesetzes zu konservieren gilt, sind doch nichts anderes als die Errungenschaften der großen Revolutionen des 18. bis 20. Jahrhunderts.

Doch noch mehr kann ein freiheitlicher demokratischer Verfassungsstaat an politischen Bürgertugenden, an soziomoralischen Voraussetzungen brauchen. Es sollten klassische Herrschertugenden wie tapfere Stärke in Verbindung mit willensstarker Mäßigung, Gerechtigkeit ohne Ansehen der Person im Bund mit auch das *respice finem* praktizierender Weisheit sich jenen Tugenden zugesellen, mit denen zur Not auch ein Untertan auskommen mag: Gesetzesgehorsam, Ehrlichkeit und Sparsamkeit. Es sollte alltägliches Pflichtenethos sich nicht in Beruf und Familie erschöpfen, sondern auch politisches Tätigsein umschließen – und sei es ‚nur' im sogenannten ‚vorpolitischen Raum' der Zivilgesellschaft. Da sollte auch Gemeinsinn walten: verstanden einerseits als jener ‚gemeinsame Sinn' von Bürgern und politischer Klasse, der Voraussetzung einer pluralistischen Streitkultur ist, und begriffen andererseits als jener ‚Sinn für das Gemeinsame', den das Volk und seine Politiker hegen, aufweisen, erwarten oder wechselseitig einfordern. Und es hilft obendrein viel, wenn es Möglichkeiten gemeinsamen Rekurses auf ‚Transzendenzen' des je aktuellen politischen, gesellschaftlichen und wirtschaftlichen ‚Hier und Jetzt' gibt: Diskurse, Praktiken,

Semantiken und Symbolformen nämlich, in denen die bestehenden politischen Strukturen und Prozesse auf Vorstellungen, Ereignisse, Figuren und kulturelle Muster bezogen werden, die über sie selbst hinausgehen und politischen Einrichtungen dadurch Sinn und Geltung über die Eigenwahrnehmung, Selbstreflexion und Handlungsorientierung ihrer Adressaten hinaus verleihen.

6. Patriotismus als soziomoralische Summenformel

Gemeinsame Nenner für das Zusammenkommen von Transzendenz und Gemeinsinn scheint Patriotismus zu sein. Ihn gilt es wiederzuentdecken als das einende Band aller soziomoralischen Voraussetzungen gerade einer freiheitlichen demokratischen Ordnung. Wider manch überkommene, zur bloßen Pose geratene Aversion sollte deshalb die Kultivierung von Patriotismus zum wichtigen Inhalt politischer Bildung werden. Patriotismus meint doch nichts anderes als den Wunsch, dem eigenen Land möge es gut gehen – verbunden mit der Bereitschaft, hierzu auch Eigenes beizutragen. Gerade unter dem Druck der Globalisierung ist solcher Patriotismus auch eine höchst plausible Haltung, werden doch stark solche Dinge bedroht, die vielen im Lande gemeinsam wertvoll sein mögen: von weiterhin gesicherter Sozialstaatlichkeit bis hin zur Bewahrung kultureller Identität. Und was befähigt ein Gemeinwesen wohl besser als Patriotismus, seine Konflikte in gesellschaftlicher Solidarität zu durchstehen?

Auf welche territoriale Einheit aber soll sich Patriotismus im Zeichen der Globalisierung beziehen? Die deutsche Vision lief lange darauf hinaus, die – begreiflicherweise – als belastend empfundene deutsche Nation als Bezugsrahmen von Patriotismus loszuwerden. Derlei wurde auch mittels politischer Bildung lange Zeit befördert, vor allem in Form systematischer Nationalismuskritik, die mit dem – nie akzeptablen – Überborden von Nationalismus in Chauvinismus und Rassismus auch den höchst schätzenswerten kulturellen Kern nationalen Empfindens zu beseitigen versuchte. Doch inzwischen hat sich gezeigt, dass ‚postnationaler Patriotismus' allenfalls deutscher Sonderweg sein mag, nicht aber etwas, das sich auch andere große Staaten der Erde zu eigen machen werden. Außerdem zeigte die Globalisierung ebenfalls den Deutschen, dass in Zeiten eines weltweiten Finanz- und Handelsverbundes eben doch der (National-) Staat der einzige halbwegs verlässliche Schutzschild gegen die Fährnisse weltweiter Vernetzung ist. Also braucht es auch die ihn tragenden soziomoralischen Grundlagen, deren wichtigste der Patriotismus ist. Dieser aber wächst nicht von selbst, und er wächst schon gar nicht von selbst in jenen kultivierten, aufgeklärten Typ eines wahrhaft republikanischen Patriotismus hinein, den wir uns wünschen sollten. Also ergibt sich gerade für politische Bildung die Aufgabe, in Deutschland an der Schaffung und Verbreitung eines solchen kultivierten Patriotismus mitzuwirken.

Was aber wären seine Inhalte? Erstens muss er ein auf die freiheitliche demokratische Grundordnung bezogener Verfassungspatriotismus sein: eine offen bekundete und allem politischen Handeln zugrunde gelegte Zuneigung zu jener politischen Ordnungsform, die gerade Deutschland unter allen Staatsformen, mit denen es unser Land je versucht hat, nun wirklich am besten bekommen ist. Zweitens äußert sich Patriotismus im politischen Handeln und Sprechen aus einem Gesamtverständnis der eigenen Geschichte und Kultur heraus. Also ist es Zeit, auch in unserem Land wieder jenes Ganze in den Blick zu nehmen: das sächsisch-salisch-staufische Deutschland ebenso wie das auf eine friedliche Streitbeilegung ausgerichtete System des nachwestfälischen Reiches, den Kosmopolitismus der deutschen Klassik nicht minder als die Leistungskraft deutscher Wissenschaft und Technik. Und dann natürlich auch die Katastrophe der nationalsozialistischen Diktatur – und desgleichen, was in Deutschland nach Abkehr von der Verführungskraft des Totalitären eben auch wieder an Gutem gewachsen ist.

Drittens umschließt Patriotismus, zumal der Deutschen, die Verbundenheit mit ihrer jeweiligen Heimatregion, die innere Bindung an deren Mundart, Landschaft und Bräuche. Unter den Zuwanderern wird das auf lange Zeit die innere Bindung an ihre Herkunftsländer einschließen. Viertens gehört zum Patriotismus eine nicht nur tatkräftig ins Werk gesetzte, sondern immer wieder auch in ganz selbstverständlicher Weise bekundete Zuneigung zum eigenen Land und zu dessen Leuten. Dem gesellschaftlichen Zusammenhalt wäre wirklich viel geholfen, würde Vaterlandsliebe dieser Art nicht nur empfunden, sondern auch immer wieder zum Ausdruck gebracht: in vielen freundlichen Worten über das eigene Land sowie im freudigen Gebrauch seiner Symbole – von der Fahne über das Wappen bis zur Nationalhymne. Besonders wichtig und keineswegs eine ‚billige Ablenkung' ist derlei in Zeiten, da längst nicht alle Probleme gesellschaftlichen Zusammenhalts und sozialer Gerechtigkeit gelöst oder im Griff sind: Symbolische Integration muss dann Defizite realen Zusammenhalts ausgleichen helfen und Stolz innerlich aufrechterhalten, wenn die Umstände eigentlich niederschmetternd sind. Tatsächlich ist im recht verstandenen, patriotischen Stolz sogar der Gipfel republikanischer Bürgertugenden zu erkennen: Stolz ist ja nichts anderes als eine Empfindung der Dankbarkeit dafür, einer Gruppe mit guten, vielleicht herausragenden Leistungen anzugehören, desgleichen ein dieser Dankbarkeit entspringender Ansporn, nun auch selbst für diese Gruppe etwas Gutes, vielleicht gar Herausragendes zu leisten. Genau davon aber lebt eine freiheitliche demokratische Ordnung – und eben hierzu sollte politische Bildung deshalb erziehen.

Literatur

Böckenförde, Ernst-Wolfgang (1978): Der Staat als sittlicher Staat. Berlin: Duncker & Humblot

Grosser, Dieter u.a. (1980): Politische Bildung. Grundlagen und Zielprojektionen für den Unterricht an Schulen. Oberreuter (1980): 131-162

Hayek, Friedrich August v. (1991/3): Die Verfassung der Freiheit. Tübingen: Mohr Siebeck

Münkler, Herfried (1996): Bürgerreligion und Bürgertugend. Debatten über die vorpolitischen Grundlagen politischer Ordnung. Baden-Baden: Nomos

Oberreuter, Heinrich (1980) (Hrsg.): Freiheitliches Verfassungsdenken und Politische Bildung. Stuttgart: Klett

Patzelt, Werner J. (2007) (Hrsg.): Evolutorischer Institutionalismus. Theorie und exemplarische Studien zu Evolution, Institutionalität und Geschichtlichkeit. Würzburg: Ergon

Patzelt, Werner J. (2007): Institutionalität und Geschichtlichkeit in evolutionstheoretischer Perspektive, in: ders. (2007): 287-374

Patzelt, Werner J. (2007/6): Einführung in die Politikwissenschaft. Grundriss des Faches und studiumbegleitende Orientierung. Passau: Wissenschaftsverlag Rothe

Pfetsch, Barbara (2008): Politik in der Mediendemokratie. Wiesbaden: VS Verlag

Popper, Karl (2003/8): Die offene Gesellschaft und ihre Feinde, 2 Bde. Tübingen: Mohr Siebeck

Kinder und Demokratie: Eine unterschätzte Beziehung

Jan W. van Deth[*]

1. Kinder statt Jugendliche

Politik ist kompliziert, abstrakt und schwer durchschaubar. Für demokratische Politik mit ihren kontinuierlichen Kompromissen und ihrer medialen Inszenierung trifft diese Charakterisierung noch stärker zu. Von Kindern kann man nicht erwarten, dass sie sich mit Politik auskennen und sie sollten deshalb nicht an demokratischen Verfahren beteiligt werden. Diese Vorurteile basieren unter anderem auf jahrzehntelang verbreiteten Theorien, die die Fähigkeiten von Kindern in aufeinanderfolgende Entwicklungsstufen einteilen. Politik gehört dabei zu den höheren und abstrakteren Stufen und wird dadurch erst im Jugendalter zugänglich. Folglich wurde – und wird! – demokratisches Lernen und Politikdidaktik meistens auf Jugendliche und junge Erwachsene beschränkt. Kinder sind zwar interessant, aber höchstens ein Aspekt der sogenannten „vorpolitischen Bestandsvoraussetzungen". Die wirkliche politische Bildung und Demokratiedidaktik beginnt dann erst im Jugendalter.

Politische Orientierungen und Kompetenzen von Kindern kann man allerdings auch weniger voreingenommen angehen. Das Projekt ‚Demokratie Leben Lernen' (DLL) versucht, empirisch fundierte Erkenntnisse über die frühe politische Sozialisation zu gewinnen.[1] Kann man aber überhaupt von politischen Orientierungen und Kompetenzen junger Kinder sprechen? Und wie können zuverlässige Informationen gesammelt werden, wenn Kinder weder lesen noch schreiben können? Im Rahmen des DLL-Projektes wurden Daten über die politischen Orientierungen und Kompetenzen von Erstklässlern erhoben. Auf der Basis von Gesprächen mit rund 20 Kindern wurde zunächst ein für junge Kinder geeigneter standardisierter Fragebogen entwickelt. Mit diesem Kinderfragebogen – der keinerlei Lese- oder Schreibkompetenz von Seiten der befragten Kinder erfordert – sind anschließend die politischen Orientierungen und Kompeten-

* Für die sprachliche Überarbeitung dieses Textes und hilfreiche Anregungen bei den Analysen und Interpretationen bin ich Meike Vollmar zu Dank verpflichtet.
1 Das Projekt wird mit einer Sachbeihilfe der Deutschen Forschungsgemeinschaft (DFG) sowie der Unterstützung des Mannheimer Zentrums für Europäische Sozialforschung (MZES) der Universität Mannheim durchgeführt. Siehe: http://www.mzes.uni-mannheim.de/fs_projekte_d.html, oder van Deth et al. (2007).

zen von mehr als 700 Mannheimer Grundschulkindern am Anfang ihres ersten Schuljahres erfasst worden. Ein Großteil dieser Kinder hat sich am Ende des ersten Schuljahres nochmals an der Studie beteiligt. Somit bieten die Ergebnisse dieses Projektes eine einzigartige Möglichkeit sowohl die politischen Orientierungen und Kompetenzen von Erstklässlern als auch deren Entwicklung während des ersten Schuljahres zu untersuchen.

Die Kinder waren in allen Phasen des Projektes begeistert und nahmen bereitwillig an den Befragungen teil. Diese erfolgreiche Erhebung politischer Orientierungen und Kompetenzen sehr junger Kinder ist bereits ein klarer Indikator für ein vorhandenes Politikverständnis. Viele der befragten Kinder sind mit politischen und gesellschaftlichen Themen vertraut und die meisten sind in der Lage, diese Kenntnisse und Kompetenzen auf sinnvolle Weise anzuwenden (vgl. Ohlmeier 2006; Götzmann 2007). Das politische Bewusstsein junger Kinder wird von manchen Forschern, Eltern, Didaktikern und Lehrenden offensichtlich stark unterschätzt. Folglich sind die Gefahren groß, Kinder in der politischen Bildung und dem Politikunterricht zu vernachlässigen und Jugendlichen eine Politik- und Demokratiedidaktik anzubieten, die nicht an ihre bereits vorhandenen Orientierungen und Kompetenzen anschließt.

2. Politische Kenntnisse und Demokratieverständnis

Eine Demokratie erfordert demokratische Bürgerinnen und Bürger. Eine ‚gelungene' politische Sozialisation ist für eine Demokratie deswegen von großer Bedeutung. Die Frage ist nicht ob man junge Menschen demokratisch erziehen sollte – die Frage ist nur wie eine erfolgversprechende Demokratiedidaktik aussieht und wann damit begonnen werden kann.[2] Die neuere politische Sozialisationsforschung konzentriert sich auf die Untersuchung von Jugendlichen und jungen Erwachsenen. Diese Fokussierung ist für manche Themen sicherlich berechtigt. Trotzdem kann man sich fragen, ob die weitverbreitete Gleichgültigkeit bezüglich junger Kinder in der politischen Sozialisationsforschung bei Diskussionen über Demokratiedidaktik und politische Bildung angemessen ist. Die Kindheit verläuft heutzutage nicht mehr wie früher und Kinder sind ganz anderen gesellschaftlichen und politischen Prozessen ausgesetzt als noch vor 40 Jahren (vgl. Piachaud 2008). Außerdem hat die Familie an Bedeutung verloren und Kinder werden heutzutage nicht nur als zukünftige, sondern immer häufiger auch als junge Bürger betrachtet.

---

2 Siehe May (2008) für einen kurzen Überblick verschiedener Antworten auf diese Fragen anhand der Unterschiede zwischen Demokratiepädagogik und Politikpädagogik.

Erste Eindrücke der politischen Orientierungen und Kompetenzen junger Kinder stellen im DLL-Projekt die Fragen nach der Wahrnehmung politischer Objekten und Begriffe dar. Dazu wurden die Kinder direkt gefragt: „Hast Du schon mal was von .... gehört?" wobei an verschiedenen Stellen des Fragebogens Stimuli wie „Politiker", „Parteien", „Gesetze" oder „Demokratie" benutzt werden.

Abbildung 1: *„Hast Du schon mal was von .... gehört?"*
(in Prozent)

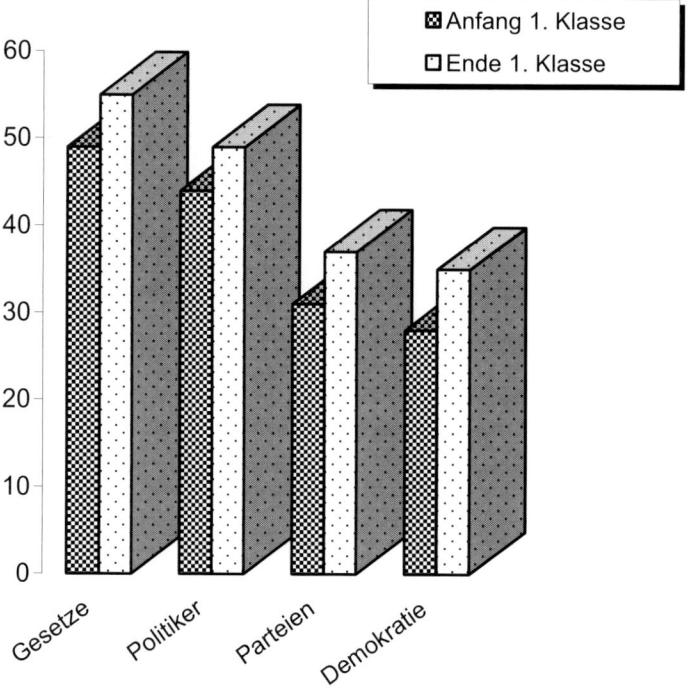

Für Sechs- oder Siebenjährige sind das natürlich keine einfachen Objekte und Begriffe. Trotzdem hat etwa 67 Prozent der Schulanfänger und 74 Prozent der Kinder am Ende der ersten Klasse von mindestens einem dieser vier Dinge gehört. Dabei zeichnen sich allerdings große Unterschiede in der Bekanntheit verschiedener Objekte und Begriffe ab. Während etwa die Hälfte der Kinder von „Gesetzen" und „Politikern" gehört hat, ist die Bekanntheit von „Parteien"

und „Demokratie" deutlich geringer. Abbildung 1 zeigt die Anteile der Kinder, welche die direkten Fragen bestätigend beantwortet haben. Erwartungsgemäß ist jedes Objekt bzw. jeder Begriff am Ende des ersten Schuljahres bekannter als zu Schuljahresbeginn.

Mit der Beantwortung von einfachen Fragen nach der Wahrnehmung politischer Objekte und Begriffe ist selbstverständlich nicht nachgewiesen, dass junge Kinder tatsächlich über konsistente politische Orientierungen und Kompetenzen verfügen. Wie Erwachsene können Kinder bei einer Umfrage schlichtweg etwas ankreuzen, um dem Interviewer einen Gefallen zu tun oder um sich der Aufgabe zu entledigen. Obwohl Pseudo-Attitüden bei komplizierten Themen nicht zu vermeiden sind, sprechen verschiedene Ergebnisse jedoch gegen eine derartige Interpretation. Zunächst ist klar, dass Kinder die Stimuli sehr unterschiedlich wahrnehmen. Die Bekanntheit verschiedener Objekte und Begriffe ist nicht willkürlich verteilt, sondern zeigt große Unterschiede: Die Spannbreite der bestätigenden Antworten in Abbildung 1 reicht von 28 Prozent für „Demokratie" bis 55 Prozent für „Gesetze". Viel wichtiger ist allerdings die Tatsache, dass eine Reihe von Fragen nach unterschiedlichen Aspekten des politischen Wissens der Kinder systematisch strukturiert ist und verschiedene Dimensionen dieses Wissens unterschieden werden können. In mehreren umfangreichen Analysen der Daten des DLL-Projektes kommt Vollmar zu einer eindeutigen Schlussfolgerung: „Kinder in der ersten Grundschulklasse verfügen nicht nur über politisches Wissen, sie sind außerdem in der Lage verschiedene Wissensbereiche zu unterscheiden" (2007: 159). Dabei gibt es offensichtlich fünf dieser Bereiche: politische Perzeption, Strukturwissen, Funktionswissen, politisches Symbolwissen sowie Demokratiebegriff. Diese klare Strukturierung der Antworten von insgesamt 19 verschiedenen Fragen die Vollmar in ihren Analysen berücksichtigt, wäre höchst unwahrscheinlich, wenn die Kinder die einzelnen Fragen nicht verstanden hätten, sie aber trotzdem beantwortet haben.

Auch die Antworten auf die in Abbildung 1 aufgenommen Fragen unterliegen einer Systematik: Kinder, die eines der vier Objekte oder Begriffe kennen, haben durchaus eine höhere Chance auch eines der anderen Items zu kennen. Eine Hauptkomponentenanalyse der Antworten auf diese vier Fragen ergibt für jede der beiden Wellen der Studie unverkennbar eine einzelne Dimension (erklärte Varianz 52 bzw. 53 Prozent am Anfang bzw. Ende des Schuljahres). Im Durchschnitt sind den Schulanfängern 1,5 der vier Objekte und Begriffe bekannt, während dieser Wert am Ende des Schuljahres auf 1,7 angestiegen ist (eine statistisch höchst signifikante Differenz). Dass die Bekanntheit politischer Objekte und Begriffe unter jungen Kindern keine Seltenheit ist, unterstreicht auch die Tatsache, dass bereits am Anfang des Schuljahres 12 Prozent der Befragten alle vier Fragen bestätigend beantworteten. Am Ende des Jahres steigt dieser Anteil auf 16 Prozent.

Trotz dieser ermutigenden Ergebnisse ist die Wahrnehmung politischer Objekte und Begriffe unter jungen Kindern sicherlich nicht selbstverständlich. Ein substantieller Teil der Kinder hat auch am Ende des ersten Schuljahres nie von diesen Sachen gehört: Wie erwähnt, beantworteten etwa 30 Prozent der Kinder alle vier Fragen verneinend. Wenn wir noch einen Schritt weiter gehen, wird das beschränkte Ausmaß des politischen Wissens noch deutlicher. Anschließend an die Frage, ob man mal von „Demokratie" gehört hat, ist den Kindern eine Frage nach dem Verständnis dieses Begriffes vorgelegt worden: „Was glaubst Du, was ist Demokratie?". Dabei konnte ausgewählt werden aus (1) „dass einer allein im Land bestimmt", (2) „dass alle Bürger in einem Land mitbestimmen können" und (3) „ich weiß es nicht". Wie Tabelle 1 zu entnehmen ist, sagten die meisten Kinder in beiden Wellen offen heraus, nicht zu wissen, was man unter Demokratie verstehen könnte. Außerdem entscheidet sich etwa jedes fünftes Kind für die erste Antwortalternative und äußert somit ein falsches Demokratieverständnis. Zwar wählen mehr Kinder die zweite statt die erste Alternative aus, es handelt sich dabei allerdings immer noch um klare Minderheiten.

Tabelle 1:   *„Was glaubst Du, was ist Demokratie?"* (in Prozent)

	Anfang 1. Klasse	Ende 1. Klasse
dass einer allein im Land bestimmt	21	19
dass alle Bürger in einem Land mitbestimmen können	27	25
ich weiß es nicht	53	57
(N)	713	719

Auch hier verstecken sich hinter den augenscheinlich bescheidenen politischen Kompetenzen junger Kinder systematische Zusammenhänge, welche auf ein Politikverständnis, das weit über die Kenntnis einzelner Themen hinausgeht, hinweisen. Von den Kindern, die von keinen der vier politischen Objekte und Begriffe gehört haben, kennen am Anfang bzw. Ende des ersten Schuljahres 13 bzw. 14 Prozent die richtige Bedeutung des Demokratiebegriffes. Diese Anteile sind unter Kindern, die alle vier Objekte und Begriffe kennen mit 46 bzw. 41 Prozent etwa dreimal so hoch! In beiden Wellen der Befragung steigt das Demokratieverständnis mit der Wahrnehmung politischer Objekte und Begriffe. Kinder beantworten also auch schwierige politische Fragen nicht willkürlich.

3. Bestimmungsfaktoren der politischen Wahrnehmung

Während ihres ersten Schuljahres kommen Kinder mit neuen Dingen in Berührung und kennen am Ende dieses Jahres dementsprechend auch mehr politische Objekte und Begriffe als am Anfang des Schuljahres. Die Ergebnisse des vorangegangenen Abschnittes unterstützen diese Erwartung. Allerdings haben nicht alle Kinder die gleichen Chancen mit politischen Objekten und Begriffen konfrontiert zu werden. Kinder unterschiedlicher Herkunft haben wahrscheinlich unterschiedliche Erfahrungen mit zum Beispiel Gesetzen oder Politikern gemacht – oder haben zumindest unterschiedliche Erfahrungen aus dem Inhalt und der Häufigkeit politischer Diskussionen in ihrem Alltag. Die Chance, politische Themen und Begriffe zu kennen, ist vermutlich zudem mit dem Alter und Geschlecht der Kinder sowie mit dem sozioökonomischen Status ihrer Wohngegend verbunden (vgl. van Deth 2007: 95-7).[3]

In Tabelle 2 sind die Durchschnittswerte der Anzahl der wahrgenommen politischen Objekte und Begriffe verschiedener Gruppen von Kindern am Anfang und Ende des ersten Schuljahres zusammengefasst. Durch einen Vergleich dieser Durchschnittswerte kann untersucht werden, ob sich das Niveau der politischen Wahrnehmung der Gruppen signifikant von einander unterscheidet (F-Tests für die Reihen) und ob sich innerhalb der Gruppen während des ersten Schuljahres signifikante Änderungen abzeichnen (F-Test für die Spalten). Auf Grund von geschlechtspezifischen Handlungsweisen und Identitäten nehmen Jungen und Mädchen politische Objekte und Begriffe wahrscheinlich unterschiedlich wahr. Außerdem neigen Jungen weniger als Mädchen dazu eine Frage mit ‚nein' zu beantworten (vgl. Vollmar 2007: 136-7). Die Ergebnisse für geschlechtsgebundene Unterschiede im ersten Teil von Tabelle 2 sind deswegen kaum überraschend: Jungen nehmen Politik tatsächlich häufiger wahr als Mädchen. Obwohl Mädchen ihr Niveau politischer Wahrnehmung im Laufe des Jahres signifikant steigern, bleiben sie auch am Ende des ersten Schuljahres hinter den Jungen in ihrer Klasse zurück. Mädchen erreichen zudem am Ende des Schuljahres im Durchschnitt nicht einmal das Niveau politischer Wahrnehmung der männlichen Schulanfänger.

---

3 Da unter den Befragten in Mannheim Kinder türkischer Herkunft eine umfangreiche Gruppe bilden, wurde anstelle einer einfachen Gegenüberstellung von ‚deutschen' und ‚nicht-deutschen' Kindern eine Dreiteilung gewählt. Die sozioökonomischen Status der Wohngebiete ist auf der Basis der amtlichen Statistik der Stadt Mannheim bezüglich der Anteile der Sozialhilfeempfänger, Arbeitslosen und Migranten in dem Stadtteil, in dem die Grundschule liegt, in drei Gruppen (niedrig, mittel, hoch) klassifiziert worden. Für die Altersgruppen wurden drei Gruppen gebildet (alt, mittel, jung) (siehe van Deth et al. 2007: 225-29).

Tabelle 2: *Wahrnehmung politischer Objekte und Begriffe verschiedener*
           Gruppen (Mittelwerte und F-Tests)

	Gruppen			F
Geschlecht	Jungen	Mädchen		
1. Welle	1,7	1,3		18,8***
2. Welle	1,9	1,5		12,6***
F	4,1*	7,4**		
Alter	jung	mittel	älter	
1. Welle	1,4	1,5	1,6	0,9
2. Welle	1,6	1,8	1,8	1,4
F	1,5	8,0**	2,2	
Herkunft	deutsch	türkisch	sonst.	
1. Welle	1,6	1,1	1,4	4,7*
2. Welle	1,9	1,1	1,4	22,1***
F	17,3***	0,3	0,0	
Status Stadtteil	niedrig	mittel	hoch	
1. Welle	1,5	1,4	1,6	0,7
2. Welle	1,4	1,6	2,1	18,5***
F	0,1	1,3	21,8***	

*** $p < 0{,}001$; ** $p < 0{,}01$; * $p < 0{,}05$

Eine Überraschung bieten die Ergebnisse für verschiedene Altersgruppen. Da
Kinder normalerweise nur einmal im Jahr in die Schule aufgenommen werden,
überlappen sich die Altersverteilungen der beiden Wellen stark, und es gibt sowohl am Anfang als auch am Ende des ersten Schuljahres jüngere und ältere
Kinder. Es ist zu erwarten, dass ein schwieriges, abstraktes Thema wie Politik,
von älteren Kindern häufiger wahrgenommen wird als von jüngeren. Dieser
Unterschied zwischen den Altersgruppen ist zwar nachweisbar, ist allerdings
statistisch nicht signifikant. Es ist also nicht das Alter als solches, das relevant
ist für die Politikwahrnehmung eines Kindes. Obwohl sich die Durchschnittswerte aller Gruppen während des Schuljahres gesteigert haben, erreicht nur die
Steigerung in der Mittelkategorie ein akzeptables Niveau statistischer Signifikanz.

Die beiden anderen Merkmale zeigen insbesondere für die zweite Welle der Befragung statistisch klare Unterschiede. Sehr große Differenzen finden wir zwischen Kindern mit deutscher und türkischer Herkunft. Die niedrigsten Werte in Tabelle 2 erreichen Kinder türkischer Herkunft und ihre Wahrnehmung politischer Objekte und Begriffe bleibt während des Schuljahres auf diesem sehr niedrigen Niveau stehen. Kinder deutscher Herkunft steigern dagegen ihre politischen Fähigkeiten sehr deutlich (und statistisch stark signifikant). Auch der sozioökonomische Status des Stadtteils ist ein wichtiger Bestimmungsfaktor politischer Orientierungen und Kompetenzen am Ende des Schuljahres. Dabei sind Kinder aus den gehobenen Bezirken offensichtlich begünstigt: Sie steigern ihr politisches Wahrnehmungsniveau im Laufe des Schuljahres sehr stark (und statistisch signifikant) und erreichen somit am Ende des Jahres klar den höchsten Wert in Tabelle 2.

Bemerkenswert ist, dass die Unterschiede zwischen den verschiedenen Gruppen am Anfang des Schuljahres insgesamt deutlich geringer sind als am Ende dieses Jahres. Für Geschlecht sind die Unterschiede zwischen Jungen und Mädchen in beiden Wellen etwa gleich groß und statistisch signifikant, die Altersdifferenzen bleiben ebenso im Laufe des Jahres mehr oder weniger unverändert. Für die anderen Einteilungen sind die Differenzen zwischen den Gruppen am Ende des Schuljahres deutlich größer (und statistisch signifikant) als am Anfang des Schuljahres. Schulbesuch führt offensichtlich nicht zu einer Reduzierung der Unterschiede, welche die Kinder bei ihrem Schuleintritt „mitbringen". Von diesem Mangel an schulischen Kompensationseffekten scheinen hauptsächlich türkische Kinder sowie Kinder aus Stadtteilen mit niedrigem sozioökonomischem Status betroffen zu sein. Insbesondere Kinder türkischer Herkunft besitzen ein fortwährend sehr niedriges Niveau politischer Wahrnehmung.

Die nächste Frage ist daher, ob die gefundenen Unterschiede zwischen verschiedenen Gruppen eigenständige Effekte darstellen. Vielleicht ist es zum Beispiel nicht die türkische Herkunft als solche, sondern eher der niedrige sozioökonomische Status des Wohnorts mancher türkischen Familien der zu diesen Unterschieden führt. Um diese Interpretationen zu überprüfen, sind in Tabelle 3 die Ergebnisse multivariater Regressionsanalysen zusammengefasst. Dabei wurden zunächst für die beiden Querschnittserhebungen am Anfang und Ende des Schuljahres zwei Modelle geschätzt: ein einfaches Modell mit den auch in Tabelle 2 berücksichtigten Faktoren und ein ergänztes Modell mit Interaktionseffekten für die Kombinationen der drei signifikanten Gruppeneinteilungen (Geschlecht, Herkunft und Status des Wohngebietes).

Tabelle 3: *Bestimmungsfaktoren der Wahrnehmung politischer Objekte und Begriffe (lineare multiple Regression; standardisierte Koeffizienten)*

		Erste Welle		Zweite Welle		Zweite Welle (Panel)		
Geschl.	weib-lich	-0,16***	-0,04	-,15***	-0,06	-0,16***	-0,10	-0,05
Alter [1]	alt	0,03	0,03	-0,01	-0,02	0,00	-0,01	-0,02
	jung	-0,01	-0,01	-0,07	-0,07	-0,08	-0,08	-0,07
Her-kunft [2]	deutsch	0,06	-0,08	0,14**	0,03	0,14**	0,04	0,05
	tür-kisch	-0,07	-0,09	-0,08	-0,10	-0,10	-0,12**	-0,07
Status [3]	hoch	0,05	-0,12	0,18***	-0,07	0,19***	-0,10	-0,03
	niedrig	0,04	0,03	0,01	-0,00	0,01	-0,00	-0,01
Interaktionseffekte								
jungen*deutsch		--	0,17*	--	0,10	--	0,06	0,03
jungen*seshoch		--	-0,02	--	0,04	--	0,05	0,05
deutsch*seshoch		--	0,20*	--	0,26**	--	0,28**	0,20*
Autokorrelationseffekte								
Anfang des Schul-jahres		--	--	--	--	--	--	0,36***
Erklärte Varianz (in %)		3,3	4,0	10,0	10,8	11,1	11,9	23,9
(N)		736		725		634		

*** p<0,001; ** p<0,01; * p<0,05
Anmerkung: kategoriale Variablen sind als Dummyvariablen kodiert:
[1] ausgeschlossene Kategorie ist mittleres Alter
[2] ausgeschlossene Kategorie ist sonstige Herkunft
[3] ausgeschlossene Kategorie ist mittlerer sozialer Status

Zusätzlich werden die gleichen Schätzungen ebenso für die Kinder, welche an beiden Befragungen (Panel) teilgenommen haben, durchgeführt. Für diese Kinder ist am Ende des Schuljahres ein drittes Modell hinzugefügt worden das das Niveau politischer Wahrnehmung in der ersten Befragung als erklärenden Faktor enthält

Die Ergebnisse der multivariaten Analysen bestätigen zunächst die aus den direkten Gruppenvergleichen erreichten Schlussfolgerungen. Die einfachsten Modelle zeigen bei den Schulanfängern nur für Geschlecht signifikante Unterschiede, während Jungen, Kinder deutscher Herkunft und Kinder aus sozioökonomisch besseren Stadtteilen am Ende des ersten Schuljahres eindeutig besser abschneiden als andere Kinder (Querschnitt und Panel). Diese signifikanten Unterschiede verschwinden allerdings komplett, wenn die Interaktionseffekte berücksichtigt werden. Starke (und deutlich signifikante) Effekte werden dann insbesondere bei Kindern deutscher Herkunft, welche in Stadtteilen von höherem sozioökonomischem Status wohnen, gefunden. Es ist offensichtlich diese Kombination von Herkunft und sozioökonomischem Status, welche für die Unterschiede in der Wahrnehmung politischer Objekte und Begriffe der Kinder verantwortlich ist. Auch in diesen Analysen ist der Effekt am Ende des Schuljahres stärker als am Anfang.

Die rechte Spalte in Tabelle 3 enthält die Ergebnisse für das Modell das auch das am Anfang des Schuljahres vorhandene Niveau politischer Wahrnehmung berücksichtigt (Panel). Dieses Niveau ist offensichtlich der weitaus wichtigste Bestimmungsfaktor des am Ende des Schuljahres erreichten Niveaus. Der Regressionskoeffizient ist nicht nur statistisch höchst signifikant, er besitzt auch substantiellen Einfluss (0,36) welcher die erklärte Varianz des Modells sogar verdoppelt (23,9 bzw. 11,9 Prozent). Für die Erklärung des Niveaus politischer Wahrnehmung am Ende des Schuljahres ist neben dem Niveau zu Beginn des Jahres, nur noch die Kombination von Herkunft (deutsch) und Status des Wohngebietes (hoch) relevant. Diese Ergebnisse bestätigen die Schlussfolgerung, dass sich die Unterschiede in der politischen Wahrnehmung während des ersten Schuljahres nicht verringern und dass diejenigen, die mit einem relativ hohen Niveau in die Schule kommen (Kinder deutscher Herkunft aus Stadtteilen mit hohem sozioökonomischem Status) ihren „Vorsprung" noch ausbauen. Auch hier ist von schulischen Kompensationseffekten nichts zu spüren.

4. Bestimmungsfaktoren des Demokratieverständnisses

Schließlich betrachten wir die Frage, ob zwischen den Gruppenunterschieden der Wahrnehmung politischer Objekte und Begriffe und den Unterschieden im Demokratieverständnis eine Beziehung besteht. Mit anderen Worten: Haben zum Beispiel Mädchen oder Kinder türkischer Herkunft nicht nur ein relativ niedriges Niveau politischer Wahrnehmung, sondern auch ein geringeres Verständnis von Demokratie als Jungen oder Kinder deutscher Herkunft? Tabelle 4 präsentiert auf ähnliche Weise wie Tabelle 2 sowohl die Unterschiede zwischen den verschiedenen Kategorien als auch die Änderungen während des ersten Schuljahres. Auf Grund der positiven Beziehung zwischen der politischen Wahrnehmung und dem Demokratieverständnis in der Gesamtstichprobe sind ähnliche Gruppenunterschiede für das Demokratieverständnis anzunehmen. Insbesondere bei Mädchen, Kindern türkischer Herkunft und Kindern aus Stadtteilen mit niedrigem sozioökonomischem Status ist ein relativ geringes Niveau des Demokratieverständnisses zu erwarten. Das ist eindeutig nicht der Fall. Wie die Ergebnisse in Tabelle 4 zeigen, sind die Unterschiede und Änderungen unauffällig und in keinem Fall statistisch signifikant. In allen Kategorien weiß etwa ein Viertel der Kinder was unter Demokratie zu verstehen ist und in keiner einzigen Kategorie hat sich das Demokratieverständnis während des ersten Schuljahres statistisch signifikant verändert!

Tabelle 4:   *Demokratieverständnis „alle Bürger in einem Land können mitbestimmen" verschiedener Gruppen (Mittelwerte und F-Tests)*

	Gruppen			**F**
Geschlecht	Jungen	Mädchen		
1. Welle	0,24	0,28		1,3
2. Welle	0,23	0,26		1,3
F	0,3	0,3		
Alter	jung	mittel	älter	
1. Welle	0,25	0,23	0,31	2,4
2. Welle	0,27	0,21	0,26	1,6
F	0,3	0,4	1,4	
Herkunft	deutsch	türkisch	sonst.	
1. Welle	0,25	0,23	0,36	2,4
2. Welle	0,24	0,24	0,25	0,0
F	0,1	0,0	2,4	
Status Stadtteil	niedrig	mittel	hoch	
1. Welle	0,27	0,22	0,30	2,1
2. Welle	0,23	0,22	0,28	1,4
F	2,3	0,0	0,2	

Auf Grund dieser fehlenden statistisch signifikanten Unterschiede und Änderungen im Demokratieverständnis der verschiedenen Gruppen, sind auch für multivariate Analysen ebenso keine signifikanten Einflüsse zu erwarten. Damit mögliche Interaktions- und Autokorrelationseffekte überprüft werden können, sind in Tabelle 5 die Ergebnisse logistischer Regressionsanalysen entsprechend der in Tabelle 3 präsentierten Berechnungen zusammengefasst.

Tabelle 5:   *Bestimmungsfaktoren Demokratieverständnis „alle Bürger in einem Land können mitbestimmen" (logistische Regression; Exp(B) Koeffizienten)*

		Erste Welle		Zweite Welle		Zweite Welle (Panel)		
Geschlecht	weiblich	1,26	1,12	1,22	1,53	1,24	1,53	1,52
Alter	alt	1,59**	1,56**	1,39	1,37	1,32	1,30	1,30
	jung	1,12	1,10	1,42	1,44	1,49	1,44	1,36
Herkunft	deutsch	0,61	0,67	1,04	0,91	0,94	0,70	0,72
	türkisch	0,48**	0,46**	0,88	0,85	0,67	0,60	0,66
Status	hoch	1,35	0,62	1,01	0,54	1,08	0,37	0,40
	niedrig	1,59**	1,54	1,46	1,43	1,54	1,49	1,43
Interaktionseffekte								
	jungen*deutsch	--	0,66	--	1,08	--	1,14	1,21
	jungen*seshoch	--	1,66	--	1,54	--	1,39	1,26
	deutsch*seshoch	--	2,02	--	1,67	--	2,77	2,63
Autokorrelationseffekte								
	Anfang des Schuljahres	--	--	--	--	--	--	1,77**
Nagelkerke R^2 (%)		3,2	4,1	1,6	2,2	1,9	2,7	4,4
(N)		736		725		634		

*** p<0,001; ** p<0,01; * p<0,05
Anmerkung: Siehe Tabelle 3 für Kodierungen und Referenzgruppe

Anders als bei den bivariaten Analysen, zeichnen sich jetzt bei den Schulanfängern statistisch signifikante Effekte für die älteren Kinder, für Kinder türkischer Herkunft sowie für Kinder aus Stadtteilen mit niedrigem sozioökonomischem Status ab. Diese Effekte sind jedoch am Ende des Schuljahres komplett verschwunden: In den Regressionsanalysen der zweiten Welle (Querschnitt und Panel) erreicht kein einzelner Koeffizient ein akzeptables Niveau statistischer Signifikanz! Anders als das Niveau politischer Wahrnehmung ist das Demokratieverständnis am Ende des Schuljahres offensichtlich nicht von Geschlecht, Alter, Herkunft oder dem Status des Wohngebietes der Kinder abhängig.

Deutlich ist auch hier, dass das Niveau des Demokratieverständnisses zu Schuljahresbeginn große Bedeutung für das Demokratieverständnis am Ende des ersten Schuljahres hat. In dem Modell für die zweite Welle der Befragung (Panel) ist nur der Autokorrelationskoeffizient statistisch signifikant. Kinder, die zu Schuljahresbeginn wussten was „Demokratie" bedeutet, haben eine erheblich höhere Chance als andere Kinder auch am Ende des Jahres diese Frage korrekt zu beantworten. Umgekehrt zeigt sich auch hier der fehlende Einfluss der Schule: Kinder, die am Anfang der Schule nicht wissen was man unter Demokratie verstehen könnte, haben am Ende des ersten Schuljahres ihre Chancen diese Frage korrekt zu beantworten nicht gesteigert.

6. Politik- und Demokratiedidaktik für Kinder und Jugendliche

Die Ergebnisse des DLL-Projektes belegen, dass auch junge Kinder politische Themen und Begriffe wahrnehmen. Obwohl das politische Bewusstsein junger Kinder von manchen Forschern, Eltern, Didaktikern und Lehrenden offensichtlich unterschätzt wird, zeigen die Ergebnisse allerdings auch, dass insbesondere das Verständnis von Demokratie unter jungen Kindern beschränkt ist. Die in diesem Beitrag präsentierten empirischen Ergebnisse enthalten somit gute und schlechte Nachrichten. Die schlechte Nachricht ist, dass die Wahrnehmung politischer Objekte und Begriffe auch unter jungen Kinder ungleich verteilt ist: Mädchen, Kinder türkischer Herkunft oder Kinder aus Bezirken mit niedrigem sozioökonomischem Status haben weniger über Politik gehört als Jungen, Kinder deutscher Herkunft oder Kinder aus Stadtteilen von höherem sozioökonomischen Status. Diese Unterschiede verschwinden nicht während des ersten Schuljahres, sondern verstärken sich offensichtlich noch. Dass der Schulbesuch nicht einmal eine Kompensation für die anfänglich vorhandenen Ungleichheiten bietet, gehört sicherlich zu den schlechten Nachrichten.

Gute Nachrichten sind, dass die deutlichen Unterschiede und Veränderungen in der politischen Wahrnehmung keine Differenzen im Demokratieverständnis implizieren: Mädchen, Kinder türkischer Herkunft oder Kinder aus Bezirken mit niedrigem sozioökonomischen Status sind genauso fähig Demokratie richtig zu charakterisieren als Kinder anderer Gruppen. Es ist also nicht das Verständnis von Demokratie, sondern die Wahrnehmung politischer Objekte und Begriffe, welche die Gruppen von einander trennt. Die während des ersten Schuljahres gesammelten Erfahrungen haben auf diese Zusammenhänge kaum Einfluss.

Eine erfolgreiche Politik- und Demokratiedidaktik für Kinder und Jugendliche könnte auf verschiedene Weise von diesen Ergebnisse profitieren:

- Erstens verfügen sehr junge Kinder nachweisbar über politische Kenntnisse und deswegen gibt es keine Gründe nicht bereits in der ersten Klasse der

Grundschule mit politik- und demokratiedidaktischem Unterricht zu beginnen. Politische Bildung für Jugendliche und junge Erwachsenen kann auf dieser frühen Sozialisierung aufbauen, statt Politik als ein neues, zum großen Teil unbekanntes Thema darzubieten.

- Zweitens führt der Schulbesuch offensichtlich nicht dazu, dass sich das sowieso bereits relativ geringe Niveau politischer Wahrnehmung von Mädchen, Kindern türkischer Herkunft und Kindern aus sozioökonomisch schwächeren Stadtteilen im Laufe des Jahres deutlich verbessert. Damit die Schere sich nicht weiter öffnet, sind in der Politik- und Demokratiedidaktik gezielte Anstrengungen für diese Gruppen dringend erforderlich. Diese Anstrengen sollten sich bereits an junge Kinder richten, da sich die Unterschiede im Laufe der Zeit eher vergrößern und die Erfolgchancen einer Politik- und Demokratiedidaktik unter Jugendlichen und jungen Erwachsenen deswegen noch geringer sind.

- Drittens sind es eher die Kenntnisse von politischen Begriffen und Objekten als das Demokratieverständnis die deutlich ungleich verteilt sind. Eine Politik- und Demokratiedidaktik ist zunächst gefordert, diese kognitiven Unterschiede auszugleichen und die Chancen von gesellschaftlich schwächeren Gruppen zu verbessern. Dafür erscheinen für junge Kinder Ansätze aus dem Bereich des Politikunterrichtes eher geeignet als Ansätze bei denen die politische Bildung im Vordergrund steht. Das ist kein Plädoyer zur Rückkehr des kognitiven Politikunterrichtes der 1960er Jahre, sondern eine Aufforderung, die Bekämpfung der bereits unter jungen Kindern vorhandenen gravierenden Unterschiede politischer Kompetenzen als oberstes Ziel einer erfolgreichen Demokratiedidaktik zu erkennen. Erst dann sollte man die Aufgaben übernehmen „...solche Lernanlässe (=Unterrichtsvorschläge) zu konzipieren und in der Unterrichtspraxis einzusetzen, die die Schüler in die Bearbeitung politisch-demokratischer Entwicklungsaufgaben verwickeln und so Sozialisationsprozesse anstoßen" (May 2008: 6).

Literatur

Götzmann, Anke (2007): Naive Theorien zur Politik – Lernpsychologische Forschungen zum Wissen von Grundschülerinnen und -schülern. In: Richter, D. (2007): 73-88

May, Michael (2008): Demokratielernen oder Politiklernen? Schwalbach: Wochenschau Verlag

Ohlmeier, Bernhard (2006): Kinder auf dem Weg zur politischen Kultur. Politisch(relevant)e Sozialisation durch Institutionalisierung einer demokratischen Streitkultur in der Grundschule. Hamburg: Kovac

Piachaud, David (2008): Freedom to be a Child: Commercial Pressures on Children. In: Social Policy and Society 7/4: 445-56

Richter, Dagmar (Hrsg.) (2007): Politische Bildung von Anfang an. Demokratie-Lernen in der Grundschule. Bonn: BPP

van Deth, Jan W. (2007): Politische Themen und Probleme. In: van Deth, Jan W. et al. (2007): 83-118

van Deth, Jan W./Abendschön, Julia/Rathke, Julia/Vollmar, Meike (2007): Kinder und Politik. Politische Einstellungen von jungen Kindern im ersten Grundschuljahr, Wiesbaden: VS-Verlag

Vollmar, Meike (2007): Politisches Wissen bei Kindern – nicht einfach nur ja oder nein. In: van Deth, Jan W. et al. (2007): 119-60

Demokratiepädagogik und Verantwortungslernen

Wolfgang Beutel

Wenn wir vom Schulsystem erwarten, dass es ein breit gefächertes Angebot etabliert, welches Schülerinnen und Schüler in eine verantwortliche Wahrnehmung von Aufgaben führt, bei denen sie also für die Demokratie lernen und zugleich in der Demokratie handeln, sind alle Schularten und Schulformen gefordert. Demokratische Handlungskompetenz und demokratische Schulentwicklung sind nicht alleine Bildungsziele eines wissensorientierten Lernens, wie es traditionellerweise v.a. in den Oberstufen der Gymnasien kultiviert wird. Denn Demokratie ist nicht nur etwas für die „Leistungsstarken" und die „Leistungsträger" in einem Gemeinwesen – sie ist für alle Menschen da. Demokratie hat in der Gesellschaft, die sie verfasst, umfassende Ansprüche und universelle Geltung. Sie fordert deshalb auch alle ihre Bürgerinnen und Bürger und das möglichst von früh an. Alle sind in der Demokratie zunächst als gleich anerkannt. Diese Unterstellung tendenzieller Gleichheit in Blick auf die gemeinsamen Angelegenheiten, die die Menschen in einem demokratischen Gemeinwesen zu verantworten und zu gestalten haben, drückt sich in den Grundrechten und in der demokratischen Öffentlichkeit aus. Sie begründet aber auch das gleiche und allgemeine Wahlrecht. Sie hat deshalb Konsequenzen für das praktische Lernen von Verantwortung und Demokratie in Schule und Gesellschaft. Die universelle Grundierung der Demokratie ist mit gutem Grund „Zumutung und Versprechen", wie dies Christoph Möllers formuliert hat:

> „Mit der demokratischen Anerkennung unterstellen wir uns ein gleiches Urteilsvermögen. In der Demokratie sind nicht alle gleich klug, gebildet oder erfahren. Aber die Demokratie unterstellt allen das gleiche Vermögen, eigene und öffentliche Angelegenheiten zu beurteilen, wenn sie gleiche politische Entscheidungsrechte vergibt. Diese Unterstellung ist nicht als barmherzige Nivellierung bestehender intellektueller Unterschiede zu verstehen. Vielmehr ist politisches Urteilsvermögen keine Fähigkeit, die einfach mit Ausbildung oder Intellektualität zunehmen würde, wie nicht zuletzt die Verführbarkeit von Intellektuellen durch den Totalitarismus des 20. Jahrhunderts zeigt. Politische Urteilskraft betrifft die elementare Fähigkeit, beurteilen zu können, was für das eigene Leben richtig und wichtig ist und was nicht. Die Sicht auf unsere eigenen Angelegenheiten ist aber ebenso intensiv wie verzerrt. Auf Argumente zugunsten von Ängsten und Vorurteilen zu verzichten ist für alle eine Versuchung unabhängig vom Bildungs- und Erfahrungsstand. Aus diesem Grund traut die Demokratie mit der gleichen Freiheit allen die gleiche Urteilskraft zu." (Möller 2008: 18/19)

Das Plädoyer dafür, das gute und begründete Argument gegenüber Ängsten und Vorurteilen vorzuziehen, appelliert an die seit der Aufklärung diskutierte und realisierte Vernunftfähigkeit aller Menschen und bindet es an die Allgemeinheit und an das je individuelle Leben. Auf die Schule bezogen zeigt uns die demokratietheoretische Erörterung von Möller die Notwendigkeit einer demokratiepädagogischen Stärkung des Lernens im Unterricht, im Schulleben und im Beziehungsfeld von Schule und die diese umgebende Kommune. Es geht also darum, darüber nachzudenken, „wie wir die Übernahme von Verantwortung im Alltag der Schule systematisch verbessern können" (Edelstein 2008: 4). Denn Demokratie ist grundsätzlich stärker als andere Gesellschaftsformen darauf angewiesen, dass möglichst viele ihre Mitglieder für sie einstehen und dadurch Verantwortung übernehmen: „Demokratie verpflichtet die Individuen zu verantwortlichem Handeln, und verantwortliches Handeln muss gelernt werden" (a.a.O.). Ein solches auf Verantwortungsübernahme zielendes Lernen lässt sich als Beitrag zu einer „Didaktik der Demokratie" verstehen.

Aus demokratiepädagogischer Sicht sollte letztlich alle politische Bildung oder – anders gefasst – alles Lernen von Politik und Demokratie darauf zielen, Wissen über die Demokratie, demokratische Werthaltung und die Bereitschaft zum Engagement für die Demokratie bei den Schülerinnen und Schülern zu fördern und zu stärken. Demokratiedidaktik sollte in der Schule also eine Grundlage für das professionelle Handeln von Lehrerinnen und Lehrern sein. Was aber macht eine „Didaktik der Demokratie" letztlich aus? Die Didaktik begründet und analysiert Methoden, Materialien und Inhalte des Lehrens und des Lernens. Sie geht über die Definition von Lernzielen hinaus und zeigt im Idealfall methodisch und systematisch Wege der Wissensvermittlung, in neuerer kompetenztheoretischer Sicht aber vor allem der Förderung von Wissen und Handlungsfähigkeit im jeweiligen Lernfeld. Sie zielt also auf ein umfassendes und situiertes Lernen sowie eine entsprechende Lehre in der Schule. Infolgedessen können sich Überlegungen zu einer „Didaktik der Demokratie" nicht auf einen Lehrplan davon begrenzen, was über Demokratie als Verfahren der Gestaltung des Politischen gewusst werden muss. Vielmehr geht es darum, Wege, Verfahren und Gelegenheitsstrukturen zu etablieren, in denen Demokratie als Herrschafts-, Gesellschafts- und als Lebensform (Himmelmann 2001) in Schule und Jugendzeit gelernt werden kann. Aktuelle Hinweise hierzu geben viele praxisnahe Arbeiten zur „Demokratiepädagogik", zu denen die Ergebnisse und Erfahrungen des BLK-Modellprogramm „Demokratie lernen & leben" (Edelstein/Fauser 2001), des Förderprogramms Demokratischen Handeln (Beutel/Fauser 2001; 2007; 2009) und in bestimmten Handlungsfeldern auch des Deutschen Schulpreis (Fauser/Prenzel/Schratz 2007; 2008; 2009) gehören –

denn auch dort wird dem Lern- und Kompetenzfeld „Verantwortung" maßgebliche Bedeutung zugemessen (ebd.: 17; 27).

Varianten für Verantwortungslernen

Drei Beispiele aus sehr unterschiedlichen Schulen, die in den genannten Programmen mitgewirkt haben, sollen veranschaulichen, welche Möglichkeiten sich hierbei praktisch entwickeln lassen. Dabei geht es zum einen um eine Berliner Oberschule in einem sozialen Brennpunkt in der Bundeshauptstadt. Zum anderen geht es um ein württembergisches Gymnasium, eine Schule im Einzugsgebiet des Mittleren Neckarraums in einer durch einen breiten Mittelstand geprägten sozialen Umgebung und um ein Hamburger Gymnasium im bürgerlichen Stadtteil Blankenese.

Das Gymnasium Neckartenzlingen – Projekte und Kultur der Verantwortung

„Mit Verantwortung führen, heißt Verantwortung abzugeben" (LuL 2008: 5) und „durch die Übertragung von Verantwortung lernt man am meisten" (LuL 2008: 8). Das sind zwei typische Sätze, mit denen im ersten Falle die Schulleitung und das Kollegium, im zweiten aber die Vertrauensschüler die Verantwortungskultur am Gymnasium Neckartenzlingen kennzeichnen. Die Schule hat eine sehr aktive „Schülermitverwaltung" (SMV), wie dieses Organ der verfassten Schülerpartizipation in Baden-Württemberg traditionellerweise heißt. Von ihren etwa 800 Schülerinnen und Schülern engagieren sich dort ständig rund 100. Das ist eine überdurchschnittliche Größe und in Blick auf den gewöhnlichen Realisierungs- und Beteiligungsgrad von SV-Arbeit in bundesdeutschen Schulen eher ungewöhnlich. Mit diesem hohen aktiven Beteiligungslevel hat sich die SMV dieser Schule in den letzten Jahren zum Partner der Schulentwicklung und des praktizierten Verantwortungslernens machen können: „Die Verantwortung für den Lebensraum Schule wird weitgehend auf die Schüler übertragen und von diesen auch umfassend wahrgenommen" (Frommer 2008: 68).

Dabei werden Angelegenheiten der laufenden Gestaltung des Schullebens – wie Schülerfirmen, Zukunftswerkstätten, Sport- und Kulturveranstaltungen kleinerer und größerer Art, aber auch die Hausaufgabenbetreuung – ebenso wahrgenommen, wie größere Projekte, insbesondere das große Jahresschulprojekt. Diese Jahresprojekte wiederum prägen im Verlauf der Schulentwicklung der letzten Jahre einen intensiven Arbeitsstil, der das schulische Lernen ebenso verändert hat, wie er sich in Anbauten und Erweiterungen des Schulhauses zeigt. Bildhaft gesprochen ist hier eine „Schule als Haus des Lernens" (Bildungskommission 1995) entstanden, die schon deshalb von der Schülerschaft angenommen, gepflegt und in das Schulleben integriert wird, weil das Schulhaus von der Schülerschaft aktiv mit aufgebaut worden ist: „Höhepunkt des Projekts ‚Schulgestaltung' war der Bau eines Schülertreffs – ein Neubau im Anschluss an schon bestehende Gebäude. Die Fertigstellung zog sich bis ins Frühjahr 2007 hin und erforderte viele hundert Arbeitsstunden (außerhalb der regulären Unterrichtszeit) des dafür verantwortlichen Schülerteams. Der Bau des Schülertreffs wurde von den Schülern initiiert, geplant und weitgehend von ihnen selbst ausgeführt: Sie hoben u. a. die Fundamente und den Entwässerungsschacht aus, verschalten und betonierten, zogen Mauern hoch, verlegten Wasser- und Abwasserleitungen und richteten die Dachkonstruktion auf. Sie versicherten sich der Unterstützung durch einen Architekten und durch einschlägige Bauhandwerker (oft Eltern), holten die baurechtlichen Genehmigungen und die Zustimmung des Gemeinderats ein und kümmerten sich um die Finanzierung. Den Ablauf dieses riesigen Vorhabens hat das Film & Video-Referat der SMV dokumentiert" (ebd.: 70). Wir brechen hier ab. Es ist sichtbar, dass Eigenaktivität, Verantwortung und praktisches Handeln für die Schule die Basis des Lehrens und Lernens sind.

Die Werner-Stephan-Oberschule Berlin – Schulversprechen, Integration und Projekte

„Entscheidungen beruhen an der Werner-Stephan-Oberschule auf demokratischen Aushandlungsprozessen, die von Schülern, Lehrern und – das gilt es zu betonen – von den Eltern gemeinsam getroffen werden", so heißt es in einer Laudatio für einen Preis im Wettbewerb „Werteerziehung an Hauptschulen", den die Schule erhalten hat. Das pädagogische Konzept der Schule ist variantenreich um die Förderung von Selbstständigkeit, Konfliktfähigkeit und Mitbestimmung ausgerichtet. Das ist für eine Schule, die mit den Folgen ihrer Lage und mit ihrer Schülerschaft in einem der sozialen Brennpunkte der Großstadt umgehen muss, zugleich kennzeichnend und doch nicht selbstverständlich. Die Schule hat sich am Programm „Schule ohne Rassismus" beteiligt, sie arbeitet effektiv und alltagsnah mit einem Streitschlichterprogramm.

Sie kultiviert seit längerem das sogenannte „Schulversprechen". Darin entwickeln die Schülerinnen und Schüler gemeinsam und in einem mehrstufigen Beratungs- und Abstimmungsprozess Regeln für das Verhalten an ihrer Schule. Durch persönliche Unterschrift entsteht kein justiziabler, für das Schulleben und die Jugendlichen aber ein dennoch bindender und konkreter Vertrag für die

Dauer eines Schuljahres. Ein eigener Schülerrat von zehn Vertrauensschülern überprüft die Einhaltung des Schulversprechens durch eine halbjährliche Evaluation. Dieses umfassende Angebot, das die soziale Akzeptanz der Schule als Lebenswelt prägt, wird durch Schülerfirmen und Projekte ergänzt.

Ein besonderes Projekt ist die über Jahre gepflegte Patenschaft mit Überlebenden der nationalsozialistischen Gewaltherrschaft in Lidice/Tschechien: „Lidice ist eine Gedenkstätte in Tschechien, die an die Vernichtung eines Dorfes durch die SS im Jahr 1942 erinnert. Seit 1997 unterhält die Berliner Oberschule eine Patenschaft mit der Gedenkstätte. Jedes Jahr fahren Schülerinnen und Schüler der neunten Klassenstufe dorthin, informieren sich über das damalige Geschehen, treffen Überlebende und pflegen die Anlagen. 1997 bringen sie Rosenstöcke aus Lidice mit, sie pflanzen diese auf ihrem Schulgelände ein und fertigen eine Gedenktafel an (...). Die Fahrt nach Lidice hat die Oberschüler sehr beeindruckt. Ein Schüler schreibt: ‚... Wenn ich könnte, würde ich noch mal dort hinfahren und arbeiten'. Den Kontakt mit den tschechischen Schülern will die Schule durch eine Partnerschaft ausbauen. (Förderprogramm Demokratisch Handeln 2006: 173, Projekt 157/05). Auch hier könnte noch eine Reihe weiterer Projekte beschrieben werden.

Das Projekt Lupila – Licht für die tansanische Partnerschule des Gymnasiums Blankenese

Eine Gruppe von zehn Schülerinnen und Schülern, zwei Lehrern und drei Erwachsenen aus der Schulgemeinde des Gymnasiums Blankenese reist drei Wochen nach Lupila in Tansania. Dort installieren sie vier Solarmodule auf dem Dach der Secondary School, der Partnerschule des Gymnasiums Blankenese. Dabei stehen neben der Solarenergie und dem damit verbundenen umweltschonenden Einsatz elektrischer Energie und Beleuchtung der kulturelle Austausch und die Verständigung sowie die Verstetigung der Schulpartnerschaft im Vordergrund des Projektes. Diese Partnerschaft besteht bereits seit den 1990er-Jahren. Diese tansanische Secondary School ist aus dem Umfeld von Kirche und Hamburger Schulgemeinde gegründet worden, ihr Unterhalt wird von der Lupila-Arbeitsgruppe erwirtschaftet. Schüler-Lehrer-Delegationen aus Hamburg besuchen regelmäßig die Schule, um weitere Projekte zu planen und die Zusammenarbeit auszubauen.

Bevor die Reise nach Tansania beginnt, werden verschiedene Spendenaktionen durchgeführt. Mehrere Infostände, ein Flohmarkt, das Betreiben eines afrikanischen Cafes im Gemeindehaus, die Reinigung von Parkanlagen sowie das Catering für schulexterne Veranstaltungen werden von der Lupila-AG im

Schuljahr 2006/07 organisiert. Andere Aktionen betreffen das ganze Gymnasium: Ein Benefizkonzert oder das 24-Stunden-Sponsorenschwimmen. Die Gruppe wird zudem von Fachleuten der Solartechnik geschult, um die geplanten Anlagen fachgerecht zu installieren. Am 30. Oktober schließlich reist die Delegation für drei Wochen nach Lupila, um die Stromversorgung der Partnerschule zu sichern. Vor Ort werden außerdem die bereits vorhandenen technischen Anlagen gewartet sowie Wasserleitungen, Türen und Fenster repariert. Diese Arbeiten finden ausnahmslos mit der Unterstützung der tansanischen Schüler statt. Im Verlauf des Aufenthaltes werden Kontakte in der Gemeinde Lupila erneuert und weitergeknüpft. Der neuerliche Aufenthalt belebt das Schulpartnerschaftsprojekt am Gymnasium Blankenese: Viele Schüler wollen nun aktiv mitarbeiten. Mit dem bei der Reise erarbeiteten Film- und Bild-Material ist eine öffentliche Ausstellung für die nahe Zukunft geplant. Für das Jahr 2010 ist die nächste Reise nach Lupila vorgesehen. Das Ziel ist dann die Einführung und Stärkung der Schulspeisung für alle Schüler sowie die Senkung der Schulgebühren. Des Weiteren planen Experten, der Tansaniaausschuss des kirchlichen Entwicklungsdienstes Hamburg und das Gymnasium Blankenese ein Aufforstungsprojekt unter dem Titel „Wasser für Lupila 2010". (Förderprogramm Demokratisch Handeln 2008: 172). Auch an dieser Schule finden sich weitere Projekte und Beispiele für eine Lernkultur der Verantwortung.

Themen von Politik und Zivilgesellschaft und demokratische Schulentwicklung im Projekt

Diese Beispiele aus sehr unterschiedlichen Schulen belegen in verschiedenen Dimensionen gehaltvolle und entwicklungsfähige schulische Lernkonstellationen. Gleichzeitig zeigen die Schulen, was in Hinsicht auf demokratiepädagogisches Engagement und Verantwortungslernen möglich sein kann. Sie akzentuieren damit verschiedene Aspekte der „Demokratiedidaktik": Das Lupila-Projekt nimmt eine der wichtigsten politischen Herausforderungen auf, die Auseinandersetzung mit dem Wohlstands- und Entwicklungsgefälle zwischen nördlicher und südlicher Hemisphäre in unserer Welt. Dabei ist der pragmatische Zugriff entscheidend: Die Schülerinnen und Schüler lernen viel über die Dritte Welt und die kulturelle Differenz zwischen ihrem Alltag und dem der Menschen in Tansania. Zugleich geben sie alltagswirksame Hilfe und technische Unterstützung beim Aufbau der Schule und im täglichen Leben ihrer Partner vor Ort. Die Schule leistet mit der nachhaltig wirksamen, weil auch auf einer mittelfristigen Perspektive basierenden Form der Schulpartnerschaft einen Beitrag zur Etablierung des „Eine-Welt-Gedankens" im eigenen Schulprogramm. Die im Rahmen des Wettbewerbs „Förderprogramm Demokratisch Handeln" vorgelegte Dokumentation zeigt Projektziele, Projektdurchführung und Projektergebnisse detailreich und doch in überschaubarer Darstellung, die von einer kritischen Reflexion der beteiligten Schülerinnen und Schüler mit ihren Lehrerinnen und Lehrern zeugt. Das Projekt wurde unter Beteiligung der Schülerschaft geplant, durchgeführt und mit Hilfe der Dokumentation bilanziert und ausgewertet.

Das Beispiel des Gymnasiums Neckartenzlingen wiederum hat insbesondere mit seinen Bauprojekten eine andere Seite der zivilgesellschaftlichen Demokratie im Blick. Die Schülerinnen und Schüler haben sich ehrenamtlich für ihre Schule engagiert und damit zugleich einen Raum geschaffen, der nun ihrem Verantwortungsbereich unterliegt. Dass darüber hinaus noch viele für das gemeinsame und aufgabenbezogene Handeln in der Demokratie bedeutsame Fähigkeiten und Tugenden erworben werden konnten, liegt auf der Hand. Das Bauprojekt „Schülertreff" ist zudem ein Höhepunkt in einer kontinuierlichen Entwicklung von Verantwortungslernen, die ihrerseits voraussetzungsreich war und ist. Die Schule wird dadurch zugleich zu einem Feld praktischen bürgerschaftlichen Engagements. Ausgangspunkt und „Pilotprojekt" (LuL 2008: 13) für das gleichermaßen verantwortungsbezogene wie unternehmerische Handeln der Schülerinnen und Schüler in den zur Tradition gewordenen großen Projekten war nach Schülerauskunft vor allem der große Erfolg des inzwischen mehrfach durchgeführten Simulationsspiels „Schule als Staat" (Detjen 1994). Dieses Projekt hat insbesondere organisatorische Tugenden der Schülerschaft herausgestellt und erfahrbar gemacht, zugleich aber auch die Verantwortung für Projektverlauf, öffentliche Wahrnehmung und auch das Schulhaus erstmals umfassend in Schülerhände gelegt.

Die auf das Schulleben und die verantwortliche Beteiligung für Umgangsformen, Regeln und Kommunikation an der Schule ausgerichteten Aktivitäten der Werner-Stephan-Oberschule in Berlin wiederum zeigen ein Engagement und eine Kultur der Verknüpfung von partizipativer Ausgestaltung des Lebensraums Schule mit Projekten, in denen Aufgaben der politischen Gegenwart in der Demokratie aufgegriffen werden, die für brennpunktnahe Hauptschulen so typisch wie die Lösungsvorschläge ungewöhnlich sind. Die sich ergänzenden Facetten eines solchen Lernangebots und das dieser Praxis zugrundeliegende Engagement der Lehrerinnen und Lehrer an der Schule führen zu sichtbarer Effektivität des Demokratielernens. Gewaltprävention, das Erlernen und Einüben lebenspraktischer Werte und der Umgang mit der NS-Geschichte, wie er für Hauptschulen keinesfalls selbstverständlich ist, verknüpfen sich hier zu einer demokratiedidaktisch gehaltvollen Gesamtkonzeption. Sie lassen eine Schülerschaft Verantwortung erfahren und gestalten, die sonst eher Gefahr läuft, an den Rand der Gesellschaft gedrängt zu werden.

Bei allen Projekt- und Schulbeispielen zeigt sich das Verbindende in den auf substanzielle Beteiligung gerichteten Strukturen bei der Organisation des Lernens und Handelns. Dabei ist das demokratische Lernen nicht nur in Blick auf kommunikative, partizipative und die Selbstverantwortung der Schülerinnen und Schüler stärkende Dimension erkennbar. Vielmehr gehört gerade die entwicklungspolitische Dimension des Lupila-Projekts zu dessen demokratiepädagogischer Grundlegung. Denn gemäß der Erwartung, dass nachhaltige und globalisierungsfähige Entwicklungspolitik ein entscheidendes Thema der Politikgestaltung in demokratischen Gesellschaften ist, zeigt das Projekt, wie sich Kernthemen einer globalen Politik mit zivilgesellschaftlichem Engagement in der Kommune, vor allem aber auch mit Bezug auf den Gedanken der unteilbaren „Einen Welt" schulpraktisch ausgestalten lassen. Ähnliches lässt sich vom „Schulversprechen" und von der „Streitschlichtung" sagen, da sie hochwirksame Modelle eigenverantwortlicher Präventions- und Interventionsstrategien gegen Gewalt in der Schule aufzeigen. Die Initiativen am Nürtinger Gymnasium wiederum belegen eine substanzreiche und den Schulraum verändernde Möglichkeit organisierter Schülermitverantwortung, die von der verfassten Schülerpartizipation ausgeht. Handlungsformen und bearbeitbare Themen haben in diesen Beispielen ein sehr breites Spektrum. Der Möglichkeitsraum für ein solches praktisches Lernen von Verantwortung als Beitrag zur Demokratiedidaktik ist also sehr groß, gleichwohl natürlich auch sehr voraussetzungsreich. Eine solche „Demokratiedidaktik" beschreibt kein transferspezifisches Modell der Lehr-Lerntechnik und planbarer Lernvoraussetzungen, sondern setzt auf Schulkultur und anhaltende zeitintensive Prozesse der Schulentwicklung.

Verantwortung und Verantwortungslernen in der Schule

Verantwortung wahrzunehmen und durch praktisches sowie demokratiepädagogisch gehaltvolles Lernen erfahrbar zu machen, ist für die Schule in der Demokratie grundlegend. Die Bedeutung der Kategorie der „Verantwortung" für eine entsprechende Demokratiedidaktik soll hier deshalb in fünf kommentierten Thesen entfaltet werden.

These 1: Verantwortung zielt auf ein Miteinander und eine Sache, es meint miteinander Handeln, miteinander gestalten, miteinander Ziele setzen und erreichen. Verantwortung gilt deshalb zuerst zwischen Personen. In der Schule sind das die Lehrerinnen und Lehrer sowie die Kinder und Jugendlichen; es müssen zudem auch die Eltern und das nichtpädagogische Personal einbezogen werden.

Verantwortung hat das Dialogische schon in seiner Bedeutungswurzel, denn eine Antwort ist eine sinnvolle Erwiderung auf eine Frage. Die Verantwortung ist die Summe dessen, was ich den Fragenden, meinem „Gegenüber" zur Sache mitteilen kann und durch Handlung bezeuge. Eine Antwort ist jedoch nicht nur gesprochene Sprache, sondern auch eine Handlung im Umgang mit einer Herausforderung oder einem Problem, das es zu lösen gilt. Dabei hat „Verantwortung" immer das Interesse, die Bedürfnisse und die Erwartungen aller jeweils davon betroffenen Mitmenschen im Blick.

Verantwortung besitzt deshalb zuerst eine personenbezogene Dimension, der sich keine Schule entziehen kann. Sie entfaltet sich in Frage und Antwort. In der Schule gibt es hierbei eine klassische Rollentrennung: Lehrerinnen und Lehrer fragen – Schülerinnen und Schüler antworten! Eine demokratische Schule ändert dieses einseitige Frage-Antwort-Verhältnis und lehrt die Kinder das Fragen bzw. nutzt und kultiviert deren entwicklungsbezogene Neugier. Im weiteren Verlaufe der Lernbiographien ihrer Schülerinnen und Schüler bringt eine solche Schule diese Neugierde nicht zum Verstummen, sondern hält sie aufrecht – was die Möglichkeit zum „Fehler in der Sache" einschließt. Denn wer ständig erfährt, dass er mit seinen Fragen und Antworten nur falsch liegt, wird in der Schule schnell verstummen. Lehren und Lernen in Verantwortung ist deshalb auch „fehlertolerant" und auf das Verstehen der Denkwege bei den Lernenden bezogen.

Ziel von lebendiger „Verantwortung" in der Schule ist es infolgedessen, alle Schülerinnen und Schüler zum Sprechen zu bringen und zum Mitmachen zu bewegen. Und weiter: In einer demokratischen Schule haben nicht alleine die Lehrenden Verantwortung für die Kinder und für Erziehungs- und Wissensbestände, die sie vermitteln. Gerade die Schülerinnen und Schüler haben selbst eine Verantwortung für ihr Lernen, bei dem die Lehrkräfte sie kraft ihres beruflich-professionellen Könnens unterstützen müssen. Eine Didaktik, die auf Verantwortung setzt, fördert deshalb die Selbsttätigkeit und das praktische Lernen.

These 2: Verantwortung als Lern- und Bildungsqualität wird wichtig in einer Schule, die sich an Kompetenzen (und damit an den Lernenden) statt an zu erreichenden Wissenszielen (traditionell am Lehrplan) orientiert. Denn Kompetenzen benötigen Verantwortung, sie setzen Verantwortungsbereitschaft und die Fähigkeit voraus, „Verantwortung wahrzunehmen". Dies erfordert, dass man durch Lernen, im Lernen und in der Folge des Lernens für die jeweilige Sache aktiv wird, dass man handelt.

Kompetenzen beschreiben nach F.E. Weinert „die verfügbaren und erlernbaren kognitiven Fähigkeiten, um Probleme zu lösen sowie die damit verbundenen motivationalen, volitionalen und sozialen Bereitschaften" (2001: 27/28), um die

Fähigkeiten auch einzusetzen und anzuwenden. Wissen (Kognitionen), Motivation und Wille spielen hier zusammen – wobei natürlich auch Motivation und Wille kognitiv strukturiert sind und auf Wissen aufbauen.

Erneut zeigt sich der personale Aspekt der „Verantwortung". Erziehung zur Verantwortung heißt deshalb, Handlungsbereitschaft und Handlungsfähigkeit zu fördern. Für die Lehrenden einer demokratischen Schule bringt dies mit sich, Erfahrungsmöglichkeiten für die Lernenden und praktisches Lernen zu verknüpfen. Sie müssen Gelegenheiten nutzen, die sich ergeben, um politische und demokratisch gehaltvolle Themen und Herausforderungen in der Schule in Projekten zu bearbeiten. Dazu gehören zudem Willenserziehung und ein entsprechendes positives und stabiles Selbstkonzept, das bei Schülerinnen und Schülern gefördert werden kann und gefördert werden muss: Etwas zu wollen gehört deshalb zu den grundlegenden Aspekten eines kompetenzorientierten Lernens und zur Verantwortungserziehung.

These 3: Verantwortung als Leistung demokratischer Schulen oder Aspekt von „Schulqualität" meint Felder des sozialen, zwischenmenschlichen Umgangs und des Alltagslebens in der Schule, des Miteinanders. Es meint die Qualität eines pluralen, konfliktfähigen und deshalb gewaltfreien Umgangs zwischen allen schulischen Gruppen und den Kindern und Jugendlichen in all ihrer Verschiedenheit. Verantwortungslernen bietet sich gerade in heterogen geprägten Lerngruppen an.

Verantwortung in diesem Sinne ist eine „Bürgertugend". So gesehen ist Verantwortung zuerst in der sozialen Qualität des schulischen Alltags im Unterricht und im Schulleben zu spüren. Das realisiert sich natürlich in den verschiedenen Formen des konstruktiven Umgangs mit Interessensdifferenzen, mit Konflikten und verschiedenen Lösungsvorstellungen für Probleme jedweder Art, die im Schulalltag auftauchen.

Die eingangs skizzierten Schul- und Projektbeispiele zeigen, dass diese besondere soziale Qualität des Schulalltags nicht eine hinreichende, sondern eine notwendige Voraussetzung für fachliches Lernen und für Unterricht ist. Insofern ist die bewusst wahrgenommene Verantwortung für die soziale Qualität des Alltagslebens in der Schule zugleich auch eine Verantwortung für Leistung und Lernen. Oder anders: Gute Leistung und effektives Lernen gedeiht besser an Schulen, die Verantwortung als soziale Qualität im Unterricht und im Schulleben ernsthaft und konsequent realisieren. Und die deshalb individuelle und herkunftsbedingte Heterogenität bei den Lernvoraussetzungen sorgfältig aufnehmen, um das Lehren und Lernen daran auszurichten.

Verantwortung als Leistung demokratischer Schulen zeigt sich allerdings nicht nur im Unterricht und im Schulleben, sondern auch in Blick auf die Wahr-

nehmung, den Ruf, die Position der Schule in ihrer Gemeinde oder ihrem Stadtteil. Dies wiederum verbindet sich mit dem Angebot und der Offenheit, die
Schulen für die sie tragenden Kommunen bieten. Haben wir Konzert, Kultur,
politische Diskussion und Öffentlichkeit in unserem Haus? Wie verhält es sich
mit der Beziehung zu den Vereinen vor Ort? Wer kommt zu unseren Schulfes-
ten? Aber auch: Welche Felder von sozialer Leistung, kommunaler Hilfe wird
von der Schule möglicherweise abgedeckt – durch bspw. Angebote und Arrangements des „Service-Learning"?

These 4: Verantwortung als Leistung demokratischer Schulen meint auch Partizipation, Mitwirkung, Engagement und Gemeinsinn im Unterricht, besser noch:
beim Lernen in der Schule.

In die Sprache der Dokumentation, Beschreibung und Rückmeldung von Leistung und Lernen übersetzt heißt das, sich am Lernen und am Engagement des
einzelnen Schülers, der einzelnen Schülerin zu orientieren und dabei die Beson-
derheit der individuellen Talente von Kindern und Jugendlichen zum dialogischen, sozialen und mitmenschlichen Handeln besonders zu berücksichtigen. In
Blick auf Leistungsbeurteilung heißt das, sich primär an der individuellen Be-
zugsnorm zu orientieren.

Für die Schule als Institution stellt sich die Frage, in welchen Feldern und
Bereichen die Schülerinnen und Schüler eine solche Verantwortung als Partizipation wahrnehmen können. Dazu gehören bspw. inhaltsbezogene Auswahlent-
scheidungen im Unterricht, dazu gehört eine kommunikative und fördernde
Form der Leistungsbeurteilung, dazu gehören Formen der Unterstützung des
Lernens der Schülerinnen und Schüler untereinander und in deren eigener Verantwortung mit Hausaufgabenhilfen, Tutorensystemen, gemeinsamen Vorberei-
tungen für Tests und Klassenarbeiten und anderem mehr.

Partizipation in Unterricht und beim Lernen bieten zudem gut organisierte
Projekte, die auf gemeinsamen Entscheidungen bei Themenfindung, Durchführung und Dokumentation basieren und bisweilen gerade in der Unberechenbar-
keit oder auch Unplanbarkeit ihres Verlaufes Chancen und Herausforderungen
für „Verantwortung" nahelegen.

These 5: Verantwortung als Leistung demokratischer Schulen zeigt sich schließlich in der Bereitschaft und Fähigkeit der Schule, Themen und Herausforderungen der „demokratischen Öffentlichkeit" aufzunehmen, in das Lernen zu integrieren und als Engagement für das Gemeinwesen und die Demokratie praxis-
wirksam umzusetzen.

In der Schule lässt sich das mit dem Wort der „Schlüsselprobleme unserer Gegenwart" von Wolfgang Klafki (1985) fassen. Demzufolge sind Inhaltsentscheidungen für Bildung und Lernen in der Schule der Wahrnehmung und Widerspiegelung solcher Schlüsselprobleme verpflichtet, also demokratisch und politisch gehaltvoll. Im „Förderprogramm Demokratisch Handeln" wird dokumentiert, wie das umgesetzt werden kann. Dabei werden fünf Bereiche der Erfahrung, des Lernens und des Handelns sichtbar (Beutel/Fauser 2001):

- Schule als Ganzes und als Lebensraum
- Zusammenleben, Umgang mit Minderheiten, mit Konflikt und Gewalt
- Verantwortung und Demokratie in Kommune und lokalem Umfeld
- Geschichte, Mahnen, Erinnern und Gedenken
- Welt und Umwelt (Ökologie und Entwicklung)

Oftmals verbergen sich in der vielfältigen Alltagsarbeit von Schulen Anknüpfungspunkte für ein solches gemeinwesenorientiertes Verantwortungslernen, die die Akteure selbst – Lehrerinnen und Lehrern, die beteiligten Schülerinnen und Schülern, die Projektgruppen insgesamt – unter diesem Gesichtspunkt noch gar nicht grundlegend reflektiert haben. Deshalb gilt hier: Es lohnt sich immer wieder genau hinzusehen, was in den Schulen bereits geschieht oder Ansätze für ein solches politisch und demokratisch gehaltvolles Verantwortungsgeschehen in sich trägt. Da gibt es oftmals mehr, als insbesondere die Schulprofis in den Schulen – Schulleitung und Kollegien, auch die Schülerschaft – für sich selbst wahrnehmen.

Generell kann vor diesem Erfahrungshintergrund gesagt werden, dass es viel mehr Gelegenheiten in der Schule und im Schulleben gibt, als Lehrerinnen und Lehrer im Schulalltag wahrnehmen; und nicht jedes Projekt entspringt einem exakten Plan, der detailgenau umgesetzt wird, sondern entbindet „Gelegenheitsstrukturen", die die Akteure selbst erst als solche erkennen müssen.

Wie die Akteure Verantwortungslernen beurteilen

In den drei Beispielen könnte die Breite der Umfeldbedingungen kaum größer sein: Ein baden-württembergisches Gymnasium im Einzugsgebiet des mittleren Neckarraums mit mittelständisch geprägter Elternschaft und motivierten Schülerinnen und Schülern steht einer Berliner Oberschule gegenüber, die unter dem Druck schwieriger sozialer Hintergrundbedingungen mit viel Energie und klugen Konzepten ihre Schülerinnen und Schüler in die Verantwortung genommen hat. Das Hamburger Gymnasium wiederum arbeitet mit Anerkennung und Rückhalt in der Kirchgemeinde eines relativ wohlhabenden Stadtteils. Wenn anfangs kaum Gemeinsamkeiten sichtbar sind, zeigen die Beispiele doch, wie eng pädagogische Konzepte und die Bedingungen für die besondere Lernqualität der Verantwortung beieinander liegen.

Lehrerinnen und Lehrer betonen, dass die Schulleitungen in diesen Schulen möglichst mit Schülerinnen und Schüler gemeinsam und im Kontext der Projekte auftreten. Die Lernenden unterstreichen, dass die Projekte besondere Lernqualität entfalten. Sie sagen, dass sie effektiv lernen und das Gelernte über die Schulsituation hinaus anwenden können und weitertragen. Sie sagen auch, dass sie in den Prozessen der Demokratisierung Begleitung durch die Lehrenden benötigen, zugleich diese Begleitung aber nicht von „oben" nach „unten" realisiert werden kann: Lehrende und Lernende sind Lernpartner. In allen Projekten wird sichtbar, wie wichtig der Kommunikationsaspekt ist. Ein weiterer wichtiger Aspekt ist, dass das Lernen in eigener Verantwortung „Spaß macht" und zur Förderung der Gemeinschaft beiträgt. Die Schulleitungen weisen darauf hin, dass die Kolleginnen und Kollegen durch die aktive Verantwortung der Schülerinnen und Schüler auch entlastet werden.

Insgesamt gesehen belegen die Beispiele nebst den Dimensionen der „Verantwortung" vor allem, dass das Verbindende zwischen den Projekten in den unterschiedlichen Ausgangslagen und Schularten größer ist als die Unterschiede. Letztlich zeigt sich, dass Strukturfragen nicht die ersten und wichtigsten Gesichtspunkte sind, wenn es darum geht, durch Verantwortungslernen die demokratiepädagogische Qualität von Schulen zu steigern.

Eine Bilanz in „demokratiedidaktischer Perspektive"

Demokratie setzt darauf, dass Dinge auch scheitern können! Oder anders ausgedrückt: Sie lebt von der Wertschätzung des Gelungenen, das seine Größe jeweils im Kontext und Bedingungsumfeld der erreichten Lösung erhält.

Benjamin Barber, Theoretiker der Zivilgesellschafts-Bewegung, spricht von der „strong democracy", der „Starken Demokratie". Diese lässt sich durch eine Politik der Bürgerbeteiligung definieren und zielt auf die Selbstregierung der Bürgerinnen und Bürger. Entscheidenden Begriffe der „Starken Demokratie" sind: Tätigkeit, Prozess, Schaffung einer Gemeinschaft, Selbstgesetzgebung sowie Transformation bzw. Veränderung (Barber 1990).

Dieser durchaus umstrittene, gleichwohl pragmatische Ansatz muss aus demokratietheoretischer Sicht natürlich kritisch betrachtet werden, da er den normativen Rahmen universell gültiger Menschenrechte und unveränderlicher Verfassungsorgane absolut respektieren muss, um nicht in sein Gegenteil zu pervertieren. Denn wir wissen aus historischer Erfahrung: Auch totalitäre Gruppenideologien enthalten Elemente wie Tätigkeit, Gemeinschaft, Selbstgesetzgebung, Veränderung. Natürlich ist in der Schulentwicklungsdebatte wohl bewusst, dass gerade die Reformpädagogik nicht primär „demokratisch" war. Gleichwohl konnte sie Akzente setzen, die für die heutige Entwicklung demokratischer Schulen wichtig sind (Beutel 2007).

Aber in gut pragmatischer Hinsicht helfen die Überlegungen zur starken Demokratie dabei, zu verstehen, dass Demokratie eine Kulturleistung ist und mehr meint, als die verfahrensmäßige Regelung von Macht und Politik. Für Schulen, die sich demokratiepädagogisch einer solchen Lehr- und Lernpraxis nähern wollen, gilt deshalb auch: Nicht darauf zu warten, bis eine höhere Instanz oder Institution Verfahrensregeln vorgibt und Ziele setzt, sondern Aufgaben vernünftig und kommunikativ sowie problemnah und gemeinsam vor Ort zu lösen, das ist ganz entscheidend und Ausdruck einer „starken Schuldemokratie".

Die Demokratie und insbesondere die Parteien in unserer Demokratie verändern sich. Gegenwärtig ist dieser Prozess sichtbarer als in den bisherigen Zeitläuften: Wir werden uns an ein Parteiensystem mit mehr als nur vier Größen und an unterschiedliche Koalitionen als Grundlage demokratisch legitimierter Regierungen gewöhnen müssen – im Bund, in den Ländern und inzwischen auch in Bayern.

Darüber hinaus bringen die globalen Weltverhältnisse eine ständige Furcht vor dem Fremden und Neuen, der unbekannten Kultur und der anderen Religion mit sich, also neue Unsicherheiten. Diese Entwicklungen bedrohen die Demokratie und die Verantwortungsbereitschaft in der Politik, vor allem aber in den angstvollen Herzen und Augen der Bürgerinnen und Bürger in unserem Land, in Europa und in den entwickelten Staaten der westlichen Hemisphäre. So spricht Colin Crouch (2008) bereits von einem Zeitalter der „Post-democracy", der „Demokratie nach der Demokratie", die uns die Institutionen verfasster Demokratie erhält, uns aber unsere politische Stimme in vielfältigen verborgenen praktischen und kulturellen Winkelzügen immer mehr nimmt bzw. dafür sorgt, dass wir als Bürgerinnen und Bürger sie an Experten und Eliten sowie an die Marktkräfte und die Massenmedien weggeben, weil wir Vielfalt, Offenheit und möglicherweise auch die vorhandene Probleme nicht ertragen wollen oder können. Wir reduzieren damit selbst unsere Mitbestimmungsmöglichkeiten und unsere Beteiligung an der Aushandlung politischer Lösung, indem wir verantwortlicher demokratischer Politik keine Lösungskompetenz mehr zutrauen. Zugleich verstärkt diese post-demokratische Tendenz die Wahrnehmung, dass Verantwortung für alle und die partizipative, bürgergesellschaftliche Demokratie zu kompliziert und zu anspruchsvoll und v.a. zu ineffektiv sind. Verantwortung aber benötigt Zeit und einen anderen als einen nur in Größen von Wirtschafts- und Finanzwelt deklinierten Begriff von Effektivität und Effizienz.

Gerade deshalb lohnt es sich, die „Verantwortung" als besondere Qualität von Schule aspektreich in Lernen und Schulalltag zu verwirklichen und sich den vielen möglichen Entwicklungsfeldern im Sinne eines Beitrags zur Demokratiedidaktik und zur Demokratiepädagogik intensiv und detailgenau anzunähern. Denn Verantwortung zu üben und Verantwortung zu lernen ist nicht in erster Linie Sache des komplexen Wissens oder gar nur der Oberstufe von Gymnasien – es ist Sache aller Menschen und damit auch des Lernens aller Schülerinnen und Schüler in allen Schulen. Trotz aller Defizite der Demokratie und des schwierigen Umgangs mit ihr kann die öffentliche Debatte sich nicht darauf begrenzen, immer wieder erneut lediglich über Wissensdefizite und mangelnde Wertorientierungen bei Jugendlichen (und Erwachsenen) zu klagen. Gerade wenn es darum gehen soll, demokratische Handlungskompetenz zu fördern und der Demokratie Legitimation zu verschaffen, indem sie für die jungen Menschen zu einem Wert wird, für den es sich einzutreten lohnt, müssen wir die Demokratie als kulturell zu erwerbende und täglich zu reproduzierende Lebensform und Werthaltung in Schule und Jugendarbeit pädagogisch erfahrbar machen.

Eine demokratiepädagogisch wirksame „Didaktik der Demokratie" sollte dabei vorhandene Partner, Projekte, Schulen, Gruppen und Netzwerke aufgreifen, mitnehmen und stärken. Dadurch, dass sie auf die vorhandenen Potenziale des Demokratie-Lernens in Schule und Jugend zurückgreift, sie weiterentwickelt und multipliziert, kann sie zur Veränderung der Lernkultur und zur Steigerung demokratischer Handlungskompetenz bei den Kindern und Jugendlichen beitragen.

Dabei setzt diese Strategie demokratiepädagogischer Schulentwicklung oder demokratiedidaktischer Stärkung von Schule und Lernen auf die der jeweiligen Schule eigenen pädagogischen Kräfte und Quellen. Denn mit einer solchen schulnahen Arbeitsform können Kriterien und Qualitätsmaßstäbe in Auseinandersetzung mit realistischen Möglichkeitsräumen der Schule selbst wahrgenommen und beeinflusst werden. Das Thema Demokratie lässt sich – zusammenfassend gesprochen – deshalb als Aufgabe einer auf Leistungsentfaltung und auf Vielfalt im Wettbewerb setzenden Schulentwicklung lokalisieren: „‚Wir' ist die grammatikalische Form demokratischer Herrschaft, in der man konsequenterweise nicht von ‚den Politikern' oder ‚dem Staat' reden kann, ohne in Abrede zu stellen, dass man in einer Demokratie lebt. In der Demokratie handeln nicht andere für uns, sondern wir handeln", so bündelt der eingangs zitierte Staatsrechtler Christoph Möller das Erfordernis individuellen demokratischen Engagements (2008: 12). Praxisprogramme wie der Wettbewerb „Förderprogramm Demokratisch Handeln" und der „Deutsche Schulpreis" zeigen immer wieder erfrischende Möglichkeiten zur Konkretisierung eines auf das Lernen von Kindern und Jugendlichen gerichteten „Wir" in der Demokratie, sie sind ein stetig wirksamer Beitrag zur Schulreform und zur Konkretisierung einer Demokratiedidaktik.

Literatur

Barber, Benjamin (1994): Starke Demokratie – Über die Teilhabe am Politischen Berlin: Rotbuch.

Beutel, Wolfgang (2007): Reformpädagogik und politische Bildung. In: Lange, D. (Hrsg.): Konzeptionen politischer Bildung. Bd. 1 Basiswissen politische Bildung. Hohengehren: Schneider-Verlag, S. 31-40

Beutel, Wolfgang, Fauser, Peter (Hrsg.) (2001): Erfahrene Demokratie. Wie Politik praktisch gelernt werden kann. Opladen: Leske+Budrich

Beutel, Wolfgang/Fauser, Peter (Hrsg.) (2007): Demokratiepädagogik: Lernen für die Zivilgesellschaft. Schwalbach/Ts.:Wochenschau-Verlag

Beutel, Wolfgang/Fauser, Peter (Hrsg.) (im Druck 2009): Demokratie, Lernqualität und Schulentwicklung. Schwalbach/Ts.: Wochenschau Verlag

Bildungskommission NRW (1995): „Zukunft der Bildung – Schule der Zukunft". Denkschrift der Kommission beim Ministerpräsidenten des Landes Nordrhein-Westfalen. Neuwied, Kriftel, Berlin: Luchterhand-Verlag

Crouch, Colin (2008): Post-Demokratie. Frankfurt/M: Suhrkamp

Detjen, Joachim (1994): Schule als Staat. Didaktische Chancen und Grenzen einer projektorientierten Simulation von Politik und Wirtschaft, in: Gegenwartskunde, Jg. 43. Heft 3. 359-369

Edelstein, Wolfgang (2008): Schule als demokratische Lebensform. Erziehung zur Demokratie und Verantwortung. In: Lernende Schule, 11. Jg., H. 43, S. 4-7

Fauser, Peter/Prenzel, Manfred/Schratz, Michael (Hrsg.) (2007): Was für Schulen! Gute Schulen in Deutschland. Der Deutsche Schulpreis 2006. Stuttgart: Klett-Friedrich

Fauser, Peter/Prenzel, Manfred/Schratz, Michael (Hrsg.) (2008): Was für Schulen! Profile, Konzepte und Dynamik guter Schulen in Deutschland. Der Deutsche Schulpreis 2007. Stuttgart: Klett-Friedrich

Fauser, Peter/Prenzel, Manfred/Schratz, Michael (Hrsg.) (2009): Was für Schulen! Wie gute Schule gemacht wird – Werkzeuge exzellenter Praxis. Der Deutsche Schulpreis 2008. Stuttgart: Klett-Kallmeyer

Förderprogramm Demokratisch Handeln (Hrsg.) (2006): Ergebnisse und Kurzdarstellungen der Ausschreibung 2005. Jena: Eigendruck

Förderprogramm Demokratisch Handeln (Hrsg.) (2008): Ergebnisse und Kurzdarstellungen der Ausschreibung 2007. Jena: Eigendruck

Frommer, Helmut (2008): Gelebte Demokratie – Das Gymnasium Neckartenzlingen. In: Fauser/Schratz/Prentzel (2008): 68-73

Lehren und Lernen (LuL), Zeitschrift für Schule und Innovation in Baden-Württemberg (2008), Jg. 34, H. 3: Eine Schule auf ihrem Weg: Schulporträt Gymnasium Neckartenzlingen

Klafki, Wolfgang (1985): Neue Studien zur Bildungstheorie und Didaktik. Weinheim: Beltz

Möllers, Christoph (2008): Demokratie – Zumutungen und Versprechen. Berlin: Wagenbach-Verlag

Plessing, Götz/Reinhardt, Volker: WSO – eine „Berliner Hauptschule". In: Fauser/Schratz/Prenzel (2007): 106-109

Weinert, Franz (2001): Leistungsmessung in der Schule. Weinheim: Beltz

Kriterien für eine demokratische Schulqualität

Volker Reinhardt

Über Schul- und Unterrichtsqualität ist besonders in den letzten Jahren eine große Anzahl an Publikationen entstanden (vgl. z. B. Altrichter/Posch 1999, Meyer 2004), man könnte sagen, das Thema hat Konjunktur, oder man könnte sich fragen: Warum nun also auch noch ein Aufsatz über demokratische Schulqualität? Ich möchte meiner Antwort die Vorbemerkung vorausschicken, dass sich Schulqualität zu einem großen Teil über den Grad der demokratischen Prozesse aller am Schulleben Beteiligten bestimmen lässt. Oder anders formuliert: Eine Schule, die sich hoher Qualität verpflichtet fühlt, ist eine demokratische Schule.

Diese Behauptung stützen unterschiedliche Qualitätsmessungsverfahren für Schulen wie beispielsweise die Qualitätszentrierte Schulentwicklung (QZS), das SEIS-Qualitätsinstrument der Bertelsmann-Stiftung oder die Qualitätskriterien des Deutschen Schulpreises. Letztere sollen hier skizziert werden: Der Deutsche Schulpreis zeichnet jedes Jahr die besten deutschen Schulen aus und hat laut Programmbeschreibung ein „umfassendes Verständnis von Lernen und Leistung. Über die bloße Wissensvermittlung hinaus gilt es, die individuellen, sozialen und schöpferischen Fähigkeiten auszubilden" (Deutscher Schulpreis 2008). Neben den Qualitätskriterien Leistung, Vielfalt und Unterricht rücken die in unserem Zusammenhang einer demokratischen Schulqualität besonders wichtigen Kriterien wie Verantwortung, Schulleben und Schulentwicklung ins Zentrum der Qualitätsüberprüfung. Es sei dazu nochmals die Programmbeschreibung des Deutschen Schulpreises zitiert: „Zu einem pädagogisch herausragenden Schulprofil gehört neben gutem Unterricht auch ein gutes Schulklima, eine alltagsprägende Schulkultur, ein Gefühl der Zugehörigkeit und gegenseitiges Vertrauen. Gute Schulen zeichnen sich durch ein führungsstarkes demokratisches Management aus" (Deutscher Schulpreis 2008). Schaut man sich die Kriterien dieses bedeutendsten Schulpreises im deutschsprachigen Raum an, so lassen sich Konkretisierungen von demokratiepädagogischen Qualitätsanforderungen an vielen prominenten Stellen finden. Als Beispiel soll hier unter dem Kriterium Verantwortung der Punkt demokratische Regelung gemeinsamer Angelegenheiten herangezogen werden, wo es heißt:

„Die Schule fördert die demokratische Mitwirkung der Schüler in allen pädagogisch wichtigen Angelegenheiten. (…) Die Schule sorgt für eine aktive

Beteiligung der Schüler am Schulleben und an der Schulentwicklung. Die Schule ächtet Gewalt gegen Menschen und gegen Sachen. Sie geht präventiv gegen Gewalt vor und wacht über die Sicherheit von Personen und Eigentum. Regelverletzungen werden nicht ignoriert, sondern als solche bewusst gemacht. Sie werden durch geeignete Konsequenzen beantwortet – z. B. Wiedergutmachung, Entschuldigung, Sozialdienste. Es gibt Verfahren der Konfliktregelung – z. B. Streitschlichtermodelle, Klassenrat" (Arbeitshilfe 2006: 5). Den hohen Stellenwert, den die demokratische Schulentwicklung in diesen Quellen genießt, verteidigt sie auch in vielen der neu entwickelten Qualitätsrahmen für Schulen einzelner Bundesländer. Die Aussagen reichen von eher allgemeinen Aussagen zur demokratischen Schulqualität bis hin zu operationalisierbaren Kriterienkatalogen, die diesen Bereich aufgreifen. So listet beispielsweise das Bundesland Bremen unter dem Qualitätsbereich Schulkultur und ansatzweise unter dem Bereich Schulmanagement einige Kriterien und Merkmale auf, in denen Demokratie in der Schule eine herausgehobene Rolle spielt.

Die Frage ist nun, welche Faktoren und Prozesse für eine demokratische Schulqualität relevant werden sollten. Der Qualitätsrahmen Demokratiepädagogik (vgl. de Haan/Edelstein/Eikel 2007) ist ein herausragendes Instrument, damit Schulen sich auf den Weg in Richtung demokratischer Schulqualität machen können. Die darin enthaltenen sechs Qualitätsbroschüren helfen interessierten Schulen, jeweils individuelle „demokratische Schulprogramme" bzw. eine demokratiebezogene Auditierung zu entwickeln. Diese Publikation ist weniger als normative Anleitung zu verstehen, d. h. in welche Richtung sich Schulen entwickeln sollen, sondern vielmehr als (offene) Prozessbegleitung und Strukturierung für die anstehenden Schritte in Richtung einer demokratischen Schule zu betrachten. So werden beispielsweise Hilfen gegeben für die Bildung von Steuergruppen, für die Entwicklung eines Leitbildes und für die Erstellung des Schulprogramms (vgl. de Haan/Edelstein/Eikel 2007, Bd. 4: 9 ff). Die Schulen bzw. einzelne Lehrer/innen können anhand von unterschiedlichen Qualitätsfeldern Selbstbewertungen vornehmen, um ihre eigenen Demokratieerfahrungen in der Schule abzubilden und sich damit persönlich und im System weiterzuentwickeln. Man kann nach Wolfgang Edelstein (2007: 11) die Kontexte des demokratieförderlichen Lernens als die schulischen und außerschulischen Erfahrungs- und Handlungsfelder bestimmen, die Information über Demokratie, Kompetenzen für Demokratie und Erfahrung durch Demokratie vermitteln.

Was allerdings mit Hilfe dieser Auditierung und Schulprogrammarbeit nur ansatzweise geleistet werden kann, ist das Aufzeigen von Möglichkeiten der Umsetzung dieser Forderungen. In den letzten Kapiteln dieses Aufsatzes sollen daher auf unterschiedlichsten Ebenen Vorschläge für eine Implementierung demokratischer Schulentwicklung gegeben werden. Zunächst wird aber allgemein die Frage gestellt, wie weit sich Schule demokratisch öffnen kann und ob Schule als Polis funktioniert.

Schule als Polis?

Kann und soll Schule Polis sein? Ist es also möglich und wünschenswert, dass Demokratie in dem Maße Einzug in die Schule hält, damit Schule selbst Ort der res publica werden kann?

Eine offene und flexible Konzeption einer Schule als Polis hat Hartmut von Hentig (1993: 190 f) ausformuliert. Er nennt drei Bedingungen für eine Schule, die sich als Polis versteht:

- „Wir müssen es mit den Lebensproblemen der Schüler aufnehmen, bevor wir ihre Lernprobleme lösen können, die sie auch nicht haben müssten."
- Schule muss Lebens- und Erfahrungsraum werden. „Die Schule ist heute schon für den größten Teil der Kinder für den größten Teil ihrer Zeit der einzige Aufenthaltsort geworden; nun sollte er auch ihr Lebensort sein können", in dem sie dort „auch die wichtigsten Lebenserfahrungen machen".
- Die dritte Bedingung ist eine Politische Bildung und Erziehung. „Nur wenn wir im kleinen, überschaubaren Gemeinwesen dessen Grundgesetze erlebt und verstanden haben – das Gesetz der res publica, das des logon didonai (der Rechenschaftspflicht), das der Demokratie, das der Pflicht zur Gemeinverständlichkeit in öffentlichen Angelegenheiten, also der Aufklärung, das des Vertrauens, der Verlässlichkeit, der Vernünftigkeit unter den Bürgern und nicht zuletzt das der Freundlichkeit und Solidarität unter den Menschen überhaupt – werden wir sie in der großen polis wahrnehmen und zuversichtlich befolgen" (Hentig 1993: 190 f).

In der Laborschule, die Hentig in Bielefeld gründete, soll Schule als Polis weniger mit einem starren Konzept als vielmehr mit offenen und wandelbaren demokratieförderlichen Impulsen verwirklicht werden. Er konzipierte die Laborschule als eine Polis, welche die Merkmale der Demokratie in sich enthalten soll: Schüler/innen und Lehrkräfte sollen in einem verkleinerten, überschaubaren und institutionell geschützten Rahmen die Erfahrung des Bürgerhandelns machen können, das auf Selbstbestimmung, Verantwortungsübernahme, Verständigung und Vertrauen beruht. Gezielt wird hierbei auf eine homogen zusammengesetzte Schülerschaft verzichtet, da diese den Schülern die Erfahrung gesellschaftlicher Vielfalt vorenthalte. Nur in einer durch Heterogenität bestimmten Schul„Gesellschaft" könnten sich nach Hentig politisch bestimmende Vorstellungen entfalten (vgl. Max-Planck-Institut 2006).

Im Sinne der Schulpolis-Überlegungen ist die Schule selbst Ort der demokratischen Prozesse und Entscheidungen, sie ist gekennzeichnet durch einen „Mikrostaat", oder durch eine embryonic society, wie John Dewey meinte.

Kritiker dieser Idee werfen ein (vgl. Massing 2002: 174; Moegling/Steffens 2004), dass eine Schule nicht Staat im Kleinen sein kann. Gründe dafür gibt es viele: Allein die Tatsache, dass die Schüler/innen die Lehrenden weder wählen noch absetzen könnten, die Schüler/innen nicht über ihre Zensuren abstimmen dürften, der Schulbesuch nicht freiwillig und die Kommunikationsstrukturen zwischen Lehrer/innen und Schüler/innen asymmetrisch seien, wäre schon Grund genug, dass Schule eben keine verkleinerte Gesellschafts- oder Staatsform sein könne. Jürgen Oelkers schreibt dazu: Schulen sind nicht die „embryonale Gesellschaft", der kleine Raum korrespondiert seiner Ansicht nach nicht mit dem großen, „anders müsste `Bildung` wie ein räumlicher Transport gedacht werden, was allerdings viele gut gemeinte Konzepte voraussetzen würde. Bei Dewey ist die Theorie an zentraler Stelle vage und auf unerwartete Weise unklar. Das Problem ist die Verhältnisbestimmung, also die Frage, wie sich Bildung auf Demokratie beziehen soll (…). Dewey nimmt eine und nur eine Beziehung an – die von Schule und Gesellschaft im Sinne der Metaphern des Kleinen und des Großen. Die Theorieherausforderung der Zukunft besteht darin, mehrlinige, auf unterschiedlichen Längen verknüpfte, paradoxe und ebenso offene wie versteckte Verbindungen zwischen Bildung und Demokratie anzunehmen, die sich der einfachen Bestimmung entziehen" (Oelkers 2006). Eine solche Theorie liege laut Oelkers allerdings bisher noch nicht vor.

Allerdings: Auch wenn Schulen nicht die verkleinerte politische Wirklichkeit abbilden können, so sind doch Elemente der demokratischen Kultur, des demokratischen Miteinanders aus dem „großen politischen Raum" kennzeichnend für eine Schule, die sich auf den Weg macht zu einer demokratischen Schule, zu einer Schule als Demokratie. Es muss aber immer berücksichtigt werden, dass eine Parallelisierung der schulischen Lebenswelt der Kinder, Jugendlichen und Erwachsenen mit der Systemwelt der Politik nicht voraussetzbar und voll umfassend auch nicht durchführbar ist (vgl. dazu auch Pohl 2004: 129). Die Frage, ob die Schule Polis sein soll, ist unter diesen Voraussetzungen schon teilweise mitbeantwortet. Sie soll nicht die Lebenswelt mit der politischen Systemwelt parallelisieren oder synchronisieren (weil sie es, wie gesagt, auch gar nicht kann), sie soll aber den Schüler/innen – so gut sie kann – Erfahrungsräume schaffen, in denen demokratische Mitgestaltungs- und Mitbestimmungsmöglichkeiten sicht- und erlebbar werden. Doch wie kann eine gewünschte Partizipation gestaltet und umgesetzt werden?

Partizipationsausprägungen

Es ist mit dem weiten und uneinheitlichen Bedeutungszusammenhang des Partizipationsbegriffs nicht so einfach, ihn als feststehenden und festgeschriebenen, zumeist positiv konnotierten reformpädagogischen Begriff für die Schulentwicklung bzw. Schulqualität zu verwenden, ohne dass die Form, die Ausgestaltung und die Reichweite des Begriffs klar umrissen werden. So gibt es in diesem Zusammenhang wahrscheinlich nichts, was demotivierender und verheerender im Schulalltag sein kann, als eine Pseudo- oder Scheinpartizipation. Diese ist dann gegeben, wenn Beteiligung vorgegaukelt wird, wo es nichts mitzubestimmen gibt bzw. wo nur zum Schein partizipiert werden soll. Wenn man also von Seiten der Schulleitung oder von Lehrerseite so tut, als ob man über Entscheidungen und Prozesse mit den Schüler/innen diskutieren und sie in den Entscheidungsprozess einbeziehen würde, um dann im Nachhinein die Schüler/innen mit der schon vorgefertigten Lösung oder Entscheidung zu überrumpeln, verliert diese positive Konnotation des Begriffs schnell seinen Wert und kann in Hilflosigkeit, Apathie oder gar Aggression münden. Es ist davor zu warnen, die oft beobachtete Tendenz -"wir können oder sollten mal über die Angelegenheit oder schulische Situation reden und verhandeln", aber (und das wird häufig nicht gesagt) entscheiden wird die Schulleiterin oder der Lehrer allein und unbeeinflusst – in Schulen vorkommen zu lassen, wenn nicht von vornherein allen Beteiligten bewusst ist, dass es nur um eine Anhörung der Schüler/innen ohne Mitwirkungsmöglichkeit geht. Dann handelt es sich aber auch nicht um Partizipation im eigentlichen Sinne, sondern um ein asymmetrisches Lehrer/Schüler-Gespräch, das auch als solches gesehen und genannt werden muss.

Es dürfen also nur dann und nur in dem Umfang Partizipationsräume in der Schule gegeben werden, in denen Schüler/innen – aber auch Lehrer/innen, Eltern sowie das „nicht-pädagogische Personal" – eine echte Möglichkeit haben, ihre Anliegen einzubringen und am Entscheidungsprozess mitzuwirken. Es ist selbstverständlich, dass den Protagonisten im Vorhinein klar sein muss, welche Form und welchen Umfang der Partizipation sie in einer schulischen Angelegenheit haben. Dies gilt z. B. für Schüler/innen zum einen in Bezug auf Partizipationsgelegenheiten, die von der Schulleitung bzw. von den Lehrer/innen gegeben bzw. initiiert werden (Teilnahme an Lehrer- oder Schulkonferenzen, Mitwirkung bzw. Mitbeteiligung an Schulveranstaltungen oder in Steuergruppen zur Schulentwicklung etc.). Selbstverständlich kann und soll es zum anderen aber auch Möglichkeiten der Partizipation in einer Schule geben, die sich durch nicht vorher explizit festgelegte Gelegenheiten und Mitgestaltungsräume ausweisen. Solche Möglichkeiten sollten in einem demokratischen Schulklima beispielsweise von Schüler/innenseite situativ initiiert oder aufgegriffen werden

können, sobald sie eine schulische Angelegenheit oder Entwicklung als mitwir-
kungserforderlich betrachten. Alle Beteiligungswilligen werden laut Caduff
(2007, 12) aber auch mit den Mühen und der Ambivalenz der Partizipation
konfrontiert:

1. „Mitsprache ist oft nicht spektakulär (lange Sitzungen, viele Detailfragen
   usw.).
2. Zur Mitsprache braucht man viel Wissen, das man sich mühevoll aneignen
   muss; und auch das Aktenstudium ist in der Regel alles andere als lustvoll.
3. Partizipation mündet auch in Verantwortung, die mitunter schwer auf einem
   lasten kann.
4. Immer wieder gibt es Menschen, die Diskussionen und Kommunikationen
   als lästig empfinden und darum aus Bequemlichkeit keine Mitbestimmung
   wünschen.
5. Auch die demokratischste Mitbestimmungsform kann nicht verhindern,
   dass sich Meinungsoligarchien bilden, so dass gewisse Gruppenmitglieder
   mehr zu sagen haben als andere" (ebd.).

Ist die Schulkultur an einer Schule partizipations- und demokratiefreundlich, so
werden sich alle Beteiligten immer wieder – trotz der dargestellten Mühen der
Partizipation – von sich aus organisieren bzw. zu Wort melden, wenn sie in eine
Entwicklung einbezogen werden bzw. bei einem Entscheidungsprozess mitwirken wollen. Die Entscheidung, sie in unterschiedlichem Ausmaß mitwirken zu
lassen, treffen jedoch letztendlich die Verantwortlichen, also etwa die Schulleitung.

   Wie man an obigen Ausführungen sieht, gibt es nicht „die" Partizipation,
sondern immer unterschiedliche Intensitäten von Partizipationsmöglichkeiten in
der Schule. Auf Schaubild 1 sind diese Intensitäten oder Hierarchien der Partizipation dargestellt.

   Diese Partizipationsformen nach Oser/Biedermann (2007: 29ff) sollen
nachfolgend kurz skizziert werden. Mit Hilfe der abgebildeten Hierarchie der
Partizipationsformen kann geklärt werden, welche Intensität bzw. welches Ausmaß an Partizipation gemeint ist, wenn der Begriff Partizipation (in der Schule)
verwendet wird. Damit kann auch der ungenauen oder missbräuchlichen Verwendung des jeweils unter Partizipation Gemeinten vorgebeugt werden.

Schaubild 1:   *Hierarchie der Partizipationsformen (vgl. Oser/Biedermann 2007: 34)*

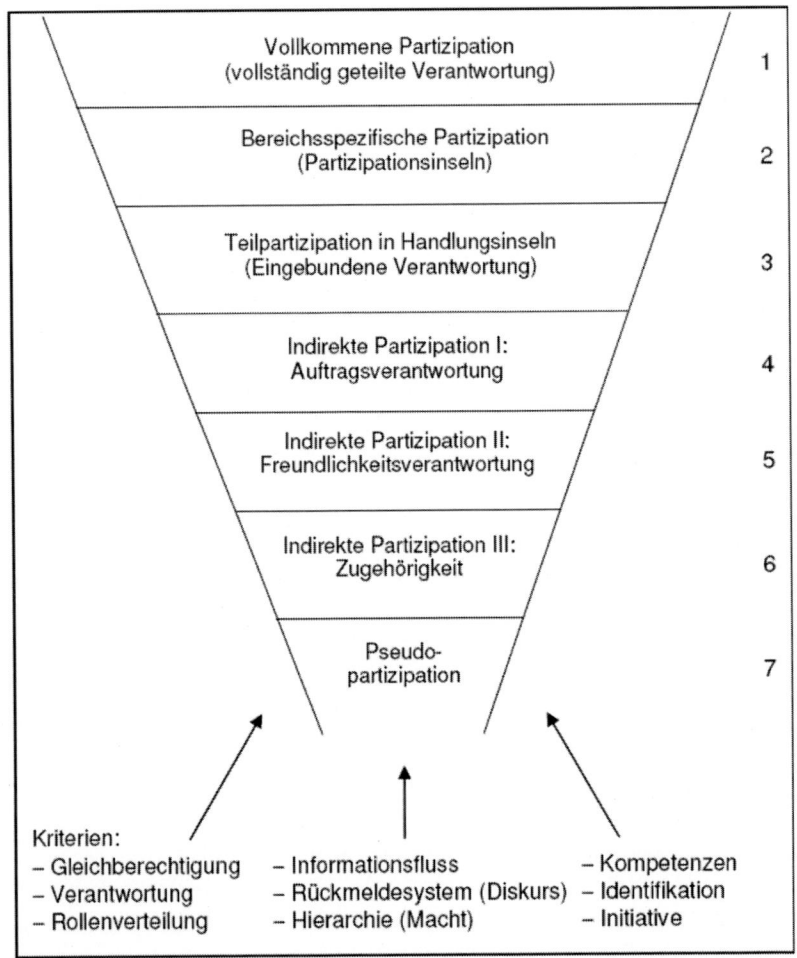

1. *Intensitätsstufe*: Vollkommene Partizipation

Diese Partizipationsform bezieht sich auf gemeinsame Planung, auf gemein-same Entscheidungen und auf gemeinsame Durchführung. Verantwortung wird von allen für alles geteilt, dies bei gleichzeitigen Rollenunterschieden entsprechend unterschiedlicher Kompetenzen. Das Rückmeldesystem ist symmetrisch und transparent. Gegenseitiges Vertrauen ist hoch ausgeprägt.

2. *Intensitätsstufe*: Bereichsspezifische Partizipation
Auch hier unterstehen Planung, Durchführung und Ausführung einer vollständigen Gleichberechtigung. Verantwortung haben alle in gleicher Weise für einen Ausschnitt des Systems, für andere Bereiche im gleichen System gilt dies nicht. Das Rückmeldesystem bezieht sich nur auf den Mitentscheidungsbereich.

3. *Intensitätsstufe*: Teilpartizipation in Handlungsinseln
Innerhalb von Entwicklungsprozessen kann für einzelne klar abgrenzbare Bereiche – aber nur für diese – selbständiges Arbeiten und Entscheiden möglich sein. Die Verantwortung ist in diesem Falle eingebunden in ein ganzes, hierarchisch gegliedertes Handlungssystem. Man weiß, wofür man Zuständigkeit hat. Man kennt aber vor allem die Grenzen. Entscheidungen werden von einer dem Kontext übergeordneten Person oder einer Leitungsgruppe gefällt.

4. *Intensitätsstufe*: Auftragspartizipation
Das Erbringen einer Leistung wird durch Zuweisung von Aufgaben gewährleistet. Die Person erhält einen ganz bestimmten, klar festgelegten Auftrag. Die Reichweite der Verantwortung besteht in der Ausführung dieses Auftrags, ohne dass Information über das Ganze vorliegt (oder nur oberflächlich besteht).

5. *Intensitätsstufe*: Freundlichkeitspartizipation
Aufgaben werden über eine Hierarchie zugewiesen, den Ausführenden wird Respekt und Wertschätzung zugesichert. Die Verantwortung ist nur durch die Reichweite dieser Aufgabe gegeben. Es wird nicht gezielt darauf hingearbeitet, den Akteuren eine Sicht auf das Ganze zu vermitteln, weil dies die Leitenden und die Auftragsempfänger nicht für notwendig halten. Entscheidungen werden top-down geregelt.

6. *Intensitätsstufe*: Zugehörigkeitspartizipation
Es gibt keine eigene Verantwortung; man tut, was die Schulleitung (oder für Schüler/innen) die Lehrer/innen sagen. Eigeninitiative ist nicht erwünscht. Rückmeldungen beziehen sich nur auf die Ausführung des Auftrags. Beteiligung ist nicht erwünscht, wird aber auch im Fall von Akteuren, die sich in die Ohnmacht fügen, gar nicht angestrebt. Gleichwohl kann sich auch unter solchen Bedingungen ein Gefühl der Zugehörigkeit entwickeln.

7. *Intensitätsstufe*: Pseudopartizipation
In diesem Falle wird wie bei der Zugehörigkeitspartizipation ein Auftrag erteilt, für dessen Erfüllung eine materielle oder ideelle Gratifikation in Aussicht gestellt wird. Dazu kommt jedoch, dass mit solchen Anweisungen ein

irreführender Anschein der Teilhabe am Ganzen mitgeliefert wird. Der Begriff Pseudopartizipation bezeichnet ein Arsenal von Praktiken, die darauf abzielen, Mitsprache und Mitentscheidung vorzutäuschen. Kern des Problems ist nicht die Weisung und auch nicht die Sanktionspraxis an sich, sondern die Vortäuschung, dass man an einem Ganzen teilhaben würde, wie dies beispielsweise bei einem Schülerparlament ohne echte Entscheidungsbefugnis der Fall wäre (vgl. Oser/Biedermann 2007: 29ff).

Möchten Schulen also partizipative Formen und Elemente einbringen, so müssen sie sich in einem Entwicklungsprozess bzw. auch schon im Vorhinein genau überlegen, welche Partizipationsintensität und welchen -umfang sie in den einzelnen Prozessen den Beteiligten zugestehen wollen.

Bedingungen und Kriterien für eine demokratische Schulqualität

Nachdem die „Partizipation" als bedeutsames, aber auch gefährdetes Gut der Schule dargestellt wurde, soll ein Blick auf den Aspekt der demokratischen Schulentwicklung geworfen werden. Auf Schulen kommen neue Aufgaben aber auch Chancen zu, die sie in früheren Zeiten an andere Instanzen abgeben konnten: „Eine historisch überkommene, zentral gesteuerte Schulentwicklung wird heute nicht mehr den gesellschaftlichen Bedürfnissen gerecht. Die zentralen Institutionen (wie Parlamente, Schulaufsicht, Pädagogische Institute und auch die Religionsgemeinschaften) sowie die unmittelbar Beteiligten (wie Schüler, Lehrer, Schulleitung, Eltern und außerschulische Partner vor Ort) müssen mit veränderten Rollen und Zuständigkeiten zusammen wirken. Sie müssen lernen" (Deutsches Landesschulamt 2007). Schulentwicklung ist nicht mehr alleine eine Sache geregelten Verwaltungshandelns in einem hierarchischen Instanzenzug, sondern erfordert eine intensive Beteiligung aller schulischen Gruppen. Auch die Schulentwicklung ist Teil der demokratischen und auf Partizipation gerichteten Entwicklungskorridore im Bildungswesen.

Fasst man vor diesem Hintergrund Begründungen für eine Erweiterung der Partizipationsmöglichkeiten in der Schule zusammen, so lassen sich vier Ansätze herausschälen:

- Zum einen sollen Schüler/innen schon in der Schule motiviert werden, sich um Angelegenheiten zu kümmern, die ihren unmittelbaren Nahraum betreffen und an denen sie lernen, Interessen zu artikulieren, zu begründen, durchzusetzen und schließlich auch zu gestalten und zu verantworten. Sie sollen Möglichkeiten der Mitbestimmung erfahren, erleben und so zu einer gelingenden Schulgemeinschaft beitragen. Dazu eignen sich besonders die formellen Gremien der Schülermitverantwortung, aber auch die informellen Formen der Beteiligung wie Klassen- oder Schülerräte, die Streitschlichtung, aber auch themenzentrierte Arbeitsgruppen, Just Community und Demokratieprojekte. Der Fokus zielt hier auf die Ebene des demokratischen Schullebens, der gelingenden Schulkultur.

- Über diese Unmittelbarkeit der Partizipationserfahrungen hinaus schließt diese Einmischung auf der Stufe der schulischen Mikroebene eine Ausdehnung (zumeist in die Zukunft gerichtet) auf die Makroebene der Gesellschaft und der Politik potenziell ein. Vereinfacht gesagt, kennzeichnet diese Vorstellung folgenden Zusammenhang: Wenn genügend Partizipationserfahrungen in der Schule gesammelt wurden, dann werden sich Schüler/innen auch im „richtigen" Leben engagieren und werden gesellschaftlich sowie politisch aktiv werden. Davon kann jedoch nicht im Sinne eines Automatismus, einer selbstverständlichen Kausal- und Erfahrungskette ausgegangen werden. Pohl spricht in diesem Zusammenhang von der Gefahr einer „falschen Parallelisierung von lebensweltlicher Demokratie und demokratischer Politik" (vgl. Pohl 2004: 2). Es muss also eine weitere Ebene dazu kommen, die den Schüler/innen Erfahrungen über diese konkreten Schulerfahrungen hinaus ermöglicht:

- Ohne Zweifel setzt die Möglichkeit, partizipative Prozesse im Nahraum mitzugestalten, bei den Lernenden ein hohes Maß an Kreativität und Engagement frei und es ist in der Regel ein großes Interesse der Schüler/innen bei solchen Aktionen zu verzeichnen, bei denen Selbsttätigkeit, eigenständiges Lernen, Einmischung und Handeln im Mittelpunkt stehen (vgl. Beutel/Fauser 2007). Viele solcher partizipativen Formen haben aber kaum oder nur geringe Bezüge zur „großen institutionellen Politik", weder in Form der Bildung eines rationalen politischen Urteils noch im direkten Kontakt mit politischen Akteuren. Das schließt die Möglichkeit ein, dass in diesen Partizipationsformen die Politik außen vor bleibt. Das bedeutet aber, dass sich Schüler/innen zwar für konkrete Partizipationsmöglichkeiten in ihrem unmittelbaren Umfeld begeistern können, sich aber dann kaum für Politik interessieren und sich auch nicht im gesellschaftlichen oder politischen Bereich engagieren wollen, sobald dieser Bereich über die Schulebene hinausgeht. Diese Form von demokratischem Lernen und Handeln in der Schule, die vorzugsweise dort verbleibt, bezeichnen Beutel und Fauser als „politikfern und dennoch politisch" (1995: 34) und beziehen diese Erfahrung auf die „Praxis" und nicht auf das politische „System" (a.a.O.). In der politikdidaktischen Diskussion wird hier allerdings heftig widersprochen und der demokratieförderliche Aspekt eines solchen binnenschulischen Engagements und Lernens in Zweifel gezogen. Denn auch diese innerschulisch engagierten Jugendlichen sind häufig ebenso enttäuscht von den Parteien und Politikern wie die Nicht-Engagierten (vgl. Shell 2000: 275ff). Laut Breit und Eckensberger kann aber ein Übergang von gemeinschaftlicher Interaktion und Partizipation zu gesellschaftlicher Systemfunktion erreicht werden, was „einem Wechsel von der Polisorientierung hin zu einer Gesellschafts- oder Staatsorientierung" (Breit/Eckensberger 2004: 10) entspricht. Pohl fordert in diesem Zusammenhang dann auch „echte Brücken zwischen der Lebenswelt der Schüler/innen und dem demokratischen politischen System" (Pohl 2004: 12), die durch eine Vernetzung der beiden Handlungsräume Schule und Gesellschaft/Politik entstehen können. Jüngst hat Stein (2007) zumindest an einer Reihe von Projekten, die schulische Partizipationserfahrung mit Themen der „großen Politik" verbinden, solche „echten Brücken" aufzuzeigen versucht. Sicherlich wird die Diskussion des kompetenzförderlichen Aspekts demokratischen Lernens in der Schule anhalten und benötigt überdies noch ausstehende empirische Forschungen.

- Die vierte Begründung für verstärkte Partizipationsgelegenheiten liegt in den damit verbundenen Selbstwirksamkeitserwartungen und -erfahrungen. Hepp schreibt hierzu: „Mitwirkungschancen müssen (...) bei den Betroffenen als so essentiell angesehen werden, dass sich das Gefühl einstellen kann, der Einsatz lohne, weil man etwas bewirken oder verändern kann" (Hepp, zit. nach Oser/Biedermann 2007: 18). Das Gefühl der Selbstwirksamkeit soll also die Intensität der Partizipation vergrößern und eine höhere Motivation für gegenwärtige und zukünftige Beteiligung auslösen. Indem Schüler/innen Verantwortung übernehmen, antizipieren sie die Wirkung dieser Verantwortungsübernahme. Partizipation soll dadurch ein demokratisches Schulleben unterstützen und die Wirksamkeit des eigenen Handelns erfahrbar machen. Damit soll sie die Entwicklung einer sozialen (und politischen) Selbstwirksamkeitsüberzeugung ermöglichen.

Kriterien für die Ausgestaltung der demokratischen Schulentwicklung

Eine Kriterienliste zur Überprüfung der Möglichkeiten bzw. der bereits vorhandenen schulischen Partizipationsformen kann Schulen als Entwicklungshorizont dienen. Es sollen, abgeleitet von den oben dargestellten vier Ansätzen, unterschiedliche Formen aufgezeigt werden, mit deren Hilfe Schulen demokratische und Partizipationsprozesse auslösen bzw. implementieren können. Für einen Überblick über die verschiedenen Ebenen und Formen demokratischer Schulentwicklung dient Schaubild 2.

Es können hier aus Platzgründen nicht alle Ebenen und Formen demokratischer Schulentwicklung erläutert werden. Ich beschränke mich daher auf die (ebenen-übergreifende) Perspektive der Schüler/innen, aus der sich folgende Formen und (erweiterbare) Kriterien verwirklichen lassen:

Eine in Deutschland klassische und in den Schulgesetzen festgeschriebene Partizipationsform ist die Schülermitverantwortung (SMV) bzw. die Schülervertretung (SV). Durch diese repräsentative Form der Schülermitbeteiligung haben die Schüler/innen die Möglichkeit, über die Klassen- und Schulsprecher/innen Gehör zu finden und in unterschiedlichem Maße Einfluss auszuüben. Obwohl über 80 Prozent der Schüler/innen die S(M)V für wichtig halten (vgl. Reinhardt 2003: 70), ist sie in vielen Schulen nach anfänglicher Euphorie und Resonanz vor allem in den 1970er- und 80er-Jahren – also unmittelbar nach Einführung des schulrechtlichen Rahmens für die Schülerpartizipation – heute in vielen Schulen randständig und nur noch formal vorhanden, ohne größeren Einfluss auf das Schulgeschehen zu haben. Es gibt dagegen in jüngster Zeit auch wieder positive Entwicklungen, durch die die SMV – in unterschiedlichem Grade je nach Schulstufe und -form – in eine schülerorientierte und partizipative Gesamtstruktur an Schulen eingebettet ist. Dadurch können Schülerinteressen Beachtung finden. Gerade in dieser institutionalisierten Form der Beteiligung kann eine demokratische Schulentwicklung ihren Anfang nehmen, da die schon vorhandene und gesetzlich garantierte Mitbestimmungsmöglichkeit in andere Bereiche ausstrahlen kann. Dafür ist es jedoch notwendig, dass Lehrende und Schulleitung die Lernenden in verschiedene schulische Entscheidungen einbeziehen, um Ihnen eine bereichsspezifische oder eine Teilpartizipation in Handlungsinseln zu ermöglichen.

Über diese gesetzliche Minimalform hinaus werden in immer mehr Schulen die reformpädagogischen Ideen der Klassen-, Stufen- oder Schülerräte bzw. des Schülerparlaments (vgl. Diemer 2007) aktualisiert. Diese Partizipationsformen gibt es in unterschiedlichsten Varianten (vgl. hierzu z. B. Kiper 2003), wobei die Räte (oft auch Versammlungen genannt) jeweils Vorsitzende und weitere Vertreter wählen, die in der Diskussion im Plenum für verschiedene Aufgaben die teilweise oder vollständige Zuständigkeit und Verantwortung haben.

Schaubild 2:   *Ebenen und Formen demokratischer Schulentwicklung*

Ebenen und Formen demokratischer Schulentwicklung

Ebenen	Formen		
Schulebene	**Schulmanagement** - flache Hierarchien - erweiterte Schulleitung - Steuergruppen - Schulprogrammarbeit - Möglichkeiten aller Gruppen, sich zu beteiligen - kooperative Unterrichtshospitationen - transparenter Informationsfluss - Raum für demokratische Schulprojekte	**Schulverfassung** - Vertrag zwischen Schule und allen Beteiligten - Vertrag muss von Zeit zu Zeit von allen Beteiligten überarbeitet werden. - Auch die Schulordnung und das Leitbild können von allen Akteuren gemeinsam erstellt werden.	**Partizipationsformen** - Schülerrat, Klassenrat, Schulversammlung - SMV - Just Community - Schülercoaching - Streitschlichtung - Service Learning - Partizipation und Partnerschaft über die Schule hinaus in die Gesellschaft u. Politik hinein (Community Service) - Patenschaften etc.
Klassenebene	**Lehrpersonen innerhalb einer Klasse** - gemeinsame Absprachen der Lehrpersonen über Regelungen und Partizipationsformen in der jew. Klasse - kooperativer und demokratischer Umgang der Lehrpersonen z. B. im Teamteaching, in Projektphasen etc.	**Schüler/innen-Lehrpersonen** - Stärkung der Klassensprecher/innen - echte Räume und Möglichkeiten der Partizipation im Unterricht - Feedbackkultur, Unterrichtsevaluation durch die Beteiligten - Politikvernetzte Projektarbeit - gemeinsames Aushandeln von Klassenregeln - Dilemma-Diskussionen	**Schüler/innen** - Demokratischer und kooperativer Umgang innerhalb der Klasse - wertschätzender Umgang und selbstständige Einhaltung der vereinbarten Umgangsformen - kooperative Beurteilungs- und Bewertungskultur
individuelle Ebene	**Umgang, Klima als Fundament** - Gewaltlose Konfliktlösung - Demokratische Kommunikations- und Aushandlungsformen - eigenverantwortliches Handeln		

Es kann dabei sowohl um die Gestaltung von (außer-)schulischen Veranstaltungen, um das Leben und die Kommunikation in der Klasse oder Stufe, um die

Mitbestimmung eines Schulleitbildes, Schulvertrags bzw. einer Schulverfassung bis hin zu einem kritischen Rückblick mit Verbesserungsvorschlägen für den erlebten Unterricht gehen. Auch hier ist das Abstecken der Reichweite wichtig, was die Einflussnahme anbelangt, damit die Entscheidungen und Forderungen der Räte nicht in mitbestimmungsfreien Feldern stattfinden.

Eine besondere Form solcher Versammlungen ist die Just-Community, die gerechte und fürsorgliche Gemeinschaft, die von Kohlberg in Fortsetzung seiner Forschung zur Moralentwicklung entwickelt wurde (vgl. Kohlberg 1995) und in moralischen Dilemmata im realen Schulalltag ihre Verwirklichung findet. Es werden vor allem problematische Situationen und schulische Konfliktfälle in diesem Gremium besprochen. Sowohl Schüler/innen wie auch Lehrkräfte können sich mit ihren Norm- und Wertvorstellungen an den Diskussionen und Ausschüssen zur Regelung der Konflikte beteiligen (vgl. Luterbacher/Althof 2007). Nach den Aussprachen, die auf einen stimulierenden Impuls im Blick auf die Entwicklung des moralischen Urteils der Kinder und Jugendlichen zielt, wird über die Lösungen und Entscheidungen abgestimmt, wobei alle Beteiligten die gleiche Stimme haben. Werden diese Partizipationsmöglichkeiten zu einer schulischen Gesamtaufgabe zusammengefasst und Teil der alltagsprägenden Kultur des Umgangs und des Lebens in der Schule, so geht es in die Richtung einer Schule als Polis (siehe oben).

Eine weitere Möglichkeit der Partizipation, die über den schulischen Kontext hinausgeht und auch gesellschaftliche sowie politische Akteure außerhalb der Schule einbeziehen soll, ist die politik- und gesellschaftsvernetzte Projektarbeit. Schüler/innen können sich dabei nicht nur bei Themen einmischen, die den Nahraum Schule betreffen, sondern auch mit „konkreten und echten Anlässen" der Demokratie und Politik auf der Ebene der Herrschaftsform auseinander setzen, um damit Einblick und Handlungserfahrungen zu gewinnen in die komplexen Strukturen des politischen Systems (vgl. Reinhardt 2005). Es können dafür Aktionen an Schulen initiiert werden, bei denen politische Entscheidungsträger außerhalb der Schule eingebunden werden. Damit wird den Schüler/innen die Möglichkeit eröffnet, Politik zu reflektieren und eventuell sogar ein Stück weit handelnd in Politik einzugreifen.

Über diese Beteiligungschancen auf der Ebene des Schullebens hinaus gibt es vor allem in jüngerer Zeit auch Ansätze, die im Unterricht Möglichkeiten der Beteiligung erlauben. Dies kann zum Beispiel im Rahmen der Unterrichtsentwicklung während des Schuljahres oder am Ende jedes Halbjahres durch Schülerfeedbacks in den einzelnen Unterrichtsfächern geschehen, die mit Hilfe verschiedener Verfahren in schriftlicher oder mündlicher Form gegeben werden. Dadurch erhält die Lehrperson unmittelbar eine Rückmeldung zu ihrem Unterricht und kann im Gespräch mit den Schüler/innen auf die Lernentwicklung, auf

Stärken und Schwächen und die Kompetenzen im Kontext der Persönlichkeitsentwicklung eingehen. Lernförderung verbindet sich so mit Unterrichtsentwicklung. Über den Fachunterricht hinaus können Schüler/innen in den gesamten
Unterrichts- und Schulentwicklungsprozess einbezogen werden, indem sie zu
diesen Bereichen gemeinsam Fragebögen entwickeln und zu diesem Prozess
Rückmeldungen geben (vgl. Reinhardt 2004).

Sehr häufig wird im Rahmen der Unterrichtspartizipation kritisch ange-
merkt, dass die angestrebte Beteiligung spätestens an der Beurteilung in den
einzelnen Fächern aufhöre. Dem widersprechen Ansätze einer neueren Bewer-
tungs- und Beurteilungskultur (vgl. Beutel 2005, Winter 2004). Von den vielen
Konzepten hin zu einer kooperativen bzw. partizipativen Beurteilungsform sei
hier nur das Portfoliokonzept erwähnt (vgl. Häcker 2006), das die Lernenden in
den Prozess der Bewertung und Beurteilung von vornherein einbezieht. Portfolios dokumentieren sowohl den Lernprozess als auch Lernprodukte und bilden
die Grundlage für die Darstellung wie auch den Nachweis von Kompetenzen
und Leistungen. Schüler/innen reagieren nicht nur auf eine Prüfungsanforde-
rung, sondern stellen aktiv und zu einem gewissen Grade selbstbestimmt ihre
Kompetenzen dar und vergleichen diese auch mit ihren Mitschüler/innen.

All diese Instrumente und Möglichkeiten hin zu einer demokratischen
Schule können nur in einem Klima der Anerkennung und der gegenseitigen
Wertschätzung aller Beteiligten gelingen. Nur wenn diese Voraussetzungen
gegeben sind, werden authentische Beteiligungsformen möglich und wirken
dann auch der großen Gefahr der Pseudo- oder Scheinpartizipation entgegen.

Literatur

Altrichter, Herbert/Posch, Peter (1999): Wege zur Schulqualität. Studien über den Aufbau von
    qualitätssichernden und qualitätsentwickelnden Systemen in berufsbildenden Schulen. Inns-
    bruck: Studien Verlag
Arbeitshilfe des Deutschen Schulpreises (internes Papier des Deutschen Schulpreises), o. O. 2006
Beutel, Silvia-Iris (2005): Zeugnisse aus Kindersicht. Kommunikationskultur an der Schule und
    Professionalisierung der Leistungsbeurteilung, Weinheim/München: Juventa
Beutel, Wolfgang/Fauser, Peter (Hrsg.) (2007): Demokratiepädagogik. Lernen für die Zivilgesell-
    schaft, Schwalbach/ Ts.: Wochenschau-Verlag
Beutel, Wolfgang/Fauser, Peter (Hrsg.) (1995): Politisch bewegt? Schule, Jugend und Gewalt in der
    Demokratie. Seelze-Velber: Friedrich Verlag
Beutel, Wolfgang/Fauser, Peter (1995): Die Schule: politikfern – und dennoch politisch? In: Dies.
    (Hrsg.): 9-35
Breit, Heiko/Eckensberger, Lutz: Demokratieerziehung zwischen Polis und Staat. In: dipf infor-
    miert. Journal des Deutschen Instituts für Internationale Pädagogische Forschung 6. 2004. 6-
    11
Breit, Gotthard/Schiele, Siegfried (Hrsg.) (2002): Demokratie-Lernen als Auftrag der politischen
    Bildung, Schwalbach: Wochenschau-Verlag

Caduff, Claudio (2007): Partizipation – ein wichtiger Teil der politischen Bildung. In: Folio. Zeitschrift für Berufsbildung, 3. 2007. 6-12

De Haan, Gerhard/Edelstein, Wolfgang/Eikel, Angelika (Hrsg.) (2007): Qualitätsrahmen Demokratiepädagogik. Demokratische Handlungskompetenz fördern, demokratische Schulqualität entwickeln, Weinheim/Basel: Beltz

Deutscher Schulpreis: Programmbeschreibung des Deutschen Schulpreises. In: http://schulpreis. bosch-stiftung.de/content/language1/downloads/Programmbeschreibung_Schulpreis.pdf, besucht am 05.05. 2008

Deutsches Landesschulamt der autonomen Provinz Bozen- Südtirol: Schule als lernendes System, in: http://www.schule.suedtirol.it/blikk/angebote/schulegestalten/se740.htm, besucht am 26.02.07

Diemer, Tobias (2007): Das Schülerparlament – ein Modell der Erweiterung innerschulischer Partizipation. In: Eikel, A. /Hahn, G. (2007): 93-108

Edelstein, Wolfgang: Demokratie als Praxis und Demokratie als Wert – Überlegungen zu einer demokratiepädagogisch aktiven Schule. In: Landesinstitut für Schule und Medien Berlin-Brandenburg (Hrsg.): Demokratie erfahrbar machen –demokratiepädagogische Beratung in der Schule, Berlin/Brandenburg 2007

Eikel, Angelika/De Hahn, Gerhard (Hrsg.) (2007): Demokratische Partizipation in der Schule ermöglichen, fördern, umsetzen. Schwalbach/Ts: Wochenschau-Verlag

Häcker, Thomas (2006): Portfolio: ein Entwicklungsinstrument für selbstbestimmtes Lernen. Eine explorative Studie zur Arbeit mit Portfolios in der Sekundarstufe I. Baltmannsweiler: Schneider-Verlag

Hentig, Hartmut von (1993): Die Schule neu denken. Eine Übung in praktischer Vernunft. München/Wien: Hanser Verlag

Kiper, Hanna (2003): Mitbestimmen lernen im und durch den Klassenrat. In: Palentien,/Hurrelmann (2003.): 192-210

Kohlberg, Lawrence (1995): Die Psychologie der Moralentwicklung. Frankfurt/M.: Suhrkamp

Luterbacher, Michael/Althof, Wolfgang (2007): Schüler lernen streiten. Aufbau einer konstruktiven Konfliktkultur in der Just-Community-Schule. In: Quesel./Oser (2007): 137-164

Massing, Peter (2002): Demokratie-Lernen oder Politik-Lernen? In: Breit/Schiele (2002): 160-187

Max-Planck-Institut für Bildungsforschung: Was die Schule von der Polis lernen kann. In: www.mpib-berlin.mpg.de/pisa/FrankfurterRundschau.pdf; Zugriff am 01.10.2006

Meyer, Hilbert (2004): Was ist guter Unterricht? Berlin: Cornelsen Verlag

Moegling, Klaus/Steffens, Gerd (2004): Im Mainstream der Politikdidaktik – beschauliche Innenansichten. In: polis 3. 2004. 19-21

Oelkers, Jürgen: Demokratie und Bildung: Über die Zukunft eines Problems, Antrittsvorlesung an der Universität Zürich am 22.11.1999; in: http://www.paed.unizh.ch/ap/downloads/oelkers/ Publikationen/Antrittsvorlesung.pdf, besucht am 02.10.2006

Oser, F./Biedermann, H.: Partizipation – ein Begriff, der ein Meister der Verwirrung ist. In: Quesel, C./Oser, F. (2007): 17-38

Palentien, Christian/Hurrelmann, Klaus (Hrsg.) (2003): Schülerdemokratie. Mitbestimmung in der Schule. München/Neuwied: Luchterhand

Pohl, Kerstin (2004): Demokratie als Versprechen. In: Politische Bildung 3. 2004., 129-139

Reinhardt, Sybille (2003): Demokratie-Lernen in der Schule. In: Palentien/Hurrelmann (2003): 68-84

Reinhardt, Volker (Hrsg.) (2005): Projekte machen Schule. Projektunterricht in der politischen Bildung. Schwalbach: Wochenschau Verlag

Reinhardt, Volker (2004): Partizipative Schul- und Unterrichtsentwicklung. Schule, Unterricht und politisch-ökonomische Bildung aus Sicht von Schülerinnen und Schülern. Baltmannsweiler: Schneider Verlag Hohengehren GmbH

Shell AG (Hrsg.) (2000): Jugend 2000. 13. Shell Jugendstudie, Bd. 1 und 2. Opladen: Leske +
    Budrich
Stein, Hans-Wolfram (2007): Demokratisch Handeln in der Schule und „große Politik" – Mission
    impossible? In: Beutel/Fauser (2007), S. 171-198
Winter, Felix (2004): Leistungsbewertung. Eine neue Lernkultur braucht einen anderen Umgang mit
    den Schülerleistungen, Baltmannsweiler: Schneider
Quesel, Carsten/Oser, Fritz (Hrsg.) (2007): Die Mühen der Freiheit. Probleme und Chancen der
    Partizipation von Kindern und Jugendlichen, Zürich/Chur: Ruegger Verlag

Demokratiebildung in der Kinder- und Jugendarbeit – partizipative Potenziale nutzen

Benedikt Sturzenhecker/Elisabeth Richter

Die Kinder- und Jugendarbeit erhebt in ihren Konzepten seit den 1960er Jahren den Anspruch, Kindern und Jugendlichen ein Feld anzubieten, das Selbstbildung ermöglicht und unterstützt. Ihr gesetzlicher Auftrag, festgehalten im Kinder- und Jugendhilfegesetzt (KJHG), besteht zudem darin, die Mitbestimmung der teilnehmenden Kinder und Jugendlichen zu gewährleisten und entsprechende institutionelle Strukturen zu schaffen. Aus diesem Grunde, so wird im Folgenden begründet, kann Demokratiebildung als Aufgabe und Potenzial von Kinder- und Jugendarbeit verstanden werden. Darüber hinaus werden Grundelemente einer Praxis von Kinder- und Jugendarbeit als Demokratiebildung vorgeschlagen. Es soll außerdem gezeigt werden, dass die Potenziale des unvermeidbar partizipativen Charakters der Kinder- und Jugendarbeit pädagogisch zu wenig genutzt werden, um Chancen einer bewusst strukturierten Aneignung von Demokratie als Recht auf Teilnahme an Diskursen und Entscheidungsprozessen zu eröffnen. Und das, obschon Kinder und Jugendliche ihre Partizipationsmöglichkeiten in der Kinder- und Jugendarbeit als deutlich weitgehender wahrnehmen und schätzen als in anderen Handlungsfeldern wie Schule oder Kommune.

1. Demokratie und Bildung

Die folgenden Ausführungen verwenden den Begriff Demokratiebildung (statt Demokratiepädagogik), weil die Kinder- und Jugendarbeit einen Bildungsanspruch im Sinne der Ermöglichung und Unterstützung von Selbstbildung erhebt, hier also die selbsttätige Aneignung von Demokratie oder Partizipation im Vordergrund steht und nicht eine pädagogische Hinführung dazu (vgl. zum Folgenden auch Sturzenhecker 2008). Zur Herleitung wird der Demokratiebegriff zunächst kurz erläutert, um ihn anschließend auf ein jugendarbeiterisches Verständnis von Bildung zu beziehen.

Unter Demokratie wird ein gleich-berechtigtes, freies Diskutieren und Aushandeln von gemeinsamen Entscheidungen der Bürgerinnen und Bürger in Öffentlichkeiten und direkten wie repräsentativen Verfahren und Gremien verstanden. Unterlegt wird hier also ein partizipatives bzw. prozedurales Demokratiemodell (vgl. Habermas ‚Deliberative Demokratie' oder Barbers ‚Starke Demokratie'), in dem Verfahren und Diskurse gesellschaftlicher Öffentlichkeiten rationale gemeinsame Entscheidungen und damit auch deren Legitimität ermöglichen sollen. Demokratie wird nicht nur als Herrschaftsform, sondern auch als Gesellschafts- und Lebensform (Himmelmann 2007) verstanden.

Die Beteiligungsrechte, die sich aus dem Mitgliedschaftsstatus einer Bürgerin, eines Bürgers in einem Gemeinwesen ergeben, können auch von Kindern und Jugendlichen als Mitgliedern pädagogischer Institutionen in Anspruch genommen werden. Da die demokratische Teilnahme keine besondere Qualifikation oder einen bestimmten Entwicklungsstand zur Vorraussetzung hat, gelten die Kompetenz und das Recht zur Teilnahme auch für Kinder und Jugendliche.

Demokratie unterstellt ihren BürgerInnen Mündigkeit, und sei es nur kontrafaktisch. Unabhängig davon versuchen soziale Schutzrechte und die Förderung des Erwerbs von Allgemeinbildung in der (Volkshoch-)Schule etc., soziale Benachteiligungen und individuelle Beeinträchtigungen abzubauen und die gleichberechtigte Teilnahme aller BürgerInnen zu unterstützen. Die (kognitiv ausgerichtete) Befähigung zur kompetenten Teilnahme am demokratischen Prozess (Lernen von Demokratie) bleibt aber nachrangig zum Lernen durch Demokratie. Mit dem Aus-Üben von Demokratie wachsen die Kompetenzen der Teilnehmenden. Man lernt Demokratie durch aktive Beteiligung.

Ein solches Modell von „Lernen" als aktiver Selbsttätigkeit des Subjekts bestimmt auch den Bildungsbegriff der Jugendarbeitstheorie. Als Beginn der Debatte um einen eigenen Bildungsbegriff der Jugendarbeit können die „vier Versuche" von C. W. Müller zur Frage „Was ist Jugendarbeit?" (Müller u. a. 1964), dem Klassiker der deutschen Jugendarbeitstheorie, angesehen werden. Jugendarbeit wird als nicht-schulische oder außer-schulische Bildung entwickelt, die in Differenz zur Schule den jugendlichen Autonomieanspruch als Kern jugendarbeiterischer Bildung konzipiert. Kentler fasst das in der berühmten Formel: „Jugendarbeit ist Bildung in Freiheit zur Freiheit" (a.a.O.: 51).

Der Jugendarbeitsdiskurs setzt sich von einem schulischen Bildungsbegriff ab, der sich als Aus-Bildung, also als durch Unterricht geleistete Vermittlung von Wissen und Können, als Allgemeinbildung und Qualifizierung, zusammenfassen lässt. Stattdessen wird in einer emanzipatorischen Variante an Bildungsvorstellungen des Neuhumanismus angeknüpft (vgl. auch Sting/Sturzenhecker 2005), denen die Idee des sich selbst bildenden Subjekts eigen ist: „Bildung heißt immer: ‚Sich bilden'. Bildung ist stets ein Prozess des sich bildenden Subjekts, zielt immer auf Selbstbildung ab. Sie ist zu verstehen als Befähigung zu eigenbestimmter Lebensführung, als Empowerment, als Aneignung von Selbstbildungsmöglichkeiten … Bildung kann nicht erzeugt oder gar erzwungen, sondern nur angeregt und ermöglicht werden als Entfaltung der Persönlichkeit: Es geht um einen Prozess, bei dem eigene Potenziale entwickelt werden und sich Individualität herausbildet. Bildung ist ein Entfaltungsprozess des Subjekts in Auseinandersetzung mit inneren und äußeren Anregungen und die Befreiung von inneren und äußeren Zwängen" (Bundesjugendkuratorium 2002: 164).

Hier lässt sich der Zusammenhang von Demokratie und jugendarbeiterischem Bildungskonzept erkennen: Beide setzen auf die Mündigkeitspotenziale des Subjekts. Demokratie und Bildungskonzept gehen von der selbsttätigen Aneignung aus, die auf die Entfaltung von Selbstbestimmung im Rahmen gesellschaftlicher Mitverantwortung/Mitgestaltung zielt. Autonomieentwicklung wird hier immer in Bezug zu und Abhängigkeit von anderen unter spezifischen gesellschaftlichen Bedingungen/Begrenzungen gedacht. Will Jugendarbeit Prozessen der Selbst-Bildung assistieren, ist es ihre zentrale Aufgabe, den Zusammenhang bzw. Übergang von Selbstbildung und Demokratie herzustellen. Das heißt, den Kindern und Jugendlichen die Möglichkeit zu gewährleisten,

- ihre Entwicklungsthemen und Interessen organisationsintern öffentlich einzubringen,
- deren Umsetzung mit anderen Beteiligten auszuhandeln und
- gemeinsam Inhalte, Arbeitsweisen und Gesellungsformen zu entscheiden.

Zum einen erfordert also das Konzept der Selbstbildung demokratische Strukturen in den Einrichtungen der Kinder- und Jugendarbeit. Zum anderen ist die Aneignung von Demokratie unter Jugendarbeitsbedingungen als Bildung zu konzipieren. Demokratie wird dann nicht didaktisch-kognitiv „vermittelt", sondern durch die selbsttätige Mitbestimmungs-Praxis der Beteiligten im Alltag der Jugendarbeit erlernt.

2. Demokratiebildung als gesetzlicher Auftrag und das strukturell demokratieförderliche Potenzial von Jugendarbeit

Der § 11 Abs. 1 SGB VIII (Kinder- und Jugendhilfegesetz) weist der Jugendarbeit die Aufgabe zu, junge Menschen durch partizipative Angebotsformen zur Selbstbestimmung, gesellschaftlichen Mitbestimmung und zum sozialen Engagement zu befähigen. Er lautet: „Jungen Menschen sind die zur Förderung ihrer Entwicklung erforderlichen Angebote der Jugendarbeit zur Verfügung zu stellen. Sie sollen an den Interessen junger Menschen anknüpfen und von ihnen mitbestimmt und mitgestaltet werden, sie zur Selbstbestimmung befähigen und zur gesellschaftlichen Mitverantwortung und zu sozialem Engagement anregen und hinführen." Aus diesen Zielen ergeben sich für die Kinder- und Jugendarbeit zentrale Strukturcharakteristika, die im Folgenden beschrieben werden, um zu klären, ob und wie diese Bedingungen für Demokratiebildung geeignet erscheinen: Im Einzelnen handelt es sich dabei um die Prinzipien der Freiwilligkeit, der Offenheit, der geringen Machtmittel, der Diskursivität und der Beziehungsabhängigkeit.

Das Gesetz entwirft mit den Wirkungszielbegriffen der „Selbstbestimmung, gesellschaftlichen Mitverantwortung und des sozialen Engagements" ein mündiges und engagiertes Subjekt in einer demokratischen Zivilgesellschaft, das die eigene Autonomie im Rahmen gesellschaftlicher Mitbestimmung, Mitgestaltung und Mitverantwortung realisiert. Dieses Ziel der Bildung einer demokratischen Bürgerin/eines demokratischen Bürgers wird konkretisiert durch die demokratische Strukturierung der jugendarbeiterischen Bildungsbedingungen: Jugendarbeit soll bei den Interessen der Kinder und Jugendlichen ansetzen und von ihnen mitgestaltet und mitbestimmt werden. Damit wird Jugendarbeit als ein demokratischer Prozess entworfen, in dem die Beteiligten Interessen artikulieren und ihre Umsetzung gemeinsam bestimmen und gestalten. Demokratie wird hier durch ihre praktische Anwendung angeeignet: Jugendarbeit mutet Demokratie zu, und die Fähigkeiten der Selbst- und Mitbestimmung entstehen im Prozess ihrer Aus-Übung. Solche entwicklungsförderlichen Erfahrungen werden als „Angebote" zur Verfügung gestellt, denn die Potenziale zur Demokratiebildung können sich nur frei und nicht unter Zwang entfalten. Es wird eine freie Assoziation der Kinder und Jugendlichen ermöglicht. Sie können sich in der Jugendarbeit frei gesellen und bestimmen, was und wie sie etwas zusammen tun möchten. Durch Demokratiebildung wird insofern dem Prinzip der Freiwilligkeit in der Jugendarbeit in ausgezeichneter Weise Rechnung getragen

Neben der Freiwilligkeit zeichnet sich Jugendarbeit durch das Charakteristikum der Offenheit aus. Offenheit besteht in Bezug auf die Detail-Ziele der einzelnen Organisationen, in Bezug auf die Inhalte der Jugendarbeit (die sind nicht festgelegt, sondern werden jeweils im Zusammenspiel von TeilnehmerInnen, pädagogischem Personal, Trägern und spezifischen Arbeitsbedingungen immer neu erzeugt) und in Bezug auf die Arbeitsweisen der Kinder- und Jugendarbeit, denn es gibt keine grundsätzlichen Methoden und keine Festlegungen auf Zeit- und Raumstrukturen. Dieses Strukturcharakteristikum der Offenheit qualifiziert das Handlungsfeld für Demokratiebildung: Weil es keine curricular vorgeschriebenen Inhalte und methodischen Vorgaben gibt, können die Beteiligten in der Jugendarbeit zusammen aushandeln, mit welchen Inhalten, Regeln und Arbeitsweisen sie die Offenheit füllen wollen.

Kinder- und Jugendarbeit ist darüber hinaus gekennzeichnet durch das weitgehende Fehlen formaler Machtmittel. Sie hat weder intern die Möglichkeit,

durch institutionelle Mittel Macht über ihre freiwilligen TeilnehmerInnen auszuüben, noch hat sie Möglichkeiten, extern auf andere Institutionen einzuwir-
ken. Wenn institutionell gesetzte Bedingungen, Inhalte und Arbeitsweisen den
Interessen und Wünschen der TeilnehmerInnen nicht entsprechen, können sie
sich diesen Vorgaben sofort entziehen, indem sie das freiwillige Setting verlassen. Allein der (angesichts der Aufgabe von Jugendarbeit absurde) Ausschluss
von Teilnehmenden bleibt als Machtpotenzial. Die Machtarmut und die Möglichkeit der Kinder und Jugendlichen, sich zu entziehen, verlangen danach, in
gemeinsamen Entscheidungen die eigenen Verhältnisse und Bedingungen verbindlich (also verpflichtend und verbindend) zu klären. Demokratie ist als Herrschaft von Entscheidungen, Regeln, Personen auf Zeit zu verstehen. Diese Herrschaft können Betroffene aber nur akzeptieren, wenn sie sich als Mitglieder
einer Gemeinschaft verstehen und als solche „Adressat und Autor" gemeinsam
getroffener Entscheidungen sind. Ohne dass die Beteiligten ihre „Mitgliedschaft"[1] bekunden, bleibt die Einsicht in das Faktum, das ich mich zu den Regeln einer bestimmten Gemeinschaft bekenne und für sie Mitverantwortung
trage, möglicherweise unreflektiert. Und ohne die Einsicht, dass die mit anderen
verhandelten Regeln für einen bestimmten Zeitraum subjektiv und objektiv
Gültigkeit haben, entsteht Unverbindlichkeit, und es wird nahe liegend, sich –
gerade bei Konflikten – zu entziehen.

Aus den genannten Strukturelementen – Freiwilligkeit, Offenheit, mangelnde Machtmittel – folgt das Charakteristikum der Diskursivität. Da es kaum
institutionelle Vorgaben gibt, müssen die Teilnehmenden und ihre Pädagoginnen und Pädagogen immer wieder neu miteinander aushandeln, was mit wem
wie wozu wann wo geschehen soll. Es wird ein explizites oder (meistens) implizites Arbeitsbündnis hergestellt. Die Diskursivität schafft, ja erzwingt, die Basis
für demokratische Aushandlungsprozesse und Entscheidungsverfahren.

Die unvermeidliche Diskursivität wiederum bedingt das Charakteristikum
der Beziehungsabhängigkeit. Die Aushandlungsprozesse sind nicht ohne eine
Beziehungsgestaltung zwischen den Beteiligten machbar. Immer wieder müssen
auch die Personen klären, wie sie sich gegenseitig sehen und anerkennen und
wie sie ihre Beziehung gestalten wollen. Demokratie geschieht hier nicht in
abstrakt-abgehobenen Systemen, sondern ist eingebettet in die Gegenseitig-
keitskulturen der Beteiligten.

Es kann angesichts dieser Strukturen und Rahmenbedingungen die These
gewagt werden, dass Kinder- und Jugendarbeit (neben den Kindertageseinrich-
tungen) unter den erzieherischen Institutionen das größte Demokratiepotenzial

---

1 Auf die an dieser Stelle nötige Differenzierung im Blick auf den für Demokratiepraxis wichtigen
Status des Mitglieds im Jugendverband und der TeilnehmerInnen in der Offenen Jugendarbeit kann
hier nur verwiesen werden. Vgl. dazu Richter 2000.

hat. Die Kinder und Jugendlichen sind gleichberechtigte Mitglieder und TeilnehmerInnen. Statt gebunden zu sein durch (Schul-)Pflicht, Curriculum, Didaktik und Gruppenzwang (Schulklasse), können sie in der Jugendarbeit freiwillig
und frei ihre Interessen und Themen artikulieren und Inhalte sowie Arbeitsweisen gemeinschaftlich selbst bestimmen.

Ein Einwand gegen diese Darstellung könnte lauten: Das hört sich nach
grenzenloser Freiheit an, wo bleiben die Grenzen und Beschränkungen in der
Kinder- und Jugendarbeit, z. B. durch die pädagogischen Fachkräfte? Richtig,
Jugendarbeit ist keine rein informelle „freie" Aktivität von Jugendcliquen, sondern ein staatlich und kommunal, auch durch freie Träger angebotenes pädagogisches nonformales Setting. Es gibt pädagogische Fachkräfte, Rahmenbedingungen, Regeln und Vorgaben, mit denen sich die TeilnehmerInnen auseinandersetzen müssen. Die staatlich geförderte Kinder- und Jugendarbeit bleibt ein
Bildungsangebot im Rahmen gesellschaftlich organisierter Erziehung. Das ist
eine Begrenzung von Freiheit, aber auch eine Chance: Anders als in der staatlich-gesellschaftlichen Sphäre der Demokratie können im pädagogischen Kontext Basissicherungen (z. B. im Angebot vertrauensvoller Beziehungen von
Erwachsenen zu Kindern und Jugendlichen) für demokratiebildende Aneig-
nungsprozesse von Kindern und Jugendlichen ermöglicht werden. Erziehung als
Anerkennung und Sorge um den anderen schafft die Möglichkeit einer Persona-
lisation, die wiederum Basis von Selbstbewusstsein und Selbstbildung ist (vgl.
Winkler 2006). Solche Subjekthaftigkeit wiederum ist wichtig für Beteiligung
an Demokratie. In ihren offenen Strukturbedingungen kann Jugendarbeit nicht
immer in einer Art reparenting u. U. vorhandene (schwere) Schädigungen solchen Selbstgefühls ihrer Adressaten ausgleichen, aber sie hat als erzieherische
Institution doch Möglichkeiten, auch die Basis solcher Mündigkeit mit zu legen
und auszubauen. Die gesetzlichen Zielformulierungen der Entwicklung von
Selbst- und Mitbestimmung stellen allerdings gegenüber den erzieherischen
Orientierungen die selbsttätige Aneignung demokratischen Handelns in den
Vordergrund. Demokratiebildung ermöglicht insofern die pädagogische Per-
spektive einer „Erziehung zur Mündigkeit in Mündigkeit" (Richter 1992).

3. Verpasste Chancen: Zur Praxis von Demokratiebildung in der Kinder- und Jugendarbeit

Die Jugendarbeitstheorie hat seit 1964 immer wieder den Bildungsaspekt stark gemacht und Kinder- und Jugendarbeit auch als politische Bildung formuliert. Der politische Modus demokratischer Willensbildung ist dabei aber konzeptionell wenig berücksichtig worden (von einzelnen Ausnahmen abgesehen, z. B. Sturzenhecker 1993).

Dennoch kann man zeigen, dass Demokratiebildung ein implizites Essential konzeptioneller Ansätze in der Jugendarbeit darstellt. Stellvertretend dafür sei hier verwiesen auf Albert Scherrs (1997) einflussreichen Ansatz der „Subjektorientierung", der Kinder- und Jugendarbeit als (Selbst-)Bildung und politische Bildung entwirft. Einer subjektorientierten Jugendarbeit nach Scherr geht es zwar auch „um die Verbesserung der materiellen und sozialen Lebensbedingungen der konkreten Klientel", aber darüber hinaus und vor allem „um eine partizipativ-demokratische Gestaltung ihres Alltagslebens, insbesondere in der Institution der Jugendarbeit selbst, sowie um politisch-kulturelle Lernprozesse, die Jugendliche zu einem bewusst gestalteten Leben, aber auch zur politischen Mitwirkung befähigen" (Scherr 1997: 58).

Jugendverbände zeichnen sich mit ihrer Vereinsstruktur durch eine demokratische Verfassung aus: Kinder und Jugendliche sind hier strukturell gleichberechtigte und freie Mitglieder, die in demokratischer Selbstorganisation interne Öffentlichkeiten (die auch zu lokalen externen Öffentlichkeiten in Bezug stehen) sowie direkte und repräsentative demokratische Strukturen und Gremien zur Selbstbestimmung ihres Verbandes nutzen können (vgl. Richter 2000). So lautet auch das Selbstverständnis der Jugendverbände: „Die Demokratie wird erfahrbar, weil das Zusammenleben in der Freizeit und im Verband demokratisch gestaltet wird. Jugendverbände sind daher lebendige Werkstätten der Demokratie und übernehmen wichtige Sozialisierungs- und Bildungsaufgaben" (Deutscher Bundesjugendring 2004).

Seit Mitte der 1990er Jahre hat sich mit dem Aufleben des Partizipationsgedankens auch die Jugendarbeitsdebatte in diesen Diskurs eingeschaltet (vgl. z. B. Sturzenhecker 1998/2005, Griese 2005). Dabei wird häufig der Begriff der Partizipation als Beteiligung, Mitbestimmung oder Teilnahme verstanden oder gar mit Demokratie synonym verwendet (so z. B. in Knauer/Sturzenhecker 2005). Präziser wäre es jedoch, von Demokratie zu sprechen, wenn Mitbestimmung von Kindern und Jugendlichen als Recht kodifiziert und – in pädagogischen Einrichtungen sowie außerpädagogischen (internen und externen) Öffentlichkeiten – durch direkte und repräsentative Entscheidungsgremien gewährleistet wird. Partizipation hingegen bezeichnet im pädagogischen Rahmen eine

Gewähr von begrenzten Möglichkeiten der Mitsprache, Mitwirkung, und Mitbestimmung durch Fachkräfte, Erwachsene und Organisationen gegenüber Kindern und Jugendlichen. Partizipation wäre damit eine – allerdings sehr wichtige – Vorstufe, während Demokratie eine volle Beteiligungs- und Entscheidungsberechtigung bietet.

Die strukturellen Potenziale der Kinder- und Jugendarbeit zur Demokratie werden in der Praxis allerdings wenig genutzt. Besonders in der durch hauptamtliche MitarbeiterInnen dominierten Offenen Kinder- und Jugendarbeit steht häufig ein pädagogisierendes Selbstmissverständnis der Fachkräfte einer Demokratisierung im Wege. Kinder und Jugendliche werden als defizitär und damit unmündig konstruiert und so zu Objekten von Erziehung gemacht, statt sie als Subjekte (mindestens organisationsinterner) Partizipation oder gar Demokratie anzuerkennen. Solche Konzepte von Jugendarbeit favorisieren Betreuung, Prävention und Training sozialer Kompetenzen anstelle einer Zumutung von Demokratie (vgl. Sturzenhecker 2004).

Selbst in der Jugendverbandsarbeit, die mit ihren demokratischen Verfassungen bzw. Satzungen ihren Mitgliedern paritätisch geregelte Entscheidungsrechte einräumt, sind die Wahlverfahren und Prozesse der Gremienbildung häufig von der alltäglichen Praxis der Kinder und Jugendlichen entfremdet und in einem Funktionärswesen, bürokratischer Abwicklung und Basisdistanz erstarrt. Das Konzept der Demokratie-Werkstatt verkommt dann zu einem nur noch legitimatorischen Sprachspiel.

Partizipation und Demokratie für Kinder und Jugendliche werden von Fachkräften oft als Luxus wahrgenommen (vgl. Sturzenhecker 2006), der erst möglich wird, wenn andere Zwänge und Notwendigkeiten (im Moment besonders die Sicherung von Einrichtungen und Stellen) abgearbeitet worden sind. Partizipation wird lediglich dann gewährt, wenn Fachkräfte und Erwachsene einzelne ‚Mitbestimmungsspielwiesen' für Kinder und Jugendliche einrichten oder paternalistisch-wohlmeinend zwar Wünsche und Interessen abfragen, deren Umsetzung aber in ihrer Macht behalten. Kinder und Jugendliche können sich somit nur situativ, aber keineswegs strukturell als gleichberechtigte Subjekte demokratischer Entscheidungsprozesse (von der Interessenartikulation und Aushandlung bis zur Entscheidung und Umsetzung) erfahren.

4. Wie sehen Kinder- und Jugendliche das Demokratiepotenzial von Jugendarbeit

Entgegen dieser Kritik an verpassten Chancen scheinen Kinder und Jugendliche die Mitbestimmungschancen in der Kinder- und Jugendarbeit positiv zu bewerten. Sie schätzen die partizipatorischen Strukturbedingungen und nutzen sie für Bildungsprozesse. Nicht immer werden sie sich bewusst als politische Subjekte erkennen, die (gar auf der Basis von Rechten) in der Jugendarbeit ihre Interessen in gemeinsame Diskurse einbringen und zusammen entscheiden. Aber angesichts ihres positiven Feedbacks kann man davon ausgehen, dass die partizipatorische Praxis in der Jugendarbeit allgemeine beteiligungsorientierte Erfahrungen eröffnet und die Entwicklung entsprechender Grundkompetenzen fördert.

Eine Untersuchung von Fatke und Schneider (2005) zeigt, dass Heranwachsende besonders die Jugendarbeit (und die Familie) als Bereich schätzen, in dem sie ernsthaft partizipieren können. Im Gegensatz dazu schätzen sie ihre Beteiligungschancen in Schule und Kommune geringer ein. Erwachsene bewerteten in der Untersuchung jeweils die Beteiligungsmöglichkeiten der Kinder und Jugendlichen wesentlich höher als die Betroffenen selbst. Scherr/Delmas (2005, im Ergebnis ähnlich Müller/Schmidt/Schulz 2005) befragten BesucherInnen Offener Jugendarbeit nach ihren dort gemachten Bildungserfahrungen: Diese stellen reflektierend fest, dass sie Konflikte in den Einrichtungen als Anlass für eine Aneignung eigenverantwortlicher und gewaltfreier Konfliktregelung nutzen und ihnen vielfältige Lernpotenziale aus der Begegnung zwischen älteren und jüngeren Jugendlichen, Einheimischen und MigrantInnen sowie zwischen Jungen und Mädchen erwachsen. Zudem eignen sie sich Verantwortlichkeit an: durch die Übernahme von Aufgaben, die Organisation von Angeboten, Veranstaltungen usw. Daraus kann geschlossen werden, dass in diesen Settings allgemeine partizipationsrelevante Kompetenzen, wie Anerkennung von Differenz, diskursive Konfliktaushandlung und Übernahme von Verantwortung, realisiert werden können (das bestätigt auch die Untersuchung).

Eine aktuelle ethnografische Untersuchung (Closs u. a. 2007) macht deutlich, in welch hohem Maße das alltägliche Geschehen in der Offenen Jugendarbeit von den Aktivitäten, den „performances" der Jugendlichen abhängt, zeigt aber indirekt auch, dass kaum explizit demokratische Gremien und strukturierte öffentliche Entscheidungsprozesse zu finden sind.

Im Hinblick auf die Zufriedenheit der Kinder und Jugendlichen mit den Möglichkeiten zur Partizipation kommen Studien über Jugendverbandsarbeit zu ähnlichen Ergebnissen.

Eine Untersuchung zur Jugendfeuerwehr (JF) von Richter/Jung/Riekmann (2007) bestätigt dieser eine Demokratiepraxis „auf hohem Niveau". Etwa 50 % der jugendlichen Befragten stimmen völlig zu, dass in der JF wichtige demokratische Prinzipien, wie Mehrheitsentscheidungen und die Möglichkeit, offen die Meinung zu sagen und über Regeln zu diskutieren, gewährleistet sind.

Ein großes repräsentatives Forschungsprojekt (Fauser/Fischer/Münchmeier 2006), das die Perspektiven der jugendlichen NutzerInnen auf die evangelische

Jugendverbandsarbeit untersuchte, fand heraus, dass die Jugendlichen Jugendverbandsarbeit als Gelegenheitsstruktur selbstbestimmter Gesellung und Gemeinschaft, sinnvoller Unterstützung anderer sowie als Chance für Selbstbildung und Mitbestimmung wahrnehmen. Sie erleben sich als gemeinsame Gestalter und Bestimmer ihrer Aktivitäten und Gruppen.

5. Die Potenziale stärker nutzen: Mehr Demokratiebildung in der Kinder- und Jugendarbeit

Zwar sind die NutzerInnen der Kinder- und Jugendarbeit mit der partizipativen Ausrichtung dieses Arbeitsfeldes zufriedener als in anderen Bereichen, wie z. B. Schule. Aber damit muss man sich nicht begnügen, denn eine Ausweitung partizipativer und vor allem demokratischer Rechte ist in der Kinder- und Jugendarbeit möglich und wichtig.

Die Stärkung von Demokratiebildung in der Kinder- und Jugendarbeit hat zwei Ausgangspunkte: Einerseits geht es darum, die Demokratie als Herrschafts-, Gesellschafts- und Lebensform in Strukturen und Handlungspraxis umsetzen. Andererseits ist es das Ziel, Demokratie gleichzeitig bildungsorientiert als selbsttätige Aneignungserfahrung zu ermöglichen.

Jugendarbeit benötigt damit in ihren Organisationen sowohl eine demokratische Verfassung im Sinne einer Kodifizierung der Beteiligungsrechte und Strukturen als auch eine demokratische Verfasstheit (Müller 2005) alltäglichen Umgangs miteinander. Eine demokratisch zu erstellende Verfassung eines Jugendverbandes oder einer Offenen Jugendeinrichtung enthält analog zur allgemeinen staatlichen Demokratieform u. a.:

- die Klärung der Grundrechte (besonders: Wer hat welche Entscheidungsrechte über was),
- Institutionen und Verfahren zu: Mitgliedschaft, Wahlen, Entscheidungsgremien und Gruppenparitäten, Orten der Konfliktklärung, Fragen der Verantwortung bei der Umsetzung von Entscheidungen; Verfahren der Erstellung von „Gesetzen" und deren Revision (Hausordnung, Regeln ...) sowie
- Verfahren der Machtkontrolle und des Minderheitenschutzes.

Entscheidend ist hier nicht, dass Kinder und Jugendliche alle Rechte der Bestimmung haben, sondern dass ihre Entscheidungspotenziale überhaupt als Rechte kodifiziert sind. Das Recht, Rechte zu haben (Hannah Ahrendt), konkret zu erfahren, ändert den Status und das Selbstbewusstsein der Beteiligten. In einem pädagogischen Setting können die Erwachsenen entscheiden, welche Rechte sie in einer Verfassung den Kindern und Jugendlichen geben wollen und welche sie in ihrer Entscheidungsmacht belassen. Sich aber als Träger und Nutzer von Rechten zu erfahren, macht den entscheidenden Unterschied. Statt als Abhängige von der Partizipation gewährenden Gnade der Ewachsenen/PädagogInnen werden die Kinder und Jugendlichen zu AutorInnen und AdressatInnen ihrer Entscheidungen. So lässt sich auch deuten, dass Arbeitsweisen demokratischer Gemeinschaft im Jugendknast (Sutter 2003) möglich und wirksam sind. Obwohl manche Rechte (etwa Aufenthalt) dort völlig genommen oder beschränkt sind, schätzen und nutzen die jungen Gefangenen doch die Rechte auf demokratische Diskussion und Entscheidung ihrer alltäglichen Angelegenheiten.

Eine demokratische Verfasstheit des Alltags in Einrichtungen/Organisationen der Kinder- und Jugendarbeit beinhaltet:

- die Ermöglichung gegenseitiger Anerkennung, Solidarität und gemeinschaftlichen Handelns;
- einen dialogischen und symmetrischen Umgang zwischen Erwachsenen und Jugendlichen;
- die Anleitung/Assistenz der Entwicklung von Interessen und Themen bei Individuen und Gruppierungen;
- Medien zur Artikulation von Interessen in der „Öffentlichkeit" der Organisation (inklusive eines Empowerments von Benachteiligten und Schwachen);
- Bereitstellung von öffentlichen Foren des Austausches und Räumen der Aushandlung;
- Verfahren des Übergangs von informellen öffentlichen Diskursen zu formalen „verfassten" Entscheidungen in repräsentativen Gremien und nicht zuletzt
- Formen des Übergangs zur demokratischen Beteiligung und Entscheidung in der Umwelt, besonders im Verhältnis zum Träger und zur Kommune.

Diese lange Liste der Elemente der Unterstützung von Demokratiebildung kann hier nicht operationalisiert werden (vgl. konkreter Sturzenhecker 2007). Die Ansprüche können auch abschrecken, wenn man meint, erst wenn sie alle umfassend realisiert wären, könnte man von gelingender Demokratieorientierung in der Kinder- und Jugendarbeit sprechen. Im Gegenteil: Es scheint wichtiger, überhaupt einen Einstieg zu wagen, als aus Angst vor hohen Anforderungen das Thema zu meiden. Demokratie ist ein Lernprozess für alle Beteiligten: Nicht Fehler und Rückschläge zerstören ihn, sondern seine Vermeidung/Verweigerung.

Gerade um die Ansprüche und die Komplexität zu reduzieren, sollen hier wenigstens kurz die Chancen des Einstiegs in Partizipation und Demokratie skizziert werden: Partizipatives, politisches Handeln beginnt immer, wenn sich

Personen mit ihren Positionen, Kritiken und Interessen öffentlich artikulieren, auch in der segmentierten, d. h. nicht kommunalen oder staatlich-gesellschaftlichen, Öffentlichkeit einer pädagogischen Einrichtung. Besonders die häufig benachteiligten TeilnehmerInnen der Offenen Kinder- und Jugendarbeit sind das nicht gewöhnt. Sie brauchen Unterstützung, ihre Aussagen und Wünsche nicht nur nebenher oder als Gemotze zu zeigen, sondern ihnen eine Form zu geben, die hilft, sich anderen verständlich zu machen und sich selbst als TrägerIn einer Position zu erfahren. Eine Anleitung/Assistenz setzt dazu bei typischen lebensweltlichen bzw. jugendkulturellen Ausdrucksweisen und -medien an. Die Angebote solcher Ausdrucksformen berücksichtigen Grade der Expressivität bzw. der Passivität, Unsicherheit und Zurückhaltung der Jugendlichen. Manche Jugendlichen, um die es hier geht, sind etwa in der Lage, einen öffentlichen Schmäh-Rap gegen Schule vorzutragen, andere können nur eine Wand(-zeitung) mit einer einzigen Parole besprayen/beschreiben oder in einem videografierten (aber dann im Jugendhaus öffentlich gezeigten) Interview ein oder zwei Sätze sagen.

Der erste Schritt der Anleitung/Assistenz von Demokratiebildung ist also, den Jugendlichen eine öffentliche Stimme zu geben. Der zweite besteht darin, ihnen für sie erkennbare und nutzbare Rechte und Wege zu eröffnen. So können aus jugendlichen Artikulationen diskursive Aushandlungen mit anderen werden und diese auch in verfasste Entscheidungsverfahren und Gremien einmünden, um gemeinsame Angelegenheiten demokratisch zu bestimmen.

Literatur

Cloos, Peter/Köngeter, Stefan /Müller, Burkhard/Thole, Werner (2007). Die Pädagogik der Kinder- und Jugendarbeit. Wiesbaden: VS Verlag für Sozialwissenschaften

Coelen, Thomas (2002): „Ganztagsbildung" Ausbildung und Identitätsbildung von Kindern und Jugendlichen durch die Zusammenarbeit von Schulen und Jugendeinrichtungen. In: neue praxis H. 1. 2002. 53-66

Coelen, Thomas/Otto, Hans-Uwe (Hrsg.) (2008): Grundbegriffe Ganztagsbildung. Das Handbuch. 1. Aufl. Wiesbaden: VS Verlag für Sozialwissenschaften

Deinet, Ulrich/Sturzenhecker, Benedikt (Hrsg.) (2005): Handbuch Offene Kinder- und Jugendarbeit. (3., völlig überarbeitete Neu-Auflage). Wiesbaden: VS Verlag für Sozialwissenschaften

Delmas, Nanine/Scherr, Albert (2005): Bildungspotenziale der Jugendarbeit. Ergebnisse einer explorativen empirischen Studie. In: deutsche jugend H. 3. 2005. 105-109

Deutscher Bundesjugendring (2004): Jugendpolitisches Eckpunktepapier: Jugend braucht Gestaltungsmacht. 77. Vollversammlung, 03./04.12.2004 in Bremen

Fatke, Reinhard/Schneider, Helmut (2005): Kinder- und Jugendpartizipation in Deutschland. Daten, Fakten, Perspektiven. Gütersloh: Bertelsmann Verlag

Fauser, Katrin/Fischer, Arthur/Münchmeier, Richard (2006): Jugendliche als Akteure im Verband – Ergebnisse einer empirischen Untersuchung der Evangelischen Jugend (Teil 1). Opladen: Leske + Budrich Verlag

Griese, Hartmut M. (2005): Partizipation in Jugendzentren. Ergebnisse und offene Fragen eines sozialpädagogischen Praxisprojektes. In: deutsche jugend H. 10. 2005. 417

Hafeneger, Benno/Jansen, Mechthild M./Niebling, Torsten (Hrsg.) (2005): Kinder- und Jugendpartizipation im Spannungsfeld von Akteuren und Interessen. Opladen: Leske + Budrich Verlag

Himmelmann, Gerhard (2007): Demokratie lernen als Lebens-, Gesellschafts- und Herrschaftsform. 3. Auflage. Schwalbach/Ts: Wochenschau Verlag

Knauer, Raingard/Sturzenhecker, Benedikt (2005): Partizipation im Jugendalter. In: Hafeneger et. al. (2005): 63-94

Müller, Carsten (2005): Sozialpädagogik als Erziehung zur Demokratie – ein problemgeschichtlicher Theorieentwurf. Bad Heilbrunn: Klinkhardt Verlag

Müller, Burkhard/Schmidt, Sabine/Schulz, Marc (2005): Wahrnehmen können. Jugendarbeit und informelle Bildung. Freiburg i. Br.: Lambertus Verlag

Müller, Siegfried/Sünker, Heinz/Olk, Thomas/Böllert, Karin (Hrsg.) (2000): Soziale Arbeit. Gesellschaftliche Bedingungen und professionelle Perspektiven. Neuwied: Luchterhand Verlag

Peukert, Helmut/Scheuerl, Hans (Hrsg.) (1992): Ortsbestimmung der Erziehungswissenschaft. Wilhelm Flitner und die Frage nach einer allgemeinen Erziehungswissenschaft im 20. Jahrhundert. Weinheim/Basel: Beltz Verlag

Richter, Helmut (1992): Der pädagogische Diskurs. Versuch über den pädagogischen Grundgedankengang. In: Peukert/Scheuerl (1992): 141-153

Richter, Helmut (2000): Vereinspädagogik. Zur Institutionalisierung der Pädagogik des Sozialen. In: Müller, S. et. al. (2000): 154-164

Richter, Helmut/Riekmann, Wiebke/Jung, Michael (2007): Demokratische Bildung in der Jugendverbandsarbeit. Zur Integration unterrepräsentierter Gruppen in der Jugendfeuerwehr Hamburg. In: deutsche jugend H. 1. 2007. 30

Scherr, Albert (1997): Subjektorientierte Jugendarbeit. Eine Einführung in die Grundlagen emanzipatorischer Jugendpädagogik. Weinheim/München: Juventa Verlag

Sting, Stephan/Sturzenhecker, Benedikt (2005): Bildung und Offene Kinder- und Jugendarbeit. In: Deinet /Sturzenhecker (2005): 230-247

Sturzenhecker, Benedikt (1993): Demokratie zumuten – Moralerziehung in der offenen Jugendarbeit. In: deutsche jugend H. 3. 1993. 111-119

Sturzenhecker, Benedikt (1998): Qualitätsfragen an Jugendpartizipation. In: deutsche jugend H. 5. 1998. 210

Sturzenhecker, Benedikt (2005): Partizipation als Recht von Jugendlichen. In: deutsche jugend H. 6.2005. 255-262

Sturzenhecker, Benedikt (2006): Luxus Partizipation? Beteiligung von Kindern und Jugendlichen in der evangelischen Jugend- und Gemeindearbeit. In: Lernort Gemeinde – Zeitschrift für theologische Praxis H. 3. 2006. 32-35

Sturzenhecker, Benedikt (2007): Politische Bildung mit „politikfernen" Jugendlichen in der Jugendarbeit. In: „Aus Politik und Zeitgeschichte" H. 32-33. 2007. 9-14

Sturzenhecker, Benedikt (2008): Demokratiebildung in der Jugendarbeit. In: Coelen/Otto (2008): Coelen: 704-713

Sutter, Hansjörg (2003): Die sozialisatorische Relevanz des Alltäglichen in einem demokratischen Vollzug. In: Schweppe (2003): 245-278

Schweppe, Cornelia (Hrsg.) (2003): Qualitative Forschung in der Sozialpädagogik. Opladen: Leske + Budrich Verlag

Winkler, Michael (2006): Bildung mag zwar die Antwort sein – das Problem aber ist die Erziehung. In: Zeitschrift für Sozialpädagogik H. 2. 2006. 182-201

Gedenken um zu widerstehen? – Demokratiedidaktische Überlegungen zur Thematisierung des Widerstands in der historisch-politischen Bildung

Peter Steinbach

Das 20. Jahrhundert kann als Zeitalter der modernen Diktaturen bezeichnet werden, mithin als eine Epoche der diktatorischen Systeme, die vorgaben, sich auf die Unterstützung der Bevölkerungsmehrheit berufen zu können. Der breite Rückhalt, den Diktatoren in der Bevölkerung finden, macht es Menschen, die sich nicht auf diktatorische Systeme einlassen wollen, oftmals so schwer, sich Diktaturen zu widersetzen. Und dieser Rückhalt kann auch erklären, weshalb es nach dem Sturz des Diktators oftmals so schwer ist, den Gegnern seiner Herrschaft den verdienten Respekt zu zollen, aus ihrer Verhaltensweise eine neue Grundlage politischer Moral abzuleiten und möglicherweise einen erweiterten freiheitlich-demokratischen Wertekanon zu entwickeln. Welche Impulse kann die Thematisierung des Widerstands gegen den Nationalsozialismus der Demokratiedidaktik geben?

Deutschland ist im 20. Jahrhundert zweimal durch Diktaturen entscheidend beeinflusst worden und hat bis heute an den Folgen zu tragen. Das Zeitalter der Diktaturen ist zugleich entscheidend durch die Menschen geprägt worden, die widerstehen konnten oder sich bewusst widersetzt haben. An den Versuch, Deutschland aus eigener Kraft von der NS-Diktatur zu befreien, erinnern die Gedenkveranstaltungen zum 20. Juli 1944, dem Tag des Attentats auf Hitler. Es wurde von den Regimegegnern nach einem Diktum von Henning von Tresckow als Zeichen eines anderen Deutschland verstanden, das vielleicht einmal, so hoffte man, gerade wegen dieser Tat, die den Zeitgenossen nicht selten als Verrat galt, den Weg in den Kreis der zivilisierten Nationen zurückfinden könnte.

Hier drückte sich eine Hoffnung aus, die den überlebenden Regimegegnern bald zur Brücke wurde. In diesem Zitat verbergen sich aber auch Gefahren. Sie liegen darin, dass aus der Hoffnung auf den Umbruch in dunkler Zeit sehr bald ein Anspruch, schließlich eine Behauptung werden konnte: der Widerstand habe die Existenz eines anderen und besseren Deutschland bewiesen. Deshalb sei Deutschland unter Hinweis auf den Widerstand auch berechtigt, positive Erwartungen bei seinen Nachbarn zu wecken, ja der Widerstand gegen den Nationalsozialismus eigne sich zur Begründung des Anspruchs, neuen Respekt zu verlangen. So ist dieser Satz aber niemals gemeint gewesen.

Er macht vielmehr eine grundlegende Schwierigkeit der Widerstandsdeutung in der Nachkriegszeit deutlich: In den immer spürbaren Neigungen der Nachlebenden, die nicht selten Überlebende waren und den Widerstand deuten konnten, wird in der Tat immer wieder ein grundlegendes Dilemma des Widerstands sichtbar. Es kann in der Auseinandersetzung mit ihm nicht darum gehen, durch den Hinweis auf die Regimegegnerschaft zu versuchen, einen positiven Posten auf dem deutschen Leistungs- oder – kirchlich gesprochen – auf dem nationalen Gnadenkonto zu verzeichnen. Sondern es geht um die Entwicklung politischer Koordinaten, um Maßstäbe, die sich in der Auseinandersetzung mit historischen Grenzsituationen festigen müssen. Daher gilt es gerade in diesem Zusammenhang didaktische Methoden zu entwickeln, die aus dem Geschehenen Rückschlüsse zulassen und gleichzeitig den nötigen Gegenwartsbezug offerieren – ganz im Gegensatz zu Indira Gandhis Aussage, dass „die Geschichte (...) der beste Lehrer mit den unaufmerksamsten Schülern" sei.

Wenn wir uns vergegenwärtigen, dass sich im Widerstand Handlungsalternativen verkörperten, die sichtbar machen, dass es nicht nur Anpassung, Mitmachen, Folgen, Gehorchen und Rettung der eigenen Haut gab, dann wiegen die Lasten der deutschen Geschichte noch schwerer. Widerstand im NS-Staat wird so zum Exempel anderer Verhaltensmöglichkeiten, die Menschen hatten und haben werden, die in Diktaturen leben – dies ist wohl die bleibende Bedeutung eines zeitgeschichtlichen Bereichs unserer Geschichte, die so arm ist an Beispielen der Selbstbehauptung ist und die sich so schwer tut mit dem Respekt vor denjenigen, die couragiert der Bürgergesellschaft den Geist durch beispielhaftes Verhalten nahebringen wollten.

Wollte man den Widerstand nach dem Krieg hüben wie drüben auch benutzen, um die im Zuge des Systemkonflikts entstandenen beiden deutschen Teilstaaten moralisch zu legitimieren, so hatte das wenig Erfolg. Nach der Proklamation eines „Aufstands des Gewissens", nach der Deutung des Widerstands des 20. Juli 1944 als faktische Vorgeschichte der Bundesrepublik Deutschland blieben schmerzende Nachfragen nicht aus: Das „Wogegen" schien klar, das „Wofür" aber nicht, denn es wurde deutlich, in welchem Maße der Widerstand auch das Ergebnis deutscher Geschichte war; den Niedergang der ersten deutschen Republik mit inbegriffen.

Tief verwurzelt in der Struktur der obrigkeitsstaatlich geprägten Gesellschaft, teilte der aus der „Vollmacht des Gewissens" so selbstgewiss legitimierte und als „Aufstand des Gewissens" gedeutete Widerstand viele Prägungen der deutschen politischen Kultur. Und dies gilt in besonderem Maße für den militärischen Widerstand. Nur nach den politischen Ordnungsvorstellungen zu fragen, hieße aber, die jeweils individuellen Voraussetzungen eines rigiden Widersetzens nicht erfassen zu können. Widerstand im Umkreis des 20. Juli – dieses Thema darf nicht dazu verleiten, den Widerstand auf den militärischen Bereich zu beschränken. Die Gefahren dieser Überhöhung hat Ekkehard Klausa immer wieder betont und dabei vor dem Versuch einer krampfhaften Traditionsbildung gewarnt.

Widerstand und 20. Juli – dieses Thema darf weiterhin nicht dazu führen, dass wir nicht mehr nach den Menschen fragen, die außerhalb dieses Kreises nicht dem Nationalsozialismus erlegen sind, sondern sich behaupten konnten, ohne dass wir ihre Spuren heute schon in allen Fällen genau verfolgen konnten.

Wenn man beginnt, widerstandsgeschichtliche Grundfragen zu reflektieren, stellt sich unvermeidlich die Frage, ob es spezifische Faktoren der Widerständigkeit gegeben hat. Bei näherem Hinsehen stellt sich dann heraus, dass diese Faktoren weniger soziostrukturell bedingt sind als vielmehr Traditionen und Deutungsbezüge spiegeln, die ein Milieu hervorbringen, also einen Lebensbereich, der durch eine spezifische Weltsicht, durch ein ganz spezifisches Weltverständnis und durch eine ganz charakteristische Weltdeutung geprägt wird. Milieus sind keine festen Gebilde, sondern Deutungssysteme, eine Art Filter der Wahrnehmung, durch den Lebenswirklichkeiten, Traditionen, aber auch Zukunftshoffnungen an die Angehörigen dieser Milieus herankommen. Diese Filter werden geschaffen, durch Sozialisationsmuster, durch Erfahrungen, auch durch bewusste Aneignung von Prinzipien und Traditionen, also durch Weltzugänge und Deutungssysteme. Vereine, Zeitungen, Kirchengemeinden schaffen diese Filter, und wenn es zur Kreuzung von Einflüssen kommt, dann verändern sich die Perspektiven.

Diese Einflüsse können ein Ergebnis politischer Entwicklungen sein – etwa, wenn wir erwarten, dass durch die offensichtliche Entrechtung und Verfolgung, durch Unterdrückung und proklamierten Mord Menschen aufwachen und die Koordinaten ihrer Wahrnehmung verändern. Sie spiegeln dann eine Reaktion aus persönlicher Betroffenheit. Es gibt aber auch Reaktionen auf ein Unrecht, das andere betrifft und stellvertretendes mitmenschliches Handeln provoziert und motiviert. Diese empathische Reaktion ist an die Voraussetzung gebunden, dass überhaupt zwischenmenschliche Sensibilitäten herausgebildet und solidarische Handlungsmuster erlernt werden, die das Schreckliche und dem später Geborenen so Offensichtliche wahrnehmbar machen.

Wer sich immer einredet, dass Späne fallen müssten, wo gehobelt wird, der hat keine Chance, sich zu empören. Es müssen also Antennen der zivilgesellschaftlichen Wahrnehmung entstehen, die empfänglich machen für das, was man sieht, für das, woran man beteiligt ist. Es müssen aber auch Koordinaten ausgebildet werden, die das Wahrgenommene deuten helfen – Koordinaten, die sich auf Prinzipien der Menschlichkeit beziehen, etwa auf Menschenwürde, Toleranz, Nächstenliebe, Mitmenschlichkeit. Diese Tugenden entstammen nicht unbedingt der soldatischen Tradition, sondern sind vielmehr das Resultat eines ständigen Lernens innerhalb demokratischer Gesellschaftszusammenhänge. Wenn wir an katholische oder protestantische Milieus denken, an sozialdemokratische und kommunistische – dann haben wir alle wohl keinerlei Schwierigkeiten, diese Funktion von Milieus als gedeuteten Lebenszusammenhängen und Wirklichkeiten zu verstehen; wir können akzeptieren, dass die Milieus über den Zugang zur Welt, zur Wahrnehmung der Wirklichkeit entscheiden, dass sie aber auch die Fähigkeit zur Empörung beeinflussen. Milieuspezifische Einflüsse sind entscheidend, wenn es darum geht, Konsequenzen einer wahrgenommenen Wirklichkeit zu ziehen.

Politik zielt nicht selten auf die Konstruktion einer Wirklichkeit, nicht selten durch massive Beeinflussung von Stimmungen, von, wie wir sagen, Schweigespiralen, also von Bereichen, die Schweigen näher legen als Protest. Der Widerstand gegen den NS-Staat lässt sich als ein Versuch deuten, der Spirale des Schweigens zu entkommen. Einige haben gewagt, sich gegen den Sog der Stimmungen zu stemmen, die Nationalsozialisten durch Reden, Plakate, Reportagen, durch Fahnen, Musik, Zeremonien und Paraden, durch Frack und Pickelhaube, durch Reichskriegsflagge und Deutschlandlied, durch Versöhnungsangebot und Betonung des eigenen Herrschafts- und Gestaltungswillens erzeugt haben.

In den Milieus halten sich urdemokratische Protesttraditionen, die auch dem Einzelnen die Chance eröffnen können, sich gegen seine Zeit zu stellen, hier bewahren sich Reste einer anderen als der vorherrschenden Deutung von Wirklichkeiten und behauptet sich deshalb die Kraft zur Distanzierung von Zeitströmungen. Hier behauptet sich eine Moral, die nicht durch Diktaturen geprägt wird. In den frühen Jahren nationalsozialistischer Herrschaft sind viele Zugänge zur Weltdeutung und zum Weltverständnis zunächst durch die Weltdeutungsansprüche der Parteien aus der Arbeiterbewegung, der Gewerkschaften und der Intellektuellen geprägt, die von den Nationalsozialisten immer zu Gegnern, zu Feinden, zu Fremden erklärt worden waren. In Kreisen der KPD, der SPD, der Publizisten finden wir deshalb die Regimegegner der ersten Stunden, aber auch die ersten Opfer – unter ihnen der militärpolitische Experte der SPD-Fraktion im Reichstag Julius Leber, der in Lübeck zusammengeschlagen, inhaftiert, aber auch von seinen Anhängern in die Freiheit demonstriert wird.

Zigtausende versammeln sich vor Lebers Gefängnis und bekommen ihn frei, der wie kein anderer Sozialdemokrat die Fähigkeit hatte, die Militärs zu verstehen. Zu den Regimegegnern der zweiten Stunden gehörten Christen beider Konfessionen. Sie machen deutlich, wie wichtig Traditionen der Wahrnehmung und Weltdeutung sind, wenn sie partizipatorische Prinzipien begründen, die eine Distanzierung von der Gegenwart erleichtern. Aus diesen Prinzipien werden nicht selten Traditionen, Brücken zwischen Vergangenheit und Zukunft, die sich nicht nur in der Gegenwart zu bewähren haben, sondern auch einer nachhaltigen Förderung bedürfen.

Nachdem aber die Regimegegner der zweiten Stunde auch gescheitert waren, weil sie das Blatt weder in den Bereichen, in denen sie wirkten, noch in der deutschen Gesellschaft wenden konnten, wurde die Rolle des Einzelnen immer wichtiger – nach der Phase des Protestes und der Demonstration der abweichenden Meinung und der Phase einer aktiv begründeten Nonkonformität gegenüber den nationalsozialistischen Wertvorstellungen, von Distanz aus Dissidenz begann eine neue Phase der Regimegegnerschaft, die aus den Bereichen des Staates selbst einsetzte, aus dem Zentrum der Macht heraus erfolgte und deshalb in besonderer Weise durch das Dilemma von Konfrontation und Konfrontation geprägt war.

Die Elemente der vorangegangenen Phasen und Stufen der Regimegegnerschaft prägten auch diese Phase des Widerstands von Verwaltungsbeamten, von Diplomaten, von Militärs, sie kamen überwiegend aus Kreisen des Bürgertums und des Militärs, auch aus dem Adel, allerdings sehr oft aus einem Adel, der sich sozial geöffnet hatte – Kennzeichen dieser Öffnung ist z.B. die Tatsache, dass Menschen wie Trott, Moltke, Yorck, Haeften Ehepartner suchten und finden, die fest in den Wertvorstellungen des Bürgertums verankert waren.

Es geht also bei der Auseinandersetzung mit der Geschichte des Widerstands nicht um die Wahrnehmung und Betonung zufälliger Verbindungen von Lebenslinien und Bekanntschaften der Regimegegner, um die Betonung ihrer Verwandtschaften, Kameradschaften und Nachbarschaften, sondern es geht um die Frage, wie es trotz der Überlagerung von überkommenen Strukturen der Wahrnehmung und der Verarbeitung von Wirklichkeit durch eine diktatorisch geprägte Vorstellungen von Welt, Geschichte, Politik und Zukunft zur Behauptung einer Eigenständigkeit kommt, die den Einzelnen in die Verantwortung für die öffentlichen Dinge stellt.

Sich empören zu können über Verfassungsverletzungen, Entsetzen zu empfinden angesichts der Übergriffe gegen einzelne, Widerstände zu entwickeln bei der Planung des Unrechts und sich der Vorbereitung des Krieges zu versagen, dies setzt die Kraft zur Unabhängigkeit der Urteilsbildung voraus, die nur ganz selbstständige, „unbedingte" Naturen entwickeln können. Sie müssen neben ihrer Empörungsfähigkeit Empathie beweisen und den Willen zum stellvertretenden mitmenschlichen Handeln besitzen. Im Widerstand finden wir deshalb zunächst „geborene Regimegegner", die sich aus ihrer eigenen politischen Überzeugung den Ansprüchen der Diktatur widersetzen und sich folglich nicht an der

Demontage der freiheitlichen Grundordnung beteiligen wollen. Aber wir finden auch einzelne Verwaltungsbeamte, Richter, Militärs und Angehörige des Bildungsbürgertums, die nicht im Sinne der Diktatur funktionieren wollen. Sie wollen sich nicht begeistern oder gar lähmen lassen, sondern sie können in zunehmendem Maße die Versuche von Diktatoren durchschauen, mit allen Mittel Massenbegeisterung zu erzeugen, die Zeitgenossen ständig in Unruhe und Bewegung zu halten und sie vergessen zu lassen, dass selbst die Not ein Gebot kennt.

Weil die Regimegegner sich anderen, auch demokratischen Zielen verpflichten, lassen sie sich nicht auf verwerfliche Verhältnisse ein. Sie wissen, dass die Zugehörigkeit zur Nation nicht alles erlaubt und alles gestattet, was die Deuter und Umdeuter dieser Nation als „nationale Verpflichtung" hinstellen. Deshalb wissen sie, dass sehr wohl ein Punkt kommen kann, an dem begangenes Unrecht den „Bestand der Nation" (Ludwig Beck) gefährdet. Sie entwickeln konkurrierende Maßstäbe, sie werben bei Mitmenschen dafür, wollen sie aufrütteln und so von denen distanzieren, die den Vaterlandsbegriff monopolisiert haben. Angesichts der Verbrechen gelingt es immer wieder, von vorherrschenden Stimmungen unterschiedene Sichtweisen zu vermitteln. So können manche, die sich dann im Widerstand finden, einem flächigen patriotischen Denken entgehen und zum Vertreter eines anderen Deutschland werden.

Daraus lassen sich Maßstäbe ableiten. Das bedeutet nicht, dass diese Maßstäbe auch respektiert werden. Die Menschenrechtsproblematik in den Zwängen der Außen-, Wirtschafts- und Exportpolitik macht das deutlich. Auch der Umgang mit Minderheiten zeigt, wie sehr uns die nationalsozialistische Zeit politisch-anthropologisch nahe ist. Insofern bedeutet die Auseinandersetzung mit dem Widerstand nur eine Chance, durch kritische Reflexion Distanzen zu entwickeln, die dazu führten können, dass wir als Zeitgenossen nicht im Auf und Ab unserer Gegenwart untergehen. Sicherheit bietet die Orientierung auf den Widerstand nicht, wohl aber: eine Chance. Eine Chance, die demokratiedidaktisch genutzt werden sollte.

Literaturverzeichnis

Bauer, Fritz (1965): Widerstand gegen die Staatsgewalt: Dokumente der Jahrtausende. Frankfurt/M: Fischer-Taschenbuch-Verlag

Benz, Wolfgang/ Pehle, Walther H. (Hrsg.) (1994): Lexikon des deutschen Widerstandes. Frankfurt/M.: Fischer Verlag

Boveri, Margret (1976): Verrat im 20. Jahrhundert. Reinbek: Rowohlt Verlag

Buchheim, Hans (Hrsg.) (1966): Der deutsche Widerstand gegen Hitler: Vier historisch-kritische Studien. Köln/Berlin: Kiepenheuer & Witsch

Gotto, Klaus /Repgen, Konrad (Hrsg.) (1980): Kirche, Katholiken und Nationalsozialismus. Mainz: Matthias-Grünewald-Verlag

Graml, Hermann (Hrsg.) (1994): Widerstand im Dritten Reich. Frankfurt/M.: Fischer Taschenbuch Verlag

Hoffmann, Peter (1984): Widerstand, Staatsstreich, Attentat. München: R. Piper & Co. Verlag

Hüttenberger, Peter (1977): Vorüberlegungen zum Widerstandsbegriff, in: Kocka, J. (1977):116-134

Kaufmann, Arthur (Hrsg.) (1972): Widerstandsrecht. Darmstadt: Wissenschaftliche Buchgesellschaft

Kocka, Jürgen (Hrsg.) (1977): Theorien in der Praxis des Historikers. Göttingen: Vandenhoeck und. Ruprecht

Kleßmann, Christoph/Pingel, Falk (Hrsg) (1980): Gegner des Nationalsozialismus: Wissenschaftler und Widerstandskämpfer auf der Suche nach historischer Wirklichkeit. Frankfurt/M./New York: Campus Verlag

Lill, Rudolf/Oberreuter, Heinrich (Hrsg.) (1984): 20. Juli: Portraits des Widerstands. Düsseldorf: Econ Verlag

Löwenthal, Richard/von zur Mühlen, Patrik (Hrsg.): Widerstand und Verweigerung in Deutschland 1933-1945. Bonn/Bad Godesberg: Dietz Verlag

Müller, Klaus-Jürgen (Hrsg.) (1990): Der deutsche Widerstand 1933-1945, 2. Aufl. Paderborn: UTB

van Roon, Ger (1967): Neuordnung im Widerstand: Der Kreisauer Kreis innerhalb der deutschen Widerstandsbewegung, München: R. Oldenbourg Verlag

Rothfels, Hans (1986): Deutsche Opposition gegen Hitler: Eine Würdigung, erw. Aufl. eingeleitet von Graml, Hermann. Frankfurt/M.: Fischer Taschenbuch Verlag

Schmädeke, Jürgen et al. (Hrsg.) (1994): Der Widerstand gegen den Nationalsozialismus: Die deutsche Gesellschaft und der Widerstand gegen Hitler, 3. Aufl. München: Piper Verlag

Steinbach, Peter (2001): Widerstand im Widerstreit: der Widerstand gegen den Nationalsozialismus in der Erinnerung der Deutschen, 2.Aufl. Paderborn: Schöningh

Steinbach, Peter/Tuchel, Johannes (Hrsg.) (1994): Widerstand gegen den Nationalsozialismus. Berlin/Bonn: Bundeszentrale für politische Bildung

Steinbach, Peter/Tuchel, Johannes (Hrsg.) (1994): Lexikon des Widerstands 1933-1945. München: C. H. Beck

Steinbach, Peter/Tuchel, Johannes (Hrsg.) (1994): Widerstand in Deutschland 1933-1945: Ein historisches Lesebuch. München: C. H. Beck

Steinbach, Peter/Tuchel, Johannes (Hrsg.) (2004): Widerstand gegen die nationalsozialistische Diktatur 1933-1945. Berlin/Bonn: Bundeszentrale für politische Bildung

von Voss, Rüdiger (Hrsg.) (1984): Der 20. Juli 1944: Annäherungen an den geschichtlichen Augenblick. Pfullingen: Neske-Verlag

II. Diskussion um „Demokratiekompetenz"

Was leistet Demokratie-Lernen für die politische Bildung? Gibt es empirische Indizien zum Transfer von Partizipation im Nahraum auf Demokratie-Kompetenz im Staat? Ende einer Illusion und neue Fragen

Sibylle Reinhardt

1. Die Kontroverse

Die Bund-Länder-Kommission (BLK) förderte von 2002 bis 2007 in dreizehn Bundesländern an 160 Projektschulen das Modellprogramm „Demokratie lernen und leben". Die Programmschulen ordneten ihre Vorhaben den folgenden vier Modulen zu: Unterricht – Projekte als zentrale didaktische Handlungsform – Schule als Demokratie – Schule in der Demokratie. Das Deutsche Institut für Pädagogische Forschung (DIPF) wurde mit der Evaluation beauftragt. In mehreren Bundesländern werden die Erträge aus den Programmschulen nach Ende des BLK-Programms an andere Schulen weitergegeben (so z.B. in Sachsen-Anhalt). Dieses BLK-Programm hat eine Kontroverse hervorgerufen: Kann die Förderung von Partizipation im sozialen Nahraum auch die politische Bildung des mündigen Staatsbürgers bewirken? (Vgl. die kurze Zusammenfassung in Reinhardt 2005:70-73; neuerdings Edelstein 2005, Beutel/Fauser [Hg.] 2007, May 2008, Petrik 2007:64-71).

Das Gutachten zum BLK-Programm (Edelstein/Fauser 2001:30) unterstellt den automatischen Qualitätssprung vom Nahen zum Systemischen: „Ziel ist der Aufbau handlungsbezogener und praxistauglicher Kompetenzen, mit denen Jugendliche auf der Ebene elementarer politischer Gemeinschaften – Gruppe der Gleichaltrigen, Schule, Gemeinde – mit Transferwert für das spätere Leben und für größere politische Systeme etwas ,anfangen', die sie also mit Sinnerfahrung verbinden können." Gegen diesen Kurzschluss ist einzuwenden, dass Handeln und Lernen im Nahraum des gemeinschaftlichen Zusammenlebens wohl kaum ohne zusätzliche Anstrengungen der Reflexion und kognitiven Strukturierung die politisch-demokratische Systemebene mit den notwendigen Verallgemeinerungen des Denkens und Wertens erreichen kann.

Unabhängig davon, wie unbefriedigend die Kontroverse inhaltlich, begrifflich und atmosphärisch geführt wurde, wirft sie die empirische Frage nach Lernchancen in unterschiedlichen Kontexten auf. Gibt es Indizien in empirischer Forschung, die den Transfer vom Mikro- zum Makrobereich plausibel machen, oder ist die Transfer-Behauptung eine Illusion? Diese Frage bleibt inhaltlich relevant, auch falls das BLK-Programm nicht mit so weitgehenden Hoffnungen verknüpft würde, sondern auf einen schulpädagogischen Kern begrenzt bliebe. (Der Projektleiter de Haan verzichtet 2004 für ein anderes BLK-Programm auf das Ziel der Demokratie als Herrschaftsform als „eher nachrangig", benennt aber trotzdem zivilgesellschaftliches Engagement als „politische Bildung" – S. 42f.)

Beim heutigen Stand der Forschung können nur Indizien gesammelt werden, weil keine längsschnittliche Wirkungsforschung zum Thema existiert. (Die Probleme der Operationalisierung wären groß und es bedürfte erheblicher finanzieller Mittel.) Hier werden aus sehr unterschiedlichen empirischen Untersuchungen jeweils die Daten angeführt, die zum Verhältnis von sozialem und politischem Lernen etwas aussagen können. In der Synopse (S.3-6) werden die Studien mit kurzen Ergebnissen und den Fundstellen angeführt. Sie ergeben eine Argumentation und neue Fragen: der Transfer ist eine Illusion, zu unterscheiden sind Mikro-, Meso- und Makro-Ebenen, der Lernprozess ist bisher unverstanden.

2. Was sagen empirische Studien zum Transfer sozialer Partizipation in politische Bildung?

Ihre qualitative Studie zum Politik-Verständnis von Studierenden (Nr. 1) brachte für Dagmar Richter 1996 ein Zwei-Welten-Modell zum Vorschein. In den Äußerungen der Befragten standen zwei Formen von „Politik" unverbunden nebeneinander, die Richter mit theoretischem Bezug auf Hannah Arendt als privat bzw. öffentlich kennzeichnete (1996:33, 38). Beide Welten sind den Interviewten bekannt, aber sie verbinden die private Welt nicht mit der politischen, „der Sprung vom Besonderen zum Allgemeinen gelingt nur selten" (70). Probleme ihres Lebens (z.B. Müll, Verkehr) werden individuell und punktuell angegangen, nicht aber mit Hilfe von parlamentarischen Schritten. In vergleichbarer Weise zeigte sich ein privates Demokratie-Verständnis in den Metaphern für „Demokratie", die von den am BLK-Programm beteiligten Lehrerinnen und Lehrern gewählt wurden (Nr. 3 – Abs/Diedrich/Klieme 2004:4). Demokratie wird „stärker auf gemeinschaftliche Werte als auf gesellschaftliche Rechte bezogen". Muster der Familie und anderer Gemeinschaften des Nahraums geben die Orientierung. In dieselbe Richtung deutet das (immer wiederkehrende) Ergebnis der Shell-Studie (Nr. 8), dass Engagement für gesellschaftliche Angelegenheiten und andere Menschen für Jugendliche wichtig ist, nicht aber die Teilnahme in Organisationen und Institutionen (S. 20).

Synopse: **Soziales und Politisches Lernen**

Nr.	Autor(in)	Vorgehen / Bezug	Befund(e)	Literaturangabe(n)
1	Richter 1996	Dreiphasiges Interview mit fünf Studierenden, inhaltsanalytische Auswertung	Zwei-Welten-Modell: Zwei Formen von „Politik" stehen nebeneinander: privat / öffentlich. Probleme wie Müll werden individuell durch Trennen des Mülls gelöst, nicht öffentlich angegangen. (S. 70f.)	Richter, Dagmar: Politikwahrnehmung bei Studierenden. In: Reinhardt, S.; Richter, D.; Scherer, K.-J.: Politik und Biographie. Schwalbach/Ts. 1996:29-77
2	Krüger/ Reinhardt u.a. 2002 (Sachsen-Anhalt-Studie)	Repräsentative (Schichtung + Klumpung) Befragung im Jahr 2000 von ca. 1.400 Jugendlichen (8., 9. und 11. Klasse / 1. Lehr-jahr) in Sachsen-Anhalt Fallstudien in zwei Schulen	Spürbare Korrelation zwischen Bereitschaft zu schulischer und politischer Beteiligung (S. 67). Keine Korrelation zwischen Prosozialität und Demokratie-(Konflikt-)Verständnis (S. 73). Positive Schulkultur zentriert sich in einem Fall auf den Nahraum, vermeidet Konflikte und wendet sich gegen Außenwelt (z.B. Ausländer), im anderen Fall ist sie die Basis für Weltoffenheit. (S. 223f., 234f.)	Reinhardt, Sibylle; Tillmann, Frank: Politische Orientierungen, Beteiligungsformen und Wertorientierungen. In: Krüger, H.-H.; Reinhardt, S. u.a.: Jugend und Demokratie. Opladen 2002:43-74 . Schmidt, Ralf: Elemente politischer Bildung aus der Perspektive von Lernenden und Lehrenden an zwei Schulen. In: a.a.O.:209-241. Reinhardt, S: Demokratieverständnis: Konfliktfähigkeit als Hauptproblem. In: Biedermann u.a. [Hg.] 2007 – s. Nr. 11 -:565-574

| 3 | Abs u.a.
2004

(DIPF)

2007 | Lehrer(innen) des BLK-Programms wurden zu Metaphern für „Demokratie" befragt. Befragung in 144 Schulen zu Zielen. Abschlussbefragung in mehr als 100 Schulen bei ca. 5.000 Lernenden und 2.000 Lehrenden | Demokratie ist primär Gemeinschaft mit Fürsorge im interpersonalen Raum. „Es geht um die gemeinsame Autofahrt und nicht um die Verkehrsordnung." Der transpersonale Raum kommt kaum in den Blick. (S. 4)

(Der Frage nach dem Wechsel von der Mikro- in die Makro-Ebene wurde im Abschlussbericht nicht nachgegangen.) | Abs, Hermann Josef; Diedrich, Martina; Klieme, Eckhard: Evaluation des BLK-Modellprogramms … in: dipf informiert 6/2004:2-6. Breit, Heiko; Eckensberger, Lutz H.: Demokratieerziehung zwischen Polis und Staat. A.a.O.:6-11.Abs, H.J.: Metaphern der Demokratie. in: Himmelmann, G.; Lange, D. (Hg.): Demokratiekompetenz. Wiesbaden 2005:114-128. Abs, H.J.; Roczen, Nina; Klieme, E.: Abschlussbericht zur Evaluation … .Frankfurt/Main 2007 (DIPF-Materialien 19). Außerdem Skalenhandbücher 2004 + 2007 (Materialien 11+20) |
| 4 | Fatke u.a.
2005
(Bertels-mann-Studie) | Repräsentative Befragung im Jahr 2004 von ca. 12.000 Jugendlichen (12-18 Jahre) in 42 Städten und Gemeinden in Deutschland | Fast keine Korrelation zwischen Partizipation zu Haus und in der Schule. Spürbare Korrelation zwischen Partizipation in Schule und im Wohnort, ebenso zwischen Freizeit (Vereine) und Wohnort. (S. 21f., 38) Mitwirkung in Kommune ist noch geringer als in der Schule (und eher mit Aktionen als in repräsentativen Formen). (S. 70f.) | Bertelsmann Stiftung (Hg.) – Fatke, Reinhard; Schneider, Helmut: Kinder- und Jugendpartizipation in Deutschland. Gütersloh 2005. Fatke, R.; Schneider, H.; Meinhold-Henschel, Sigrid; Biebricher, Martin: Jugendbeteiligung – Chance für die Bürgergesellschaft. In: APuZ 12/2006:24-32 |

5	Kaina/ Deutsch 2006	Allbus-Daten 1980-2000, ausgewertet für junge Deutsche (18-29 Jahre) – repräsentativ	Politisches und soziales Engagement scheinen recht unterschiedlichen Wertvorstellungen zu entsprechen. (S. 174)	Kaina, Viktoria; Deutsch, Franziska: Verliert die „Stille Revolution" ihren Nachwuchs? Wertorientierungen … in: Roller, E.; Brettschneider, F.; van Deth, J.W. (Hg.): Jugend und Politik: „Voll normal!" Wiesbaden 2006:157-181
6	Alt u.a. 2005 (DJI-Kinderpanel)	Mündliche Befragung im Jahr 2004 von 720 Kindern (9-10 Jahre)	Positiver Zusammenhang von Partizipation in Familie und Grundschulklasse. (S. 30)	Alt, Christian; Teubner, Markus; Winklhofer, Ursula: Familie und Schule – Übungsfelder der Demokratie. in: Aus Politik und Zeitgeschichte 41/2005: 24-31
7	Gille u.a. 2006 (DJI-Jugendsurvey)	Repräsentative Befragung im Jahr 2003 von mehr als 2.000 Jugendlichen / jungen Erwachsenen (12-29 Jahre) in Deutschland	Deutlicher Zusammenhang von politischem Interesse und Aktivitäten aller Art. (S. 260f.) Kein Zusammenhang von prosozialen Werten und Aktivitäten (organisiert oder informell). (S. 261f.) „… politisch orientierte Netzwerke (sind) für politische wie soziale Beteiligung von Nutzen, soziale Netzwerke nur für Letztere." (S. 263, 287)	Gaiser, Wolfgang; de Rijke, Johann: Gesellschaftliche und politische Beteiligung. In: Gille, Martina; Sardei-Biermann, Sabine; Gaiser, Wolfgang; de Rijke, Johann: Jugendliche und junge Erwachsene in Deutschland. DJI Jugendsurvey 3. Wiesbaden 2006:213-275
8	Hurrelmann u.a. 2006 (Shell-Studie)	Repräsentative (Quotenstichprobe) Befragung im Jahr 2006 von ca. 2.500 Jugendlichen (12-25 Jahre) in Deutschland	„Der Einsatz für gesellschaftliche Angelegenheiten und für andere Menschen gehört … dazu." (S. 20) Organisationen und Institutionen spielen untergeordnete Rolle. (S. 20) Anzeichen für Trendwandel? (S. 48)	Shell Deutschland Holding (Hg.) – Hurrelmann, Klaus; Albert, Mathias, TNS Infratest Sozialforschung: Jugend 2006 – eine pragmatische Generation unter Druck. Frankfurt / Main 2006

9	Helsper u.a. 2006 (Anerken-nungs-studie)	Fallstudie einer Hauptschule in NRW	Das demokratische Leben in einer Schul-klasse wird von den Handelnden nur dem Nahraum zugeschrie-ben, nicht als Politik identifiziert. (S. 292) Diffuse Vergemein-schaftung und Integrati-on in der Schule bleibt an die Klasse gebunden. Politik bleibt fremd. (S. 316)	Wiezorek, Christine: Die Schulklasse als heimatli-cher Raum und als Ort der Einübung in demo-kratische Haltungen. In: Helsper, W.; Krüger, H.-H. u.a.: Unpolitische Jugend? Wiesbaden 2006:259-292 Helsper, Werner: Zwi-schen Gemeinschaft und Ausschluss ... in: a.a.O.:293-317
10	Bieder-mann 2006 (Civic-Education)	Repräsentative Befragung (mehrstu-fig geschichtet) im Jahr 2000 von knapp 1.300 Jugendlichen (11. Schuljahr) in der Deutsch-Schweiz	Keine bedeutsamen Beziehungen zwischen partizipativem Erleben in alltäglichen Lebens-welten (Gemeinschaft, Polis) und politischer Identität (Konzepte, Einstellungen, Wissen, Zutrauen, Interesse u.a.m.). (S. 339-359)	Biedermann, Horst: Junge Menschen an der Schwel-le politischer Mündigkeit. Partizipation: Patentre-zept politischer Identitäts-findung? Münster u.a. 2006
11	Youniss 2007	Studien (Fallstudien, Kohorten-Vergleiche, Längs-schnitte) über 15 Jahre hinweg in US-Schulen mit commu-nity service	„If a political outcome is desired, then service ought to be designed to deal explicitly with the political dimensions of the matter at hand" (homelessness z.B.)	Youniss, James: The Role of Community Service in the Reform of Civic Education. In: Bieder-mann, H.; Oser, F.; Quesel, C. (Hg.): Vom Gelingen und Scheitern Politischer Bildung. Zürich 2007:227-235

12a 12b 12c	Breit 2005 (BLK) Beutel 2007 (BLK) Stein 2007 (BLK)	Erfahrungsbericht (Auswertung) Schule in Weimar Erfahrungsbericht Schule in Weimar Erfahrungsberichte Schulen in Bremen	Fall „Kastanie": Trauer um den Baum verstellt die Einsicht in politische Zusammenhänge und in den tatsächlichen politischen Erfolg. (S. 50ff.) Fall „Kastanie": Fällen des Baumes motivierte schulisches Projekt der Begrünung des Schulhofes. (S. 112ff.) Projekte aus der Lebenswelt (z.b. „Ibrahim soll bleiben") beeinflussten die Landespolitik, weil die Schüler politisch handelten. (S. 171f., 192f.)	Breit, Gotthard: Demokratiepädagogik und Politikdidaktik. In: Weißeno, G. (Hg.): Politik besser verstehen. Wiesbaden 2005:43-61 Beutel, Wolfgang: Lernen in Projekten … in: Beutel, W.; Fauser, P. (Hg.): Demokratiepädagogik. Schwalbach/Ts. 2007:111-139 Stein, Hans-Wolfram: Demokratisch handeln in der Schule und „große Politik" – Mission impossible? In: Beutel / Fauser a.a.O.:171-198
13	Grob 2007 (Life-Studie)	Konstanzer Längsschnitt (Fend) 1979-1983, 2000 Jugendliche in 100 Klassen im Großraum Frankfurt/M. fünfmal schriftlich befragt vom 6. bis 10. Schuljahr. 2002 drei Viertel der jetzt 35jährigen Erwachsenen wieder ermittelt und befragt	Das wahrgenommene soziale Schulklima hat weder bei den Jugendlichen noch bei den Erwachsenen eine Wirkung auf das politische Interesse (anders ist dies bei intoleranten Haltungen gegenüber Ausländern) (S. 791). Die Mehrebenen-Regressionsmodelle zeigen die Bedeutung der Variablen Schicht, Geschlecht und Schulform für das politische Interesse. (S. 789) „Offensichtlich speist sich das politische Interesse aus anderen Quellen als dem Schulklima." (S. 794)	Grob, Urs: Schulklima und politische Sozialisation. Hat das perzipierte soziale Klima einen nachhaltigen Einfluss auf die Entwicklung von politischem Interesse und Intoleranz? In: Zeitschrift für Pädagogik 2007; H. 6, S. 774-799

In der Sachsen-Anhalt-Studie (Nr. 2), die durch die hohe Zahl männlicher Jungwähler für die rechtsgerichtete Partei DVU in der Landtagswahl 1998 angestoßen worden war, wurden auch Fragen zum Demokratie-Verständnis, zu Beteiligungsbereitschaft und -erleben in unterschiedlichen Bereichen und zu Werteüberzeugungen gestellt (Krüger/Reinhardt/Kötters-König/Pfaff/Schmidt/Krappidel/Tillmann 2002). Große Probleme bereitet offensichtlich das Verstehen des demokratisch-politischen Prozesses, dessen Logik der legitime Konflikt um Interessen und Werte (Pluralismus) und der kanalisierte Austrag dieser Konflikte (Konkurrenz im Rahmen der Verfasstheit des Systems) sind. Konflikte stören und verstören offensichtlich und die Suche nach Klarheit und Eindeutigkeit wird dagegen gesetzt. Ein Beispiel: Auch unsere Befragten identifizieren Opposition als Bestandteil von Demokratie; über 70 Prozent stimmen der Aussage zu „Eine lebensfähige Demokratie ist ohne politische Opposition nicht denkbar" (altersabhängig: je älter, umso stärkere Zustimmung). Aber befragt nach den Aufgaben dieser Opposition antworten ca. zwei Drittel „Aufgabe der politischen Opposition ist es nicht, die Regierung zu kritisieren, sondern sie in ihrer Arbeit zu unterstützen" (vgl. auch Krappidel/Böhm-Kasper 2006 in Nr. 9:45 – ebenfalls altersabhängig: je älter, umso mehr Ablehnung). Zur Interpretation haben wir, wie Dagmar Richter, die Unterscheidung von Privat und Öffentlich herangezogen. Der Raum des Privaten ist der Nahraum, in dem das Subjekt sich in Gemeinschaft mit anderen verwirklicht, seine Lebenswelt selbst bestimmt und durch unterstellte und hergestellte Harmonie Konsens antrifft und stiftet. Der öffentliche demokratische Raum zielt dagegen auf den Streit um Macht, Herrschaft und Entscheidung. Erst durch Konflikte können Konsense auf Zeit hergestellt werden. Vielfältige Interessen, Werte, Biografien und unterschiedliche Lebensbereiche mit ihren je eigenen Systemlogiken prallen aufeinander und transzendieren das konkrete Einzelleben (vgl. Reinhardt/Tillmann 2002:47). Wir beobachten also in unseren Daten die Übertragung von Konzepten aus dem Nahraum auf den Raum demokratischer Politik und das daraus resultierende – im Übrigen gut verständliche – Missverstehen von Demokratie.

Irritierend und aufschlussreich war auch der Versuch, Demokratieverständnis mit Werteüberzeugungen zusammen zu sehen. Die Vermutung, dass Prosozialität in einem positiven Zusammenhang mit dem Verständnis des demokratischen Konflikts stehe, wurde widerlegt. Unsere Befragten zeigen ausgeprägte Werteüberzeugungen (a.a.O.:59), aber mit Demokratieverständnis hängt das nicht zusammen. Wenn überhaupt Unterschiede zu sehen sind dann steht Prosozialität dem Verstehen des politischen Konfliktsystems eher entgegen, denn für drei unterschiedliche Demokratie-Fragen ist die konflikt-bereinigende Antwort mit der höheren Prosozialität verknüpft.

Prosozialität und Demokratieverständnis

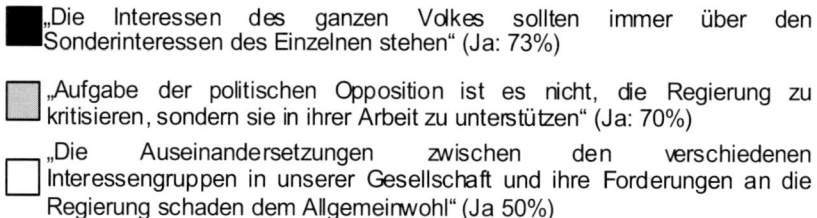

■ „Die Interessen des ganzen Volkes sollten immer über den Sonderinteressen des Einzelnen stehen" (Ja: 73%)

▢ „Aufgabe der politischen Opposition ist es nicht, die Regierung zu kritisieren, sondern sie in ihrer Arbeit zu unterstützen" (Ja: 70%)

▢ „Die Auseinandersetzungen zwischen den verschiedenen Interessengruppen in unserer Gesellschaft und ihre Forderungen an die Regierung schaden dem Allgemeinwohl" (Ja 50%)

Mittelwert
Prosozialität

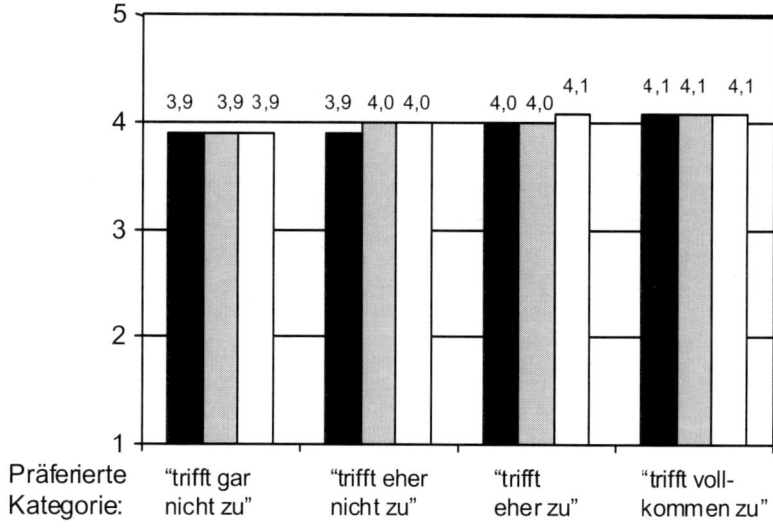

| Präferierte Kategorie: | "trifft gar nicht zu" | "trifft eher nicht zu" | "trifft eher zu" | "trifft vollkommen zu" |

Quelle: Projekt „Jugend und Demokratie in Sachsen-Anhalt" – Schülerbefragung 2000
Frageformulierungen aus Meulemann 1996, S. 100- nach Bauer-Kaase.
Prosozialitätsindex aus der Sachsen-Anhalt-Studie; s. Reinhardt/Tillmann, in: Krüger/Reinhardt u.a. 2002, S. 71:
„Bitte geben Sie zu jeder Verhaltensweise auf der folgenden Liste an, wie wichtig es für Sie persönlich ist, so zu sein oder sich so zu verhalten."

(Überhaupt nicht wichtig = 1, nicht so wichtig, schwer zu sagen, wichtig, sehr wichtig = 5)
- Anderen Menschen helfen   - Rücksicht auf andere nehmen
- Im Streitfall einen Ausgleich suchen   - Im Umgang mit anderen fair sein
- Alle Menschen gleichberechtigt behandeln   - Gerecht sein
- Soziale Unterschiede zwischen Menschen
abbauen

Diesem Ergebnis lässt sich ein Ergebnis des DJI-Jugendsurveys 3 (Nr. 7) an die Seite stellen. Bei beiden Formen von Beteiligung (informell und organisiert) lässt sich kein Zusammenhang mit pro-sozialen Werten feststellen. „Diese Gleichsetzung wird allerdings häufig im Zusammenhang mit der Diskussion um bürgerschaftliches Engagement gemacht." (Gaiser/de Rijke 2006:262f.). Ähnlich ergaben Allbus-Daten (Nr. 5), dass politisches und soziales Engagement recht unterschiedlichen Wertvorstellungen zu entsprechen scheinen (Kaina/ Deutsch 2006:174), weshalb die Autoren weiteren Klärungsbedarf sehen. Weder auf der Ebene von Demokratie-Verständnis und Werten noch auf der Ebene von Engagement (Beteiligung) und Werten zeigt sich also ein positiver Zusammenhang von Makro-Sphäre und individuellen prosozialen Überzeugungen.

Eine positive Schulkultur mit demokratischen Elementen wie Anerkennung, Wir-Gefühl (Kohäsion) und Partizipation kann ein Ausgangspunkt für Weltoffenheit und demokratische Fernsicht sein, dies muss aber nicht der Fall sein. Eine Schule in der Sachsen-Anhalt-Studie (Nr. 2) zentrierte sich auf den Nahraum von Schule und Gemeinde und lehnte die Außenwelt (Städte und Ausländer) ab; einer anderen Schule gab der innere Zusammenhang die Basis für vielfältige Kontakte nach außen (Schmidt 2002:223, 234). Eine Schulklasse in NRW (Nr. 9) verstand ihr demokratisches Zusammenleben nicht als Politik; die diffuse Vergemeinschaftung blieb an die Klasse gebunden (Wiezorek; Helsper 2006:292; 316); dies ähnelt dem 2-Welten-Modell bei Richter (Nr. 1).

Dem Einfluss eines positiven sozialen Schulklimas auf die Entwicklung politischen Interesses konnte Grob (Nr. 13) mit einer beeindruckenden Längsschnittstudie über 23 Jahre (Konstanzer Längsschnitt und Life Studie) nachgehen. Er referiert ebenfalls den häufig behaupteten Transfer von Sozialität auf Politik und stellt die Frage, ob dies zutrifft. Die Ergebnisse widerlegen den Transfer: Die beobachteten Zusammenhänge werden verursacht durch andere Variablen (nämlich Schicht, Geschlecht und Schulform) und nicht durch das wahrgenommene Schulklima. (S. 789, 793) Grob schließt sich der Interpretation von Reinhardt und Tillmann (s. Nr. 2) zur qualitativen Differenz der Sphären des Privaten und Politischen als Erklärung an. Er relativiert den Nicht-Befund durch den Hinweis auf den eingesetzten Indikator, nämlich das soziale Schulklima, was einen möglichen partizipativen Kontext in den Schulen vielleicht nicht erfasst hat (S. 794f.).

Diese Schulstudien lassen sich mit quantitativen Studien verknüpfen, die nach dem Zusammenhang von Beteiligung(sbereitschaft) in unterschiedlichen Bereichen fragen. Die Ergebnisse scheinen disparat zu sein, zeigen aber doch ein verstehbares Bild. Das DJI-Kinderpanel (Nr. 6) ergab einen positiven Zusammenhang von Partizipation in Familie und Grundschulklasse (Alt u.a. 2006:30). Die Bertelsmann-Studie (Nr. 4) ergab fast keinen Zusammenhang zwischen Partizipation zu Hause und in der Schule, aber eine spürbare positive Korrelation zwischen der Partizipation in der Schule und der im Wohnort und auch zwischen Partizipation in Vereinen der Freizeit und im Wohnort (Fatke u.a. 2005:21f., 38,70f.). Die Sachsen-Anhalt-Studie (Nr. 2) ergab eine spürbare positive Korrelation zwischen Bereitschaft zu schulischer und zu politischer Beteiligung (Reinhardt/Tillmann 2002:67). Im DJI-Jugendsurvey 3 (Nr. 7) hatte sich ja kein Zusammenhang von prosozialen Werten mit Beteiligungen in irgendeiner Form gefunden, aber das politische Interesse der Befragten machte einen großen Unterschied aus, und zwar sowohl für formelle, also organisierte, Teilnahme als auch für informelle Beteiligung aller Art und Themen (Gaiser/de Rijke 2006:260).

Dieses Bild von Ergebnissen zu Beteiligungen lässt sich auf der Dimension von Nähe und Ferne (und einem Dazwischen) interpretieren. Partizipation im engen Nahraum hängt zusammen mit Partizipation in strukturell ähnlichen Räumen (Familie und Grundschulklasse). Partizipation in der Schule, nicht in der Klasse, und in Vereinen hängt zusammen mit der Partizipation im Wohnort. Die Bereitschaft zu schulischer Partizipation ist nicht deckungsgleich mit politischer Partizipation, hängt aber positiv damit zusammen. Schule als intermediäre Organisation – so die These – bietet die Möglichkeit der Brücke zwischen lebensweltlichen und systemischen Erfahrungen: In der Klasse ist direkte persönliche Interaktion und Beziehung gegeben und die Logik der Lebenswelt trägt den Alltag. In der Schule als verfasster Institution (mit vorgegebenen Regeln und Institutionen wie SV und Konferenzen) kommt die Logik einer funktionalen Systemwelt zum Tragen. Deshalb darf der verfasste Charakter von Schule nicht gering geschätzt werden (so aber Edelstein/Fauser 2001:35), sondern muss im Gegenteil als Kontextstruktur für das Lernen von Demokratie hoch geschätzt werden. So erklärt sich – allgemeiner formuliert – das Fazit in der DJI-Studie (Nr. 7), dass „politisch orientierte Netzwerke für politische wie für soziale Beteiligung von Nutzen (sind), soziale Netzwerke nur für Letztere" (Gaiser/de Rijke 2006:263). Die umfassende Perspektive ist die politische, der die soziale Perspektive zuarbeiten mag, aber nicht muss.

Die größte Untersuchung zum Thema Partizipation und politische Identität hat Biedermann (2006) in der Schweiz mit einer nationalen Zusatzstudie zum IEA-Projekt Civic Education durchgeführt (Nr. 10). Im Anschluss an D. Richter und S. Reinhardt unterscheidet er private und öffentliche Lebenswelten und fragt: „Aufbau politischer Identität durch Transfer sozialer Partizipationserfahrungen in den Bereich des Politischen?" (185) Nach den üblichen Annahmen „soll partizipatives Erfahrungslernen zu demokratisch politischen Konzepten und Einstellungen, zu höherem politischen Wissen und Zutrauen, zu größerem politischem Interesse und insbesondere zu mehr politischer Aktivitätsbereitschaft führen." (338) Biedermanns Zweifel resultieren aus den Interpretationen der Sachsen-Anhalt-Studie (Nr. 2, dort S. 46), wonach „die Erfahrungswelt alltäglicher Sozialisation (…) keine Garantie für den Erwerb demokratischer Konfliktkompetenz bietet, ‚weil die Lebenswelten des Alltags einer anderen Struktur-‚Logik' folgen als die Situationen demokratisch-politischen Handelns'" (S. 187). Auch warnt er mit Bezug auf Krappmann vor falschen Analogien zwischen Mikro- und Makropolitik und vor einem Transfer(irr)glauben, bei dem zu „unbedacht entscheidende Unterschiede in Strukturen und Prozessen der familiären, schulischen und politischen Handlungsfelder übergangen" werden (a.a.O.). Mit Oser vermutet er, dass zu allen Selbst- und Sozialkompetenzen ein konkretes Hinführen oder Bewusstmachen politischer Probleme treten muss.

Biedermann operationalisiert Partizipation als Gemeinschaft (sozial-emotionale Dimension), als Polis (diskursiv-prozedurale Dimension) und als Citoyenität (gesellig-expressive Dimension). Politische Identität wird über Konzepte, Einstellungen, Wissen, Zutrauen, Interesse, Zufriedenheit, Vertrauen, Wirksamkeitserwartung und Aktivitäten erfasst (hierfür dienen die Instrumente der Civic-Education-Studie). (Die Skalen bzw. Beispiele für Skalen finden sich auf den Seiten 240-270.) Mit Korrelationsrechnungen geht Biedermann den Zusammenhängen nach (vgl. Tabellen S. 343, 348, 355) und kommt zu einem desillusionierenden, aber nach den oben referierten Daten aus anderen Studien nicht mehr überraschenden Fazit:

> „Die Analysen offenbaren, dass ein pädagogischer Schonraum, wie es insbesondere Partizipation als (wohlgesinnte) Gemeinschaft aber auch die ebenfalls in vertrauter Umgebung von Familie, Schule, Beruf und Freizeit stattfindende Partizipation als Polis darstellen, einer Verbindungswelt von Partizipationserfahrungen und Selbst-/Sozialkompetenz ideale Voraussetzungen bietet. Eine solche von der Öffentlichkeit abgeschirmte Erfahrungswelt gemeinsamen Wirkens genügt jedoch nicht hinsichtlich einer direkten Einwirkung auf die politischen Identitätsaspekte. Die vorliegenden Ergebnisse bestätigen, dass Vernetzungen mit politischem Denken, Handeln und Wirken eines zusätzlichen Elementes bedürfen, welches hier beispielsweise als kulturelles und/oder politisches Interesse ausgemacht werden kann." (S. 364f. – Tippfehler korrigiert)

Anders formuliert: es zeigt sich die „Schwierigkeit eines Transfers privatsozialer Erfahrungen in öffentlich-politisches Wirken". (a.a.O.) Für alle Optimisten pädagogischer und gesellschaftlicher Ganzheitlichkeit heißt es also Abschied nehmen von Illusionen und schnellen Hoffnungen.

Die Auswahl und Bewertung von Daten aus der empirischen Sozialforschung kann durch Daten aus Erfahrungsberichten aus dem Schulbereich ergänzt werden. Diese Berichte sind ganzheitlicher und deshalb unklarer, aber auch offener für den Gegenstand und ökonomischer in der Herstellung. Sie können die methodisch kontrollierten Forschungen nicht ersetzen, aber dasselbe gilt auch umgekehrt. Das BLK-Programm hat zahlreiche Berichte und Diskussionen hervorgebracht, von denen einige dem Zusammenhang von gemeinschaftlicher Aktion und politischem Wirken nachgehen.

In einer Sekundäranalyse arbeitet G. Breit (Nr. 12a) heraus, wie im „Fall Kastanie" die Trauer um einen gefällten Baum nach dem Bemühen um seine Rettung den Schülerinnen und Schülern die Einsicht sowohl in die kommunalpolitischen Zusammenhänge verstellte als auch in den politischen Erfolg ihrer Bemühungen (andere Auslegung der städtischen Baumsatzung in der Zukunft). Beutel entgegnet (Nr. 12b) darauf, dass das Bemühen um den einen Baum in der Schule zu nachhaltigen Projekten der Begrünung des Schulhofs geführt hatte. Diese Antwort verfehlt aber das auf Politik zielende Argument von Breit, so relevant auch das Projekt für das Schulleben gewesen sein mag oder noch ist. Eine pädagogische Antwort auf die pädagogische Kontroverse liefert Stein (Nr. 12c) mit Berichten über Projekte in Bremen, bei denen aus der Lebenswelt in die landespolitische Sphäre gewechselt wurde, als z.B. das Schicksal eines Asylbewerbers seine Schulkameraden zu politischen Aktionen trieb („Ibrahim soll bleiben").

Diese pädagogische Antwort, dass aus Partizipation im Nahraum unter Umständen politischer Wissenserwerb und politisches Handeln resultieren können, wird von Youniss (Nr. 11) mit Beobachtungen aus Schulen mit community service gestützt: Politische Relevanz erhält das Handeln nur durch politisches Handeln und dafür müssen die politischen Dimensionen eingeplant werden (S. 229f.).

3. Kein Transfer, aber was dann?

Die Alltags-Intuition des mehr oder weniger automatischen Übergangs aus der sozialen in die politische Dimension ist von den Daten widerlegt worden. In der Literatur gibt es sogar Befürchtungen, dass sozial-räumlich begrenztes gemeinschaftliches Handeln der politischen Sphäre weiter entfremden kann, weil diese nach ganz anderen Regeln abläuft. „Gerade wenn man in einem gemeinschaftlichen Raum primär interaktive Konfliktlösungsmechanismen gelernt hat, sind Strategien und Zwänge politischer Machtausübung schwer zu akzeptieren und führen leicht zu Enttäuschungen über die Funktionsweise formaler Institutionen." (Breit/Eckensberger Nr. 3, 2004:7) Womöglich resultieren aus der Konfrontation Enttäuschungen – die aber auch wiederum entwicklungsfördernd sein könnten (vgl. Abs u.a. Nr. 3, 2004:6).

Festzuhalten bleibt aber, dass zwar nicht jedes Engagement, aber organisationsvermitteltes Engagement und politisches Engagement bzw. Interesse zusammenhängen. So hatte sich in der Sachsen-Anhalt-Studie (Nr. 2) ja gezeigt, dass Bereitschaft zur Partizipation in der Schule (gemessen über zehn Tätigkeiten) spürbar mit der Bereitschaft zur politischen Beteiligung (gemessen über achtzehn Beteiligungsformen – von Wahlbeteiligung bis zur Mitarbeit in Bürgerinitiativen) zusammenhängt (Pearsons r=0,39) (vgl. Reinhardt 2005:58). Der DJI-Jugendsurvey 3 (Nr. 7) stellt „überraschend" fest, starkes politisches Interesse hänge ganz stark mit Vereinsaktivitäten (übrigens häufig mit geringer Politiknähe, z.b. Sport) zusammen (S. 260f.). Auch die Bertelsmann-Studie (Nr. 4) resümiert, wie wichtig die Partizipation in der Schule ist, „weil die dort gemachten Erfahrungen offensichtlich in den öffentlichen Raum übertragen werden können" (Fatke u.a. Nr. 4, 2005:45), denn schulische und kommunale Partizipation hängen zusammen. Die vergleichende Untersuchung eines französischen Mitwirkungsmodells für Jugendliche in Lyon mit der selbstorganisierten Mitwirkung Leipziger Jugendlicher in der Kommune stellt für beide Gruppen ein sehr hohes politisches Interesse fest und die Absicht eines Viertels bzw. von vierzig Prozent der Befragten, einer parteipolitischen Jugendorganisation beizutreten – erstaunlich hohe Werte! (H.P. Krüger 2008:263f.)

An die Stelle eines „Mythos der Partizipation" (Biedermann Nr. 10, 2006:13,383) muss die Frage rücken, wie „die Kluft zwischen Gemeinschaft und Gesellschaft, Mikro- und Makroebene, Moral und Recht, Lebenswelt und System sowie informalen und formalen Institutionen" überbrückt werden kann (Breit/Eckensberger Nr. 3, 2004:7). In der Literatur werden dafür so viele verschiedene Begriffe benutzt, dass nur eines deutlich wird: es besteht bisher überhaupt keine präzise Vorstellung von dem Wechsel oder der Entwicklung von einer Polisorientierung zu einer Gesellschafts- und Staatsorientierung. Die folgenden Begriffe sind in Benutzung: Transfer, Brücken, Wechsel, Transformation, Gang bzw. Übergang, überführen bzw. verknüpfen, Stufung, Partizipationsspirale – diese Vielfalt signalisiert Unklarheit.

Wie verhalten sich Sozialität im Nahraum und politisch-dialektische Kompetenz zueinander? Welche Entwicklungen sind denkbar? Der Gang vom partikularen gemeinschaftlichen Sinn und Handeln zum übergreifenden politisch-demokratischen Bürgersinn ist unterschiedlich denkbar – beim heutigen Stand des Nichtwissens mögen vier Möglichkeiten zu bedenken sein:

1. Politisch-demokratische Konfliktfähigkeit entwickelt sich aus (relativ eindimensionaler) Sozialität. Das Engagement im lokalen Raum „entdeckt" irgendwann und irgendwie (jedenfalls durch Interaktionen) die Einbettung (Gewährleistung und Begrenzung) in übergreifende Strukturen – oder auch nicht.

2. Sozialität und politische Bildung entwickeln sich getrennt, eventuell parallel, und kommen irgendwann und irgendwie zusammen.

3. Die Politik-Kompetenz erscheint in Elementen (z.b. als politisches Interesse) zuerst und wird anschließend sozial „unterfüttert".
4. Möglicherweise sind die Entwicklungswege bei unterschiedlichen Individuen unterschiedlich, so dass alle drei Lernwege in der Wirklichkeit anzu-
   treffen wären (vgl. die unterschiedlichen Wege politischer Sozialisation, die
   Nicolle Pfaff ermittelt hat – vgl. Reinhardt 2005:46f.).

Die Forschungen von Piaget und Kohlberg sprechen in erster Linie für den 1.
Pfad. Die sachlich-fachliche Spezifität der Domäne „Demokratie" spricht für
den 2. und 3. Pfad, falls das Gewicht des Kontextes Demokratische Politik dieses Lernen aus der allgemeinen psychischen Entwicklung auskoppelt bzw. dem
Lernen spezifische Bedingungen mitgibt und deshalb die allgemeine Entwicklung variiert. Schließlich mag es auch unterschiedliche Wege (4. Pfad) geben.

Die Entwicklung des Individuums zur Demokratie ist eine offene For-
schungsfrage. Eine Strategie der Erforschung ist nötig und wird mit vier Anregungen näher skizziert.

4. Forschungsaufgaben

Das Ziel des in Rede stehenden Lern- und Entwicklungsprozesses ist die Kompetenz des Staatsbürgers in der Demokratie, der Weg verläuft möglicherweise
über den Erwerb von Kompetenzen im Nahraum und im erlebbaren Raum zwischen direkter Interaktion und abstrakter Staatsbürgerrolle, also dem Raum einer
zugänglichen Institution. Die spezifischste Kompetenz für die Domäne der Demokratie ist – so die These – die Kompetenz der Konfliktfähigkeit. Andere
Teilkompetenzen sind die Perspektiven- bzw. Rollenübernahmefähigkeit, das
sozialwissenschaftliche Analysieren, die politisch-moralische Urteilsfähigkeit
und Partizipation im Sinne politischer Handlungsfähigkeit. Während es für die
vier letztgenannten Teilkompetenzen in der Literatur zahlreiche Ansätze für ihre
Operationalisierungen aus früheren Forschungen gibt (vgl. Reinhardt 2004), ist
Konfliktfähigkeit bisher kaum untersucht worden. Ich habe 2006 Vorschläge zur
Operationalisierung auf drei Ebenen (Mikro, Meso, Makro) gemacht, deren
Brauchbarkeit geprüft werden könnte (Reinhardt 2006).

Die Forschung müsste inter-disziplinär verfahren, was erhebliche Auswirkungen auf die Wahl der Operationalisierungen der Politik-Konzepte inhaltlicher Art (Demokratie-Verständnis) hätte. Bisher nehmen die Jugendforschung
und die Psychologie zu wenig die Politikwissenschaft als Demokratiewissenschaft und die Soziologie zur Kenntnis – und umgekehrt. Jugendforschung
könnte besser an die Forschungen zur politischen Kultur anschließen, die teilweise über lange Zeitreihen verfügen (vgl. Hoffmann-Lange 2006). Zwar würde

das auch einen Verlust an Reproduzierbarkeit des vorhandenen Instrumentariums bedeuten, aber die Einbettung in alters-, disziplin- und länder-übergreifende vergleichende Forschung verspricht viel Gewinn.

Methodisch wäre ein Mix aus Erfahrungsberichten, qualitativen Fallstudien und quantitativen Übersichtssurveys dem Gegenstand angemessen. Als spezifische Art didaktischer Forschung wären also Erfahrungsberichte aus Schule und Unterricht zu berücksichtigen: sie kondensieren u.u. die Primärerfahrungen von Lehrern, die dichter am und im Geschehen arbeiten als Forscher, die als Handelnde einen ganzheitlicheren Blick als analytisch arbeitende Forscher haben müssen und deshalb offener für Überraschungen und Unvorhergesehenes sein können. Erfahrungsberichte finden sich zum Beispiel in Staatsarbeiten, die bisher als Quelle wissenschaftlicher Erkenntnis selten genutzt werden, auch weil sie fast nie öffentlich zugänglich sind. Die wechselseitige Kenntnisnahme und Anregung dieser unterschiedlichen Sorten Empirie ist bisher kaum üblich und ein dringliches Desiderat.

Die theoretische Klärung des Grundkonzeptes von Nahraum, Zwischenraum und Fernraum wäre voranzutreiben. Drei Ansätze drängen sich mir im Moment auf (was andere Zugänge nicht ausschließt): Oben wurde Hannah Arendts Differenzierung von privat und öffentlich erwähnt –sie wäre zu entfalten. Auch die drei Muster intersubjektiver Anerkennung von Axel Honneth (vgl. Reinhardt 2005:67-70) können den Gang der Erfahrungen und ihre Verarbeitungen differenziert erfassen. Den Strukturen der unterschiedlichen gesellschaftlich-politischen Handlungs- bzw. Praxisbereiche wäre mit Hilfe soziologischer Analysen nachzugehen (Bourdieu? Habermas? Luhmann?). Diese theoretische Arbeit könnte nicht nur Begriffe liefern, die die Beobachtungen organisieren, sondern auch auf Aspekte der Wirklichkeit aufmerksam machen, die bisher nicht im Fokus der Diskussion stehen, aber einleuchten mögen.

Diese Vorschläge sollen helfen, den Stellenwert einzelner, auch kleiner, Vorhaben angeben zu können. Denn das große Forschungsprojekt, das die unterschiedlichen Stränge theoretischer, empirischer und praktischer didaktischer Arbeit in sich versammelt, ist nicht in Sicht.

Literatur

Die Angaben für die ausgewerteten Studien finden sich in der Synopse auf S.3-6.

Beutel, Wolfgang / Fauser, Peter (Hrsg.) (2007): Demokratiepädagogik. Lernen für die Zivilgesellschaft. Schwalbach/Ts.: Wochenschau

de Haan, Gerhard (2004): Politische Bildung für Nachhaltigkeit. In: Aus Politik und Zeitgeschichte 7-8. 2004. 39-46

Edelstein, Wolfgang/Fauser, Peter (2001): Gutachten zum Programm „Demokratie lernen und leben" der Bund-Länder-Kommission. Bonn: Materialien zur Bildungsplanung und Forschungsförderung Heft 96

Edelstein, Wolfgang (2005): Überlegungen zur Demokratiepädagogik. In: Himmelmann, Gerhard/ Lange, Dirk (Hrsg.) (2005) Demokratiekompetenz. Wiesbaden: Verlag für Sozialwissenschaften: 208-226

Hoffmann-Lange, Ursula (2006): Was kann die Jugendforschung zur politischen Kulturforschung beitragen? In: Roller, Edeltraud/Brettschneider, Frank/van Deth, Jan W. (Hrsg.) (2006): Jugend und Politik: „Voll normal!" Der Beitrag der politischen Soziologie zur Jugendforschung. Wiesbaden: Verlag für Sozialwissenschaften : 55-74

Krüger, Hans Peter (2008): Politische Partizipation Jugendlicher in der Gemeinde. Ein internationaler Vergleich: Leipzig – Lyon. Berlin: Lang

May, Michael (2008): Demokratielernen oder Politiklernen? Schwalbach/Ts.: Wochenschau

Petrik, Andreas (2007): Von den Schwierigkeiten, ein politischer Mensch zu werden. Opladen & Farmington Hills: Barbara Budrich

Reinhardt, Sibylle (2004): Demokratie-Kompetenzen. In: Edelstein, Wolfgang / Fauser, Peter (Hrsg.) (2004): Beiträge zur Demokratiepädagogik. Eine Schriftenreihe des BLK-Programms „Demokratie lernen & leben". Berlin (http://www.blk-demokratie.de/fileadmin/public/doku mente/Reinhardt.pdf)

Reinhardt, Sibylle (2005): Politik-Didaktik. Praxishandbuch für die Sekundarstufe I und II. Berlin: Cornelsen Scriptor (3. Aufl. 2009)

Reinhardt, Sibylle (2006): Die Demokratie-Kompetenz der Konfliktfähigkeit – lässt sie sich messen? In: Rüdiger, Axel / Seng, Eva-Maria (Hrsg.) (2006) : Dimensionen der Politik: Aufklärung – Utopie – Demokratie. Berlin: Duncker & Humblot: 501-520

Das Konzept der Demokratiekompetenz

Hermann Veith

Demokratisch verfasste Gesellschaften erhalten die Schubkraft zu ihrer Entwicklung und Erneuerung aus dem Willen ihrer Bürger Angelegenheiten, die das gemeinsame Zusammenleben betreffen, öffentlich zu debattieren und nach allgemeinen, verfassungsförmig gesicherten Rechtsgrundsätzen zu entscheiden. Da die für den Fortbestand der demokratischen Kultur grundlegenden Fähigkeiten und Einstellungen im Sozialisationsprozess nur in Ansätzen ausgebildet werden, stellt sich aus der Binnenperspektive des politischen Systems notwendig die Frage, auf welchen Wegen und in welchen Formen die Entwicklung von „Demokratiekompetenz" gefördert werden kann. Was unter „Demokratiekompetenz" genau zu verstehen ist, erscheint derzeit noch klärungsbedürftig. Im folgenden Beitrag geht es deshalb darum, die unterschiedlichen Gebrauchsweisen dieses Begriffes kurz zu skizzieren. Dabei werden zunächst Kompetenzmodelle und Rahmenkonzepte vorgestellt, die in der nationalen und internationalen Schul- und Bildungsforschung, der politischen Sozialisationsforschung und der Demokratiepädagogik ausgearbeitet wurden (1). Wie breit das Spektrum der Begriffsvarianten inzwischen tatsächlich ist, lässt sich an der Kompetenzdiskussion in der Politikdidaktik zeigen (2). Schließlich soll begründet werden, warum es unter kompetenztheoretischen Prämissen auch notwendig ist, die Anforderungsstrukturen im Bereich der Politischen Bildung von den demokratiepolitischen Systemerfordernissen ausgehend, zu konzipieren (3).

1. Sozialwissenschaftliche Kompetenzmodelle

Zeitgleich mit den internationalen Schulvergleichsuntersuchungen TIMSS, PISA und IGLU wurden – von der Öffentlichkeit jedoch kaum bemerkt – auch im Bereich der Politischen Bildung diverse Programme zur Förderung des Demokratie-Lernens und der Civic Education initiiert. Für die Kompetenzdiskussion wurden die konzeptionellen Vorschläge international ausgewiesener Bildungsforscher richtungweisend (1). Dabei wurde auch klar, dass sich Demokratiekompetenzen nur sehr schwer operationalisieren lassen (2). In der politischen Sozialisationsforschung arbeitet man mit der Unterscheidung von Wissen, Einstellungen und Handlungsbereitschaften (3), während in der demokratiepädagogischen Evaluationsforschung mehrdimensionale Kompetenzkriterienkataloge entwickelt wurden (4).

1.1 Das Kompetenzmodell der empirischen Schul- und Bildungsforschung

In den letzten zehn Jahren hat sich im Bereich der Sozial- und Bildungswissenschaften erkennbar ein kompetenztheoretischer Paradigmenwechsel vollzogen. Orientiert am angelsächsischen Konzept der „literacy", werden Lernerfolge jetzt nicht mehr am Umfang des abrufbaren Wissens gemessen, sondern stattdessen an der Fähigkeit, mit den im Unterricht erworbenen Fachkenntnissen, alltagsnahe Aufgaben und Probleme zu bearbeiten. Zur begrifflichen Präzisierung dieses Ansatzes trugen insbesondere zwei, im Umfeld der PISA-Studien im Auftrag der OECD verfasste Schriften von Franz E. Weinert bei. Nach einer eingehenden Darstellung des Diskussionstandes schlug Weinert (1999) vor, den Kompetenzbegriff pragmatisch-funktionalistisch auf die spezifischen Anforderungsstrukturen des jeweiligen Lern- oder Handlungsfeldes zu beziehen und Kompetenz durch die Fähigkeiten, Kenntnisse, Fertigkeiten, Strategien und Routinen zu bestimmen, die Akteure benötigen, um erfolgreich, die in einer Domäne auftretenden Probleme zu bearbeiten. Mit diesen individuellen Problemlösepotenzialen seien zugleich motivationale, volitionale und soziale Bereitschaften und Dispositionen verbunden. Zudem würde kompetentes Handeln auch den verantwortungsvollen Gebrauch dieser Fähigkeiten beinhalten (Weinert 2001: 27f). Mit Bezug auf Kompetenzen lassen sich also nicht nur bereichsspezifische Leistungsanforderungen definieren, sondern aufgrund der normativen Verantwortungsdimension, weitergehende Bildungsstandards formulieren. In der entsprechenden Expertise wurde für den Bereich der Politischen Bildung festgestellt, dass „niemand ernsthaft bestreiten kann, dass Mündigkeit in einer Demokratie" (Klieme et al. 2003: 53) ein ebenso legitimes wie anspruchsvolles Bildungsziel ist. Allerdings sei es sehr schwierig, diese Kompetenz „zur selbstbestimmten Teilhabe an einer demokratischen Gesellschaft" (ebd.: 52) angemessen zu operationalisieren.

1.2 Internationale Konzeptentwürfe zur „democratic citizenship"

Auf die Schwierigkeiten der Operationalisierung von Handlungskompetenzen wird im Kontext internationaler Forschungs- und Entwicklungsprogramme mit Expertengesprächen reagiert. Dies trifft sowohl auf die Civic Education Study als auch auf die allgemeinen Bildungsprogramme der OECD und des Europarates zu.

a) Civic Education Study: Für die von der International Association for the Evaluation of Educational Achievement (IEA) organisierten „Civic Education Study" (CIVED) zur Bedeutung der politischen Bildung wurden in einer Expertengruppe ein Test und ein Fragebogen entwickelt, die sich beide auf ein lose verknüpftes Bündel von kognitiven, behavioralen und motivationalen Merkmalsgruppen bezogen. Ziel der Studie, an der 28 Staaten teilgenommen haben, war es, über das politische Wissen 14-jähriger Schüler hinaus, auch etwas über deren politische Einstellungen (Haltung zur Demokratie; Vertrauen in politische Institutionen; Identifikation mit Staat und Nation; Haltungen gegenüber Migranten und Frauen) und deren politische Handlungsbereitschaft (Ausübung demokratischer Rechte; politische Beteiligung; sozialpolitisches Engagement; schulische und außerschulische politische Aktivitäten; Protestverhalten) zu erfahren (Torney-Purta/ Lehmann/ Oswald/ Schulz 2001).

b) DeSeCo: Eine andere, von der OECD schon 1997 beauftragte Projektgruppe hatte unter dem vielsagenden Namen „Definition and Selection of Competencies" (DeSeCo) die Aufgabe, einen „soliden konzeptuellen Rahmen" sowohl für die bereichsspezifische „Bestimmung von Schlüsselkompetenzen" als auch „zur Messung des Kompetenzniveaus von Jugendlichen und Erwachsenen" zu entwickeln (Rychen/ Salganik 2003). Ausgehend von der Frage, welche Fähigkeiten und Fertigkeiten für „an overall sucessfull life and a wellfunctioning society" (OECD 2002, 10) erforderlich sind, lautete die programmatische Prämisse: Rechtsstaatlich integrierte Gesellschaften, in denen die Grundprinzipien der Menschenrechte, demokratische Werte und nachhaltige Entwicklung als allgemein verbindliche Handlungsorientierungen gelten, benötigen zu ihrer eigenen Weiterentwicklung Personen, die in der Lage sind: 1. autonom zu handeln (acting autonomously), um ihre biografischen Ziele und Projekte in gemeinschaftlichen Kontexten verantwortungsvoll zu realisieren; 2. sich mit anderen umgangssprachlich und via Medien zu verständigen (using tools interactively); und 3. über soziale Interaktionskompetenzen, insbesondere im Umgang mit Heterogenität zu verfügen (Perspektivenübernahme, Kooperation und Konfliktfähigkeit), (functioning in socially heterogeneous groups).

c) Education for Democratic Citizenship: Während im DeSeCo-Ansatz demokratische Kompetenzen zwar mitgedacht, aber nicht ausdrücklich definiert wurden, wird im Grundsatzpapier für das vom Europarat initiierte Projekt „Education for Democratic Citizenship" der Versuch unternommen, die kompetenztheoretischen Voraussetzungen von „democratic Citizenship" als Ziele politischer Bildung begrifflich zu präzisieren. Unterschieden werden hier: 1. kognitive Fähigkeiten (demokratiepolitisches Wissen; aktuelle Informiertheit; argumentative und prozedurale Fähigkeiten; Wissen über Menschenrechte), 2. affektive Fähigkeiten (insbesondere Wertbindungen an Freiheitsrechte, Gleichheit und Solidarität) und 3. praktische Handlungsbereitschaften (Perspektivenübernahme, Kooperations-, Konflikt- und Partizipationsfähigkeit) (Audigier 2000). Im nachfolgenden Bericht wird das darin formulierte Bildungsziel „Verantwortliche Bürgerschaftlichkeit" (responsible citizenship) in drei Kompetenzdimensionen konkretisiert: 1. als politische Grundbildung (political literacy), 2. als Fähigkeit gesellschaftliche Zusammenhänge informiert und wertbasiert kritisch zu reflektieren und 3. als Bereitschaft zur Partizipation (Eurydice European Unit 2005).

1.3 Der Kompetenzbegriff der politischen Sozialisationsforschung

Im Kontext der politischen Sozialisationsforschung ist der Kompetenzbegriff schon seit den frühen 1970er Jahren bekannt. Allerdings ging es weder damals noch heute um Fragen der Qualität und Effizienz von institutionell organisierten Lernprozessen, sondern deutlich allgemeiner, um den Einfluss von Sozialisationsbedingungen (soziale Milieus, Familien, Peergruppen, Parteien) auf die Entwicklung politischer Orientierungen, Einstellungen und Handlungsbereitschaften. Mit den Konzepten „Mündigkeit" und „politischer Handlungsfähigkeit" verfügte man über einen normativen Maßstab zur Bewertung von Sozialisationsprozessen. Politisch kompetentes Handeln erschien gleichbedeutend mit der Fähigkeit in emanzipatorischer Einstellung und kritischer Grundhaltung sich als Subjekt an herrschaftsfreien Diskursen zu beteiligen (Habermas 1971). Während sich das Modell der herrschaftsfreien Kommunikation nicht durchsetzen konnte, blieben die Fragen, wie sich politische Einstellungen und Orientierungen im Sozialisationsprozess entwickeln und verändern, bis heute auf der Tagesordnung (Heitmeyer 2006). Zu Beginn der 1990er Jahre formulierte Helmut Fend ein Konzept, das an der Vorstellung des mündigen Bürgers festhielt und zugleich durch den Bezug auf individuelle Entwicklungsaufgaben dem Kompetenzmodell der heutigen Bildungsforschung recht nahe kam. Ausgehend von den legitimen Zielen einer demokratischen Bildung interessierte ihn wie Jugendliche 1. demokratiepolitisch angemessene Handlungsfähigkeiten erwerben, 2. die Werte und Normen des demokratischen Verfassungsstaates verinnerlichen und 3. sich politisch informieren und lernen, die eigenen Überzeugungen kritisch zu reflektieren (Fend 1991). Die damit angesprochenen Dimensionen des kognitiven

Wissens, der Internalisierung normativer Orientierungen, sowie der politischen Einstellungen und Handlungsbereitschaften bilden bis heute das kategoriale Grundgerüst zur Erforschung politischer Sozialisationsprozesse.

1.4 Kompetenzkataloge im BLK-Programm „Demokratie lernen und leben"

Als Maßnahme gegen die seit Mitte der 1990er Jahre verstärkt beobachtete rechtsextremistisch, rassistisch und antisemitisch motivierte Gewaltbereitschaft in Teilen einer ansonsten an politischen Systemfragen eher desinteressierten Jugendgeneration (Fischer/ Münchmeier 1997), brachte die Bund-Länder-Kommission das Modellversuchsprogramm „Demokratie lernen und leben" auf den Weg. In dem Begleitgutachten betonten Wolfgang Edelstein und Peter Fauser, dass es in der schulischen und außerschulischen Bildungsarbeit entscheidend darauf ankomme, den Heranwachsenden mehr und nachhaltigere Gelegenheiten zur Entwicklung „kritischer Loyalität" und „demokratischer Handlungskompetenz" zu geben. „Erziehung zur Demokratie und politische Bildung", so ihre These, „fordern die Aneignung von politischem Wissen und die praktische Einübung in demokratisches und solidarisches Handeln" (Edelstein/ Fauser 2001: 21). Unter diesen pädagogischen Prämissen wurde das Schulentwicklungsprogramm in den Jahren 2003 und 2006 vom Deutschen Institut für Internationale Pädagogische Forschung (DIPF) evaluiert. Parallel dazu erarbeitete eine zweite Forschergruppe einen umfangreichen, kompetenzbezogenen „Qualitätsrahmen Demokratiepädagogik".

a) Das Kompetenzmodell der BLK- Programmevaluation: Für die Programmevaluation durch das DIPF wurde ein Kriterienkatalog entwickelt und eingesetzt, der sich auf ein breites Spektrum von politik- und demokratiespezifischen Wissensbeständen, auf soziale Fähigkeiten sowie auf schulkulturelle Partizipationsformen und die Integration der Schule in ihr soziales Umfeld bezog. Dabei wurden die im engeren Sinn politischen Kompetenzen in 8 Merkmalsbereichen erfasst: Demokratieverständnis, positives Selbstbild eigener politischer Fähigkeiten, politische Kontrollüberzeugungen, politische Aktivitäten, Akzeptanz demokratisch getroffener Entscheidungen, Planungs- und Entscheidungsfähigkeit, Fähigkeit zur Analyse gesellschaftlicher Teilsysteme, Systemvertrauen. Von den politischen Kompetenzen unterschieden wurden die sozialen und personalen Kompetenzen (Sozial- und Selbstkompetenz), die ihrerseits in 10 Merkmalsgruppen aufgeteilt wurden: Entwicklung des Gerechtigkeitsverständnisses, Verantwortungswahrnehmung, positive Lebenseinstellung, Selbstsicherheit in der Gruppe, Bereitschaft unterrichtsbezogene Normen einzuhalten, Kritikfähigkeit, Perspektivenübernahme, kommunikative Kompetenz, Konfliktfähigkeit und Ambiguitätstoleranz, Kooperationsfähigkeit (Diedrich/ Abs/ Klieme 2004: 8).

b) Das Kompetenzmodell der AG „Qualität und Kompetenzen": Neben diesem Kriterienkatalog entstand zum Ende der Projektlaufzeit (2007) ein zweites Instrument zur Erfassung von Demokratiekompetenz. Dieses orientiert sich ausdrücklich an der von Heinrich Roth (1971) vorgeschlagenen Unterscheidung von Sach-, Sozial- und Selbstkompetenzen sowie am DeSeCo-Papier. Als demokratische Teilkompetenzen werden in der Rubrik Sach- und Methodenkompetenz die Merkmalsdimensionen demokratierelevantes Orientierungs- und Deutungswissen aufbauen, demokratische Handlungsprobleme erkennen und beurteilen, systematisch handeln und Projekte realisieren sowie Öffentlichkeit herstellen, aufgelistet. Zum Bereich der Sozialkompetenzen gehören die Fähigkeiten zur Perspektivenübernahme, zum Aushandeln und der Koordination von Normen und Zielen, die Fähigkeit Unterschiede anzuerkennen und mit Konflikten fair umzugehen, sowie Empathie, Solidarität und Verantwortung gegenüber anderen zu zeigen. Unter die dritte Rubrik der Selbstkompetenz fallen die Teilkompetenzen: Artikulation und Verteidigung eigener Interessen, Meinungen und Ziele, das Einbringen von Interessen in demokratische Entscheidungsprozesse, Initiative zeigen und Partizipationsmöglichkeiten nutzen sowie die Reflexion eigener Werteüberzeugungen und Meinungen in größeren Kontexten (Haan/ Edelstein/ Eikel 2007: 11).

2. Die Kompetenzdiskussion in der Politikdidaktik

Bezugnehmend auf die Bildungsstandards der KMK (Klieme et al. 2003) haben sich in den vergangenen fünf Jahren auch verschiedene Wissenschaftler und Autorengruppen aus den Reihen der Politikdidaktik mit sehr unterschiedlichen Konzeptentwürfen zu Wort gemeldet. Ausgangspunkte für die Entwicklung der Kompetenzmodelle waren entweder die curricularen Leistungsstandards der gesellschafts- und politikwissenschaftlichen Fächer (1), die formalen Anforderungen an politisches Handeln (2), die Funktionserfordernisse der Demokratie (3), die zentralen demokratiepolitischen Handlungsfelder und Inhaltsbereiche (4) oder lernpsychologische Modellempfehlungen (5).

2.1 Kompetenzbereiche zur Entwicklung bürgerlicher Mündigkeit

Im Auftrag der Gesellschaft für Politikdidaktik und politische Jugend- und Erwachsenenbildung (GPJE) haben Peter Massing und Wolfgang Sander ein Konzept erarbeitet, das von einer 6-köpfigen Redaktionsgruppe (Detjen, Kuhn, Massing, Richter, Sander, Weißeno) als maßgeblicher „Entwurf" der Fachgesellschaft „für Bildungsstandards in der politischen Bildung" im Jahr 2004 veröffentlicht wurde. In der Zielbestimmung orientieren sich die Empfehlungen am Leitbegriff der „bürgerlichen Mündigkeit". Diese setzt nach Ansicht der Autoren politikspezifisches Wissen voraus. Sie erfordert aber auch weitergehende Kompetenzen, die in 3 Bereiche unterschieden werden: 1. als politische Urteilsfähigkeit (Relevanzeinschätzung; strukturiertes Problemverstehen; mehrperspektivisches Betrachten von politischen Inhalten (policy), Formen (politiy) und Prozessen (politics); Folgenabschätzung; Entscheidungsanalysen; nachhaltigkeitsbezogene Analysen; themenbezogene Rekonstruktion; kritische Reflexion; Analyse von politischen Inszenierungsformen), 2. als politische Handlungsfähigkeit, (Begründung und Durchsetzung von eigenen Meinungen und Urteilen; Konfliktfähigkeit; Entwicklung eigener politischer Beiträge; reflexives Konsumentenverhalten; Perspektivenübernahme; Toleranz und Offenheit; berufsbiografische Planung; Interessenwahrnehmung; situationsangemessenes wirkungsvolles Verhalten) und 3. als methodische Fähigkeiten (fachbezogene Textinterpretation, kriteriengeleitete Betrachtung, Techniken des demokratischen Sprechens, Fähigkeiten zum Weiterlernen). Der Begriff der Demokratie-Kompetenz wird von der GPJE als Zielorientierung für politisches Lernen abgelehnt, weil er weder demokratietheoretisch noch politikwissenschaftlich hinreichend fundiert sei (Sander 2007: 83).

2.2 Demokratie – Kompetenz

Anders als die Autorengruppe der GPJE, die sich an den fachsystematischen und methodischen Anforderungen des Politikunterrichts orientiert, gehen Günter Behrmann, Tilman Grammes und Sibylle Reinhardt in ihrer für die KMK angefertigten Expertise für ein Kerncurriculum in der gymnasialen Oberstufe (Tenort 2004) davon aus, dass politische Zusammenhänge in der Regel komplex, problemhaltig, konfliktbehaftet und unsicherheitsbelastet sind. Zur Lösung der damit verbundenen Schwierigkeiten reichen kognitive und moralische Fähigkeiten nicht aus. In demokratischen Gesellschaften müssen die Einzelnen sich auf unübersichtliche, auch emotional belastende Handlungssituationen einstellen und lernen diese mit legitimen Mitteln zu bearbeiten. In Anlehnung an die Vorschläge von Weinert (2001) unterscheiden Behrmann, Grammes und Reinhardt insgesamt 5 Teilkompetenzen: die Fähigkeit, politische Problemlagen zu analysieren und zu beurteilen, die Kompetenz sich in die Perspektive anderer zu versetzen, mit Konflikten umzugehen und an Entscheidungsprozessen teil zu haben (Partizipation) – wobei die Fähigkeiten zur Perspektiven- und Rollenübernahme sowohl für soziales als auch für politisches und demokratisches Handeln grundlegend sind (Behrmann/ Grammes/ Reinhardt 2004: 350f). Dieses Modell wurde inzwischen weiter ausgearbeitet (May 2007). Für die Domäne „Demokratie" lassen sich drei grundlegende Kompetenzniveaus unterschieden:

> „Das elementare Niveau ist an die Situation und das Handeln einer bestimmten Person und an ihre Bedürfnisse gebunden. ... Auf einem mittleren Niveau werden die eigene Person und der soziale Nahraum im Zusammenhang von personübergreifenden Regeln und Institutionen gesehen, die nicht nur unter dem eigenen Interesse assimiliert werden. ... das höchste Niveau der Kompetenz erfasst systemische Zusammenhänge und ihre Beurteilung unter komplexen Kriterien" (Reinhardt 2004: 8).

Sibylle Reinhardt weist darauf hin, dass es „unentschieden" sei, ob diese Niveauunterscheidungen, die vor allem an der Fähigkeit zur sozialen Perspektivenübernahme (egozentrierter Personenbezug, relationierender Gruppen- und Institutionenbezug, metakognitiver Systembezug) festgemacht werden, „lediglich Stufen im gegebenen Lernprozess beschreiben (deskriptiv) oder ob sie die Entwicklungsdynamik des Erwerbs dieser Kompetenzen bezeichnen (strukturgenetisch)" (ebd.: 3).

2.3 Kompetenzen für Demokratie – Lernen

Ausgehend von der Annahme, dass die Demokratie auf Bürger angewiesen ist, die bereit sind, kollektiv bindende Entscheidungen gemeinsam herzustellen, durchzusetzen und anzuerkennen, rückt Peter Henkenborg die systemspezifischen Reproduktionserfordernisse demokratischer Gesellschaften in den Blick. Je komplexer die Lebensbedingungen und damit auch die Sozialisationsprozesse in „globalisierten, pluralistischen, individualisierten und wandlungsbeschleunigten" Gesellschaften werden (Henkenborg 2007: 90), desto problembelasteter gestalten sich die Prozesse biographischer Autonomisierung. Wenn sich außerdem die Vorstellungen von Politik holzschnittartig vergröbern, geht die Bereitschaft zur individuellen Verantwortungsübernahme verloren. „Demokratie-Lernen" ist folglich eine zivilgesellschaftliche Notwendigkeit. Im Kern geht es darum, Lernprozesse zu initiieren, die – über den Fachunterricht hinaus – dazu beitragen, dass Einzelne und Gruppen befähigt werden, „die Probleme und Konflikte in ihrem Zusammenleben durch die Herstellung und Durchsetzung von allgemeiner Verbindlichkeit demokratisch zu gestalten und zu regeln" (ebd.,

94). Interessanterweise orientiert sich Henkenborg bei der Operationalisierung der „Kompetenzen für Demokratie-Lernen" nicht an der durch seine Argumentation nahegelegten Frage, welche konkreten Fähigkeiten zur Herstellung gemeinsam verantworteter, verbindlicher Entscheidungen erforderlich sind, sondern am traditionellen Leitbegriff der Mündigkeit. Wie die AG „Qualität und Kompetenzen" unterscheidet er: 1. Fachkompetenzen (politisches Deutungswissen, Verstehen und Analysieren der Strukturen, Inhalte und Prozesse von Politik, Beurteilen und Bewerten sowie Anwenden und Transferieren), 2. Methodenkompetenzen (Denkformen, Informationsbeschaffung, politisch-prozedurale Fähigkeiten und Metakognition), 3. Sozialkompetenzen (Verantwortungsübernahme, Perspektivenübernahme, Einfühlung, Kritik, Aufmerksamkeit, Konfliktfähigkeit, Kooperation und Kommunikation), 4. Selbstkompetenzen (Fähigkeit zur kreativen Bedürfniserschließung, Wertüberzeugungen, Tugenden). Dieser umfangreiche Kompetenzkatalog steht in Verbindung mit einem Kriterienraster, das die Dimensionen emotionale Zuwendung, kognitive Achtung und soziale Wertschätzung umfasst und die Qualität von allgemeinen Sozialisationsbedingungen, schulischen Lernumwelten und Unterrichtsprozessen erfassen soll.

2.4 Demokratiekompetenz

Kritisch gegenüber der eigenen Disziplin, plädiert Gerhard Himmelmann schon seit Jahren für eine internationale „Öffnung" der Politikdidaktik. Aus der strukturfunktionalen Überlegung, dass die Demokratie, mehr als alle anderen Staatsformen, „ein bewusstes Einsetzen für öffentliche Angelegenheiten und die Bereitschaft zur persönlichen Verantwortung in persönlicher Entscheidungsfindung" (Himmelmann 2007: 44) verlangt, zieht er die Konsequenz, dass die hierfür notwendigen Kompetenzen bereits in der Schule ausgebildet werden sollten. Die Schule ist ein Ort für „authentische demokratische Erst-Erfahrungen" und sie bietet ein überschaubares, experimentelles „Übungsfeld" für Demokratie-Lernen im und über den Unterricht hinaus. Die Demokratie ist somit mehr als nur eine politische, auf den Staat und seine Einrichtungen bezogene Ordnungsform. Sie ist „eine spezifische Form menschlicher, gesellschaftlicher und politischer Kooperation", ein auf Dauer gestellter kollektiver Lernprozess, „der von der Basis her" in seinen unterschiedlichen Formen des Pluralismus, des öffentlichen Diskurses oder der Konfliktregelung „immer wieder neu aufgebaut" (Himmelmann 2004: 8) und von der eigenen Idee im Alltagshandeln getragen werden muss. Diese von Himmelmann mit den Begriffen Herrschafts-, Gesellschafts- und Lebensform dargestellten Dimensionen beschreiben nicht nur analytische unterscheidbare Demokratieformen, sondern auch fachliche Inhaltsraster für den Lernbereich der Politischen Bildung. Demokratie-Lernen fördert: 1. das Verständnis für die Demokratie als Lebensform, indem es schulkulturelle Gestaltungsräume für soziale Beziehungen eröffnet; 2. die Einsicht in die Demokratie als Gesellschaftsform, indem es Interessenskonflikte und Vielfalt praktisch erfahrbar macht; 3. das Interesse an der Demokratie als Herrschaftsform, indem es Verständnis für die staatlichen Ordnungen und Verfahrensformen weckt. Schließlich weckt Demokratie-Lernen auch 4. das Bewusstsein für die Prozesse und Dynamiken der Globalisierung und die damit verbundenen Entwicklungen. In Bezug auf diese vier Lernbereiche realisiert sich Demokratiekompetenz in den Dimensionen allgemeine kognitiven Fähigkeiten (u.a. Sachkenntnis, Unterscheidungsvermögen, Problemlösefähigkeit, Kritik), affektiv-moralische Einstellung (u.a. Anerkennung, Wertschätzung, Achtung, Vertrauen) sowie praktisch-instrumentelle Fertigkeiten (u.a. Dialogfähigkeit Empathie, Solidarität, Kooperationsfähigkeit, Konfliktfähigkeit, Konsensfähigkeit, Verantwortungsbereitschaft). Die einzelnen Kompetenzstufen unterscheiden sich im Hinblick auf den Grad der realisierten Selbstständigkeit (Hilfebedarf → Eigenständigkeit), den Grad der Anwendungsbreite (lückenhaft → analytisch fundiert) sowie den Grad der Generalisierung (subjektiv → autonom).

2.5 Politikkompetenz als civic literacy

Die im Kontext der Fachgesellschaft für Politikdidaktik in den letzten Jahren geführten Diskussionen haben innerhalb der GPJE inzwischen zu einem „Neudenken" geführt. Statt wie im „Entwurf" von drei Kompetenzbereichen zur Entwicklung bürgerlicher Mündigkeit auszugehen, wird nunmehr ganz programmatisch – und in klarer Abgrenzung zur Demokratiepädagogik – von „Politikkompetenz" gesprochen (Weißeno 2008). Am Vorbild des Literacy-Konzepts sollen verbindliche, an lernpsychologischen Prozessmerkmalen orientierte „inhaltbezogene Kompetenzen und Wissensstrukturen" beschrieben werden, „mit denen die Schüler/-innen die grundlegenden Handlungsanforderungen zukünftiger Bürger/ -innen bewältigen können" (ebd.: 15). Die Frage, wie diese Handlungsanforderungen konkret aussehen, soll Gegenstand der weiteren Verständigung über die im Unterricht zu behandelnden politikwissenschaftlichen Basis- und Fachkonzepte sein. Nach dem Vorbild der naturwissenschaftlichen Fachdidaktiken werden vier Stufen der politischen Grundbildung unterschieden. Eine lediglich nominale civic literacy äußert sich im vorwissenschaftlichen Gebrauch politischer Begriffe. Die nächsthöhere Kompetenzstufe (funktionale civic literacy) bestimmt sich durch das Vorhandensein von Faktenwissen und einschlägiger Begriffskenntnisse. Dem folgt die Stufe der konzeptuellen und prozeduralen civic literacy, die auf dem Verständnis zentraler Konzepte und Verfahren basiert. Die höchste Stufe ist erreicht, wenn die Einzelnen in der Lage sind, multidimensionale politische und gesellschaftliche Zusammenhänge herzustellen.

3. Demokratiepolitische Kompetenzanforderungen

Schon in dieser kurzen und bei weitem nicht vollständigen Darstellung der demokratiebezogenen Kompetenzdiskussion wird deutlich, dass die theoretische Modellbildung im Bereich der Politischen Bildung mit erheblichen Problemen belastet ist. Diese lassen sich in drei Punkten zusammenfassen:

1. In einem bereichsspezifischen Kompetenzmodell müssen die elementaren Anforderungsstrukturen der jeweiligen Domäne präzise definiert werden. Aber nur wenige der vorgestellten Konzepte leiten Demokratiekompetenz konsequent von den bereichsspezifischen funktionalen Erfordernissen ab. Die Mehrzahl orientiert sich entweder an allgemeinen gesellschaftlichen und politischen Handlungsmerkmalen oder am politikspezifischen Wissen, an Einstellungen und Handlungsbereitschaften oder aber an generellen Zielen der politischen Bildung sowie den dazugehörigen Rahmenrichtlinien schulischer Lehrpläne und dem Repertoire politikdidaktischer Unterrichtsmethoden.

2. Die meisten Konzepte von Demokratiekompetenz sind deskriptiv angelegt. Eine bloße Sammlung und Auflistung von Fähigkeiten und Fertigkeiten, die für politisches Handeln als bedeutsam eingeschätzt und sodann nach fachsystematischen Gesichtspunkten, in Merkmalsgruppen geordnet, zu Kriterienkatalogen verbunden werden, reicht jedoch für eine grundlagentheoretisch abgesicherte Begriffsbestimmung nicht aus. Hier ist es notwendig, diejenigen Kompetenzen in den Blick zur rücken, die zum politischen Handeln im demokratischen System (Interessenabstimmung, Handlungskoordination und Entscheidungsfindung) erforderlich sind.

3. In den bisherigen Kompetenzmodellen werden die Unterschiede zwischen sozialen, moralischen, politischen und demokratischen Kompetenzen nur selten trennscharf herausgearbeitet (Becker 2008). Begriffslogisch jedoch sind demokratische Kompetenzen viel stärker bereichsspezifisch angelegt als politische und insgesamt deutlich stärker normativ ausgerichtet (Fauser 2007). Sie setzen moralische Kompetenzen voraus – und diese wiederum basieren auf elementaren sozialen Kompetenzen.

Bei der Bestimmung des Begriffs der Demokratiekompetenz ist es deshalb notwendig, erstens die systemspezifischen Anforderungsstrukturen und Verfahrensweisen moderner Demokratien zu präzisieren, zweitens die dazu erforderlichen individuellen Fähigkeiten und Fertigkeiten zu identifizieren und drittens die Unterschiede zur sozialen, moralischen und politischen Kompetenz deutlich herauszuarbeiten. Dazu ein Vorschlag, der sich an den theoretischen Vorgaben des Magdeburger Manifests der Deutschen Gesellschaft für Demokratiepädagogik orientiert (Beutel/ Fauser 2007: 200ff). Ausgangspunkt ist hier die funktionalistische Prämisse, dass demokratische Gesellschaften nur dann bestandsfähig sind, wenn sie:

- die Rechte derjenigen, die relevante Beiträge zum gesellschaftlichen Leben leisten, anerkennen und sowohl zivilgesellschaftlich als auch rechtlich über den Mitgliedsstatus sichern (Inklusion);
- allen ihren Mitgliedern dauerhaft die Chance zur gleichberechtigten Mitwirkung und Mitbestimmung bei der Koordination und Gestaltung des Zusammenlebens gewährleisten (Partizipation);
- öffentliche Angelegenheiten transparent und nachvollziehbar zur Diskussion stellen und dabei Täuschungsversuche untersagen (Transparenz);
- Interessenkonflikte im Rahmen von alltagspraktisch und institutionell verankerten Verständigungspraktiken austragen und diese durch abwägende Entscheidungsprozeduren stabilisieren (Deliberation);
- Verfahrensmöglichkeiten zur Prüfung der Geltungsberechtigung von Normen und Entscheidungen bereitstellen (Legitimität);
- die Wirksamkeit politischer Maßnahmen überprüfen und einer kritischen Qualitätskontrolle unterziehen (Effizienz).

Politische Bildung in Demokratien muss die Einzelnen befähigen, das rationale Potenzial einer politischen Ordnung zu nutzen, die institutionell auf die öffentliche und gemeinsame Regelung gesellschaftlicher Angelegenheiten abgestimmt ist, um bei Interessen- und Zielkonflikten zwischen Gruppen oder Personen zu praktisch verbindlichen Abmachungen und Entscheidungen zu kommen. Die dazu erforderlichen Fähigkeiten und Fertigkeiten bilden den Kern der Demokratiekompetenz (Beutel/ Buhl/ Fauser/ Veith 2009). Dieser Begriff ist nicht mehr nur deskriptiv, sondern auch analytisch und normativ gehaltvoll. Er beinhaltet die Fähigkeit und Bereitschaft:

- sich aktiv in zivilgesellschaftliche Organisationen oder Gruppen zu integrieren und gleichzeitig auf andere ohne Statusvorbehalte zuzugehen (integrative Toleranz);
- die Chance zu nutzen, sich in verschiedenartigen zivilgesellschaftlichen Rollen und in unterschiedlichen sozialen Konstellationen an politischen Prozessen zu beteiligen (zivilgesellschaftliches Engagement);

- sich über soziale Zusammenhänge zu informieren, Sachlagen zu analysieren und die Gründe von Entscheidungen offen zu legen (informierte Offenheit);
- zwischen privaten und öffentlichen Interessen abzuwägen, um verbindliche, für alle Beteiligten tragfähige Entscheidungen herbeizuführen (verständigungsorientierte Konfliktfähigkeit);
- Handlungen und Handlungsfolgen im Licht universalisierungsfähiger und darum als legitim erachteter Rechtsprinzipien und herrschaftskonstituierender Prozeduren zu beurteilen (politische Urteilsfähigkeit);
- die Wirkung und Effizienz von Abmachungen einzuschätzen, um gegebenenfalls Entscheidungen zu revidieren (kritische Evaluationsfähigkeit).

Demokratiekompetenz basiert somit gleichzeitig auf der einvernehmlich von den Gesellschaftsmitgliedern geteilten Bereitschaft, sich zur Abstimmung gesellschaftlich relevanter Interessen und Handlungspläne oder zur Lösung von sozialen Konflikten an demokratische Regeln zu halten, sich an Prinzipien der Menschenrechte und der Gerechtigkeit zu orientieren, abwägende, verbindliche und tragfähige Entscheidungen herbeizuführen und die entsprechenden Konsequenzen gemeinschaftlich mitzutragen.

Literatur

Audigier, François (2000): Basic Concepts and core competencies for education for democratic citizenship. Council for Cultural Co-Operation (CDCC), Project „Education for democratic Citizenship". Strasbourg

Becker, Günter (2008): Soziale, moralische und demokratische Kompetenzen fördern. Ein Überblick über schulische Förderkonzepte. Weinheim/ Basel: Beltz

Behrmann, Günter C./ Grammes, Tilmann/ Reinhardt, Sybille (2004): Politik. Kerncurriculum Sozialwissenschaften in der gymnasialen Oberstufe. In: Tenorth, H.-E. (2004): 322-408

Beutel, Wolfgang/ Fauser, Peter (Hrsg.) (2007): Demokratiepädagogik. Lernen für die Zivilgesellschaft. Schwalbach/Ts: Wochenschau Verlag

Beutel, Wolfgang/ Fauser, Peter (Hrsg.) (2009): Kerngeschäft oder Beiwerk? Demokratie als schulpädagogischer Entwicklungsbegriff. Schwalbach/Ts: Wochenschau Verlag

Beutel, Wolfgang/ Buhl, Monika/ Fauser, Peter/ Veith, Hermann (2009): Demokratiekompetenz durch Demokratieverstehen – Überlegungen zur Konstruktion eines Instruments zur Messung „demokratischer Verstehensintensität". In: Beutel, W./ Fauser, P. (2009): 177-208

Diedrich, Martina/ Abs, Hermann Josef/ Klieme, Eckhard (2004): Evaluation im BLK-Modellprogramm Demokratie lernen und leben. Skalen zur Befragung von Schüler/-innen, Lehrer/-innen und Schulleitungen; Dokumentation der Erhebungsinstrumente 2003. Frankfurt/M

Edelstein, Wolfgang/ Fauser, Peter (2001): Demokratie lernen und leben. Gutachten für ein Modellversuchsprogramm der BLK. Geschäftsstelle der Bund-Länder-Kommission für Bildungsplanung und Forschungsförderung (Heft 96., Bonn

Eurydice European Unit (2005): Citizenship Education at School in Europe. European Commission (Directorate-General for Education and Culture). Brüssel (http://eacea.ec.europa.eu/ressources/eurydice/pdf/0_integral/055EN.pdf)

Fauser, Peter (2007): Demokratiepädagogik und politische Bildung. In: Beutel, W./ Fauser, P. (2007):. 16-41

Fend, Helmut (1991): Identitätsentwicklung in der Adoleszenz. Lebensentwürfe, Selbstfindung und Weltaneignung in beruflichen, familiären und politisch-weltanschaulichen Bereichen. Entwicklungspsychologie der Adoleszenz in der Moderne, Bd. II. Bern: Huber

Fischer, Arthur/ Münchmeier, Richard (1997): Jugend 97. (12. Shell Jugendstudie). Zukunftsperspektiven, gesellschaftliches Engagement, politische Orientierungen. Opladen: Leske+Budrich

Gesellschaft für Politikdidaktik und politische Jugend- und Erwachsenenbildung (GPJE) (Hrsg.) (2004): Anforderungen an Nationale Bildungsstandards für den Fachunterricht an Schulen. Schwalbach/Ts.: Wochenschau Verlag

Haan, Gerhard de/ Edelstein, Wolfgang/ Eikel, Angelika (Hrsg.) (2007): Qualitätsrahmen Demokratiepädagogik. Demokratische Handlungskompetenz fördern, demokratische Schulqualität entwickeln, Bd. 2. Weinheim, Basel

Habermas, Jürgen/ Luhmann, Niklas (Hrsg.) (1971): Theorie der Gesellschaft oder Sozialtechnologie – Was leistet die Systemforschung? Frankfurt/ M

Habermas, Jürgen (1971): Vorbereitende Bemerkungen zu einer Theorie der kommunikativen Kompetenz. In: Habermas, J./ Luhmann, N.: 101-141

Heitmeyer, Wilhelm (Hrsg.) (2006): Deutsche Zustände. Folge 4. Frankfurt/ M.: Suhrkamp

Henkenborg, Peter (2007): Elemente einer „demokratiepädagogischen Topik". In: Beutel, W./ Fauser, P. (Hrsg.):. 86-109

Himmelmann, Gerhard (2004): Demokratie-Lernen: Was? Warum? Wozu?. (http://blk-demokratie.de/fileadmin/public/dokumente/Himmelmann.pdf)

Himmelmann, Gerhard (2007): Demokratische Handlungskompetenz. „Standards für Mündigkeit". In: Beutel, W./ Fauser, P. (2007): 42-70

Klieme, Eckhard/ Avenarius, Hermann/ Blum, Werner/ Döbrich, Peter/ Gruber, Hans/ Prenzel, Manfred/ Reiss, Kristina/ Riquarts, Kurt/ Rost, Jürgen/ Tenorth, Heinz-Elmar/ Vollmer, Helmut (2003): Zur Entwicklung nationaler Bildungsstandards. Eine Expertise im Auftrag des Bundesministeriums für Bildung und Forschung. Berlin

May, Michael (2007): Demokratiefähigkeit und Bürgerkompetenzen. Kompetenztheoretische und normative Grundlagen der politischen Bildung. Wiesbaden: VS Verlag für Sozialwissenschaften

Reinhardt, Sybille (2004): Demokratie-Kompetenzen. (http://blk-demokratie.de/fileadmin /public/ dokumente/Reinhardt.pdf)

Roth, Heinrich (1971): Pädagogische Anthropologie. Bd. 2. Entwicklung und Erziehung. Grundlagen einer Entwicklungspädagogik. Hummelfeld: Hermann Schroedel Verlag

Rychen, Dominique Simone/ Salganik, Laura Hersh (Hrsg.) (2003): Key Competencies for a Successful Life and Well-Functioning Society. Göttingen: Hogrefe & Huber

Sander, Wolfgang (2007): Demokratie-Lernen und politische Bildung. Fachliche, überfachliche und schulpädagogische Aspekte. In: Beutel, W./ Fauser, P. (2007): 71-85

Tenorth, Heinz-Elmar (Hrsg.) (2004): Kerncurriculum Oberstufe 2. Biologie, Chemie, Physik, Geschichte, Politik. Expertisen, im Auftrag der KMK. Weinheim/ Basel: Beltz

Torney-Purta, Judith/ Lehmann, Rainer/ Oswald, Hans/ Schulz, Wolfram (2001): Citizenship and education in twenty-eight countries. Civic knowledge at age fourteen. Amsterdam: IEA

Weinert, Franz E. (1999). Concepts of competence. Contribution within the OECD project Definition and Selection of Competencies: Theoretical and Conceptual Foundations (DeSeCo). München: Max Planck Institute for Psychological Research

Weinert, Franz E. (Hrsg.) (2001): Leistungsmessungen in Schulen. Weinheim: Beltz

Weinert, Franz E. (2001): Vergleichende Leistungsmessung in Schulen – eine umstrittene Selbstver-
    ständlichkeit. In: Weinert, Franz E. (2001.): 17-31

Weißeno, Georg (Hrsg.) (2008): Politikkompetenz. Was Unterricht zu leisten hat. Wiesbaden, VS-
    Verlag für Sozialwissenschaften

Weißeno, Georg (2008): Politikkompetenz. Neue Aufgaben für Theorie und Praxis. In: ders. (2008):
    11-20

Demokratiefähigkeit – Kompetenztheoretischer Ansatz und Kompetenzmodelle empirischer Studien im Vergleich

Michael May

1. Einleitung

Den Ausgangspunkt einer kompetenzorientierten politischen-demokratischen Bildung bildet die These, dass sich das politisch-demokratische System der Gesellschaft über systemadäquate Operationen (Handlungen) der Bürger reproduziert. Ebenso wie das politisch-demokratische System selbst sind auch die systemstabilisierenden Handlungen der Bürger nicht natürlich gegeben, sondern müssen durch politische Bildung ermöglicht werden.

Dieser Ansatz scheint etablierte Zielvorstellungen der politischen Bildung – wie Emanzipation, Mündigkeit oder Freiheit – zu vernachlässigen, geht aber zunächst lediglich von der soziologischen und pädagogischen Erkenntnis aus, dass sich soziale Systeme aller Art durch systemadäquate Operationen erhalten. Demokratische Systeme sind durch eine offene, selbstbestimmte, gleichberechtigte und (in Bezug auf die *Idee* von Demokratie) reflexive Regelung des zwischenmenschlichen Zusammenlebens gekennzeichnet. Entsprechend benötigen sie Bürger, die diese Praxis tragen und über Kompetenzen der selbstbestimmten und kritischen Teilhabe verfügen. Damit weist der kompetenzorientierte Ansatz einen zweifachen Bezug – zum System und zum Individuum – auf. Es geht ihm um die Hineinbildung des Menschen in das politisch-demokratische System und die Herausbildung einer politisch-demokratischen Identität.

Wie vielfach rezipiert, steht eine kompetenzorientierte politisch-demokratische Bildung konzeptionell und empirisch erst am Anfang. Im vorliegenden Beitrag wird der aktuelle Forschungsstand vorgestellt. Ausgehend vom theoretischen Ansatz kompetenzorientierter politisch-demokratischer Fachdidaktik soll vergleichend reflektiert werden, wie Kompetenzen in jüngeren empirischen Studien modelliert wurden. Insbesondere für zukünftige Vorhaben soll der Beitrag theoretische Implikationen der Modelle offen legen und kann als Entscheidungshilfe fungieren.

2. Was sind Kompetenzen?

Einen *ersten Zugang* zum Theorem der Kompetenz findet man über den Begriff der Domäne. Eine Domäne ist ein logisch-semantischer (z. B. mathematische, naturwissenschaftliche, grammatikalische Regeln) oder sozialer (z. B. Wirtschaft, Politik) Funktionsbereich. Wollen Individuen an solchen Bereichen partizipieren, müssen sie sich auf deren funktionale Anforderungen einlassen. Hierzu benötigen sie die dafür notwendigen psychischen Voraussetzungen, mithin Kompetenzen. Möchte ich mich beispielsweise an einem Schachspiel beteiligen, muss ich in der Lage sein, die Regeln des Schachspiels unter Beachtung der konkreten Anforderungssituation (Spielstand) und meiner eigenen Ziele (Sieg) angemessen kognitiv zu repräsentieren. „Die psychische Struktur der Kompetenz richtet sich nach der logischen Struktur der Anforderungen" (Weinert 2001: 62; Übersetzung: M.M.). *Kompetenzen sind somit psychische Voraussetzungen, die ein Individuum benötigt, um sich erfolgreich auf einen bestimmten Anforderungsbereich einlassen zu können, um in diesem Bereich Probleme lösen, Ziele verfolgen und Handlungspläne umsetzen zu können* (vgl. die Diskussion des Weinertschen Kompetenzbegriffs bei May 2007: 34-38).

Einen *zweiten Zugang* zum Theorem der Kompetenz findet man, wenn man nicht nur die domänenspezifische Sachlogik, sondern auch die individuelle Lernlogik beachtet. Zwar geht es dem kompetenztheoretischen Ansatz um systemadäquate Kompetenzen, diese können bei den Schülerinnen und Schülern aber nicht einfach „eingepflanzt" oder aktiviert werden. Lernende verfügen über je spezifische Zugänge zum Politischen. Sie haben Vorurteile und Präkonzepte, die die Ausbildung angestrebter Kompetenzen verhindern. Ein Beispiel dafür ist, dass Lernende das Gleichheitsgebot des Grundgesetzes in einem biologischen oder sozialen, nicht aber in einem rechtlichen Sinne interpretieren. Die Analyse eines gesellschaftlichen Sachverhalts ist auf diese Weise aber zumindest unvollständig, wenn nicht sogar unangemessen.

Zusammenfassend kann formuliert werden: *Kompetenzen erscheinen als gewordene psychische Dispositionen, die unter Beachtung von individuellen Ausgangslagen erst entwickelt und gelernt werden müssen.*

3. Welche Kompetenzen braucht der demokratiefähige Bürger?

Die in der Literatur vorgeschlagenen Kompetenzsets für politisch-demokratische Bildung sind in der Regel pragmatisch und patchworkartig zusammengestellt. Sie überschneiden sich trotz aller Abweichungen oft in zentralen Kompetenzen (z. B. politische Urteilskompetenz) und werden aus der politikdidaktischen Tradition und einem sicheren Gefühl, worauf es beim politisch-demokratischen Lernen ankommt, entwickelt (vgl. Überblick bei May 2007: 199-215 und Petrik 2007: 327-341). Eine theoretisch-politikwissenschaftliche Fundierung findet kaum statt, ggf. orientiert man sich an Kompetenzklassen (z. B. Fachwissen, Erkenntnisgewinnung, Kommunikation, Bewertung).

Zur Vermeidung einer theoriefernen Kompetenzsetzung hilft folgende Überlegung weiter: Beachtet man dem oben skizzierten Zusammenhang von Domäne und Kompetenz, so gibt die Sachlogik der Domäne die Struktur der angestrebten Kompetenzen vor. Zu fragen ist damit, wie die Domäne näher beschrieben werden kann und welche Kompetenzen zur Bewältigung von deren Anforderungen bestimmt werden können.

Die spezifische Domäne politischer Bildung ist *demokratische Politik*. Angesichts einer überaus vielfältigen politikwissenschaftlichen Diskussion besteht das Problem darin, ein konsensuales Verständnis dieser allgemeinen Begriffe zu finden. Obwohl die Heterogenität sich auch in der Politikdidaktik fortsetzt, hat sich dort in den letzten Jahren ein Arbeitsbegriff von demokratischer Politik entwickelt. Demokratische Politik ist demnach ein idealtypischer und am amerikanischen Pragmatismus orientierter Zyklus von Problemlöseversuchen, der unter bestimmten institutionellen (polity), inhaltlichen (policy) und prozessualen (politics) Bedingungen verläuft (vgl. May 2007: 80-137). Der Zyklus (erstmals von Harold Lasswell) war ursprünglich als heuristisches Instrument für die Politikwissenschaft gedacht, übernimmt aber für die politische Bildung mittlerweile eine normative Funktion, weil auch Ziele und Inhalte des Unterrichts durch ihn gefunden werden können. Seine Phasen sind:

Abbildung 1: *Demokratische Politik als Prozess des Problemlösens*

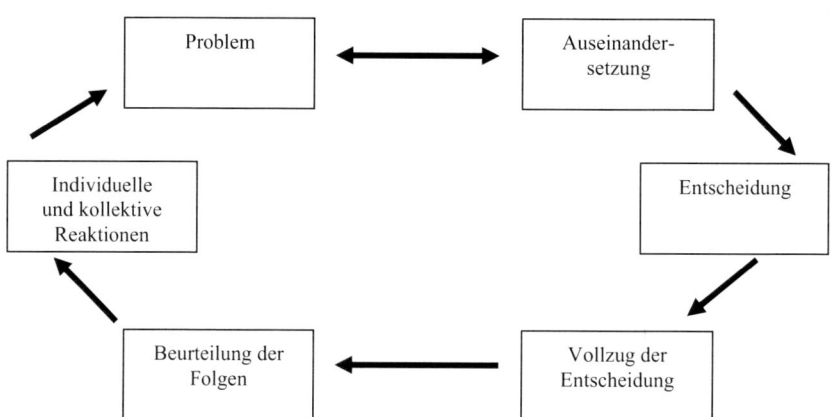

Der Zyklus kann prinzipiell in nahräumlichen (z.b. Familie) und systemischen (z.b. Gesellschaft) Kontexten als demokratische Politik auftreten. Davon bleibt unberührt, dass der konkrete Vollzug in den verschiedenen Kontexten (informell vs. formalisiert/institutionalisiert) und die Art der zu bearbeitenden Probleme (Reichweite: nahräumlich vs. systemisch) differieren (vgl. May 2008: 205-207). Die folgenden Überlegungen richten sich vornehmlich auf den makrosozialen Kontext.

Der Politikzyklus legt einen *Kernbestand* von *mindestens* vier Kompetenzen der Demokratiefähigkeit nahe. Mit „Kernbestand" ist gemeint, dass diese Kompetenzen das Mindestmaß für eine politisch-demokratische Bildung darstellen. Folgendes Kompetenzset knüpft also an den Politikzyklus an, orientiert sich aber gleichwohl am Vorschlag der Arbeitsgruppe Sozialwissenschaften (Behrmann/Grammes/Reinhardt 2004) und dem Entwurf der GPJE (2004).

In der *linken Hälfte des Zyklus'* geht es darum, die beabsichtigten und unbeabsichtigten Folgen einer politischen Entscheidung oder eines gesellschaftlichen Sachverhaltes zu beurteilen und in der Folge ggf. eine Problemwahrnehmung zu formulieren. Eine solche politische Urteilskompetenz beinhaltet zum einen *(1) sozialwissenschaftliche Analysekompetenz.* Hiermit ist zunächst die Fähigkeit angesprochen, die Regeln und Codes des jeweiligen Funktionsbereiches (z. B. Politik, Wirtschaft) kognitiv angemessen zu repräsentieren und konkrete Sachverhalte des Funktionsbereiches unter Rückgriff auf diese Regeln zu erklären. So sollte der Bürger etwa in der Lage sein, hinter einer konkreten Gesetzgebung wirkende gesellschaftliche Interessenlagen zu identifizieren. Analysekompetenz ermöglicht des Weiteren Sachurteile über den Funktionsbereich im Sinne von Zweck-Mittel-Aussagen. Es handelt sich hierbei um persönliche Entscheidungen zu einem sachlichen Problem oder einer Frage. Nur wer weiß, welche Regeln in einem Funktionsbereich gelten, kann unter Beachtung der Regeln entscheiden, welche Mittel zu einem bestimmten Ziel führen (z. B.: ‚Um bestimmte Interessengruppen nicht zu bevorzugen, sollte das politische Verfahren weitere Interessenbündelungen und -artikulationen ermöglichen.' Oder: ‚Um die Arbeitsplätze zu sichern, muss die Chemiefirma den Exportauftrag in eine Krisenregion annehmen'.).

Politische Urteilskompetenz beinhaltet *zum anderen (2) moralische Urteilskompetenz.* Hiermit ist die Fähigkeit angesprochen, unter Rückgriff auf Konzepte des Guten oder Gerechten wertende Aussagen zu entwickeln. Nur wer in der Lage ist, unter Beachtung solcher Konzepte Entscheidungen über die moralische (Un-)Angemessenheit eines (evtl. zuvor analysierten und verstandenen) Sachverhaltes zu fällen, trifft moralisch-wertende Urteile. Bürger sollen nicht nur fähig sein, richtige Entscheidung zur Erreichung eines beliebigen Ziels zu fällen, sondern auch über die moralische Angemessenheit von Zielen und

Mittel zu reflektieren (z. B. ‚Eine prinzipielle Bevorzugung einer Interessengruppe durch das politische Verfahren ist ungerecht, da andere Interessenlagen nicht zu Geltung kommen können.' Oder: ‚Die Sicherung der eigenen Arbeitsplätze auf Kosten der Gefährdung von Menschenleben durch Missbrauch der Exportgüter in der Krisenregion ist moralisch verwerflich, da Menschenleben wichtiger sind als materieller Wohlstand'.).

Politische Urteilskompetenz realisiert sich in *Entscheidungen zu Sachverhalten*, die erklärende und wertende Aspekte integrieren. Aus diesem Grund ist die Trennung in sozialwissenschaftliche Analysekompetenz und moralische Urteilskompetenz für komplexe politische Urteile künstlich. Sach- und Wertaspekte stehen immer in einer wechselseitigen Beziehung bei der Urteilsfindung. Den besonderen Wert erhält diese Trennung aber, weil so ein reflektierterer Umgang mit politischen Urteilen im Unterricht und eine analytische Differenzierung politischer Urteilskompetenz für empirische Untersuchungen möglich wird.

In der *rechten Hälfte des Zyklus'* finden zunächst die politische Auseinandersetzung über die Definition des Problems und mögliche Regelungen statt. Da die argumentative Auseinandersetzung in und auch durch die Öffentlichkeit geführt wird, benötigen die Bürger hier insbesondere die *(3) Kompetenz zur Vermittlung konfligierender Positionen*. Diese Kompetenz beschreibt die Fähigkeit zur argumentativen Auseinandersetzung mit dem Ziel einer Vermittlung der konfligierenden Positionen. Die Vermittlung kann verschiedene Formen aufweisen. So können Regelungen etwa durch Konsens, Kompromiss oder machtpolitischen Druck gefunden werden. – Da der weitere Verlauf des Politik-Zyklus', die verbindliche Entscheidung und deren administrative Umsetzung, in repräsentativen Demokratien weitgehend der direkten Mitwirkung der Bürger entzogen ist, werden hierfür keine zusätzlichen Kompetenzen nötig.

Für die Teilnahme am Zyklus des Politischen, d. h. die Beteiligung am öffentlichen Diskurs, aber auch die Beeinflussung der Repräsentativorgane, benötigen die Bürger schließlich *(4) Partizipationskompetenz*. Diese bezeichnet die Handlungsdimension des Kompetenzsets. Hierbei geht es um die Bereitschaft, die ersten drei Kompetenzen in das politische Geschehen einzubringen. Dies kann mit jeweils unterschiedlicher Reichweite und Intensität erfolgen (reflektierter Zuschauer/Wahlbürger, interventionsfähiger Bürger, Aktivbürger).

Exkurs: In einer Reihe von Kompetenzsets wird auch soziale *Perspektivenübernahme* als domänenspezifische Kompetenz vorgeschlagen (Behrmann/ Grammes/Reinhardt 2004, May 2007, Petrik 2007). Die Fähigkeit zur sozialen Perspektivenübernahme ist in ihrer Bedeutung für Demokratiefähigkeit und die oben genannten Kompetenzen kaum zu überschätzen. Ich möchte hier jedoch die These vertreten, dass soziale Perspektivenübernahme selbst *keinen eigenständigen Beitrag* zur Bewältigung der Anforderung demokratischer Politik leistet, und sie deshalb unter der Maßgabe eines möglichst übersichtlichen Kompetenzsets außen vor lassen. Soziale Perspektivenübernahme wird bei der Bewältigung der Anforderungen demokratischer Politik gleichwohl *durch die anderen Kompetenzen wirksam*: Die Reichweite der sozialen Perspektivenübernahme (Person, Gruppe, System) strukturiert (1) die soziale Analyse, (2) das moralische Urteil und (3) die Vermittlung konfligierender Urteile (vgl. May 2007: 247-281).

> „Dem deskriptiven [analysierenden; M.M.] wie den präskriptiven [moralisch wertenden; M.M.] Bereich sozialer Kognition liegt als einheitliche Tiefenstruktur des sozialen Denkens die Struktur der Perspektivenübernahme zugrunde [...]. Die Tiefenstruktur des sozialen Verstehens bildet die grundlegende Einheit, die das bereichsspezifisch entwickelte Denken über die Elemente und Projekte der sozialen Realität, Selbst und Andere, interpersonale Beziehungen und gesellschaftliche Institutionen, Rollen, Normen und Regeln zusammenhält." (Edelstein/Keller 1982: 30 f.)

Dies soll knapp am Beispiel sozialwissenschaftlichen Analysierens verdeutlicht werden: Hans Furth (1982) hat vor bereits mehr als 25 Jahren die Analyse des Kaufvorgangs bei Kindern beobachtet und eine Entwicklungslogik festgestellt. Demnach wird Kaufen und Verkaufen zunächst personalisiert. Der Kaufmann hat einen Laden, weil er Spaß daran hat Geld zu erhalten und Waren und Geld herauszugeben. Erst mit zunehmendem Alter wird ein immer differenzierteres Konzept von Tausch entwickelt, das die Wahrnehmung des Kaufvorgangs strukturiert. Das Hauptmerkmal der Entwicklung liegt darin, dass die Kinder den Tausch zunächst nur auf die beteiligen Personen beschränken. Es gelingt dann noch nicht, den Tausch in ein umfassendes System einzuordnen und zu erkennen, dass auch der Kaufmann Geld verlangt, weil er selbst welches für die Waren bezahlt hat und in einem größeren wirtschaftlichen Zusammenhang agiert.

4. Kompetenzmodellierung im Rahmen jüngerer empirischer Studien

Die Fragen, was unter Kompetenzen zu verstehen und welche Kompetenzen für politisch-demokratisches Lernen notwendig seien, bildeten bislang einen ersten Schwerpunkt der fachdidaktischen Diskussion über kompetenzorientierte politische Bildung. Weniger Aufmerksamkeit wurde der *empirischen Frage* nach der Erfassung von Kompetenzen sowie der *konzeptionellen Frage* nach Inhalt und Methoden eines kompetenzorientierten Unterrichts gewidmet. Wenngleich beide Schwerpunkte für die Etablierung einer kompetenzorientierten politisch-demokratischen Bildung unabdingbar sind und insbesondere die Entwicklung kompetenzorientierter Unterrichtsmodule vernachlässigt wird (außer: Backhaus/Moegling/Rosenkranz 2008), sollen im folgenden lediglich erste empirische Studien vorgestellt werden.

Eine zentrale Aufgabe der empirischen Kompetenzerfassung besteht darin, verschiedene Ausprägungen einer Kompetenz valide zu identifizieren und somit ein Kompetenzmodell zu erstellen. Damit geht die Möglichkeit einher, Schülerinnen und Schülern bestimmten Ausprägungen der Kompetenz zu- bzw. sie auf einer Kompetenzskala einzuordnen. Empirische Kompetenzerfassung heißt dann, Schüler und Schülergruppen zu testen, um deren Kompetenzniveau zu bestimmen.

Einige jüngere empirische Studien haben sich mit diesem Problem der Kompetenzmodellierung beschäftigt. Die meisten der Studien (außer Götzmann 2008) sind als Wirkungsforschungen im Bereich der politisch-demokratischen Bildung zu verstehen. Sie sind im Kontext von Unterrichtsversuchen entstanden und streben an, den Outcome des Unterrichts auf einer Kompetenzniveauskala darzustellen. Dabei standen allerdings jeweils verschiedene Kompetenzen im Mittelpunkt (siehe unten). Auch die empirisch-methodischen Zugänge variieren deutlich: Die Untersuchungen von Sabine Manzel (2007, 2008), Maria Eyrich-Stur (2007) und Anke Götzmann (2008) liefern quantitative Indizien zur Niveaubildung, da sich ihre Aussagen auf Häufigkeitswerte stützen. Da es sich bei der Studie von Andreas Petrik (2007) um eine qualitative Studie handelt, wird auf probabilistische Aussagen verzichtet.

Schließlich unterscheiden sich die Studien auch hinsichtlich der *formalen Kriterien*, nach denen die Kompetenzniveaus gebildet werden. Die Frage, *was eine höhere Kompetenzausprägung von einer niedrigeren unterscheidet*, wird in der Regel zu Gunsten eines pragmatischen Vorgehens zu wenig reflektiert und von den Autoren jeweils verschieden beantwortet. Meines Erachtens liegt in dieser Frage die theoretische Hauptschwierigkeit der aktuellen Kompetenzbewegung in der politisch-demokratischen Bildung. Gleichwohl ist mit den angesprochenen Studien ein Forschungsstand erreicht, der einen vergleichenden Blick ermöglicht. Im Folgenden sollen die Studien zu einzelnen oben vorgestellten Kompetenzen deswegen *hinsichtlich der Niveaubildungskriterien* systematisch durchgesehen und verglichen werden.

4.1 Politische Urteilskompetenz

Taxonomierung: Sabine Manzel (2007, 2008) geht es in ihrer standardisierten Untersuchung (Fragebögen mit geschlossenen und offenen Antwortformaten) um die Modellierung von politischer Urteilskompetenz; manchmal ist auch die Rede von Politikkompetenz. Die Autorin geht in ihrer quasi-experimentellen

Studie zum Erfolg einer internetbasierten Unterrichtseinheit (WebQuest) davon aus, dass politische Urteilsfähigkeit durch die Niveaus

- politisches Verstehen
- politisches Analysieren und
- politisches Urteilen

progressiv graduiert werden kann (vgl. Manzel 2008: 283). Den Kompetenzniveaus wurden theoriegeleitet spezifische Aufgabentypen zugewiesen. Es lag die Annahme zugrunde, dass politisches Verstehen weniger schwer zu leisten sei als Analysieren als politisches Urteilen. Diese Annahme wurde durch die statistische Auswertung bestätigt: Aufgaben zum Verstehen wurden von prozentual mehr Schülerinnen und Schülern *vollständig* gelöst als Aufgaben zum Analysieren als Aufgaben zum politischen Urteilen. Entsprechend erscheint es nun möglich, Schüler oder Klassen auf den Kompetenzniveaus einzuordnen.

Mit der vorgestellten Niveaubildung politischer Urteilskompetenz folgt Manzel letztlich der Vorgehensweise der Einheitlich Prüfungsanforderungen (EPA) zur Konstruktion von Klausur und Prüfungsaufgaben. Der theoretische Hintergrund dieser Vorgehensweise, der als pragmatisch gekennzeichnet wird, bleibt unbeleuchtet. Meines Erachtens steht die Autorin in der Tradition von Benjamin Bloom (1972). Dessen taxonomischer Ansatz geht davon aus, dass bestimmte Lernziele die Voraussetzung für andere sind. Verstehen ist Teil und Voraussetzung von Analysieren, Analysieren ist Teil und Voraussetzung von Urteilen. Nur auf der Grundlage etwas Verstandenen könne eine Analyse erfolgen, die wiederum die Bedingung eines Urteils sei. Blooms Ansatz geht damit auch davon aus, dass Verstehen einfacher zu leisten sei als Analysieren als Urteilen. Die kognitiven Anforderungen werden aufsteigend immer komplexer und schwieriger zu realisieren.

Wie bereits erwähnt bestätigt Manzel mit ihrer Untersuchung diese Annahme. Was von der Autorin jedoch nicht geleistet wird, ist die angestrebte progressive Graduierung politischer Urteilsfähigkeit *selbst*. Dazu dürfte es bei der Niveaubildung nicht um *Voraussetzungen* und *Teilaspekte* (verstehen, analysieren) von politischer Urteilskompetenz, sondern um deren Ausprägungen bzw. Graduierung gehen. Zu fragen wäre nicht, welche anderen Fähigkeiten Urteilskompetenz bedingen, sondern beispielsweise was ein angemessenes von einem weniger angemessenen politischen Urteil unterscheidet.

Niveaubildung in der PISA-Tradition: Maria Eyrich-Stur (2007) widmet sich in ihrer Arbeit der inhaltsanalytischen Erfassung und statistischen Auswertung von politischer Urteilskompetenz mit Hilfe von 89 Schülerurteilen zum NPD-Verbot. Im Zentrum der theoriegeleiteten Niveaubildung politischer Urteilskompetenz steht die *kategoriale Güte der Urteile*. Die Autorin fragt, ob die

Schülerinnen und Schüler in der Lage sind, möglichst *viele* Kategorien (Legitimität, Effizienz) und Perspektiven (System, Adressaten, Betroffene) in das Urteil einzubeziehen (Bedeutungsdichte), möglichst *viele* Zusammenhänge und logische Verknüpfungen der Aspekte herzustellen (Relationsdichte) und all dies in einer möglichst *abstrakten und formalen* Sprache darzustellen (sprachlicher Abstraktionsgrad). Diese progressive Graduierung wird auf der Grundlage eines Punktsystems in fünf Niveaustufen übersetzt. Die pro Schüler erreichte Ausprägung von Bedeutungsdichte, Relationsdichte und sprachlicher Abstraktion wird dann für die Niveaubestimmung des politischen Urteils mit einem bestimmten Punktwert versehen. Die Schüler können somit auf der fünfstufigen Skala eingeordnet werden. Auch bei Eyrich-Stur konnte das Niveaumodell durch die statistische Auswertung bestätigt werden: Da jeweils mehr Schüler niedrigere Kompetenzniveaus (Punktzahlen) erreichten als höhere, kann man davon ausgehen, dass eine höhere Ausprägung von Bedeutungsdichte, Relationsdichte und sprachlicher Abstraktion schwieriger zu erreichen ist als eine niedrigere.

Eyrich-Sturs Vorgehensweise verwendet insbesondere die *Anzahl beachteter und verknüpfter Kategorien und Perspektiven als Kriterium der Unterscheidung von Kompetenzniveaus.* Diese bilden einen Zuwachs an Umfang und Komplexität des Urteils ab. Es geht also nicht um eine Taxonomierung, nicht um die Voraussetzungen und Teilaspekte von politischer Urteilskompetenz, sondern um ein Ausprägungsspektrum der Kompetenz selbst. Damit folgt die Autorin dem Ansatz der quantitativen Leistungsdiagnostik im Sinne der PISA-Studien: Sie strebt keine entwicklungspsychologisch inspirierte qualitative Unterscheidung der Niveaus an, sondern eine gleichsam von außen herangetragene quantitative Erfassung kategorialer Leistungsdimensionen (vgl. Hartig/Klieme 2006: 134).

4.2 Kompetenz zur Vermittlung konfligierender Positionen (Konfliktkompetenz)

Strukturgenetischer Ansatz: Andreas Petrik (2007) fokussiert im empirischen Teil seiner qualitativen Studie insbesondere die *Kompetenz zur Vermittlung konfligierender Positionen* (und mit politischer Selbstkompetenz eine oben nicht erwähnte Kompetenz). Bezugnehmend auf das Kompetenzmodell der Arbeitsgruppe Sozialwissenschaften (Behrmann/Grammes/Reinhardt 2004) schlägt der Autor ein vierstufiges Kompetenzmodell vor:

- homogenisierende, konfrontative, diskursverweigernde Tendenzen (strukturierendes Kriterium: personales Denken)
- individuelle Positionsbegründung und kollektive Konfliktdefinition (strukturierendes Kriterium: öffentlich-parteiliches Denken)

- gegenseitige Prüfung der Prämissen auf verallgemeinerungsfähige Lösungsverfahren (strukturierendes Kriterium: institutionelles Denken)
- Reflexion des eigenen Diskussionsprozesses (strukturierendes Kriterium: systemisches Denken)

Durch die Argumentationsanalyse in einer Dorfgründungssimulation gelingt es Petrik, den Bildungsgang von drei Schülern bezüglich der Konfliktkompetenz zu rekonstruieren. Der Bildungsgang zeigt, wie sich die Schüler über die Phasen der Dorfgründungssimulation hinweg auf den verschiedenen Kompetenzniveaus bewegen. Das Kompetenzmodell wurde dabei nicht nur als Interpretationsfolie für die Einordnung der Schülerargumentationen herangezogen, sondern selbst durch die empirischen Befunde bestätigt, erweitert und differenziert.

Petriks Niveaubildung orientiert sich an einem entwicklungslogischen Modellierungskriterium. Im Mittelpunkt des Interesses stehen auch hier nicht die Voraussetzungen von Konfliktkompetenz (Taxonomie), sondern die Ausprägungen der Kompetenz selbst. Allerdings wird nicht ein (bloß) quantitativer Zuwachs an Umfang und Komplexität von Konfliktkompetenz (PISA-Tradition) untersucht; die Niveaus orientieren sich vielmehr an einer *qualitativen Entwicklung*, die ihrerseits maßgeblich durch die kognitive Entwicklung der sozialen Perspektivenübernahmefähigkeit beeinflusst ist: Die Konfliktkompetenz folgt der Fähigkeit, die zunehmende Überwindung einer egozentrischen Wahrnehmung der sozialen Umwelt (personal -> transpersonal) in Konfliktdefinition und Lösungsstrategien zu integrieren. Petrik orientiert sich hiermit – trotz einiger Unterschiede – an einem strukturgenetischen Ansatz in der Tradition von Piaget und Kohlberg, nachdem kognitive Fähigkeiten die Wahrnehmung von und den Umgang mit der sozialen Welt strukturieren.

4.3 Sozialwissenschaftliche Analysekompetenz und Basiskonzepte

Sozialwissenschaftliche Analysekompetenz ist oben als die Fähigkeit definiert worden, die Regeln und Codes des jeweiligen Funktionsbereiches (z. B. Politik, Wirtschaft) kognitiv angemessen zu repräsentieren und konkrete Sachverhalte und Ereignisse des Funktionsbereiches unter Rückgriff auf diese Regeln zu erklären. Voraussetzung für die Analyse sind also kognitive Konzepte zu Regeln und Prinzipien des zu erklärenden Funktionsbereiches. Diese sogenannten Basiskonzepte, die den Kernbestand des Fachwissens bilden, werden bei der Analyse herangezogen und strukturieren die Wahrnehmung und Erklärung eines Sachverhaltes im Funktionsbereich. Wenn ich z. B. den Kaufvorgang (Sachverhalt) erklären soll, muss ich über ein angemessenes Konzept von ‚Tausch' verfügen.

Angesichts des geschilderten Zusammenhangs von sozialwissenschaftlichem Analysieren und Basiskonzepten liegt ein weiterer Schwerpunkt theoretischer und empirischer Arbeit auf der Erforschung von Basiskonzepten (vgl. die Beiträge von Kapitel 3 in Weißeno 2008). Bevor ich erste empirische Untersuchungen vorstelle, soll kurz geklärt werden, was unter dem Theorem „Basiskonzept" verstanden wird. *Basiskonzepte* sind durch kognitive Operationen erzeugte Modellvorstellungen oder Theorien zum Erkenntnisgegenstand, die eine subjektive (evtl. intersubjektive) Plausibilität aufweisen. Sie werden in der Regel begrifflich verdichtet und – im Sinne Kants – als Erkenntnis steuernde Kategorien ausformuliert (Macht, Konflikt etc.). Basiskonzepte werden durch die Auseinandersetzung mit *Phänomen* der Welt bzw. des Gegenstands konstruiert. Die Phänomene sind erfahrbare Ereignisse, Sachverhalte oder Situationen innerhalb von Welt. Sie lösen Handlungswiderstände aus und wirken so auf die subjektiven Konstruktionen der (Basis-)Konzepte (vgl. Petrik 2007).

Abbildung 2:   *Basisphänomene*

Welt	*Phänomene*: Ereignis, Situation, Sachverhalt, Codes, Funktionsprozesse	Beispiel: Prozesse der Machtbildung
Handlungswiderstände/ Wirkung	(Auseinandersetzung)	Konstruktion/ Einflussnahme
Subjekt	*(Basis)Konzepte*: Theorien: mentale Modelle, kognitive Schemata, kognitive Repräsentationen *Begriffe*: Kategorien	Beispiel: Theorien der Machtbildung

Welche Basisphänomene und Konzepte für politisch-demokratisches Lernen relevant sind, ist noch umstritten. Am erfolgversprechendsten erscheinen meines Erachtens Versuche, die Konzepte aus politikwissenschaftlichen (Politikzyklus) und politik-soziologischen (Systemtheorie der Gesellschaft, Systemtheorie der Politik) Analysen des Phänomenbereichs – demokratische Politik – zu gewinnen (vgl. Massing 2008). Ich verzichte an dieser Stelle auf weitere Vorschläge zu

Basiskonzepten und arbeite ggf. mit Beispielen, von denen ich glaube, dass sie
Teil eines Konsenses sein könnten.

Zu Basiskonzepten liegt im Kontext der Politikdidaktik eine erste Studie
von Anke Götzmann (2008) vor. Die Autorin stellt ihre Untersuchung nicht
ausdrücklich in den Kontext einer kompetenzorientierten Politikdidaktik. Für
die Modellierung von sozialwissenschaftlicher Analysekompetenz ist die Untersuchung dennoch weiterführend, da Analyse oben als die Verwendung von
Basiskonzepten bei der Beschreibung und Erklärung der sozialen und politischen Welt gefasst wurde. Die Frage nach der Graduierung von Analysekompetenz kann somit über die *Modellierung der Verwendung von Basiskonzepten*
erfolgen.

Konzeptwechsel-Ansatz: Anke Götzmann hat in ihrer quantitativen Studie (voll-
standardisierte Interviews) mit 872 Schülerinnen und Schülern der Klassenstu-
fen eins und vier die bei den Schülerinnen und Schülern vorherrschenden Basiskonzepte zu Macht, Öffentlichkeit, Krieg und Wahlen untersucht. Die Basiskonzepte der Kinder wurden nicht nur in Abhängigkeit vom Alter, sondern auch
in Abhängigkeit zum Geschlecht untersucht. Dabei gelang es der Autorin zu
zeigen, dass die jüngeren Schülerinnen und Schüler eher Misskonzepte aufweisen und über weniger komplexe Konzepte verfügen als die älteren. Die Hypothese, dass Jungen komplexere und angemessenere Konzepte aufweisen als
Mädchen konnte durch die Auswertung der Daten jedoch nur eingeschränkt
bestätigt werden.

Vor dem Hintergrund des kompetenzorientierten Ansatzes kann man
Götzmann in dem Sinne reinterpretieren, dass in ihrer Studie die Wahrnehmung
der sozialen Welt im Anschluss an den Konzeptwechsel-Ansatz modelliert wird.
Das Kriterium der Modellierung ist hierbei die *fachliche Angemessenheit* der
zur Analyse verwendeten Basiskonzepte. Demnach analysieren jüngere Schüler
die sozialen und politischen Phänomene mithilfe subjektiv schlüssiger, aber
wissenschaftlich unzulänglicher Konzepte bzw. naiver Theorien. Ältere Schüler
dagegen verfügen über bereits elaboriertere, komplexere und stimmigere Konzepte.

Die Erklärung des Konzeptwechsels erfolgt nach Götzmann *in Abgrenzung*
zu einem strukturgenetisch-konstruktivistischen Ansatzes. Der strukturgenetische Ansatz im Anschluss an Piaget geht davon aus, dass die subjektive Konstruktion von Basiskonzepten der Entwicklung formaler kognitiver Fähigkeiten
folgt; der erreichte kognitive Entwicklungsstand wirkt sich demnach gleichermaßen auf verschiedene Bereiche oder Domänen aus. Demnach kann – wie
oben gezeigt – die Überwindung einer personalen hin zu einer transpersonalen

Konstruktion sozialer Realität als Tiefenstruktur sozialen Verstehens bzw. sozialwissenschaftlichen Analysierens gelten. Im Gegensatz dazu betont Götzmann die Bereichsspezifität der Entwicklung. Konzeptwechsel treten singulär in bestimmten inhaltlichen Bereichen auf. Sie erfolgen spontan aus dem vorhandenen Vorwissen und dem neu zugänglichen Wissen (vgl. Weißeno 2006: 128). Damit gewinnen externe Faktoren – wie zugängliche und angemessene Informationen – einen größeren Stellenwert.

Wenngleich also tiefergehende Annahmen über die ontogenetische Entwicklung des sozialen Verstehens außen vor gelassen werden, so greift der Konzeptwechsel-Ansatz doch ggf. auf die Lerntheorie Piagets zurück. Demnach kommt es zu einem Konzeptwechsel, wenn die Assimilation einer (naiven) Theorie oder eines Konzepts an die soziale Wirklichkeit nicht mehr funktioniert, wenn der Umgang mit der sozialen Realität auf Grundlage der ‚alten' Theorie als unbefriedigend wahrgenommen wird. Mit Hilfe neuen Wissens und durch die Umstrukturierung der alten Konzepte findet dann eine Akkommodation der Konzepte an den zu verstehenden Sachverhalt statt. Dieser wird neu und besser verstanden (Krüger 2007: 81 f., Weißeno 2006: 129).

5. Zusammenfassung

Die Vorstellung der verschiedenen Kompetenzmodellierungen verdeutlicht die Heterogenität der Forschungslandschaft. Skizziert wurden vier Wege der theoriegeleiteten Modellierung von Kompetenzniveaus:

1. Der *taxonomische Ansatz* ist in der Lage, die Voraussetzungen von *politischer Urteilskompetenz* zu identifizieren und empirisch zu validieren. Er beschreibt implizit einen Lernweg von gleichsam vorbereitenden, einfacheren Kompetenzen (verstehen, analysieren) hin zu politischer Urteilskompetenz. Mit dem Ansatz kann somit gleichzeitig den Fragen nach Lernwegen und Leistungsniveaus nachgegangen werden.

2. Der *an PISA orientierte Ansatz* graduiert *politische Urteilskompetenz* am Kriterium der zunehmenden Komplexität hinsichtlich von kategorialer Bedeutungsdichte, Relationsdichte und sprachlicher Abstraktion. Auch hier unterscheiden sich die Kompetenzniveaus in der Schwierigkeit; Aussagen zu Lernwegen sind damit jedoch nicht verbunden. Der Ansatz ist deshalb insbesondere dann geeignet, wenn man sich für ein vergleichendes Leistungsmonitoring im Sinne der PISA-Studien interessiert.

3. Der *strukturgenetische Ansatz* graduiert *Konfliktkompetenz* am Kriterium sozialer Perspektivenübernahme. Die Ausweitung der Fähigkeit sozialer Perspektivenübernahme von der Person über die Gruppe hin zum System

ermöglicht je spezifische Definitionen der Konfliktsituation und Lösungs-strategien. Die verschiedenen Kompetenzniveaus bezeichnen individuelle Entwicklungsstufen. Entsprechend ist der Ansatz für den Nachvollzug von individuellen Lernprozessen auf der Grundlage einer strukturgenetischen Entwicklungstheorie geeignet. Er gibt Hinweise auf die Voraussetzungen von Lernenden und regt Unterrichtsmodelle an.

4. Der *Konzeptwechsel-Ansatz* thematisiert die domänenspezifische Entwick-lung von Basiskonzepten bei der Analyse sozialer Realität. *Sozialwissen-schaftliche Analysekompetenz* wird hier am Kriterium der Ausprägung von Basiskonzepten graduiert. Wenig angemessene und elaborierte Konzepte stehen besser angemessenen und elaborierten Konzepten bei der Analyse sozialer Sachverhalte gegenüber. Durch den Konzeptwechsel wird ein Lernweg beschrieben, wobei dieser maßgeblich an die (unterrichtliche) Be-reitstellung von Theorien und Konzepten und weniger an übergreifende kognitive Entwicklungsstadien geknüpft ist.

Die Entscheidung für einen Ansatz sollte reflektiert und begründet erfolgen. Keiner der vorgestellten Ansätze kann einen privilegierten Zugang zum Problem der Niveaubildung beanspruchen; sie verfolgen je spezifische und gleichberech-tigte Erkenntnisinteressen. Eine reflektierte und begründete Auswahl ermöglicht jedoch, die spezifische Leistung des jeweiligen Modells präziser einzuschätzen. Für Fachdidaktiker und Lehrende mögen insbesondere solche Kompetenzmo-delle relevant sein, die einen Lernweg beschreiben und Interventionsmöglich-keiten nahe legen. Bildungspolitiker wird dagegen eher die vergleichende Er-mittlung von Leistungsniveaus und deren Determinanten interessieren.

Literatur

Backhaus, Kerstin/Moegling, Klaus/Rosenkranz, Sunanne (2008): Kompetenzorientierung im Poli-tikunterricht. Kompetenzen, Standards, Indikatoren in der politischen Bildung der Schulen. Sekundarstufen I und II. Baltmannsweiler: Schneider Verlag Hohengehren

Behrmann, Günter C./Grammes, Tilman/Reinhardt, Sibylle (2004): Politik: Kerncurriculum Sozial-wissenschaften in der gymnasialen Oberstufe. In: Tenorth, Heinz-Elmar (2004): 322-406

Bloom, Benjamin S. (Hrsg.) (1972): Taxonomie von Lernzielen im kognitiven Bereich. Wein-heim/Basel: Beltz

Edelstein, Wolfgang/Keller, Monika (Hrsg.) (1982): Perspektivität und Interpretation. Beiträge zur Entwicklung sozialen Verstehens. Frankfurt a.M: Suhrkamp

Eyrich-Stur, Maria (2007): Wie lässt sich die Qualität politischer Urteile empirisch messen? – Methodisches Design und Ergebnisse einer explorativen Studie. In: GPJE (2007): 45-60

Furth, Hans G. (1982): Das Gesellschaftsverständnis des Kindes und der Äquilibrationsprozess. In: Edelstein, Wolfgang/Keller, Monika (1982): 188-215

Götzmann, Anke (2008): Politische Konzepte von Grundschüler/-innen. In: GPJE (Hrsg.)(2008): 124-135

GPJE (Hrsg.) (2008): Diversity Studies und politische Bildung. Schriftenreihe der Gesellschaft für Politikdidaktik und politische Jugend- und Erwachsenenbildung. Bd. 7. Schwalbach: Wochenschau-Verlag

GPJE (Hrsg.) (2007): Wirkungsforschung zur politischen Bildung im europäischen Vergleich. Schriftenreihe der Gesellschaft für Politikdidaktik und politische Jugend- und Erwachsenenbildung. Bd. 6. Schwalbach: Wochenschau-Verlag

GPJE (Hrsg.) (2004): Nationale Bildungsstandards für den Fachunterricht in der politischen Bildung. Ein Entwurf. Schwalbach/Ts: Wochenschau-Verlag

Hartig, Johannes/Klieme, Eckhard (2006): Kompetenz und Kompetenzdiagnostik. In: Schweizer, Karl (Hrsg.) (2006): 127-143.

Keller, Monika/Edelstein, Wolfgang (1982). Perspektivität und Interpretation. Zur Entwicklung des sozialen Verstehens. In: Edelstein, Wolfgang/Keller, Monika (1982): 9-43

Krüger, Dirk/Vogt, Helmut (2007): Handbuch der Theorien in der biologiedidaktischen Forschung. Heidelberg: Springer Verlag

Krüger, Dirk (2007): Die Conceptual Change-Theorie. In: Krüger, Dirk/Vogt, Helmut: 81-92

Manzel, Sabine (2007). Kompetenzzuwachs im Politikunterricht: Ergebnisse einer Interventionsstudie zum Kernkonzept Europa. Münster u.a.: Waxman Verlag

Manzel, Sabine (2008): Ein Wissenstest zu Europa für den Politikunterricht. In: Weißeno, Georg (Hrsg.) (2008): 279-292

Massing, Peter (2008): Basiskonzepte für die politische Bildung. Ein Diskussionsvorschlag. In: Weißeno, Georg (2008): 184-198

May, Michael (2007): Demokratiefähigkeit und Bürgerkompetenzen. Kompetenztheoretische und normative Grundlagen der politischen Bildung. Wiesbaden: VS Verlag

May, Michael (2008): Erfahrungsorientiertes Lernen in der politischen Bildung. Zur bundesdeutschen Kontroverse zwischen Demokratiepädagogik und Politikdidaktik. In: Erziehung & Unterricht. Österreichische Pädagogische Zeitschrift. Jg. 157, Heft 3/4. 202-211

Petrik, Andreas (2007).: Von den Schwierigkeiten ein politischer Mensch zu werden. Konzept und Praxis einer genetischen Politikdidaktik. Opladen/Farmington Hills: Verlag Barbara Budrich

Petrik, Andreas (2008): Basiskonzepte, Brückenbildung, Kompetenzentwicklung? Dewey, Spranger, Wagenschein und Piaget! Drei politikdidaktische Kontroversen und vier genetische Lösungsvorschläge. In: Gesellschaft – Wirtschaft – Politik (GWP). Jg. 56, Heft 4. 555-568

Rychen, Dominique S./ Salganik, Laura H. (Hrsg.) (2001): Defining and Selecting Key Competencies. Seattle/ Toronto/ Bern/ Göttingen: Hofgrefe & Huber

Schweizer, Karl (Hrsg.) (2006): Leistung und Leistungsdiagnostik. Heidelberg: Springer Verlag

Tenorth, Heinz-Elmar (Hrsg.) (2004): Kerncurriculum Oberstufe. Biologie, Chemie, Physik, Geschichte, Politik. Expertisen – im Auftrage der KMK. Weinheim/Basel: Beltz

Weinert, Franz E. (2001): Concept of Competence: A Conceptual Clarification. In: Rychen, Dominique S./Salganik, Laura H. (2001): 45-65

Weißeno, Georg (Hrsg.) (2006): Politik und Wirtschaft unterrichten. Bonn: Bundeszentrale für politische Bildung

Weißeno, Georg (2006): Kernkonzepte der Politik und Ökonomie – Lernen als Veränderung mentaler Modelle. In: Weißeno, Georg (2006): 120-141

Weißeno, Georg (Hrsg.) (2008): Politikkompetenz. Was Unterricht zu leisten hat. Bonn: Bundeszentrale für politische Bildung

Leistungsbeurteilung zwischen allgemeiner Didaktik und Demokratiepädagogik

Silvia-Iris Beutel

1. Leistungsbeurteilung als Sanktion und Ausschluss

Drei auf den ersten Blick eigenständige Themen von Schule und politischer Bildung sollen hier zueinander in Beziehung gesetzt werden. Was haben Leistungsbeurteilung, Didaktik und Demokratie miteinander zu tun? Eine Szene aus Else Urys Mädchenbuchserie „Nesthäkchen" von 1919 gibt erste Hinweise auf diesen pädagogischen Dreiklang. Die literarische Hauptfigur – das Mädchen Annemarie Braun – fordert und nutzt mit ihrer Vita Bildungsmöglichkeiten, die in der Neuordnung des höheren Mädchenschulwesens von 1908 ihren Niederschlag gefunden hatten. Das Tor zu höherer Bildung und zum Abitur als Voraussetzung zur Aufnahme eines Studiums war für die bürgerlichen Mädchen ihrer Generation erstmals geöffnet, die „dreifache Bestimmung des Weibes – zur Gattin, zur Mutter und zur Vorsteherin des Hauswesens" (Campe 1789: 88ff.) damit allerdings nicht aufgehoben. In den Schulen dominieren tradierte Vorstellungen der Mädchensozialisation. Sie werden mit den seinerzeit neu eingeführten Kopfnoten „Unterordnung" und „Widerspruchslosigkeit" belohnt. Damit sind für eine geschlechter-ungerechte Gesellschaft wirksame Korrektive in Blick auf das weibliche Streben nach Selbstbestimmung vorherrschend. Eine Schlüsselszene des Mädchenromans verdeutlicht, wie im Lehren, Lernen und Bewerten Mitsprache und Dialogerwartung der Schülerschaft abgewehrt werden sollen:

Annemarie Braun wird während einer Lateinarbeit mit ihrer Klasse zum Schneefegen abgeordnet. Unter der Aufsicht ihrer Lehrerin kommen die Mädchen der Aufgabe nach. Zur Belohnung bietet ein Konditor nach getaner Arbeit Schokolade und Kuchen an. Die Mädchen folgen der Einladung ohne die Erlaubnis ihrer Lehrerin einzuholen, werden jedoch von ihr entdeckt und nach Hause geschickt. Am nächsten Morgen erwarten die Schülerinnen angstvoll weitere Strafmaßnahmen, die die Lehrerin sogleich mit in Kopfnoten ausgedrückten Verhaltensurteilen erteilt:

> „Ungehorsam, der verdient eine exemplarische Strafe...Ich sehe mich also genötigt, die betreffenden fünf Schülerinnen wegen Ungehorsam unter Tadel zu schreiben und ihnen auf dem Zeugnis in Betragen Nummer drei zu geben..." (Ury 1927: 37.) Annemarie, die dies als un-

gerecht empfindet und zudem elterliches Verständnis gefunden hat, versucht mit der Lehrerin zu verhandeln. Diese duldet keinen Widerspruch: „Du willst deiner Lehrerin Vorschriften machen? Kein Wort mehr!" (Ebd.: 38). Obgleich Annemarie eine leistungsstarke Schülerin in Deutsch ist, wird sie auch im Unterricht ignoriert. Auf ihre eindringliche Wortmeldung hin wird sie erneut schriftlich getadelt. Dies wiegt nun doppelt schwer, denn Annemaries Freundinnen behaupten, „dass man mit einem Doppeltadel nicht in die Obersekundar versetzt werden könne" (ebd: 51). So schlimm kommt es in der Geschichte zwar nicht, doch nimmt die Mutter zu Hause Anstoß an den Tadeln und kommentiert auf dem ansonsten guten Zeugnis lediglich die Kopfnote Betragen: „Nun bist du schon sechzehn Jahre alt, wann wirst du endlich lernen, bescheiden den Mund zu halten?" (a.a.O.)

Diese Szene zeigt, dass Anpassung und Gehorsam zum schulischen Verhaltenskodex dieser Zeit gehören. Sie prägen die Interaktion von Lehrenden und Lernenden und ein Unterrichtskonzept, das für Eigeninitiative und Mitsprache keinen Raum lässt, den Wunsch nach Leistung bisweilen sogar abwehrt. Im Zeugnis als Dokument schulischer Arbeit bildet sich diese Erziehungsabsicht der Schule in der Benotung von Betragen, Fleiß, Ordnung und Mitarbeit ab, optisch hervorgehoben durch die Platzierung dieser Noten am Kopf des Zeugnisses. Der Werdegang der Schülerschaft, speziell der Mädchen und ihre Eingliederung in die Gesellschaft wird in starker Abhängigkeit von dieser Schuldisziplin gewertet. Die gesellschaftliche Rollenerwartung an Frauen lässt Widerspruch und Forderung nach Gleichbehandlung nicht zu. Die Episode verdeutlicht, wie schulische Leistungsbeurteilung schon immer erzieherische Funktionen der Schule bereithält und zur Allokation der Zöglinge in die gesellschaftliche Hierarchie und in die Geschlechterstereotype beiträgt – oft durch Sanktion und Ausschluss. Leistungsbeurteilung, allgemeine Didaktik des Unterrichts und eine politisch folgenreiche Erziehung hängen zusammen. Repression und Progression waren gleichzeitig in Erziehung und Schule Markenzeichen der Epoche. Nun hat sich seither vieles gewandelt. Von einer Praxis der Leistungsbeurteilung in der Schule aber, die didaktisch eng an das Lernen und dessen Optimierung gebunden ist und ebenso grundlegende Strukturmerkmale, Prozessqualitäten und Produkte kultiviert, die demokratischen und demokratiepädagogischen Standards genügen könnte, sind wir dennoch weit entfernt.

Der Beitrag geht im Folgenden im Rückgriff auf die Reformpädagogik der 1920er Jahre auf die Anfänge eines pädagogischen Leistungsbegriffs ein (2). Anschließend diskutiert er die didaktische Dimension der Leistungsbeurteilung (3). Schließlich wird exemplarisch die Praxis der Laborschule Bielefeld für Leistungsbeurteilung als demokratisches Erfahrungslernen gewürdigt (4). Wie zudem Formen und Verfahren der Mitwirkung an Selbstreflexion und Beurteilung etabliert werden, zeigen Beispiele innovativer Schulen, die der Deutsche Schulpreis dokumentiert (5). Mit einer Zusammenfassung schließt der Text (6).

2. Leistungsbeurteilung als individuelle Würdigung

Die Leistungsbeurteilung ist für das Verhältnis von Schule und moderner Gesellschaft entscheidend. Das Berechtigungswesen – die Kopplung einer staatlich gewährten höheren Bildung an die Leistungsnachweise der Lernenden – ist ein emanzipatorisches Spezifikum gegenüber vorausgehenden Zugangssystemen, die von Staat und Kirche geprägt waren, weil es Zugang zu Laufbahn und gesellschaftlicher Teilhabe prinzipiell unabhängig von Herkunft, sozialem Status und Geld gewährt. Andererseits ist das Schulwesen in Deutschland durch diese Verbindung von Leistungsbeurteilung und Berechtigung nach wie vor sozial selektiv. Zudem ist die staatliche Schule keine von sich aus demokratische Institution. Ihr Charakter ist rechtlich gesehen der eines Teils der Exekutive, deren Handlungsqualität hinter der demokratischen Entscheidung im Gesetzgebungsverfahren liegt. Partizipatorische Ansprüche und Effekte muss sie also in ihrer Kultur und Alltagsqualität entfalten. Das gilt auch für die Leistungsbeurteilung als Zugang und Herausforderung der demokratischen Qualität von Schule.

Es verwundert nicht, dass die Durchsetzung von Zensuren und Zeugnissen historisch gesehen von Anfang an mit stetiger Kritik einhergeht. Die Schulgründer der Reformpädagogik haben mit Ablehnung auf die seinerzeit gängige Zensurenpraxis gesehen und nach anerkennungsbezogenen Formen der verbalen Beurteilung gesucht. Das notenfreie Zeugnis sollte die Gesamtpersönlichkeit der Lernenden würdigen und den Erfolg von Schule an individuellen Entwicklungsschritten aufzeigen. Mit in freiem Wortlaut formulierten Lernberichten sollte die Reform der Schule beschleunigt werden. Dabei ging es um „... Versuchsschulen, die in dem besonderen politischen, sozialen und gesellschaftlichen Milieu des Umbruchs vom Kaiserreich zur Republik, vom Untertanengeist zu demokratischer Gesinnung, vom autoritätsfixierten, geschlossenen Unterricht zu gemeinschaftlichen offenen Ansätzen angesiedelt waren" (Hansen-Schaberg 2002: 1). Mit dem jeweiligen Schulprofil und der dortigen Pädagogik in enger Korrespondenz standen auch die Varianten von Lernberichten, die Bertold Otto, Peter Petersen und Rudolf Steiner entworfen haben (Beutel 2005). Sie sollten die Beobachtung, Beschreibung und Bewertung an einer der Förderung und Ermutigung verpflichteten Wahrnehmung der Schülerschaft ausrichten. Eine altersgemäße und verständliche Sprache sollte gewählt werden, die auf den Dialog mit Kindern und Eltern zielt. Es ist Verdienst der Reformpädagogen, damit erstmalig verbindliche Kriterien – in heutiger Sprache „Schreibstandards" – für eine anspruchsvolle Berichtspraxis formuliert zu haben. Zugleich stellt sich die Frage der pädagogischen Verhältnismäßigkeit von wünschenswerter Individualität, Prozessdiagnose und Lernunterstützung durch solche Zeugnisse auf der einen Seite und potenzieller distanzloser Charakterdiagnose auf der anderen Seite.

Leistungsbeurteilung ist auch – soviel bleibt klar – in der Reformpädagogik eine ausgeübte Form der Herrschaft.

3. Leistungsbeurteilung und allgemeine Didaktik

Mit der Bildungsreform der 1970er Jahre wird die Leistungsbeurteilung erneut heftig kritisiert. Empirische Studien zur Notengebung (Ingenkamp 1971) belegen fehlende Objektivität, Reliabilität, Validität der gängigen Praxis einseitig kommunizierter Ziffernzensuren und weisen auf mangelnde Aussagekraft und unerwünschte Folgewirkungen von Noten hin. In Blick auf eine Stärkung von Selbstbestimmung und Mitverantwortung – wichtigen Erziehungszielen einer demokratischen Schule – scheint die Benotung durch Zahlen ungeeignet zu sein. Zugleich soll die Reform der Leistungsbeurteilung die emanzipatorischen und aufklärerischen Funktionen der Schule stärken. Hierzu gehören Aspekte der Gerechtigkeit sowie der allgemeinen Didaktik: „Zensuren und Berechtigungen müssen nach gleichen Kriterien vergeben werden. ... Es wird erwartet, dass die Lehrer alle Kinder fördern und im Auge behalten, daß sie keine Lieblinge haben, keine Schüler ablehnen. Vor allem aber sollen sie gerecht zensieren" (Flitner 1987: 27). Für die Schule ist ein ständiger Anpassungsdruck ihrer Gerechtigkeitsvorstellungen und ihrer Beurteilungsinstrumente unter diesem Blickwinkel konstitutiv. Notengebung und Zeugniswesen sind keine Instrumente, die unveränderlich sind. Didaktik, Methodik und Lernen müssen individuell und zeitbezogen modernisiert werden, wobei die Vorstellungen von Gerechtigkeit, Leistung und Demokratie der Lehrerinnen und Lehrer mit ihren Bezügen zum alltäglichen Handeln in Schule und Unterricht zwingend dazu gehören. Schule muss sich hier ständig anpassen, „... nicht nur deshalb, weil sie sonst hinter der Entwicklung des Rechts- und Demokratieverständnisses zurückbleibt, sondern weil sie als bürokratisches System aus sich selbst fortwährend neues Unrecht erzeugt, wenn sie nicht ständig auch an Problemen ihrer Gerechtigkeit arbeitet" (ebd.: 41).

Wolfgang Klafki hat in seiner Allgemeinen Didaktik früh Aspekte einer demokratischen Begründung sowohl didaktischer Entscheidungen als auch insbesondere des Leistungsverständnisses und der Leistungsbeurteilung problematisiert (Klafki 1974). Hierbei fordert er einen Leistungsbegriff, der individuelles Lernen im Mittelpunkt sieht und insbesondere Gruppenleistungen sowie soziale Aspekte des Handelns und Lernens fördert. Schule muss demzufolge „... ein möglichst großes Maß an Individualisierung der Leistungsanforderungen, der Lernprozesse und der Leistungsbewertung verwirklichen, und zwar von den frühesten Stufen des Lernprozesses an" (ebd.: 180). Dabei ist Leistungsbeurteilung als Teil des didaktischen Handelns von Lehrenden zu verstehen. „Das Ergebnis der schrittweisen Leistungsbeurteilung der Schüler wäre gleichzeitig immer eine Kontrolle der Qualität des vom Lehrer erteilten oder organisierten Unterrichts" (ebd.: 181). Leistungsbeurteilung ist also ein Element des Lernvorganges. Lehrende und Lernende verständigen sich über die Effektivität des Lernprozesses und werten die erreichten Ergebnisse aus. Eine differenzierte Planung und Analyse von Unterricht muss demzufolge die Frage der Beurteilung der dabei erbrachten Lernleistung sowohl in ihrer Funktion für das didaktische Arrangement des Unterrichts als auch im Sinne der Effektivität des Lernens aus der Schülerperspektive mit ins Kalkül ziehen. Klafki fordert mit der Pädagogisierung des Leistungsverständnisses eine im Unterricht wie in der Leistungsbeurteilung zu würdigende Verschiedenheit, ein demokratisches, der Kommunikation zugängliches Lernfeld für eine mehrdimensionale Entwicklung Heranwachsender: „Sofern es ein erziehungswissenschaftlich begründbares Verständnis des Leistungsbegriffs gibt, kann es nur in Orientierung an legitimierbaren Zielen der Erziehung und der Schule in einer sich als demokratisch verstehenden Gesellschaft gewonnen werden" (1991: 225).

Zugleich hat die von Klafki etablierte Lesart der kritisch-konstruktiven Didaktik (1985) mit dazu beigetragen, dass wir erneut und eher abseits ideologischer Belastungen über einen zeitgemäßen Begriff der Bildung, letztlich auch der Politischen Bildung, nachdenken können, wobei demokratische Schulentwicklung zum Bestandteil „Allgemeiner Bildung" wird (Beutel/Beutel 2007: 570). In Klafkis Konzept wird der Begriff der Allgemeinbildung direkt auf das Gerechtigkeitserfordernis moderner demokratischer Gesellschaften bezogen: „Allgemein besagt hier, dass Bildung eine Möglichkeit und ein Anspruch aller Menschen ..., ja letztlich der Menschheit im ganzen ist. (...) ‚Allgemein' zielt weiterhin auf das Gesamt der menschlichen Möglichkeiten, sofern sie mit Selbstbestimmung und der Entwicklung aller anderen Menschen vereinbar ist. (...) Die Bestimmung ‚allgemein' ... meint schließlich, dass Bildung sich ... in der Aneignung von und der Auseinandersetzung mit dem die Menschen gemeinsam Angehenden, mit ihren gemeinsamen Aufgaben und Problemen (vollzieht)" (1985: 17/18). Dieses Konzept von Allgemeinbildung wird deshalb mit „Schlüsselproblemen" konkretisiert, die nicht nur Themen von Politik und demokratischer Öffentlichkeit wie z.B. die Friedensfrage, die Technikfolgenabschätzung und die Entwicklungspolitik widerspiegeln, sondern auch die „Demokratisierung als generelles Orientierungsprinzip der Gestaltung unserer gemeinsamen Angelegenheiten" (ebd.: 21) meinen. Das Klafkische Allgemeinbildungskonzept der kritisch-konstruktiven Didaktik hat in der Schulpädagogik viel Beachtung gefunden und ist auch in der Didaktik der Politischen Bildung rezipiert worden. Wolfgang Sander hat Klafkis Konzeption aufgegriffen und dabei für eine vorsichtige Öffnung des rein fachbezogenen Didaktikdenkens im Politik-Unterricht argumentiert: „Politische Bildung gewinnt ihre Legitimation heute … aus dem Ziel, die Herausforderungen …. auf eine demokratische und humane Weise zu bewältigen" (1992: 172), indem er gezeigt hat, dass Formen fächerverbindenden Lernens und der an den Schlüsselproblemen orientierten Projektarbeit grundlegende Beiträge zur politische Bildung sind (Sander 1989).

4. Leistungsbeurteilung als Beteiligung

Die Bildungsreformen der 1970er Jahre haben mit der pädagogischen Reform der Grundschulen und der Etablierung von Gesamtschulen als Ergänzung und Alternativen zum gegliederten Schulwesen neue Impulse für die Leistungsbeurteilung gesetzt: Lernberichte und kombinierte Zeugnisse sowie Diagnosebögen gehen über die Zensur hinaus und nehmen zumindest notenergänzend differenzierende verbale Anteile in Zeugnissen auf. Eine Vorreiterrolle nimmt die 1974 von Hartmut von Hentig gegründete Bielefelder Laborschule ein, in der „Erziehung zur Demokratie" zum Schlüsselbegriff der Schulentwicklung wird. Das pädagogische Fundament dieser „Schule als Erfahrungsraum" findet seine Entsprechung in einer Didaktik, die die Verschiedenheit der Lernenden in ein spannungsreiches Verhältnis setzt, auf äußere Differenzierung verzichtet, Lernen und Bildung nicht nach Fächern, sondern nach Erfahrungsbereichen gliedert, dialogisches Lernen anregt und Eigenverantwortung in der Planung und Realisation von Lernwegen stärkt (Hentig 1973). Die Laborschule verzichtet im Rahmen dieser offenen und individualisierenden Didaktik bis zum Ende des 9. Schuljahres auf Notenzeugnisse und vergibt stattdessen „Berichte zum Lernvorgang" (BzLV). Studien zur Berichtspraxis an der Laborschule belegen, dass das Kollegium diagnostische Zuverlässigkeit und lernförderliche Wirkung der Berichte anstrebt. Gleichwohl bleiben geschlechts-, fach- und jahrgangsstufenspezifische Einflüsse nicht aus (Lübke 1996). Deshalb wird seit Jahren in der Schule an der Verbesserung der BzLV gearbeitet: Die Fehlbarkeit des Lehrerurteils wird gesehen, Schüler und Eltern haben die Möglichkeit, Korrektur und Veränderung zu bewirken, also die Qualität der Rückmeldung zu beeinflussen. Leistungsbeurteilung an der Laborschule ist geprägt von dem stetigen Wunsch, vor allem den Kindern und Jugendlichen Klarheit und Begründung für die Lerneinschätzung zu geben. Deutlich ist, dass mit Schülerinnen und Schülern sowie deren Eltern über das Lernen und die Berichte immer auch gesprochen werden muss, um eine gemeinsame Wahrnehmung des Lernens zu dokumentieren. Partizipationsmöglichkeiten sind hier offensichtlich vorhanden.

5. Leistungsbeurteilung als Dialog und Rekonstruktion des Lernens

Die von Reformschulen wie der Laborschule eröffneten Entwicklungskorridore einer förderlichen Leistungsbeurteilung sind heute mehr denn je gefragt. Das erstaunt angesichts der Tatsache, dass in der Bildungspolitik gegenwärtig die Ziffernnote gestärkt wird und inzwischen sieben Bundesländer am Ende des zweiten Schuljahres die Notenfreiheit – die in der Grundschule bereits erreicht worden war – aufheben. Zu diesem aktuell konservativen Zug in der Leistungsbeurteilung gehört auch die Konjunktur der Kopfnote als Ziffernnote. Dennoch hält das Bestreben an, reformpädagogisch inspirierte Formen des Lehrens und Lernens auch im Regelschulwesen zu etablieren. Gesucht werden Wege motivierender Leistungsrückmeldungen, die „Vertrauen in Lernergebnisse schaffen, mit denen Lernpfade und Lernstrategien entwickelt und begleitet werden können" (Schleicher 2006: 7) auch deshalb, weil eine Optimierung der Lerneffektivität von Schulen auf Ebene der Institution und auf Systemebene ohne eine solche Evaluationsstrategie nicht denkbar ist. So gesehen darf man die Hoffnung hegen, dass eine verständigungsorientierte und partizipative Leistungsbeurteilung einen Beitrag zur Verbesserung der Systemeffektivität des Bildungswesens leisten kann und deshalb auch bildungspolitisch wichtiger werden wird.

Die Befunde der internationalen Vergleichsuntersuchungen haben die unzureichende Effektivität des sehr heterogenen deutschen Schulwesens gezeigt. Die IGLU-Studie hingegen hat bei der Lesekompetenz belegt, dass die Grundschule im Durchschnitt gute Leistungen erbringt: „Die Grundschullehrer(innen) können ganz offensichtlich, anders als ihre Kolleg(inn)en im Sekundarschulbereich, mit Unterschieden umgehen" (Konrad 2007: 123). So bleibt die Notwendigkeit, mit Verschiedenheit konstruktiv, erfolgsbezogen und lernförderlich umzugehen, eine wichtige Aufgaben der gegenwärtigen Schulentwicklung und damit auch der Rückmeldung und Zertifizierung von Lernen. Hier korrespondieren die anstehenden Reformbemühungen in Schule, Unterricht und Leistungsbeurteilung mit einem demokratietypischen Grunderfordernis: Verschiedenheit und damit heterogene Strukturen sind in offenen, pluralen Gesellschaften nicht nur akzeptiert, sondern konstitutiv. Dieser demokratiespezifische Zug muss deshalb auch die Leistungsbeurteilung prägen. Dabei steht im Mittelpunkt, Kinder und Jugendliche zu ermutigen, sie in ihren Selbstkonzepten zu stärken, sie verantwortungsbereit werden zu lassen im Kontext eines Anerkennungsverhältnisses, das im Schulleben nachweisbar ist. Leistungsbeurteilung als gerechtes Ergebnis eigener Wirksamkeit zu erfahren, trägt zur demokratischen Handlungskompetenz bei.

Gerade die Best-Practice-Beispiele des „Deutschen Schulpreis" (Fauser et al. 2007, 2008, 2009) zeichnen sich dadurch aus, dass sie eine hohe Unterrichtsqualität anstreben, ausdifferenzierte Formen der Leistungsdokumentation und der Beurteilungspraxis anwenden, ihre Schülerschaft in den Diskurs über die Lernleistungen einbeziehen und aspektreich mit unterschiedlichen Lernvoraussetzungen umgehen. Für die Grundschule Kleine Kielstraße Dortmund und die Max-Brauer-Schule Hamburg – beide im ersten Durchgang des Deutschen Schulpreises 2006 unter den Preisträgern – ist die pädagogische Bedeutung des Beurteilungshandelns und die Verständigung darüber Teil didaktischen Handelns und des Anspruchs auf eine demokratisch gehaltvolle Schulpraxis, den diese Häuser vertreten.

Beispiel Grundschule Kleine Kielstraße

An der Grundschule Kleine Kielstraße in Dortmund wird schon bei der Anmeldung ein individuelles Begleitportfolio angelegt. Darin werden kompetenzorientierte Auswertungen des Entwicklungsstandes, die an Eltern gerichteten Förderbriefe mit Hinweisen zum spielerischen Üben, die Rückmeldungen an die Kindertagesstätten mit Unterstützungsempfehlungen, Ergebnisse der „Diagnostischen Werkstatt", langfristig angelegte Beobachtungsbögen, standardisierte Überprüfungen, die Ergebnisse von Lernstandserhebungen und Zielvereinbarungen von Kindersprechtagen gesammelt. Jedes Kind führt an der Schule ein Lerntagebuch, in dem das Gelernte festgehalten wird. Im jährlichen Entwicklungsgespräch wird dieses zur Gesprächsgrundlage zwischen der Lehrkraft und dem Kind. Beide einigen sich auf Zielvereinbarungen, die auch Zeiträume beschreiben, in denen Lernziele und Kompetenzen erreicht und überprüft werden sollen (Schultebraucks-Burgkart 2008). Diese Formen einer förderlichen Begleitung und Rückmeldung gehen über die Notwendigkeit der Beurteilung fachlichen Lernens hinaus. Sie fördern die Symmetrie der Beteiligten in der Beurteilungssituation und geben sichtbar sowie kognitiv nachvollziehbar ein Großteil der Leistungsdokumentation in die Verantwortung der Schülerschaft. Damit werden die Kinder an der Rekonstruktion des Lernens beteiligt.

Beispiel Max-Brauer-Schule Hamburg

Die Max-Brauer-Gesamtschule in Hamburg, eine Gesamtschule, die die Primar- und Sekundarstufe II umfasst, legt ihren Schwerpunkt auf Formen individuellen Lernens. Dazu gehört, dass mit Beginn der Grundschulzeit verständlich formulierte Kompetenzraster zu den Lernbereichen vorliegen, die die Arbeitsschritte und Erwartungen für die Schülerschaft transparent werden lassen. Für jeden

Bereich gibt es differenzierte Angebote, mit denen die Kinder und Jugendlichen selbstständig umgehen können. In einem Planungsheft halten sie ihre wöchentlichen Arbeitsvorhaben fest und führen ergänzend dazu Selbstreflexionsbögen. Dieses Portfolio wird bei Sprechtagen zur Grundlage von Präsentationen vor Lehrenden und Eltern. Letztere erhalten dadurch eine besondere Anschauung des Lernstandes und der Kompetenzentwicklung. Im „Chef-System" als Form arbeitsteiliger Übernahme eines Unterrichtsbereiches durch die Lernenden selbst, liegen die verantwortungsstärkenden Elemente der Lerndokumentation, der Transparenz von Lernzielen und des Beurteilungshandelns auf der Hand. Zudem wird in der Lerngruppe ein symmetrischer Rollentausch angeregt, der Beratungs- und Service-Leistungen für die Mitschüler umfasst.

Deutlich wird, dass differenzierte Formen der Aufzeichnung und Präsentation von Leistungen durch Kommunikation und Teilhabe gesichert werden. Die Schulen schaffen damit Bindeglieder zwischen Schule, Schülerschaft und Elternhaus, die der Förderung und Stärkung der Kinder und Jugendlichen dienlich sind. Eine solche Praxis wird gestützt durch die empirische Zeugnisforschung insbesondere zu verbalen Beurteilungsformen. So zeigt das Forschungsprojekt „Leistungsbewertung und -rückmeldung an Hamburger Schulen" (LeiHS), dass es nicht um eine „Wort oder Zahl-Alternative" geht, sondern um Beurteilungsqualität, Kommunikation und Anerkennung. Die zentrale Erkenntnis der LeiHS-Studie lautet, dass Schülerinnen und Schüler in der Regel Zeugnisse als nicht beeinflussbar wahrnehmen, bei der verbalen Beurteilung allerdings eine am einzelnen Lernenden ausgerichtete Kommunikationskultur erwarten und mitgestalten wollen (Beutel 2005). Damit sind Bedingungen der Rezeption benannt, die Selbstreflexion anregen. Die Kinder und Jugendlichen haben eigene Verstehensdimensionen von Zeugnissen und setzen verbale Zuschreibungen mit ihrer biographischen Situation und ihrem Selbstkonzept in Beziehung. Gerade dieser Aspekt ist demokratiepädagogisch relevant, weil die Stärkung der Selbstwirksamkeit ein Element demokratischer Entwicklung ist und Verantwortungslernen bei der Selbstverantwortung beginnt.

6. Leistungsbeurteilung, Demokratie und Didaktik – abschließende Thesen

Nach wie vor nimmt die Leistungsbeurteilung eine zentrale Rolle bei der Definition des Verhältnisses von Schule zur modernen Gesellschaft ein. Schule und Leistungsbeurteilung: Das eine ist ohne das andere nicht denkbar und beides lebt unter den Aspekten der Demokratie von der Notwendigkeit stetiger Reformen, die Unterricht, Lernen und Didaktik miteinbeziehen. Dies lässt sich in folgenden Thesen bündeln:

- Leistungsbeurteilung zielt auf Kernqualitäten des demokratischen Gemeinwesens wie Gerechtigkeit, Freiheit, Leistungsbereitschaft, Anerkennung und Förderung. Gerade der Gerechtigkeitsaspekt bewegt die Debatte bis heute. Gerechtigkeit muss nicht nur als Gleichheit, sondern als „unterscheidende Gerechtigkeit" verstanden werden. Die Schule muss deshalb die sozialen und individuellen Lernvoraussetzungen durch eine entsprechende Leistungsbeurteilung würdigen. Sie muss Heterogenität als Aufgabe nicht nur der Lernförderung in individualisierenden Lernumgebungen begreifen, sondern in die Beurteilungspraxis einbeziehen.

- Deshalb muss die Kompetenz zur differenzierten und professionell unterfütterten Leistungsbeurteilung auch unter dem Anspruch demokratieadäquater Beratungs- und Begleitungsverhältnisse zwischen Lehrenden und Schülerschaft bereits im Berufsprofil und in der Lehrerbildung verankert werden. Ein wie bisher hierzu überwiegend durch „Training on the job" in der zweiten und dritten Phase der Lehrerbildung entstehendes Professionswissen kann demokratiepädagogischen und demokratiedidaktischen Anforderungen kaum standhalten.

- Demokratiepädagogische Reflexionen von Lehrern und Lernen in der Schule sind eine Grundlage des Lehrerhandelns – und zwar aller Lehrer und nicht nur der Fachlehrer für politische Bildung. Leistungsbeurteilung als gerechte, lernförderliche und kommunikative Kultur in der Schule ist dabei ein Bestandteil eines auf Anerkennung und Individualisierung zielenden Lehrens und Lernens.

- Die schulpädagogische und allgemeindidaktische Diskussion der 1970er- und 1980er-Jahre hat vor diesem Hintergrund den Zusammenhang zwischen einem individuellen und normativen Gerechtigkeitsanforderungen entsprechenden Leistungskonzept mit einer auf Anerkennung und Förderung des Lernenden zielenden Leistungsbeurteilung deutlich herausgestellt. Leistungsbeurteilung muss professionellen Standards unterliegen, sich stetig wissenschaftlich begründeter Veränderungsnotwendigkeit anpassen und gerecht sowie partizipativ in Blick auf die Lernenden sein.

- Zugleich ist eine demokratiepädagogisch abgesicherte Leistungsbeurteilung unhintergehbarer Teil didaktischen Denkens und Handelns. Unterrichtsplanung und -analyse kann die Art und Praxis sowie die Ergebnisse der Leistungsbeurteilung nicht separieren, sondern muss sich auf sie stützen bis dahin, diese als evaluativ nutzbares Ergebnis des Lehrerhandelns zu verstehen. Leistungsbeurteilung und didaktisches Handeln stehen deshalb in enger Korrelation zueinander.

- Schließlich benötigt eine solche Leistungsbeurteilung eine der Modernisierung des Unterrichtsgeschehens adäquate Erweiterung von Dokumentations-, Beschreibungs- und Rückmeldeinstrumenten: Denn Formen offenen Unterrichtens, der inneren Differenzierung, einer stetig sich erweiternden Praxis des Lernens in Gruppen und Projekten ziehen hier neue Herausforderungen nach sich. Gerade die Dokumentation von Gruppenleistungen und Projektergebnissen in partizipativen Formen der Leistungsbeurteilung spielen seither und künftig eine wichtige Rolle.

- Reformengagierte Schulen zeigen, wie traditionelle Verfahren der ziffernbezogenen Leistungsbeurteilung verändert werden können. Sie arbeiten mit demokratiepädagogisch gehaltvollen, den Lernweg begleitenden Portfolios, mit aussagekräftigen Zeugnissen, mit Lerngesprächen und auf wechselseitiger Verpflichtung beruhenden vertraglichen Absprachen.

- Dazu gehört, dass die Beurteilung dem Lernenden transparent und nachvollziehbar erscheint, der Lernzuwachs genau vermittelt wird, Perspektiven auch bei Schwächen deutlich werden, Anerkennung gestiftet und Beschämung ausgelassen wird. So zeigen diese Schulen, wie eine Pädagogisierung der Leistungskultur begonnen und durchgeführt werden kann und dass es praktikable, die Notensprache überwindende Möglichkeiten gibt, der Aufgabe der Schule nach Bildung, Gerechtigkeit und demokratischer Erfahrung nachzukommen.

- Gute Schulen belegen die mögliche enge Verknüpfung von Lernförderung und Individualisierung im Unterricht mit der Leistungsbeurteilung. Sie unterstreichen damit die Bedeutung, die dieser in der Didaktik zukommt. Leistungsbeurteilung in diesem Sinne ist Teil von Lernplanung, Kompetenzförderung und Evaluation.

- Zugleich ist in einem solchen Kontext eine fehlertolerante und verstehensorientierte Form der Leistungsbeurteilung möglich, die Lernwege nachvollziehen und beurteilen will und nicht allein an curricularen Tests und Aufgaben stehen bleibt.

Damit verbindet sich eine realistische Sicht auf Reformkorridore: Nicht die Ziffernzensur ist per se schlecht und der Lernbericht gehaltvoll. Entscheidend sind der unterrichtliche und didaktische Kontext sowie das Machtgefälle zwischen Lehrenden und Lernenden. Dieses kann letztlich nicht völlig symmetrisch gestaltet werden, aber wenn Kommunikation und Anerkennung an die Stelle von Sanktion durch Noten treten, ist eine vernünftige Alltagsgestaltung schulischen Lernens und des zugehörigen Beurteilungshandelns zu erreichen. Damit wäre ein wichtiger Schritt zu einer demokratiedidaktischen Erweiterung des Schulalltags getan.

Literatur

Beutel, Silvia-Iris/Beutel, Wolfgang (Hrsg.) (2010): Beteiligt oder bewertet? Zum Spannungsfeld von Leistungsbeurteilung und Demokratiepädagogik. Schwalbach/Ts. (im Druck)

Beutel, Wolfgang/Beutel, Silvia-Iris (2007): Integration und Differenz – aktuelle Herausforderungen für Schule und Unterricht. In: Pädagogische Rundschau 61. Jg., H. 5. 559-582

Beutel, Silvia-Iris (2005): Zeugnisse aus Kindersicht. Kommunikationskultur an der Schule und Professionalisierung der Leistungsbeurteilung. Weinheim/München: Juventa

Campe, Joachim Heinrich (1789): Väterlicher Rat für meine Tochter. Braunschweig: Schulbuchhandlung

Fauser, Peter / Prenzel, Manfred/ Schratz, Michael (Hrsg.) (2007): Was für Schulen! Gute Schule in Deutschland. Der Deutsche Schulpreis 2006. Seelze-Velber: Klett-Friedrich

Fauser, Peter / Prenzel, Manfred/ Schratz, Michael (Hrsg (2008): Was für Schulen! Profile, Konzepte und Dynamik guter Schulen in Deutschland. Der Deutsche Schulpreis 2007. Seelze-Velber: Klett-Friedrich

Fauser, Peter / Prenzel, Manfred/ Schratz, Michael (Hrsg (2009): Was für Schulen! Wie gute Schule gemacht wird – Werkzeuge exzellenter Praxis. Der Deutsche Schulpreis 2008. Seelze-Velber: Klett-Friedrich

Flitner, Andreas (Hrsg.) (1987): Für das Leben – Oder für die Schule? Pädagogische und politische Essays. Weinheim/Basel: Beltz

Flitner, Andreas (1987): Gerechtigkeit als Problem der Schule. In: Ders. (1987): 15-44.

Hansen-Schaberg, Inge/Schonig, Bruno (Hrsg.) (2002): Reformpädagogik. Geschichte und Rezeption. Band 1. Hohengehren: Schneider

Hentig, Hartmut von (1973): Schule als Erfahrungsraum? Eine Übung im Konkretisieren einer pädagogischen Idee. Stuttgart: Klett

Ingenkamp, Karlheinz (1971): Die Fragwürdigkeit der Zensurengebung. Weinheim/Basel: Beltz

Klafki, Wolfgang (1985): Neue Studien zur Bildungstheorie und Didaktik. Weinheim/Basel: Beltz

Koch-Priewe, Barbara/Stübig, Frauke/Arnold, Karl-Heinz (Hrsg.) (2007): Das Potenzial der Allgemeinen Didaktik. Weinheim/Basel: Beltz

Konrad, Franz-Michael (2007): Die Geschichte der Schule. München: C.H.Beck

Lübke, Silvia-Iris (1996): Schule ohne Noten. Lernberichte in der Praxis der Laborschule. Opladen: Leske+Budrich

Ury, Else (1927): Nesthäkchens Backfischzeit. Berlin: Meidinger's Jugendschriften Verlag

Sander, Wolfgang (2001): Politik entdecken – Freiheit leben. Neue Lernkulturen in der politischen Bildung. Schwalbach/Ts. : Wochenschau

Sander, Wolfgang (Hrsg.) (1992): Konzepte der Politikdidaktik. Aktueller Stand, neue Ansätze und Perspektiven. Hannover: Metzler

Sander, Wolfgang (1992): Vom Fach zum Bildungsbereich. Ein Plädoyer für Grenzüberschreitungen in der politischen Bildung. In: Ders. (1992): 169-186.

Sander, Wolfgang (1989): Zur Geschichte und Theorie der politischen Bildung. Allgemeinbildung und fächerübergreifendes Lernen in der Schule. Marburg: SP-Verlag

Schwarzer, Ralf/Jerusalem, Matthias (2002). Das Konzept der Selbstwirksamkeit. Zeitschrift für Pädagogik, 44. Beiheft: Selbstwirksamkeit und Motivationsprozesse in Bildungsinstitutionen. 28-53

Winter, Felix (2004): Leistungsbewertung. Eine neue Lernkultur braucht einen anderen Umgang mit Schülerleistungen. Hohengehren: Schneider

Winter, Felix (2007): Und sie bewegt sich doch – die Leistungsbeurteilung. In: Koch-Priewe et. al (2007): 121-134

Die Zumutungen der Demokratie und Political Literacy

Ingo Juchler

> *Wenn es zur Demokratie gehört, allen die Möglichkeit zu geben, an ihr teilzunehmen, so müssen umgekehrt auch alle bereit sein, sich für politische Fragen und damit auch für die Demokratie zu interessieren. Demokratie unterstellt allen die Möglichkeit, ihre eigenen Angelegenheiten beurteilen zu können.*
>
> Christoph Möllers: Demokratie – Zumutungen und Versprechen, Berlin 2008

1. Zumutungen der Demokratie I: das klassische Athen

Die Grundlage für die erste demokratische Staatsform bildet die Verwirklichung der politischen Gleichheit (Isonomie) in der Staatsverfassung des klassischen Athen im fünften vorchristlichen Jahrhundert. Es sei welthistorisch das Entscheidende, so Christian Meier, „dass damals, wenn auch nur innerhalb der Bürgerschaft, erstmals Gemeinwesen *in Rücksicht auf die größere Zahl*, auf die Regierten völlig unabhängig von Stand, Besitz und Bildung, *gelebt* wurden" (Meier 1983: 272). Die Folge der politischen Gleichheit nach Maßgabe der Zahl war, dass die Masse der Armen, indem sie gegenüber den Reichen die Mehrheit in der Volksversammlung ausmachten, diese majorisieren konnte: „Man behauptet nämlich", so Aristoteles, „jeder Bürger müsse über das Gleiche verfügen; also trifft es für die Demokratien zu, dass entscheidender da die Mittellosen sind als die Wohlhabenden; sind sie doch zahlreicher, und entscheidend ist das, was der Mehrzahl richtig scheint." (Aristoteles 1989: 1317b: 5 ff.) Aus der Herrschaft der Armen könnte somit eine Herrschaft im Interesse der Armen werden.

Am Prinzip der arithmetischen Gleichheit, bei der alle Stimmen gleich gezählt werden, setzte entsprechend bereits in der Antike die Kritik dieses konstitutiven Elements der demokratischen Staatsverfassung an. Bemängelt wurde an der zahlenmäßigen Gleichheit der Demokratie das Fehlen inhaltlicher Bezüge wie etwa das Ansehen einer Person, ihre Abstammung und ihr Vermögen sowie ihre Leistung. So moniert Aristoteles im Zusammenhang mit der Einführung der Besoldung von Richtern durch Perikles, dass sich nun immer mehr „gewöhnliche Leute" anstrengten, für das Amt des Richters ausgelost zu werden, als die

„besseren Leute". Danach sei auch die „Sitte" entstanden, Richter zu bestechen (Aristoteles 1990: 27: 4 f.).

Weiterhin wurde die Praxis des Ostrakismos (Scherbengericht) seit Kleisthenes von Kritikern der Demokratie als egalisierendes Herrschaftsinstrument beanstandet. Der Ostrakismos war eingeführt worden, um das etwaige Streben einer Person nach Alleinherrschaft zu unterbinden. Die Volksversammlung konnte einmal jährlich Personen, denen dieses Vergehen vorgeworfen wurde, mit dem politischen Instrument des Scherbengerichts auf zehn Jahre verbannen (Ehrenrechte und Eigentumsbestände der Verbannten waren davon nicht betroffen). Aristoteles kritisiert die demokratische Gleichheit, indem er die Durchführung des Ostrakismos durch den Demos mit der herrschaftssichernden Praxis eines Tyrannen vergleicht. Thrasybulos, im 6. Jahrhundert Tyrann von Milet, habe, so Aristoteles, den als einer der Sieben Weisen geltenden Periander, Tyrann von Korinth, durch einen Herold befragt, wie er seine Herrschaft sichern könnte. Periander habe daraufhin nichts zu dem Herold gesagt, sondern sei mit ihm über ein Saatfeld gegangen und habe dabei die herausragenden Ähren beseitigt. Thrasybulos habe die Botschaft verstanden, „dass man die überragenden Männer beseitigen müsse". (Aristoteles 1989: 25 ff.) In der Demokratie wurden nach Auffassung des Aristoteles in der gleichen Weise durch das demokratische Machtmittel des Ostrakismos die „Überragenden" behindert und des Landes verwiesen.

Der gewichtigste Einwand der Kritiker der politischen Gleichberechtigung des gesamten athenischen Demos bezog sich – und hier zeigt sich eine weitgehende Analogie der antiken Demokratiekritik mit der modernen – auf den unterstellten Mangel an Bildung und Urteilsfähigkeit bei der großen Mehrheit der Bürger. Die der Isonomie inhärente quantitative arithmetische Gleichheit nivelliere die im Bezug auf die Bildung bestehende qualitative Ungleichheit der athenischen Bürger, was dem politischen Handeln der Polis abträglich sei. Bei diesem Topos der Demokratiekritik wird das Volk mit der breiten Masse ineins gesetzt. Die unnütze Masse, so lesen wir bei Herodot, sei unverständig und neige zum Übermut, weshalb die Herrschaft eines Tyrannen der des Demos vorzuziehen sei. Wo jener wenigstens auf Grund seiner Einsicht handle, sei es dem Volk nicht einmal möglich, etwas einzusehen (vgl. Herodot, 1980, 3: 81). Im selben Duktus setzt der anonyme Verfasser der in der Zeit um 430 v. Chr. entstandenen Schrift vom *Staat der Athener* die Volksherrschaft mit der Herrschaft der Armen gleich. In der einem Vertreter der Oligarchie zugeschrieben pseudo-xenophontischen Schrift wird gleichfalls das Moment der Ungleichheit im Hinblick auf Bildung und Erziehung betont, und der „alte Oligarch" ergreift vehement Partei für die Herrschaft der Wenigen:

„Es gilt aber auch wirklich für jedes Land, dass das bessere Element Gegner der Volksherrschaft ist; denn bei den Besseren ist Zuchtlosigkeit und Ungerechtigkeit am geringsten, gewissenhafter Eifer für das Gute und Edle am größten, beim Volke aber Mangel an Bildung und Selbstzucht am größten und Gemeinheit; denn sowohl die Armut verleitet sie viel eher zur Schlechtigkeit als auch der Mangel an Erziehung und Bildung – seinerseits bedingt dadurch, dass es einigen der Leutchen an Mitteln gebricht." (Pseudo-Xenophon 1913: 1: 5).

Wird in der pseudo-xenophontischen Schrift die Kritik an mangelnder Erziehung und Bildung der niederen Volksschichten aus der Perspektive der Oligarchie zum Ausdruck gebracht, so verfasst Platon seine Kritik an der Demokratie mit der gleichen Stoßrichtung aus der Sicht des Philosophen. Da Platon das in seinem *Staat* (Politeia) vorgestellte und verteidigte Philosophen-Königtum als die bestmögliche und zu erstrebende Staatsform galt, hatte er naturgemäß eine Abneigung gegen die Demokratie. Diese sei eine „angenehme, herrenlose und bunte Verfassung", die „ohne Unterschied Gleichen und Ungleichen dieselbe Gleichheit" zuteile. Als besonderes Moment der Ungleichheit machte Platon wie der „alte Oligarch" und Herodot die Unbildung und mangelnden Urteilsfähigkeit des athenischen Demos aus. Der breiten Masse der Bürger, so Platon, sei aufgrund ihrer mangelnden geistigen Voraussetzungen nicht im Stande, zu wahren Erkenntnissen zu gelangen, und sie habe „unmöglich einen philosophischen Geist". (Platon 1982: 558c und 494a).

Zur Kritik an der Urteilsfähigkeit des Demos gehört auch der Vorwurf der Wankelmütigkeit im Hinblick auf seine Entscheidungen in der Volksversammlung. Zwar hatte die athenische Demokratie auch Repräsentativorgane für den Bereich der Exekutive herausgebildet, als dessen bedeutsamstes das des Strategen gilt, und insofern handelt es sich hierbei nicht um eine direkte Demokratie in Reinform. Doch wurden die wesentlichen Entscheidungen, so auch die Frage nach Krieg und Frieden, von der Ekklesia getroffen. In diesem Kontext stellt Isokrates in seiner *Rede über den Frieden* fest, dass die athenischen Bürger trotz ihrer Erfahrungen im Reden und Handeln so „unvernünftig" seien, „am selben Tag über dieselben Angelegenheiten nicht die gleiche Ansicht" zu vertreten: „In der Volksversammlung geben wir unsere Zustimmung zu dem, was wir noch vor unserer Ankunft dort verworfen haben, und nicht viel später kritisieren wir heftig auf dem Heimweg die in der Volksversammlung gefassten Beschlüsse." (Isokrates 1993: VIII: 52).

Die politische Urteilsfähigkeit des in der Ekklesia versammelten Demos wie die politische Bildung der athenischen Bürger allgemein verweisen mithin auf eine konstitutive Voraussetzung für die demokratische Herrschaftsordnung, mit der sich griechische Denker insbesondere ab der zweiten Hälfte des 5. Jahrhunderts auseinander setzten. Diese waren vornehmlich Sophisten und gelten als die Begründer der Erziehungswissenschaft, „wie sie denn die Schöpfer des Begriffes der Paideia als bewusster Geistesbildung sind". (Capelle 1968: 319) Als „Manifest" der sophistischen Bewegung gilt der Homo-Mensura-Satz des Protagoras von Abdera, der konventionell mit der Formel übersetzt wird: „Der Mensch ist das Maß aller Dinge." Für den Bereich der politischen Bildung ist Protagoras von besonderer Bedeutung, da er sich darum bemühte, die Voraussetzungen für die Demokratie, wie sie in Athen bestand, zu erfassen. Er stellte deshalb grundlegende Überlegungen zu den politischen Kompetenzanforderungen für die athenischen Bürger an, die mit der realen Praxis der demokratischen Herrschaftsordnung verknüpft waren. Hierzu liegen uns zwar keine unzweifelhaft authentischen Zeugnisse von Protagoras vor, doch werden seine Äußerungen in dem nach ihm benannten Dialog von Platon zumindest im Wesentlichen als zuverlässig erachtet. (Leppin 1999: 43).

Protagoras erläutert darin seinem Gesprächspartner Sokrates seine Überlegungen zur Erziehung der Männer zu Staatsbürgern, und er greift dabei zunächst auf den Mythos zurück. Danach hatten Prometheus und Epimetheus die Aufgabe, den neu geschaffenen Lebewesen verschiedene Fähigkeiten zu übertragen. Epimetheus verteilte diese Fähigkeiten an die Tiere mit Bedacht ungleich doch auf die Weise, dass jede Gattung aufgrund ihrer Fähigkeiten überleben konnte. Die Menschen allerdings vergaß er dabei, und Prometheus stahl deshalb von Hephaistos die Handwerkskunst und von Athene das Feuer und schenkte sie den Menschen. Damit hatten diese zwar die „Kenntnisse, die man für das physische Leben braucht", erhalten, über diejenigen Kenntnisse für die „staatliche Gemeinschaft" verfügten sie jedoch nicht, so dass sie keine größeren Gemeinwesen bilden konnten. Zeus hatte schließlich Erbarmen mit den Menschen und lies ihnen durch Hermes die Fähigkeiten zur „Respektierung des anderen" und zu „rechtlichem Verhalten" mit der Auflage zukommen – und das ist für die Aussage des Protagoras im Hinblick auf politische Kompetenzen entscheidend -, diese nicht wie die anderen Künste ungleich zu verteilen, sondern „unter alle": „Es könnten nämlich Städte nicht entstehen, wenn nur wenige daran teilhätten wie an anderen Fähigkeiten." Deshalb, so erläutert Protagoras im Weiteren für das demokratische Gemeinwesen, würden die Athener jeden bei Beratungen über eine „Angelegenheit des Gemeinwesens", was „ganz auf rechtlichem Verhalten und Selbstbescheidung beruhen muss", zu Recht „jedermann" akzeptieren, „weil an dieser Form des Gut-Seins teilzuhaben sich für jedermann gehöre, sonst könnten Städte nicht bestehen". Diese Fähigkeiten sind dem Menschen allerdings nach Protagoras nicht von Natur aus gegeben, sie sind vielmehr „etwas Lehrbares" und werden jedem „durch Bemühung zuteil". (Platon 1999: 322 d, 323a und 323 c)

Mit der Überlegung, dass die für ein Gemeinwesen notwendigen politischen Kompetenzen jedem Menschen zukommen, hat Protagoras eine konstitutive Voraussetzung für die demokratische Herrschaftsform benannt. Allerdings verweist der Umstand, dass die politischen Kompetenzen in einem Lernprozess zu erwerben sind, auf mögliche graduelle Unterschiede zwischen den Menschen. Doch hat Protagoras mit dem Postulat von politischen Fähigkeiten und deren prinzipieller Lehrbarkeit eine Norm erstellt, die für den Bestand eines demokratischen Gemeinwesens essentiell ist und auch heute noch Gültigkeit besitzt. Im klassischen Athen legitimierte die prinzipielle Fähigkeit *aller* Menschen, die politischen Kompetenzen zu erwerben, die praktizierte Isonomie der Bürger. Perikles, zu dessen weiteren Umkreis Protagoras gerechnet wird, hebt denn auch in seiner Rede auf die ersten Gefallenen des Peloponnesischen Krieges an zentraler Stelle als Merkmal der Demokratie hervor, dass die Athener im „staatlichen Leben ein gesundes Urteil" zeigten (vgl. Thukydides 2000, II 40, 2). – Die Entscheidung der athenischen Volksversammlung, während des Peloponnesischen Krieges ein militärisches Unternehmen nach Sizilien zu starten, belegt allerdings, dass die Einschätzung des Perikles bezüglich der politischen Urteilsfähigkeit der Athener nicht immer zutraf: Die fatale Entscheidung der athenischen Volksversammlung führte zur Niederlage der Athener vor Syrakus 413, schließlich zur Kapitulation gegenüber Sparta und letztlich zum schleichenden Niedergang der Demokratie in Athen.

2. Zumutungen der Demokratie II: die bundesdeutsche Gegenwart

Heute wird das Politische von den Bürgerinnen und Bürgern vielfach als verworren und unübersichtlich wahrgenommen. Claus Offe gelangte in diesem Zusammenhang zu der nüchternen Feststellung, dass die „schiere Komplexität" in allen Politikbereichen „uns in den meisten öffentlichen Angelegenheiten zu veritablen Analphabeten" mache (vgl. Offe 1992: 131). Dabei setzt die demokratische Staats- und Regierungsform, die nach dem bekannten Diktum von Ernst-Wolfgang Böckenförde von Voraussetzungen lebt, welche sie selbst nicht garantieren kann (Böckenförde 1976: 60), ein gewisses Maß an Einsicht in politische Belange als Prämisse für ihren gedeihlichen Fortbestand voraus. Dies betrifft auch die Kenntnisse der Bürgerinnen und Bürger über das demokratische Herrschaftsregime selbst. Giovanni Sartori formulierte deshalb als Grund für das Abfassen seiner Demokratietheorie: „Unter den Bedingungen der Demokratie wird am wenigsten beachtet, dass falsche Vorstellungen von ihr eine Demokratie auf die falsche Bahn führen." Eine wesentliche Bedingung für das

Fortbestehen eines demokratischen Systems sei deshalb seine „Einsichtigkeit" (vgl. Sartori 1997: 11 und 23).

Die Vermittlung von Einsichten in die Belange des demokratischen Gemeinwesens wie des Politischen allgemein und die Schaffung der entsprechenden Handlungsdispositionen bei den Schülerinnen und Schülern bildet die zentrale Aufgabe der politischen Bildung von Beginn ihrer Etablierung in der Bundesrepublik an. In einer Untersuchung des Projekts Civic Education im Rahmen der International Association for the Evaluation of Education Achievement (IEA) am Max-Planck-Institut für Bildungsforschung Berlin fand denn auch die Frage nach dem Kenntnisstand über die Funktionsweise des demokratischen Regierungssystems Berücksichtigung. Die von der Forschergruppe des Max-Planck-Instituts befragten Expertinnen und Experten der politischen Bildung (darunter waren sowohl Wissenschaftlerinnen und Wissenschaftler wie auch Lehrerinnen und Lehrer) kamen in großer Mehrheit zu dem Schluss, dass das Wissen um das formale Funktionieren der Demokratie ein zentrales Ziel der politischen Bildung und dieses Ziel in der Bundesrepublik hinlänglich erreicht sei (vgl. Händle/Oesterreich/Trommer 1999: 264).

Dieser Einschätzung stehen allerdings etliche empirische Befunde entgegen. Werner J. Patzelt gelangt zu dem Ergebnis, dass dem „Souverän" in Deutschland „bessere Aufklärung nicht schaden" könnte, denn der allgemeine Bezugsrahmen des Verständnisses von Parlament und Abgeordneten stamme offenbar aus dem Konstitutionalismus und Frühparlamentarismus. Die Folge davon sei, dass die Bürgerinnen und Bürger an die Parlamente oft „inadäquate Erwartungen" richteten, und, würden diese enttäuscht, dies als Fehlleistung beurteilten und darauf ungerechtfertigte Vorwürfe gründeten. Es bestehe ein Konflikt zwischen der tatsächlichen Funktionsweise des verfassungsmäßigen parlamentarischen Regierungssystems und den Vorstellungen, anhand derer die Bürgerinnen und Bürger beurteilten, ob das Regierungssystem ordnungsgemäß funktioniere. Deshalb, so Patzelts Schlussfolgerung, leide Deutschland an einem latenten „Verfassungskonflikt", der als grundsätzliches Problem unserer politischen Kultur bislang ignoriert wurde, wenn er auch immer wieder in Leitartikeln und Feuilletons, an Stammtischen und in Klassenzimmern, und auch bei Diskussionen zwischen Parlamentariern auftrete (vgl. Patzelt 1998: 728). Als fundamentales Missverständnis macht Patzelt dabei den Umstand aus, dass in der Bevölkerung noch das Bild vom „alten Dualismus" zwischen Parlament und Regierung – wie er in der konstitutionellen Monarchie bestand und in heutigen präsidentiellen Regierungssystemen fortbesteht – vorherrsche, und der „neue Dualismus" unseres parlamentarischen Regierungssystems zwischen Regierung und ihrer Parlamentsmehrheit auf der einen Seite und den parlamentarischen

Oppositionsparteien auf der anderen Seite nicht bedacht werde. Patzelt kommt deshalb zu dem Schluss:

„Sowohl die Ahnungslosigkeit vieler Bürger über die tatsächliche Beschaffenheit unseres Regierungssystems als auch jener latente Verfassungskonflikt sind Tatsachen, die wir nur zu unser aller Schaden ignorieren können. Selbst unbegründete Vorwürfe führen zu wirklicher Verdrossenheit, auch Missverständnisse wirken entlegitimierend. Das gibt einesteils besten Humus für wuchernden Radikalismus. Anderteils öffnet sich so das Tor für die Suche nach grundsätzlichen Alternativen. Statt Bewährtes zu verbessern, werden riskante Reformvorschläge populär. Doch schon manche Gesundheit wurde ruiniert, weil man eingebildete Krankheiten therapierte." (Patzelt 2001: 9) Patzelt fordert als Konsequenz seiner Untersuchungsergebnisse eine intensivere politische Bildungsarbeit vor allem in den Schulen und in der massenmedialen Berichterstattung. Der Bezug zwischen dem von Patzelt für die Bundesrepublik diagnostizierten Zustand und der oben dargelegten Warnung Giovanni Sartoris liegt auf der Hand.

Im Hinblick auf das Demokratieverständnis der deutschen Bevölkerung ist weiterhin beachtenswert, dass heute ein fundamentales Prinzip unserer parlamentarischen Demokratie, die Repräsentation, bei Umfragen mehrheitlich zugunsten einer direkten Demokratie abgelehnt wird. So wurde im Rahmen der Deutschen Nachwahlstudie 1998 zu den Bundestagswahlen die Frage gestellt:

„Es unterhalten sich Zwei über verschiedene Formen der Demokratie. Welche von beiden Meinungen sagt eher das, was auch Sie denken? Die eine Meinung:

,Ich bin für eine repräsentative Demokratie, also dass das Volk das Parlament wählt und dann das Parlament die politischen Entscheidungen trifft und dafür auch die Verantwortung übernimmt. Die Abgeordneten sind doch meistens besser informiert.' Die andere Meinung:

,Ich bin für eine direkte Demokratie, also dass möglichst viele politische Entscheidungen in Volksabstimmungen getroffen werden. Dann geschieht wirklich das, was das Volk will.'" (Bürklin/Dalton/Drummond 2001)

Die Meinungsverteilung zu dieser Frage brachte folgendes Ergebnis:

Tabelle 1

| | Unterstützung für repräsentative vs. direkte Demokratie | | | | | |
| | 1991 | | | 1998 | | |
	West	Ost	Gesamt	West	Ost	Gesamt
Repräsentative Demokratie	39	18	35	41	30	39
Direkte Demokratie	47	67	51	53	62	55
Unentschieden	14	15	14	6	9	7
Gesamt	100 %	100 %	100 %	100 %	100 %	100 %

Aus der Tabelle wird erkennbar, dass sich der Anteil der Bevölkerung, der sich für die direkte Demokratie ausspricht, gegenüber dem Jahr 1991 sogar noch erhöht hat. Darüber hinaus ist der Unterschied zwischen den Präferenzen in Ost und West signifikant. Allerdings handelt es sich bei dieser Meinungsäußerung bezüglich der Demokratievorstellungen zumindest bei der westdeutschen Bevölkerung um kein grundlegend neues Ergebnis. Schon 1982 stellte das Institut für Demoskopie Allensbach „Wandlungen im Demokratie-Verständnis" in Hinsicht auf das Vordringen plebiszitärer Einstellungen in Westdeutschland fest. Rupert Hofmann wies deshalb bereits damals auf ein Auseinanderklaffen zwischen der geschriebenen Verfassung der Bundesrepublik und der Einstellung der Bevölkerung in der Frage der Demokratieform hin. Und auch damals schon wurde die rhetorische Frage aufgeworfen, ob Politikwissenschaftler, Sozialkundelehrer, Schulbuchautoren und Parteien genug zur Vermittlung des Verständnisses des repräsentativen Systems bei der Bevölkerung unternommen hätten (vgl. Hofmann 1984: 123).

Dass es um die adäquate Vermittlung des für das Verständnis der demokratischen Staats- und Regierungsform notwendigen Wissens nach wie vor nicht zum Besten steht, macht eine Umfrage des SPIEGEL vom April 2008 deutlich: Auf die Frage „Wie zufrieden sind Sie im Allgemeinen mit der Demokratie in der Bundesrepublik und unserem ganzen politischen System" antworteten 62 % der Befragten „einigermaßen zufrieden", 12 % „sehr zufrieden". Ein Viertel der Befragten war jedoch „nicht zufrieden" mit der Demokratie in Deutschland und dem ganzen politischen System (vgl. Kurbjuweit/Schwennicke 2008: 57 ff.)

Abbildung 1: *Spiegel – Umfrage*

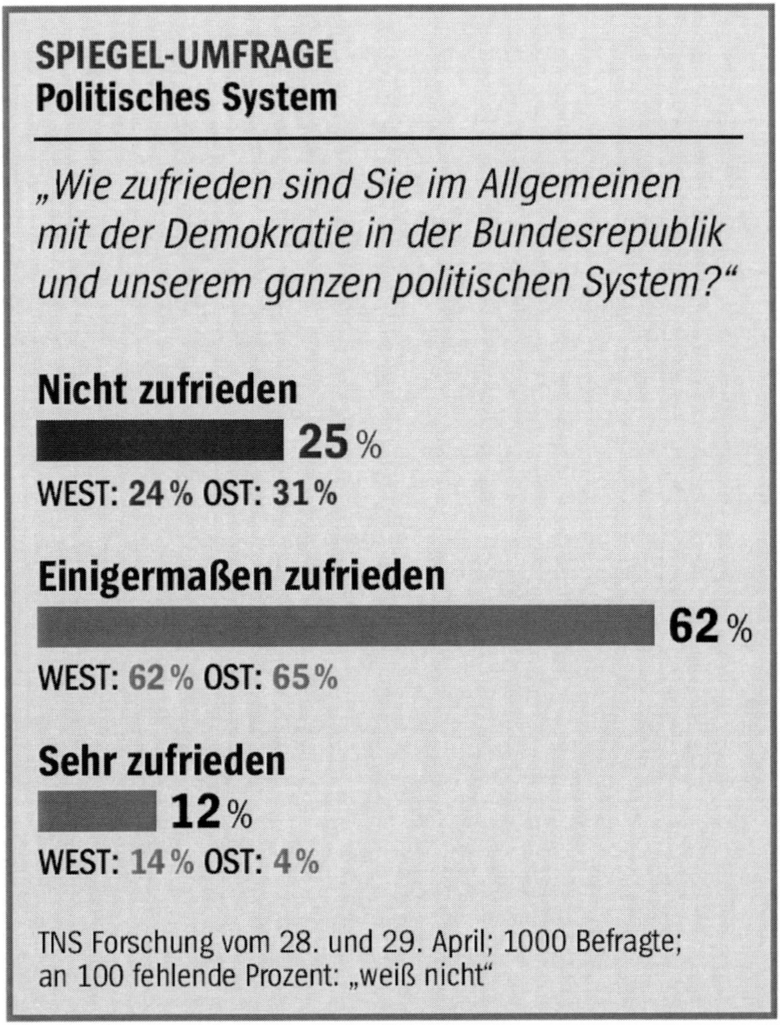

SPIEGEL-UMFRAGE
Politisches System

„Wie zufrieden sind Sie im Allgemeinen
mit der Demokratie in der Bundesrepublik
und unserem ganzen politischen System?"

Nicht zufrieden

25%

WEST: 24% OST: 31%

Einigermaßen zufrieden

62%

WEST: 62% OST: 65%

Sehr zufrieden

12%

WEST: 14% OST: 4%

TNS Forschung vom 28. und 29. April; 1000 Befragte;
an 100 fehlende Prozent: „weiß nicht"

Als Indiz für die Valenz von politischen Bildungsprozessen lassen sich die Ergebnisse werten, zu denen Kai Arzheimer und Markus Klein bei ihren Untersuchungen zu gesellschaftspolitischen Wertorientierungen und Staatszielvorstellungen allgemein gelangten. Danach wird die Idee der Demokratie von Bürge-

rinnen und Bürgern aller Altersgruppen mit Hochschulreife deutlich höher geschätzt, die weniger gut gebildeten Jugendlichen und jungen Erwachsenen hingegen „scheinen sich eher mit der Vorstellung einer Diktatur anfreunden zu
können" – für Letztgenannte stelle Demokratie offensichtlich keinen absoluten
Wert dar (vgl. Arzheimer/Klein 2000: 383 f.).

Die Bedeutung von Bildungseffekten für die Einstellung der Bürgerinnen
und Bürger zur demokratischen Staats- und Regierungsform ist somit evident.
Für die entsprechend im Politikunterricht zu vermittelnden Kenntnisse und
Fähigkeiten bietet das Political Literacy-Konzept einen adäquaten didaktischen
Rahmen.

3. Der Political Literacy-Ansatz

Der Begriff Literacy wird gegenwärtig in der internationalen fachdidaktischen
Diskussion verwendet, um Anforderungen an eine „Grundbildung für alle" zu
charakterisieren. Diese Grundbildung zielt auf die kulturelle, gesellschaftliche
und politische Teilhabe des Einzelnen. Sie soll umfassend persönliche Handlungsmöglichkeiten im gesellschaftlichen Leben eröffnen.

Zunächst war im engeren Sinne der Übersetzung „Literalität" als Lesekompetenz verstanden worden. Der Begriff rief somit das Bild einer elementaren Alphabetisierung hervor. Inzwischen wird der Begriff jedoch auch auf andere Bildungsbereiche angewandt. Heute werden in Erweiterung der Wortbedeu-
tung etwa auch mathematische, naturwissenschaftliche oder eben politische
Kompetenzen mit eingeschlossen.

Das Literacy-Konzept ist ein funktional geprägtes Bildungskonzept. Es unterscheidet sich damit vom gängigen Allgemeinbildungsbegriff bzw. dem deutschen Bildungsbegriff. Dieser ist geprägt von situationsunabhängigem Weltver-
stehen. Das Literacy-Konzept grenzt sich hiervon durch die starke Betonung des
Anwendungs- und Lebensbezugs ab.

Entsprechend steht das Literacy-Konzept in der deutschen bildungspolitischen Diskussion bisweilen in der Kritik. So spricht der Präsident des Deutschen Lehrerverbandes Josef Kraus von der Gefahr der „operationalistischen
Verarmung": „Es scheint, als ob Bildung das sei, was die PISA-Studien messen
oder die OECD auszuzählen vorgibt." (Kraus 2005)

Trotz dieser Kritik halte ich das Literacy-Konzept für einen sehr fruchtba-
ren Ansatz auch für die schulische politische Bildung. Eine treffende kurze
Definition von Political Literacy findet sich im Abschlussbericht der Beratergruppe des englischen Parlaments zur politischen Bildung. Der Bericht wird
gemeinhin nach dem Vorsitzenden der Beratergruppe, Bernard Crick, benannt.

Darin heißt es: „Political literacy: Pupils learning about and how to make themselves effective in public life through knowledge, skills and values." (DfEE 1998: 41)

Auf der Grundlage dieses Berichts ist im Übrigen im Jahr 2002 „Education for Citizenship" an allen englischen Schulen mit einem Deputatsumfang von 2 Wochenstunden als Pflichtbestandteil des Unterrichts eingeführt worden.

Der Begriff Political Literacy drückt also eine besondere Anforderung aus: Es soll ein politisches Verständnis vermittelt werden, das die Teilhabe an der politischen Öffentlichkeit gestattet. Diese Partizipationsmöglichkeit setzt vielfältige und anspruchsvolle Kompetenzen voraus. Political Literacy besteht deshalb nicht allein aus der Kenntnis politischer Institutionen und Regeln sowie dem Verständnis politischer Prozesse. Political Literacy zeigt sich vielmehr auch im verständnisvollen Umgang mit Politik und in der Fähigkeit, politische Begriffe als „Werkzeug" in einer Vielfalt von Kontexten einzusetzen.

Zur Teilhabe an der politischen Öffentlichkeit im Sinne von Political Literacy ist deshalb auch die Bestimmung von Fertigkeiten und Werten von Nöten. Als Beispiel für eine wohlbegründete Setzung von Basiskonzepten, Fertigkeiten und Werten kann der bereits erwähnte Crick-Report dienen. Das Interdependenzverhältnis der verschiedenen Momente von Political Literacy kommt bei diesem Kubus zum Ausdruck (DfEE 1998: 41):

Abbildung 2: *Interdependenzverhältnis der verschiedenen Momente von Political Literacy*

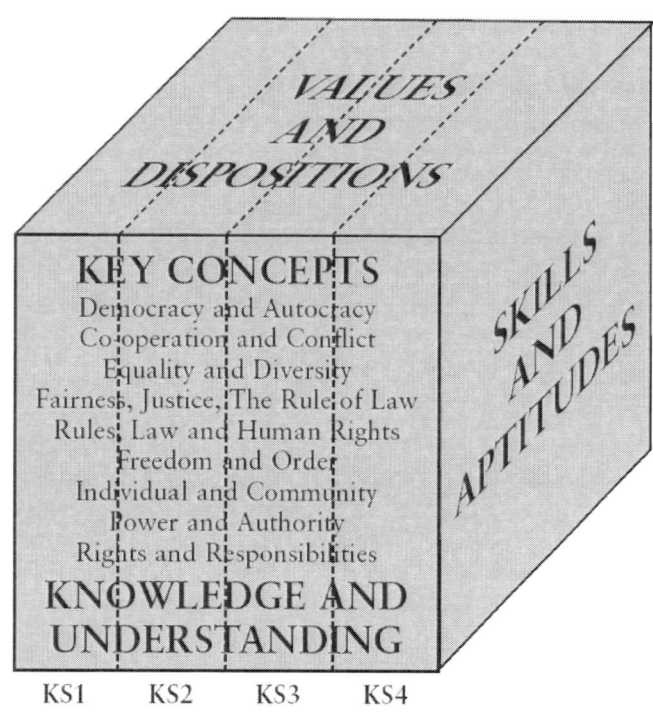

Die Darstellung in diesem Kubus macht deutlich, welche Bedeutung Basiskonzepten – hier als „key concepts" bezeichnet – und politisches Wissen für die Anbahnung von Political Literacy zukommen. Durch die Gegenüberstellung von Demokratie und Formen der Autokratie im kontrastierenden Vergleich lassen sich die wesentlichen Elemente der demokratischen Staats- und Regierungsform im Politikunterricht von den Schülerinnen und Schülern angemessen erarbeiten.

Auf diese Weise kann der Political Literacy-Ansatz seine Funktionalität zur Lebensbewältigung erweisen – die Schülerinnen und Schüler können lernen, die unterschiedlichen Bedeutungsmomente politischer Begriffe im Prozess der politischen Öffentlichkeit adäquat zu nutzen. Political Literacy kommt somit einerseits den späteren Bürgerinnen und Bürgern selbst zu Gute, andererseits ist sie auch der gedeihlichen Entwicklung des demokratischen Systems dienlich. Political Literacy, verstanden als politische Grundbildung für alle, bildet somit

einen demokratiefunktionalen Modus – und stellt eine wesentliche Voraussetzung zur Teilhabe der Bürgerinnen und Bürger am Prozess der Meinungs- und
Willensbildung in der politischen Öffentlichkeit dar.

Somit kann der Political Literacy-Ansatz mit der oben angeführten Überlegung des Protagoras von Abdera aus dem fünften vorchristlichen Jahrhundert
verknüpft werden, wonach die für ein Gemeinwesen notwendigen politischen
Kompetenzen jedem Menschen zukommen respektive erlernt werden können –
eine konstitutive Voraussetzung für die demokratische Herrschaftsform. Während es für die anderen im damaligen Griechenland bekannten Staatsformen
Oligarchie und Tyrannis unerheblich war, ob alle Menschen ihres Herrschafts-
gebiets über politische Kompetenzen verfügen, bilden diese für die damals in
Athen ausgeübte Demokratie eine unerlässliche Prämisse. Entsprechend erklärt
Elisabeth Frazer für die heutige Demokratie: „In democratic systems the ideal of
public life is more complex and demanding than it is in authoritarian, monarchi-
cal, theocratic and dictatorial systems." (Frazer 1999: 15) – Political Literacy,
verstanden als „Grundbildung für alle", empfiehlt sich vor diesem Hintergrund
als adäquater Ansatz für die Zumutungen der Demokratie.

Literatur

Aristoteles 1989: Politik. Schriften zur Staatstheorie. Stuttgart: Reclam
Aristoteles 1990: Staat der Athener. Berlin: Akademie-Verlag
Arzheimer, Kai/Klein, Markus 2000: Gesellschaftspolitische Wertorientierungen und Staatszielvor-
    stellungen im Ost-West-Vergleich. In: Falter, J./Gabriel, O. W./Rattinger, H. (Hrsg.) (2000):
    Wirklich ein Volk? Die politischen Orientierungen von Ost- und Westdeutschen im Vergleich.
    Opladen: Leske + Budrich, 363-402
Böckenförde, Ernst Wolfgang: Staat, Gesellschaft, Freiheit. Studien zur Staatstheorie und zum
    Verfassungsrecht. Frankfurt/M.: Suhrkamp
Böckenförde, Ernst-Wolfgang (1976): Die Entstehung des Staates als Vorgang der Säkularisation. In
    Ders. (1976): Darmstadt: Wissenschaftliche Buchgesellschaft, 42-64
Bürklin, Wilhelm P./Dalton, Russell J. /Drummond, Andrew 2001: Zwei Gesichter der Demokratie:
    Repräsentative versus „direkte" Demokratie, in: Hans-Dieter Klingemann/Max Kaase (Hrsg.):
    Wahlen und Wähler. Analysen aus Anlass der Bundestagswahl 1998, Wiesbaden: VS Verlag
    für Sozialwissenschaften, 529-551
Capelle, Wilhelm 1968: Die Vorsokratiker, Stuttgart: Reclam
DfEE (Hrsg.) 1998: Education for citizenship and teaching of democracy in schools, London
Falter, Jürgen/Gabriel, Oscar W./Rattinger, Hans (Hrsg.) (2000): Wirklich ein Volk? Die politischen
    Orientierungen von Ost- und Westdeutschen im Vergleich. Opladen: Leske + Budrich
Frazer, Elisabeth 1999: The Idea of Political Education. In: Oxford Review of Education. H. 1 & 2.
    1-19
Händle, Christa/Oesterreich, Detlef/Trommer, Luitgard (1999): Concepts of Civic Education in
    Germany Based on a Survey of Expert Opinion. In: Torney-Purta, J. et. al:): Civic Education
    Across Countries: Twenty-four National Case Studies from the IEA Civic Education Project.
    Amsterdam: IEA Secretariat, 257-284

Herodot (1980): Die Bücher der Geschichte I-IV. Stuttgart: Reclam
Hofmann, Gunter/ Perger, Werner A. (Hrsg.) (1992): Die Kontroverse. Weizsäckers Parteienkritik in der Diskussion, Frankfurt/M.: Eichborn
Hofmann, Rupert (1984): Demokratie zwischen Repräsentation und Anarchie. In: Zeitschrift für Politik. 123-134
Isokrates (1993): Sämtliche Werke, Bd. 1: Reden I-VIII. Stuttgart: Reclam
Kraus, Josef (2005): Denken muss frei sein. In: Rheinischer Merkur. 27. Januar 2005
Kurbjuweit, Dirk/Schwennicke, Christoph (2008): Gefährliche Trägheit. In: Der Spiegel. H. 20. 57
Leppin, Hartmut (1999): Thukydides und die Verfassung der Polis. Ein Beitrag zur politischen Ideengeschichte des 5. Jahrhunderts v. Chr. Berlin: Akademie-Verlag
Meier, Christian (1983): Die Entstehung des Politischen bei den Griechen. Frankfurt/M.: Suhrkamp
Möllers, Christoph (2008): Demokratie – Zumutungen und Versprechen. Berlin: Wagenbach
Offe, Claus (1992): Wider scheinradikale Gesten. Die Verfassungspolitik auf der Suche nach dem „Volkswillen". In: Hofmann, G./Perger, W. A. (Hrsg.) (1992: Die Kontroverse. Weizsäckers Parteienkritik in der Diskussion, Frankfurt/M.: Eichborn: 126-142
Patzelt, Werner J. (1998): Ein latenter Verfassungskonflikt? Die Deutschen und ihr parlamentarisches Regierungssystem. In: Politische Vierteljahresschrift. 725-757
Patzelt, Werner J. (2001): Verdrossen sind die Ahnungslosen. Viele Deutsche verachten Politik und Politiker – weil sie ihr Regierungssystem nicht verstehen. In: Die Zeit. 22.2.2001. 9
Platon (1982): Der Staat. Stuttgart: Reclam
Platon (1999): Protagoras. Göttingen: Vandenhoeck & Ruprecht
Pseudo-Xenophon (1913): Staat der Athener. Leipzig: Teubner
Sartori, Giovanni (1997): Demokratietheorie. Darmstadt: Primus
Thukydides (2000): Der Peloponnesische Krieg. Stuttgart: Reclam
Torney-Purta, Judith/Schwille, John/Amadeo, Jo-Ann (Hrsg.) (1999): Civic Education Across Countries: Twenty-four National Case Studies from the IEA Civic Education Project. Amsterdam: IEA Secretariat

III. Didaktische Konkretionen

Anforderungen an eine Didaktik der Demokratie

Tilman Grammes

> *„Die Lust am Betrachten allein ist für den Staat schädlich; ebenso aber die Lust an der Tat allein. Indem die jungen Leute im Spiele Taten vollbringen, die ihrer eigenen Betrachtung unterworfen sind, werden sie für den Staat erzogen. "*
> (Brecht, Bertold: Theorie der Pädagogien, 1929)

Professionelles didaktisches Handeln wird von einem didaktischen Denken begleitet, das ein beständiges Ausbalancieren von Ambivalenzen erfordert. Wir wissen aus der Forschung zur Lehrerbildung, dass sich dieser professionelle Habitus am besten an Fallbeispielen (Paradigmen, Prototypen) schulen lässt. Dazu müssen drei Elemente miteinander kombiniert werden:

(1) Fälle und Szenen (konkrete Situationen)
(2) Prinzipien/Kriterien
(3) Auslegung/Interpretation (Hermeneutik).

Für dieses hermeneutische didaktische Denken benötigt man Situationsklugheit und pädagogischen Takt. An einem Fallbeispiel möchte ich im Folgenden zeigen, wie eine Übung im demokratiedidaktischen Denken aussehen kann.

1. Der Fall Kastanie – Bauform Projekt

Demokratie-Pädagogik hat den Bestand der Bauformen und Grundfiguren politisch-sozialer Bildungsarbeit auf erstaunliche Weise revitalisieren und auch um einige Neuentwicklungen bereichern können. Zum Repertoire, das jeder zertifizierte Demokratiepädagoge kennen und können (!) muss, zählen z.B. Klassenrat, Mediation, Kooperatives Lernen, Service Learning, Planspiele, Projekte, Schülerfirmen, Teen Courts, Deliberationsforen, Juniorwahlen, interkulturelle Reisen. Ein schulisches Curriculum („Schulzeitpartitur") sollte so angeordnet sein, dass diese Bauformen im Bildungsgang eines Schülers durchschritten werden (als sachlogisches Kerncurriculum für eine entsprechende civic literacy vgl. Grammes 2006).

Unter diesen Bauformen gilt das Projekt in der internationalen reformpädagogischen Bewegung als die klassische Verbindung von Demokratie und Pädagogik, von Schule und Polis (vgl. Hylla 1928: 41ff.). In der Projektmethode wird Lernen zum riskanten Grenzfall realen Handelns – Schule zum „Spielraum für den Ernstfall". Projektarbeit bürgt nicht per se für pädagogische Qualität; es findet sich good/best practice ebenso wie Hilflosigkeit und inflationäre Begriffsverwendung. Gut gemeint ist nicht in jedem Fall gut gemacht!

Projekte stehen in besonderer Weise in der strukturellen Spannung von Pädagogik und Politik. Zwischen Systemzwang und Selbstbestimmung kann der junge Mensch „den *Gebrauch* von Institutionen üben (z.B. die Satzungen und Geschäftsordnungen handhaben – das parliamentary procedure; debattieren und demonstrieren; die Rechtsinstanzen beschreiten, Zeitungen machen, Vereinigungen bilden etc.). Er muß also lernen, mit Konflikten zu leben, und wissen, daß das weder ein verwerflicher noch ein besonders heroischer Zustand ist, sondern ein notwendiger; diese Konflikte dürfen jedoch in der Schule nicht ihrerseits so 'pädagogisch vermittelt' werden, daß die Schüler eher in ihre Verharmlosung als in ihre Bewältigung eingeübt werden." (von Hentig 1968: 97)

In einem der größten deutschen Schulwettbewerbe, dem Wettbewerb „Demokratisch handeln", wurden seit 1989 weit mehr als 3000 Projekte eingereicht. Die Projektdatenbank (www.demokratisch-handeln.de) ist eine Fundgrube für Falldarstellungen, an denen sich ein variationsoffenes didaktisches Denken schulen lässt. Das Vorhaben 271/95 „Einmischen als Bürgertugend – Der Fall Kastanie" fand 1995 am Friedrich-Schiller-Gymnasium in Weimar statt. Der Fall Kastanie fasziniert durch die Fülle der einbezogenen zivilgesellschaftlichen Akteure und Institutionen. Der Fall Kastanie ist daher zu Recht zum „Wetzstein" einer der seltenen didaktischen Kontroversen geworden (vgl. Breit 2005 und den Beitrag von Andreas Petrik in diesem Band). Es ist ein Indikator für die Reife der Demokratiepädagogik, wenn unterschiedliche Positionen sich auf gemeinsame prototypische Referenzbeispiele beziehen.

Referenzprojekt: Der Fall Kastanie

„Eine Schulklasse engagiert sich spontan für den Erhalt einer Kastanie auf dem benachbarten Schulgrundstück. Der Baum soll kurzfristig zugunsten eines Wohnhauses mit Tiefgarage gefällt werden. Für ihr Ziel fertigen die Schüler Flugblätter, führen eine Unterschriftenaktion durch und schreiben dem neuen Besitzer des Grundstücks, der dort ein Hotel errichten möchte. Die ganze Schule organisiert Mahn-Wachen und macht mit Plakaten auf ihre Aktion aufmerksam. Dennoch, als die Bautrupps anrücken, um den Baum zu fällen, erfahren die Jugendlichen einerseits ihre Ohnmacht, andrerseits die Strittigkeit politischer Entscheidungen: Der Baum wird gefällt. Die Mädchen und Jungen geben jedoch nicht auf. Sie protestieren gegen das Vorgehen am folgenden Tag. Eine naheliegende Fernverkehrsstraße wird blockiert, die durchgelassenen Autos mit Blät-

tern und Zweigen des Baumes garniert. Doch Protest ist nicht alles. Das Projekt hat auch eine konstruktive Wendung: Sie versuchen, mit Stecklingen neue Bäume heranzuziehen. Einer davon schlägt an und soll gepflanzt werden. Jetzt kommt die Öffentlichkeit erneut ins Spiel: Durch weitere Proteste und Aktionen wird die Bevölkerung aktiv und unterstützt die Jugendlichen. Das Kinderradio und die Tageszeitungen werden informiert. Die Fernsehsendung Logo berichtet über die Aktion. Im Stadtparlament erfahren die Mädchen und Jungen, daß man für ihr Anliegen wenig Interesse hat. Auch das stoppt nicht ihr Engagement: Eine Lehrerin entwirft mit ihren Schülern schließlich ein Begrünungskonzept des Schulhofes. Durch Spenden und Unterstützung der Stadt können neue Bäume auf dem Schulhof gepflanzt werden. Der Besitzer des Nachbargrundstücks, der das Fällen der Kastanie veranlaßt hat, hat scheinbar inzwischen die Absicht aufgegeben dort ein Hotel zu errichten, die Fläche ist weiterhin unbebaut. In diesem Projekt hat sich eine ganze Schule engagiert und sich mit Nachdruck für den Erhalt der Natur eingesetzt. Die Mädchen und Jungen haben sich auch nicht durch Mißerfolge oder die Gleichgültigkeit der Verantwortlichen der Stadt abschrecken lassen, sondern ihr Anliegen konsequent, undogmatisch und konstruktiv verfolgt."
(Reportage in der Projektdatenbank des Förderprogramms Demokratisch handeln www.demokratisch-handeln.de, Zugriff 14.10.2008, inzwischen verändert.
Die eindrücklichste Projektreportage ist die vierseitige Urfassung bei Lokschies (1997) mit anschaulichen Fotos und lebendigen Schüleräußerungen.
Es ist eine gute Schulung im didaktischen Beobachten, unterschiedliche Fassungen einer Reportage zu vergleichen, z.B. Andreas Petrik in diesem Band: S. 245ff.

2. Didaktische Prinzipien/Kriterien

Auf der Suche nach einem basalen Kriteriensatz könnte Demokratie-Pädagogik zunächst bei der Politikdidaktik fündig werden. Der sog. Beutelsbacher Konsens von 1976 bildet so etwas wie das Grundgesetz der politischen Bildung und ist in mehrere Sprachen übersetzt (vgl. www.lpb-bw.de/beutelsbacher_konsens.php) – einer der wenigen deutschen didaktischen „Exportschlager". Die Ethik pädagogischen Handelns soll den regulativen Ideen Überwältigungsverbot, Kontroversgebot und Interessenorientierung folgen. Die Beutelsbach-Trilogie lässt sich bis auf die Disputationsmethode in der mittelalterlichen Scholastik und die „kontradiktorische Methode" der Weimarer Republik zurückverfolgen.

Ich möchte im Folgenden auf einen weiteren, „einheimischen" genuin demokratiepädagogischen Kriteriensatz aufmerksam machen, der bislang – zu

Unrecht! – noch nicht so verbreitet ist. Das Magdeburger Manifest wurde auf der Halbzeitkonferenz des BLK-Programmes „Demokratie lernen und leben" 2005 von etwa 380 Akteuren verabschiedet.

... 5. Politisch wie pädagogisch beruht der demokratische Weg auf dem entschiedenen und gemeinsam geteilten Willen, alle Betroffenen einzubeziehen (*Inklusion* und *Partizipation*), eine abwägende, am Prinzip der Gerechtigkeit orientierte Entscheidungspraxis zu ermöglichen (*Deliberation*), Mittel zweckdienlich und sparsam einzusetzen (*Effizienz*), Öffentlichkeit herzustellen (*Transparenz*) und eine kritische Prüfung des Handelns und der Institutionen nach Maßstäben von Recht und Moral zu sichern (*Legitimität*).
(www.degede.de -> Über uns -> Manifest)

Der „hohe Ton" und die normative Überlast solcher programmatischen Listen könnte auf den ersten Blick beliebig und additiv wirken. Aber die hier durch Kursivdruck hervorgehobenen sechs Kriterien halten in erstaunlichem Maße einer „harten" politikwissenschaftlichen Prüfung stand, denn die empirischvergleichende Demokratieforschung verwendet ähnliche Kriterien zur Demokratie-Messung. Abs (2005: 116f.) nennt sieben Prinzipien – Gleichheit an Rechten, Meinungsfreiheit, Partizipation, Pluralismus, Repräsentativität, Toleranz und Transparenz; Steffani (1971) nennt Effizienz, Transparenz, Partizipation (vgl. Schiller 1999, Berg-Schlosser 2008, Juchler in diesem Band: S. 186 ff).

Ich möchte zeigen, dass solche Kriterien im didaktischen Denken auf eine dialektisch-polare Ausformulierung hin drängen. Dafür gibt es ein bedenkenswertes Vorbild in der Bildungsreform der 68er-Pädagogik: In den politisierten Lagerkämpfen zwischen sog. systemaffirmativen und systemkritischen Konzeptionen empfiehlt der Politikdidaktiker Bernhard Sutor in seiner „Didaktik des politischen Unterrichts" (1971), Grundkategorien in der problemorientierten Form von Spannungsverhältnissen zu fassen.

Schaubild: *Magdeburger Manifest*

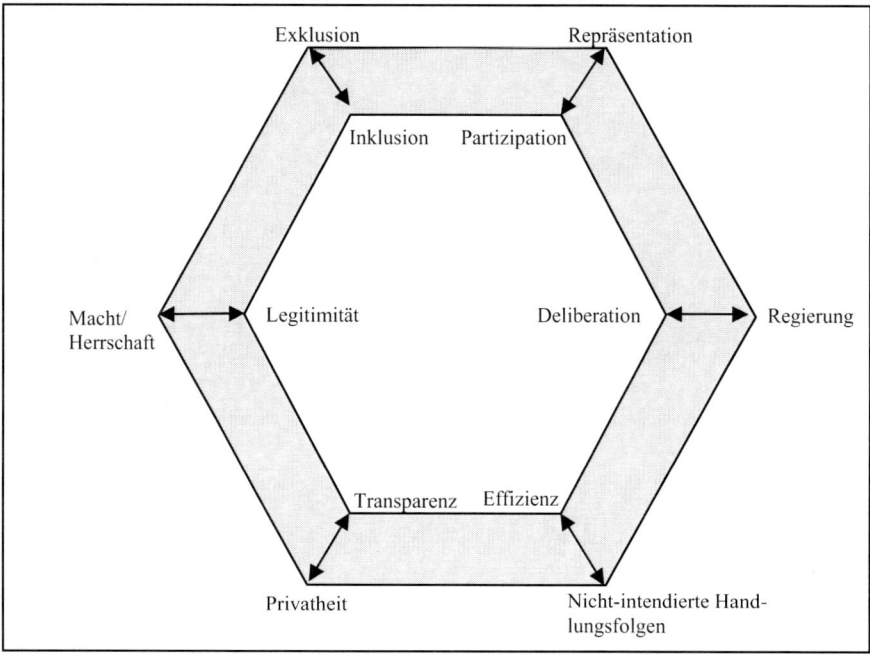

Die folgende mikrodidaktische Reflexion soll blinde Flecken und Blockierungen aufzeigen, die bislang in der Kontroverse zwischen politischer Bildung und Demokratie-Pädagogik (vgl. dazu den Beitrag von Gerhard Himmelmann in diesem Band) nicht deutlich markiert worden sind.

3. Interpretation

3.1 Inklusion – Exklusion

Der Projektbericht zeichnet das Bild einer engagierten und argumentationshomogenen Schulgemeinschaft: „Erst wenn der letzte Baum gerodet ist, werdet ihr feststellen, dass man Geld nicht atmen kann!" verkündet ein Spruchband. Auf der anderen Seite steht der Investor in der Rolle des „Buhmanns". Die Projektlogik folgt damit dem Muster der sog. „moralischen Demokratie" (Hättich 1967:

55ff.), eine Politisierung entlang einer Dualität – hier von Ökologie versus Ökonomie. Es wird Gewinner und Verlierer geben; ein dritter Standpunkt, ein Kompromiss oder gar eine win-win-Situation, ist zu Anfang noch nicht in Sicht. Jede
Inklusion bewirkt an anderer Stelle eine Exklusion. Von dieser Dialektik der
Kultur ist auch demokratische Kultur nicht frei.

Die Illusion der Homogenität ist aber das häufigste demokratiepädagogische Fehlverstehen. Die Schulgemeinschaft ist möglicherweise argumentations-
heterogener, als uns der Projektbericht glauben macht. Es kann in der Schule
schnell zur Bildung von Parteien kommen; andere Schüler bleiben vielleicht
desinteressiert beiseite stehen (apathische Teilgruppe). Andreas Petrik (in diesem Band: S. 245 ff.) weist auf den Gruppendruck hin, der entstehen kann. In
Didaktikseminaren ist es daher immer lehrreich, alternative Szenarien und Varianten der Lerndynamik durchzuspielen:

- in der Lerngruppe befindet sich auch die Tochter des Investors; es muss
  verhindert werden, dass die Tochter einem Spießrutenlaufen ihrer Mitschülerinnen ausgesetzt wird (vgl. zum bedrängten, schwachen bzw.
  ängstlichen, gehemmten Projektmitglied Frey 1993: 216ff.);
- die – im übrigen von einem Schädling befallene – Kastanie soll zugunsten des Baus einer Schwimmhalle oder eines Einkaufszentrums gefällt
  werden. Das könnte eine Mehrheit der Schülerinnen und Schüler plötz-
  lich äußerst attraktiv finden!

Aus systemtheoretischer Sicht leisten institutionalisierte demokratische Entscheidungsverfahren ein Enttäuschungs-Management für den Verlierer, dort, wo
eine Kultur der Anerkennung an ihre Grenzen stößt. Die gefühlsarmen Lernprozesse der Verfahren machen den Gruppendruck erträglicher; sie dienen „der
Ableitung und Verkleinerung von Enttäuschungen, indem sie streitende Parteien
mit Möglichkeiten legitimer, aber kanalisierter Aggressivität ausstatten und den
Verlierer dann isolieren, so daß seine Enttäuschung folgenlos bleibt ... Es ist die
Funktion des 'Trichters des Verfahrens', dass, wer sich dem Verfahren unter-
wirft, dessen Ausgang hinzunehmen hat. Man kann nach dem Verfahren nicht
mehr dieselben Erwartungen hegen wie vor dem Verfahren." (Luhmann 1969/
1983: 111ff.) Dieses informelle Lernen über die „Legitimation durch Verfahren" (Luhmann 1969) durchzieht auch andere deliberative demokratiepädagogische Bauformen, etwa Klassenrat oder Mediation.

3.2 Partizipation – Repräsentation

Teilnahme bezeichnet den Elementarvorgang politischen Handelns. Doch wer bildet das entscheidungsbefugte „Volk", den „Körper" der Schulgemeinschaft? Die Schülerinnen und Schüler? Ihre Lehrer? Die Eltern, stellvertretend als Anwalt ihrer heranwachsenden Kinder? Die Bürgerinnen und Bürger, als Steuerzahler einer öffentlichen Einrichtung? (Ruhloff 1987)

In normativer Perspektive muss sich jeder, der partizipiert, an die Stelle eines Ganzen versetzen. Der Anspruch des demokratischen Arguments geht über blanken Interessenegoismus immer schon hinaus und beansprucht ein Gemeinwohl. Damit ist der Partizipant immer auch der Repräsentant einer Einheit, nicht erst sein „Stellvertreter" im Parlament. Partizipation muss daher in enger Verbindung mit der Leistung der Repräsentation gedacht werden (Gerhardt 2006).

Dem Projekt Kastanie wird aus politikdidaktischer Sicht vorgeworfen, den Akteuren im Rausch der Partizipation zu wenig Raum für rationale Urteilsbildung zu lassen und durch Vereinnahmung zu überwältigen. In diesem immer schwierigen Verhältnis von Aktion (Engagement) und Reflexion, von Handlungsorientierung und Urteilsbildung geht es nicht um ein Entweder-Oder, sondern um die Herstellung einer professionellen lernproduktiven Balance. Nur bei flüchtiger Betrachtung sieht es so aus, als ob sich die Demokratiepädagogen, hier in der Rolle der ungeduldig vorwärtsdrängenden Moralapostel, vornehmlich für Engagement einsetzten, während die Politikdidaktiker, hier in der Rolle der staatstragenden, aber miesepetrigen „Bedenken-Träger", sich für die Reflexion zuständig fühlten. Hätte man doch immer auch Alternativen des Handelns abwägen können – gemäß dem Kontroversgebot des Beutelsbacher Konsens sogar abwägen müssen!? Aber eine solcherart „ausgewogene Nachdenklichkeit" sei nicht mehr fähig, zum „aufrüttelnden Protest" zu motivieren. „Zweifel und Skepsis bremsen den Tatendrang" jugendlicher Initiativen (Breit 2005: 58). Und die Dynamik von Projektlernen liege gerade auch in der „Stärke nicht hinterfragter Gewißheit". Es ist also nicht nur die Reflexionsphase die Achillesferse handlungsorientierter Methoden; sondern umgekehrt kann Reflexion zur Gefährdung der unbefangenen Erfahrung elementaren Mit-Handelns führen.

3.3 Deliberation – Regieren

Die natürliche Spannung von Engagement und Reflexion in pädagogischen Projekten findet im Institutionengeflecht einer Demokratie eine systematische differenztheoretische Lösung. Diese wird sichtbar, wenn wir unser Projekt mit einer weiteren Projektvorlage vergleichen: die deutsche Adaption des amerika-

nischen Curriculums „We the People ... Project Citizen" des Center for Civic
Education (2001, vgl. Koopmann 2005). Junge Menschen schlüpfen in die Rolle
von Mini-Sozialwissenschaftlern, die als „Gemeindedetektive" kommunalpolitische Probleme in 10 Schritten untersuchen:

Projekt Aktive Bürger: 10 Schritte

1. Probleme sammeln
2. Ein Problem bestimmen [Gemeinsame Planung]
3. Informationen sammeln
4. Andere Lösungsansätze prüfen
5. Einen Lösungsweg entwickeln
6. Aktionsplan erstellen
7. Eine Ausstellung vorbereiten
8. Die Ausstellung präsentieren
9. Das Problem anpacken
10. Erfahrungen reflektieren [Meta-Lernphase]
Daraus kann als 11. Schritt Verantwortungsübernahme in einem dauerhaften
Service Learnig hervorgehen.
(Koopmann 2005: 160f., Silcox 1993)

Diese Lern-Schritte sind arbeitsanaloge „natürliche" Lernschritte, die typischen
Phasen realer Arbeitsabläufe entsprechen: eines politischen Problemlöseprozess
(Politikzyklus), eines betrieblichen Projektmanagements oder einer sozialwis-
senschaftlichen Untersuchung (Forschungszyklus, experiental learning).

Der Projektverlauf im Fall Kastanie dagegen wirkt zunächst auf eine sym-
pathische Weise chaotisch. Aus einer aktuellen, fast zufälligen Situation entwickelt sich gehaltvolles politisches Lernen; insofern handelt es sich zu Beginn
nicht um ein im klassischen Sinn projektförmiges, geplantes Vorhaben (Lokschies 1997: 46). Bei genauer Betrachtung lassen sich jedoch auch im Fall Kastanie die typischen Phasen eines jeden Projekts ausmachen. Nach spontanem
Beginn gibt es mehrere zielgerichtete Planungsphasen mit Strategiedebatten.

Die 10 Schritte lassen sich aus pädagogischer Perspektive idealtypisch in
eine legislative Phase (Schritt 1-2) und eine exekutive Phase (Schritt 3-10) un-
terteilen. In der idealtypischen Schrittfolge sind Phase 2 und Phase 4 die zu
markierenden, neuralgischen Gelenkstellen:

a) Legislativer Modus/Willensbildung (Schritt 1-2):
Der Begriff Willensbildung an der Schnittstelle von Politik und Pädagogik bezeichnet sowohl die innere Verfassung der Person als auch die äußere Verfas-

sung des Gemeinwesens (Fauser 1990: 59ff.). Nach spontanem Projektbeginn bedeutet „ein Problem bestimmen" (2. Phase) ein Innehalten, eine eingebaute Langsamkeit in gemeinsamen politischen Angelegenheiten. Nichts überstürzen! Es findet eine Willensbildung statt,

- ob bzw. welches von mehreren alternativen Projektthemen angegangen werden soll. Kommt der Fall Kastanie überhaupt auf die Agenda?
- wie der Fall angegangen werden soll: Wollen wir uns als Klasse für den Erhalt des Baumes mit allen Mitteln einsetzen? Eine mögliche alternative Lerndynamik wäre, dass eine Gruppe für den Bau von Wohnungen eintritt. Sollen jetzt zwei Projekte in Konkurrenz zueinander laufen? Ist das praktikabel? Die Minderheit darf nicht zu Mitläufern des Mehrheitsprojekts gemacht werden, denn damit wäre das Überwältigungsverbot massiv verletzt. Das Oppositionsprinzip muss systematisch in demokratiepädagogische Bauformen eingebaut sein! Die Erkenntnis- und Sozialtheorie des Kritischen Rationalismus rät – analog einem idealtypischen wissenschaftlichen Forschungsprozess – bei der Orientierung in der Welt nach Widerlegungen zu suchen, und nicht nur nach Bestätigungen (Popper 1994). Mit dem Falsifikations- und Proliferationsprinzip ist das Oppositionsprinzip nochmals in das exekutive Gestaltungshandeln eingebaut.

b) Exekutiver Modus/Regieren (Schritt 3-10): Jetzt hat sich die Lerngruppe für ein Problem und die Grundrichtung seiner Bearbeitung entschieden. Es soll nicht beim Dauerdiskutieren bleiben, der „Diktatur des Sitzfleisches" (Harald Weinrich). Das Projekt wechselt vom legislativen in den exekutiven Modus. Es geht nun um die kluge Ausführung des beschlossenen Anliegens; Gestaltungskompetenz, Leidenschaft (Frustrationstoleranz) und Augenmaß (Situationsklugheit) sind gefragt: Wie das Projekt managen, die Policy umsetzen?

Aber auch innerhalb des exekutiven Modus gibt es wieder deliberative Phasen. Erfolgreiches Projekt-Management weiß, wie wichtig es ist, an den richtigen Stellen Expertise von außen einzuholen. Dem 5. Schritt „einen Lösungsweg entwickeln" mit anschließendem Aktionsplan (our class policy, our action plan) ist daher als 4. Schritt vorgeschaltet „andere Lösungsansätze prüfen" (alternative policies).

Mit dieser Ablauflogik sind kontroverses Debattieren (Deliberation) und entschlossenes Ausführen (Governance) in eine realitätsbezogene, politikanaloge, quasi „natürliche" Form gebracht. Die Kritik am Projekt Kastanie hat diese Differenz nicht markiert, da die Projektdarstellung erst dort einsetzt, wo ein Wille bereits gebildet scheint. Das Projekt spielt im exekutiven Modus und ist daher mit guten Gründen nur bedingt „kontrovers". Mit der Meta-Reflexion dieser Differenz, einem Zeigen des Zeigens (z.B. in Schritt 10), lässt sich die

Spannung von Engagement und Reflexion im Verhältnis von Deliberation und Regieren auffangen. Die „Artikulation" (Interpunktion, Taktierung) ermöglicht das Zeigen des Zeigens, das differenzmarkierende „Gebt acht!" gemäß der Dramaturgie des Brecht'schen epischen Theaters. Diese Grundgebärde bildet daher das Kerngeschäft der didaktischen Profession (Prange 1985: 184ff.). In Erweiterung einer oft zitierten Formel des Reformpädagogen Hugo Gaudig: Der Schüler soll nicht nur Methodik haben, sondern auch Didaktik – im klassischen bildungstheoretischen Verständnis der Auswahl und Begründung von Zielen und Inhalten im Projekt: das Agenda-Setting.

Die Sympathien junger Menschen liegen wohl nicht nur in diesem Projekt beim Regieren, also beim exekutiven Modus – dies ist der entwicklungspsychologische „Absolutismus" der Pubertät, ihr „Tatendrang" (Breit). Im Wechsel von Debattieren und Regieren ermöglichen Projekte eine rhythmisierte Erfahrung eines anspruchsvollen Bürgermodells, das der „bildende Philosoph" Richard Rorty (1989: 14ff.) „liberale Ironikerin" genannt hat: Sie besitzt die Fähigkeit, für ein gesellschaftliches Projekt einstehen zu wollen („regieren") und zugleich dessen Kontingenz und begründungsmäßige Relativität akzeptieren zu können („debattieren"). Die demokratische politische Kultur erwartet von ihren Mitgliedern, so schwer ihnen das auch fallen muss, ein ambivalentes, wenn nicht gar widersprüchliches Selbstverständnis: Einerseits sollen sie Einsichten und Meinungen haben (dürfen) und für diese auch öffentlich – mit Anspruch auf Wahrheit – einstehen können und andererseits dieselben als prinzipiell fehlbare oder sogar bloß subjektive Auffassungen ansehen.

Mit diesem Bürgermodell sind auch das zweite und dritte Prinzip des Beutelsbacher Konsens, Meinungspluralität (debattieren) und Interessenorientierung (regieren), in ein polares Spannungsverhältnis gesetzt, weshalb alle späteren Ergänzungsversuche des Interessengebotes um den „Gemeinwohlaspekt" redundant geblieben sind und sich nicht haben durchsetzen können. Die Akzentverschiebung vom Debattieren zum Regieren, vom legislativen zum exekutiven Modus bildet eine Parallele zur Entwicklung in der Bezugsdisziplin Politikwissenschaft. Dort hat ein Paradigmenwechsel von der Parlamentarismusforschung zur Regierungslehre stattgefunden. Die Politikdidaktik hat ihren Schwerpunkt bis heute allerdings beim Debattieren gesehen. Aber auch zahlreiche demokratiepädagogische Formate haben ihren Schwerpunkt im deliberativen Modus, z.B. Pro-Contra-Debatte, Dilemma-Methode, Deliberationsforum, Talkshow. Die Ausbildung einer „exekutiven" Gestaltungskompetenz (social entrepreneurship), z.B. als Projekt-Management oder Verwaltungslehre, ist bislang nicht als Kernaufgabe im deutschen Schulwesen wahrgenommen.

3.4 Effizienz – Kontingenz/Folgen

Effizientes soziales Gestaltungshandeln ist eine anspruchsvolle Aufgabe, denn es erfolgt gerade in sog. Risiko- und Wissensgesellschaften unter den Bedingungen unsicherer und unvollständiger Information. Es gibt Rückschläge, Frustration stellt sich ein; gute Absicht und Wirkung klaffen auseinander:

- Politiker ändern berechtigt ihre Meinung, sagen manchmal aber auch etwas anderes als sie tun;
- der Erfolg der politischen Aktion könnte eine langfristige Unterminierung des Rechtsbewußtseins bewirken; schließlich verfügt der Investor über eine legale Fällgenehmigung. Die Differenz von Recht und Moral bleibt im Projekt diffus, nicht deutlich markiert (vgl. den Beitrag von Andreas Petrik in diesem Band: S. 245ff.).
- Die kurzfristige Erfolgsbilanz der Aktion fällt negativ aus, schließlich wird die Kastanie in einer Nacht-und-Nebel-Aktion gefällt. Das könnte bei jungen Menschen als nicht-beabsichtigte Handlungsfolge Politikverdrossenheit auslösen – wie aus politikdidaktischer Perspektive Breit (2005) befürchtet. Ein verbreitetes Fehlverstehen, die Illusion der Homogenität (alle vernünftigen Menschen denken so wie ich!) und die Illusion der Autonomie (der Einzelne kann eine politische Streitfrage entscheiden), könnte sich verfestigen. Nur begleitende oder nachlaufende reflexive Phasen können hier Fehlverstehen und Frustration verhindern.
- Nachhaltigkeit: Nicht übersehen werden darf, dass die Dramaturgie des Projekts Kastanie eine nachlaufende Institutionalisierungsphase mit einer „konstruktiven Wendung" hat – klassisches Kriterium für best practice Projekte (11. Schritt): Es werden erfolgreich Initiativen zu diversen ökologischen Ausgleichsmaßnahmen gestartet, ein erhöhtes Bewusstsein für Nachhaltigkeit in der Kommune entsteht. Das Projekt ist somit selbst zu einem informellen zivilgesellschaftlichen *Lern-Ort* geworden.

Soziales Wissen ermöglicht es, solche kontingenten, nicht-beabsichtigten Wirkungen gesellschaftlichen Handelns abzuschätzen, denn „die Zukunft ist unbekannt" – so einer der Begründer der Projektmethode (W. Kilpatrick, 1928). Der Fall Kastanie enthält mit seinen kommunalpolitischen Handlungsverkettungen zahlreiche Planungsabweichungen und Überraschungen, die in Meta-Phasen reflektiert werden müssen.

Demokratiepädagogik als Soziologiedidaktik ist die dritte disziplinäre Säule und „missing link" neben Politik- und Wirtschaftsdidaktik. Es ist kein Zufall, dass eine führende Fachzeitschrift G-W-P (*Gesellschaft-Wirtschaft-Politik*) heißt und einige der akademischen Promotoren der Demokratiepädagogik ursprünglich aus der Disziplin Soziologie stammen. Die Deutsche Gesellschaft für Soziologie hat leider keine Arbeitsgruppe Soziologie-Didaktik ausdifferenziert, während es in den USA einen lebendigen Fachdiskurs, z.B. in der Zeitschrift „Teaching Sociology" gibt.

In der Kritik der Politikdidaktik an der Demokratiepädagogik wird eigenartigerweise dem politischen *Wissen* ein „nur" soziales *Lernen* als Vorstufe gegenübergestellt (mit umgekehrten Vorzeichen hat Reinhardt 2009 diesen Zusammenhang empirisch bestritten). So als ob es kein materiales soziales Wissen als eigenständige kognitive Domäne gäbe, sondern nur die immer wieder beschworenen formal-operativen Kompetenzen (z.B. Empathie, Perspektivenwechsel etc.). Diese werden zudem unterkomplex auf die Mikroebene von *face-to-face* Interaktionen eingeschränkt. Das „Zwischenstockwerk" – die Mesoebene von Demokratie als Gesellschaftsform in Betrieben, Krankenhäusern, Altenheimen, Schulen, Öffentlichkeit – ist die konzeptionell bislang wenig ausgearbeitete zivilgesellschaftliche Bühne der Demokratiepädagogik. Aufgabe der Demokratiedidaktik ist es, dieses soziale Wissen in seinen materialen Wissensbeständen auszubuchstabieren und auf allen Kompetenzstufen *neben* das politische Wissen zu stellen. Bildungstheoretisch wird so das Prinzip der nicht-hierarchischen Ordnung der menschlichen Gesamtpraxis umgesetzt (Benner 2005: 115-124).

3.5 Transparenz (Öffentlichkeit) – Privatheit (Differenz)

„Die Logik der Politik ist die Logik öffentlicher Präsentation" (Gerhardt 2006: 423). Im Projekt Kastanie bedienen sich die schulischen Akteure virtuos und kreativ einer Aufmerksamkeitsökonomie (Georg Franck) und eines Politikmarketing durch moralische Argumentation, gezielte Regelverletzungen und wirksame Symbole.

Eine entscheidende Frage ist immer, von wo und von wem eine Projektinitiative ausgeht? In der Urfassung des Projektberichts (Lokschies 1997) ist der Appell an der Tür zum Klassenzimmer abgebildet, in dem die „unglückliche Kastanie" „spricht":

SOS ... SOS ... SOS
Liebe Schüler!
Ich bin der grosse alte Kastanienbaum an der Nordseite eures Schulhofes – gegenüber dem Schwanseebad – und habe viele Generationen von euch kommen und gehen sehen! In Kürze soll ich gefällt werden, um Platz für Parkplätze zu machen! Ich bitte euch dringend um Hilfe, damit ich weiterleben kann!

Wer mir helfen will, trifft sich in der Hofpause bei mir am Geländer.
- Ruft beim Dezernenten Dr. Folger und Meyer an – Stadtverwaltung/Grünflächenamt
- Schreibt an die Zeitung
- Stellt Schilder auf und macht eure Meinung öffentlich
Ich will es euch mit meinem Blatt- und Blütenschmuck noch lange Zeit danken.
Eure unglückliche Kastanie
(Lokschies 1997: 47)

Dieser öffentliche Aushang ist anonym, nicht verantwortlich von einem Verfasser unterzeichnet. Zentrale Projektmerkmale wie Situationsbezug und gesellschaftliche Praxisrelevanz sind somit erfüllt; ob die Initiativkompetenz aber wirklich bei der Lerngruppe liegt, bleibt unklar. Dann gilt eventuell auch, dass der „junge Mensch lernen (muss), falsche Verantwortung abzuwehren ..." (von Hentig 1968: 97). Scharf hat Hannah Arendt 1958 in einem Vortrag vor Bremer Pädagogen jegliche vorschnelle Funktionalisierung Heranwachsender für fremdgesetzte Zwecke kritisiert: „Die Verantwortung für das Werden des Kindes ist in einem gewissen Sinne eine Verantwortung gegen die Welt: Das Kind bedarf einer besonderen Hütung und Pflege, damit ihm nicht von der Welt her geschieht, was es zerstören könnte. Aber auch die Welt bedarf eines Schutzes, damit sie von dem Ansturm des Neuen, das auf sie mit jeder neuen Generation einstürmt, nicht überrannt und zerstört werde."

3.6 Legitimation – Macht/Herrschaft

Die Kategorie Legitimation stellt die Frage nach der Verantwortung und Sinnhaftigkeit im Projekt. Achillesferse im Projekt sind die regelüberschreitenden Blockadeaktionen auf der Autobahn sowie der damit verbundene Unterrichtsausfall:

„Alle 800 Schüler beteiligen sich an den Kundgebungen und auch die [im Original bei Lokschies 1997: 48 steht noch „einige", T.G.] Lehrer schließen sich den Aktionen an ... Auf einer nahe gelegenen Durchfahrtsstrasse stoppen die Jugendlichen zwei Stunden lang alle vorbeifahrenden Autos ... Dieses Tun hat eine schulische Kehrseite: der Unterricht fällt aus, die Schule ist lahmgelegt. Der Schulleiter sieht sich der Forderung gegenüber, weiteren Protest zu unterbinden." (Beutel/Lokschies 2005: 172)
Diese Aktion könnte die Wahrnehmung eines allgemeinpolitischen Mandats der Schülervertretung sein, was demokratietheoretisch und schulrechtlich umstrittenen ist. Nun sind Macht und Herrschaft nicht mehr nur im Staat und

seinen Institutionen situiert, sondern überall in zivilgesellschaftlichen Netzwer-
ken. Schule und junge Menschen befinden sich nicht in einem vor- oder außer-
politischen Raum! Partizipation bedeutet in der kritischen Lesart von „Governance" auch eine „Regierung der Subjekte", die im Imperativ des „lebenslangen
Lernens" ambivalent in die raffinierte Annexion von Differenzen münden kann.
Partizipation kann ein starkes, politisches und pädagogisches Integrationsin-
strument sein (vgl. Abs 2005, die Partizipationsleiter von Hart 1996 und den
Beitrag von Andreas Klee in diesem Band: S. 297 ff.). Dieser partizipationskri-
tische Aspekt wurde bereits in der 68er-Bewegung und der späteren Bürgeriniti-
ativbewegung gesehen. Partizipation wurde kritisiert als „repressive Toleranz"
und als „Didaktik auf dem Weg zur formierten Gesellschaft": Angesichts der
Disparität von öffentlicher Armut und privatem Reichtum werde die „Mitwirkung von Bürgern zunehmend als administratives Steuerungsinstrument eingesetzt ... wo Kooperationsbereitschaft zum funktionalen Erfordernis wird, bietet
sich Partizipation als didaktisches Hilfsmittel zur Herstellung dieser Bereitschaft
an." (Gronemeyer 1973: 11)

Erste qualitative Lernprozessanalysen zu subtilen Formen der Disziplinie-
rung durch Führung zur Selbstführung, durch Selbstmanagement im offenen
Unterricht, liegen für demokratiepädagogische Bauformen vor: zum Klassenrat
(de Boer 2006), zum Stationenlernen/kooperativem Lernen und den damit ver-
knüpften Präsentationsmethoden (Gruschka 2008). Auch in Projekten soll Leistung wettbewerbsorientiert honoriert werden, wozu Projektverträge geschlossen
und „Meritentafeln" in Form von Projektausweisen (ähnlich dem „Berufswahl-
pass") ausgegeben werden.

Das kritische Ausloten von Chancen und Problemen demokratiepädagogischer Lerngelegenheiten kann jetzt, nach einer naturgemäß noch stärker programmatisch orientierten Startphase, intensiv mit solchen qualitativen Lernprozessanalysen und Bildungsgangstudien in Angriff genommen werden.

4. Lern- und Erkenntnistheorie der Demokratie

Demokratiedidaktik beschäftigt sich mit dem Erwerb von sozialem Wissen. Sie
benötigt daher als Hintergrundtheorie eine Lern- und Erkenntnistheorie der
Demokratie unter den Bedingungen von Risiko- und Wissensgesellschaften.
Diese Hintergrundtheorie muss das Entsprechungsverhältnis von Sachmethode
und Unterrichtsmethode (Lehrmethode, Lernmethode) herausarbeiten. Was ist
damit gemeint?

Im alltäglichen Sprachgebrauch hat der Begriff „Didaktik" oft einen negativen Beigeschmack; wir assoziieren den überdeutlich erhobenen Zeigefinger.

Leider sagt unsere Lebenserfahrung, dass Menschen, die sich belehrt fühlen, schlecht lernen! Eine lebendige demokratiepädagogische Basisbewegung jetzt nachträglich mit didaktischen Überlegungen zu befrachten – bedeutet das nicht, die Natürlichkeit und Unmittelbarkeit von Demokratie-Lernen zurück in das Korsett schulmeisterlichen Belehrungswissens zu zwingen? Dem Alltagsverständnis gilt Didaktik als Fremdkörper, der dem Gegenstand von außen additiv hinzugefügt wird. Es gehe darum, bereits vorhandenes Wissen nachträglich „aufzubereiten", um es weiter zu transportieren, zu „vermitteln".

Ich wollte mit der Analyse des Projekts Kastanie für ein anderes, ein „inwendiges" Verständnis von Didaktik werben: Didaktik ist bereits integrales Element der Bewegung der Sache selbst! Die Verfahren der Demokratie tragen eine Motivation in sich, sie haben eine „ursprünglich eingeschriebene Vermittlungsleistung" (Gerhardt 2006: 413). Didaktik als Vermittlungswissenschaft wäre dann kein verschnörkeltes „Styling" als nachträgliches Interessant-Machen („Aufhübschen") eines an sich trockenen Stoffs, der dann hinter den Motivationstricks als künstliches Schulwissen nur wieder verschwindet. In der Demokratie-Didaktik geht es vielmehr um ein nüchtern-funktionales Design, um die Ästhetik des „form follows function". Insofern könnte man von einer Bauhaus-Didaktik sprechen. Die Bauformen der Demokratiepädagogik haben diese Nähe zu natürlichen Lernsituationen: die Sachmethode ist analog der Lernmethode.

Demokratische Ordnungen können grundsätzlich als lernende Systeme verstanden werden, deren Institutionengefüge ein intelligentes Wissensmanagement der Problem- und Themenauswahl durch methodische Bearbeitungsverfahren sichern soll. In diesen Verfahren werden Entscheidungen hergestellt, in denen bestimmte Inhalte gewählt, andere ausgeschlossen werden, Komplexität reduziert wird. Institutionelle Kommunikation leistet, was in der Bildungstheorie seit je her als Kernaufgabe von Didaktik bestimmt ist: die Auswahl und Begründung des Wissenswerten. Demokratiedidaktik sollte daher die Zusammenarbeit mit der Organisationspädagogik suchen (Göhlich 2000). Sie untersucht die elementaren Bewegungsformen sowie die Prozessierung und Distribution von gesellschaftlichem Wissen in demokratischen Organisationen. Als Distributionsanalyse von Wissen könnte sie eine machtkritische Schlüsselwissenschaft in sog. Wissensgesellschaften werden (vgl. Grammes 1998).

Demokratische Ordnungsformen in ihren historischen Ausprägungen sind eine menschheitsgeschichtliche Entwicklung, weil sie eine fehlerfreundliche Antwort auf die Handlungsverstrickungen in gesellschaftlichen Systemen versuchen. Kollektives Lernen erfolgt nicht nur durch Handeln, sondern frühestens durch das Nachdenken darüber, was man tut – also durch Reflexion. Durch Machtverteilung, Pluralismus und Beteiligung vieler werden Entscheidungsprozesse so verlangsamt, balanciert, veröffentlicht und „diskursiviert", dass die

Chance steigt, „Fehler" rechtzeitig erkennen und nachsteuern zu können. Die Intelligenz der Demokratie gegenüber autoritären Ordnungsformen, sozusagen ihre „Erkenntnistheorie" besteht in der „Politik der kleinen Schritte", die viel gescholtene „Stückwerktechnologie" (Popper 2006). Schon bei Dewey (*How we think*, 1910) ist in gewagter Spekulation Politik in Analogie zum idealtypischen wissenschaftlichen Denk- und Forschungsprozess konzipiert als beständiger Prozess der Problemlösung, der immer wieder neue Probleme aufwirft. Gelernt wird durch Versuch und Irrtum – das dillettantische Subjekt (Reichenbach 2001) ist ein sympathisches, weil fehlerfreundliches demokratische Bürgermodell.

Diese Erkenntnistheorie der Demokratie steht in der Tradition des Pragmatismus und ist antiessentialistisch. Es wird nicht um letzte Wahrheiten gestritten, sondern „Wahrheit" bedeutet in der Eigenlogik der gesellschaftlichen Subsysteme jeweils etwas anderes (Nida-Rümelin 2005). Es fehlt ein demokratiepädagogisches Lehrstück *„Erkenntnistheorie/Wahrheit/Objektivität"*, das die unterschiedlichen Wahrheitskriterien erfahrbar macht: Politik – Wahl/Entscheidung; Ökonomie – Preis; Recht – Urteil; Religion – Glauben; Mathematik – Beweis; Naturwissenschaften – intersubjektiv nachprüfbare Hypothese; Kunst/Musik/ Literatur – Erlebnis. Demokratiedidaktisch sind die Potentiale, die gerade in der Disziplinarität der vielgescholtenen Schulfächer als Anforderung an die Koordination von Verschiedenheit und Pluralität (Politik!) liegen, bei weitem nicht ausgeschöpft. Ein guter Bürger hat wie ein guter Pädagoge eines gelernt: unterscheiden zu können, kontextsensibel Differenzen zu markieren (Urteilskompetenz).

Die Markierung systemischer Differenzen und die sich dann stellende Frage ihrer gesellschaftlichen Koordination ist eine vordringliche Anforderung an eine Didaktik der Demokratie. Es geht um eine Übung der „Kunst der Trennungen" in den bereichsspezifischen Eigenlogiken und „Sphären" der Systeme (Michael Walzer, vgl. Reese-Schäfer 1997), denn demokratische Einrichtungen dienen ihren Zwecken dann schlecht, wenn sie mit Erwartungen und Handlungsmustern überlastet werden, für die sie nicht geschaffen sind (Kontextverwechslungen). Dies gilt:

- *vertikal:* Demokratie als Lebensform, Gesellschaftsform, Herrschaftsform (Mikro-, Meso-, Makroebene),
- *horizontal:* in den nicht-hierarchisch vorgestellten gesellschaftlichen Teilsystemen mit ihren spezifischen Entscheidungslogiken (Rechts-, Wirtschafts-, Politiksystem usw.).

Erst im Ensemble machen diese vielfältig abgestimmten, aber differenten Entscheidungsverfahren die Kultur einer Demokratie aus („Institutionengeflecht").

Damit können demokratiepädagogische Bauformen „zur Stärkung und Differenzierung politischer Urteilsbildung beitragen. Sie sollen Demokratie in ihren Ambivalenzen und Spannungen erfahrbar machen." (Begründungsschrift des BLK-Programms).

5. Lehrkunst: Die Werkdimension der Demokratie-Pädagogik

Das Projekt Kastanie ist ein demokratiepädagogisches Referenzprojekt, weil seine spannungsreiche Grundfigur zwischen Regieren und Deliberieren exemplarisch ist und sich in anderen curricularen Vorlagen und Praxisberichten wiederfinden lässt. Bei didaktischen Entscheidungen geht es meist nicht um ein eindeutiges ob oder ob nicht – auf dieser Ebene wird die Kontroverse zwischen Politikdidaktik und Demokratiepädagogik leider vorwiegend ausgetragen –, sondern um die Frage nach dem „wann", dem rechten Augenblick und pädagogischen Takt. Niemand wird bestreiten, dass Aktionen im Projekt reflektiert werden sollten, aber wann wäre der rechte Zeitpunkt dafür?

Demokratie-Didaktik benötigt eine sorgfältige vergleichende Curriculum-Analyse (vgl. vorne 3.3). Sie ist derzeit wichtiger als die beständige Vorlage neuer Projektideen. Don't worship originality! lautet der Leitspruch erfahrener Schul- und Unterrichtsentwickler in der internationalen „Lesson Study" Bewegung (vgl. www.tc.edu/lessonstudy, Zugriff 30.5.2009). Die mikrodidaktische Pflege der Werktradition in kollegialen Lern- und Praxisgemeinschaften oder Lehrkunstwerkstätten wird die Demokratie-Pädagogik langfristig konsolidieren. Ohne ihre Werkdimension bleibt Didaktik wie „Stricken ohne Wolle", eine Kunstwissenschaft ohne Kunst (Berg 2009). Didaktik ist nur als Inhaltsdidaktik sinnvoll.

Als Basis einer professionellen Gesprächskultur sind dazu dichte Lehr-Lern-Berichte auf drei Ebenen erforderlich:

- Verlaufsprotokolle
- Reportagen (vorbildlich hier Lokschies 1997)
- Bauform (Komposition, idealtypisches Modell). Die Darstellungs- und Kompositionsmerkmale solcher Lehrstückberichte analysiert mikrodidaktisch Wildhirt (2008).

Nicht hilfreich für eine professionelle Reflexionskultur sind euphorische Erfolgsstories, die Misserfolge und Probleme kaschieren.

Es ist gar nicht so schwer, ein Werkverzeichnis mit Projektberichten zu erstellen, in denen es thematisch um alternative kommunalpolitische Entscheidungen in Standort- und Finanzierungsfragen geht. Es ist eine Übung im didakti-

schen Denken, in den aufgeführten Berichten die unterschiedlichen Interessen-
lagerungen und Verhandlungsführungen zu vergleichen:

Werkverzeichnis (Opusliste): Kommunalpolitische Entscheidungen

Both, Detlef: Eine Schule kämpft für die Erhaltung ihres Freibades in ihrem
Stadtteil. In: Koopmann, Klaus (Hg.): Politik erfahren und lernen. Schülerinnen
und Schüler als politisch handelnde Subjekte. Fünf Praxisberichte – politikdi-
daktisch legitimiert und reflektiert, Münster 1998: 13-22
Petrik, Andreas: Schwimmbad oder Einkaufszentrum? Schüler simulieren einen
lokalpolitischen Entscheidungsprozess. In: Praxis Politik 2006, 4: 14-19
Grammes, Tilman/Kuhn, Hans-Werner: Alltäglicher Gesellschaftskundeunter-
richt – ein Beispiel aus der DDR 1990. In: dies (Hg.): OSI-Fachstudienführer
Politische Bildung, Berlin 1992: 23-52 (Beispiel Baggersee – Badeverbot)
Moegling, Klaus/Joachim Stummer: Institutionenkunde lebensnah gestalten. Ein
politischer Orientierungslauf. In: Pädagogik 1997, 10: 37-41 (Steinbruch oder
Naturschutzgebiet)

(vgl. als Findbuch das Register mit Projektthemen bei Schäfer, Ulrich: Internationale Bibliographie zur Projektmethode in der Erziehung 1895-1982, 2 Bde.,
Berlin 1988; ebenso Frey 1993: 237ff.)

Die Opusliste zeigt, dass didaktische Expertise vorhanden ist, sowohl bei den
Experten der Praxis wie auch in der pädagogischen Literatur. Für einen Profes-
sionalisierungsschub fehlt es dem didaktischen Wissen aber an Tradierung,
Kohärenz und Systematik. Demokratiepädagogische Schulentwicklung könnte
sich konzentrieren auf den Aufbau eines schuleigenen Repertoires demokratiepädagogischer Bauformen, statt sich in vielerlei Reformaktivitäten zu verlieren.
Wenn bildungspolitische Reformen nicht durch eine didaktische Professionalisierung begleitet und „inwendig" untersetzt sind, führen sie nur zu schnellen
und oberflächlichen Veränderungen, die von der nächsten Reformwelle überrollt
und im Gestrüpp aufkommender Frustrationen und Widerstände zerredet werden.
     Es ist daher konsequent, wenn ein Demokratie-Audit primär nicht nur als
Instrument einer externen Schulinspektion gedacht ist, sondern als interne
Selbstevaluation angelegt ist, die alle an Schule Beteiligten einschließt. Das
BLK-Programm Demokratie lernen und leben hat mit dem Qualitätsrahmen
Demokratiepädagogik (Edelstein/de Haan/Eickel 2006) ein Audit vorgelegt, das
einen umfassenden Masterplan für demokratische Schul- und Unterrichtsentwicklung darstellt. Nun ist bislang keine Schule bekannt, die dieses Audit
durchgeführt hat. Daraus könnte vorsichtig auf ein Professionalisierungsdefizit

in der demokratiepädagogischen Reflexionskultur geschlossen werden. Das Audit erfragt vorwiegend die *äußere* Zufriedenheit und Beteiligung der Lernenden. Gerade im Qualitätsfeld „Lernkultur" sollte das Audit um einen handhabbaren Satz der genannten didaktischen Kriterien ergänzt werden, mit dem die Qualität der Prozessierung von Wissen *innerhalb* von demokratiepädagogischen Bildungsgängen beurteilt werden kann, die innere Verständnisintensität. Die Kriterien des Magdeburger Manifests in polarer Ausformulierung können einen Beitrag leisten zu einem entsprechenden didaktischen Denken.

Literatur

Arendt, Hannah (Hrsg.) (2/2000): Zwischen Vergangenheit und Zukunft. München: Piper
Arendt, Hannah (1958): Die Krise der Erziehung. In: Dies. 2/2000: 255-276
Benner, Dietrich (3/2005): Allgemeine Pädagogik. Weinheim/München: Juventa
Berg, Hans Christoph (2009): Lehrkunst. Zur Werkdimension der Didaktik. Bern: hep
Berg-Schlosser, Dirk/Giegel, Hans-Joachim (Hrsg.) (1999): Perspektiven der Demokratie, Frankfurt/New York: Campus
Berg-Schlosser, Dirk (Hrsg.) (2007): Democratization. The state of the art. Opladen/Farmington Hills: Budrich
Beutel, Wolfgang/Fauser, Peter (Hrsg.) (1990): Demokratisch handeln. Tübingen/Hamburg: Schöppe und Schwarzenbart
Beutel, Wolfgang/Fauser, Peter (Hrsg.) (2007): Demokratiepädagogik. Schwalbach: Wochenschau
de Boer, Heike (2006): Klassenrat als interaktive Praxis. Auseinandersetzung – Kooperation – Imagepflege. Wiesbaden: Verlag für Sozialwissenschaften
Center for Civic Education/Klaus Koopmann (2001): Projekt: Aktive Bürger. Eine Arbeitsmappe. Mülheim: Verlag an der Ruhr (am.: We the people, Calabasas 1996)
Edelstein, Wolfgang/de Haan, Gerhard/Eickel, Annette (2006): Qualitätsrahmen Demokratie-Pädagogik. Weinheim/Basel: Beltz
Fauser, Peter: Bildung des Willens. Theoretische Überlegungen zum Verhältnis von Erziehung und Politik. In: Beutel, W./Fauser, P. (1990): 48-84
Gerhardt, Volker (2006): Partizipation. Das Prinzip der Politik, München: Beck
Göhlich, Michael et. al. (Hrsg.) (2007): Beratung, Macht und organisationales Lernen. Wiesbaden: Verlag für Sozialwissenschaften
Grammes, Tilman (1998): Kommunikative Fachdidaktik. Opladen: Leske&Budrich
Grammes, Tilman (2006): Bausteine für ein Kerncurriculum für Demokratie-Lernen an Schulen. Impulsreferat auf der Fachtagung Demokratieerziehung in Hamburg, Landesinstitut Hamburg. 18-26 (www.li-hamburg.de/fix/files/doc/Doku_Demokratietagung.2.pdf; Zugriff 30.5.2009)
Gronemeyer, Reimer (1973): Integration durch Partizipation? Frankfurt/Main: Fischer
Gruschka, Andreas (2008): Präsentieren als neue Unterrichtsform. Die pädagogische Eigenlogik einer Methode. Pädagogische Fallanthologie, Bd.1, Opladen/Farmington Hills: Budrich
Hart, Roger (1996): Children's Participation. New York: UNICEF (London: Earthscan)
Hättich, Manfred (1967): Demokratie als Herrschaftsordnung. Köln: Westdeutscher Verlag
Heitger, Marian/Breinbauer, Ines (Hrsg.) (1987): Erziehung zur Demokratie. Wien/Freiburg: Herder
Hentig, Hartmut von (1968): Systemzwang und Selbstbestimmung. Stuttgart: Klett
Himmelmann, Gerhard/Lange, Dirk (Hrsg.) (2005): Demokratiekompetenz, Wiesbaden: Verlag für Sozialwissenschaften

Hylla, Erich (1928): Schule der Demokratie. Langensalza u.a.: Beltz

Koopmann, Klaus: Sich demokratisch durchsetzen lernen mit Projekt: aktive Bürger. In: Himmelmann, G./Lange, D. (2005): 153-163

Lokies, Ingo: Der Fall Kastanie. In: Pädagogik 1997. 6-7. 46-49 (in leicht veränderter Fassung abgedruckt in Beutel, Wolfgang/Lokies, Ingo: Einmischen als Bürgertugend – Der Fall Kastanie. In: Beutel, Wolfgang/Fauser, Peter (Hrsg.): Erfahrene Demokraten, Opladen 2001: 169-175)

Luhmann, Niklas (1969/1983): Legitimation durch Verfahren. Frankfurt/Main: Suhrkamp

Nida-Rümelin, Julian (2006): Demokratie und Wahrheit, München: Beck

Prange, Klaus (1986): Bauformen des Unterrichts. Eine Didaktik für Lehrer. Bad Heilbrunn: Klinkhardt

Popper, Karl R. (10/2006): Alles Leben ist Problemlösen. München u.a.: Piper

Popper, Karl R. (1985): Die Erkenntnistheorie und das Problem des Friedens. In: Ders. (10/2006): 113-126

Reese-Schäfer, Walter (1997): Grenzgötter der Moral. Frankfurt/Main: Suhrkamp

Reichenbach, Roland (2001): Demokratisches Selbst und dilettantisches Subjekt. Münster: Waxmann

Reinhardt, Sibylle (2009): Ist soziales Lernen auch politisches Lernen? Eine alte Kontroverse scheint entschieden. In: GWP 2009, S. 119-125

Rorty, Richard (1989): Kontingenz, Ironie und Solidarität. Frankfurt/Main: Suhrkamp

Ruhloff, Jörg (1987): Demokratisierung der Schule – im Interesse von Bildung oder Interessenstreit statt Bildung? In: Heitger, M./Breinbauer, I. (1987): 27-42

Schiller, Theo (1999): Prinzipien und Qualifizierungskriterien von Demokratie. In: Berg-Schlosser, Dirk/Giegel, Hans-Joachim (1999): 28-56

Silcox, Harry (Hrsg.) (1993): A How to Guide to Reflection: Adding Cognitive Learning to Community Service Programs. Holland/PA: Brighton Press

Sliwka, Anne (2008): Bürgerbildung. Weinheim/Basel: Beltz

Steffani, Winfried (Hrsg.) (1971): Parlamentarismus ohne Transparenz? Opladen: Westdeutscher Verlag

Steffani, Winfried (1971): Parlamentarische Demokratie – Zur Problematik von Effizienz, Transparenz, Partizipation. In: Ders. (1971): 17-40

Wildhirt, Susanne (2008): Lehrstückunterricht gestalten. Bern: hep

Wie sich Schülerinnen und Schüler Demokratie vorstellen. Zur didaktischen Rekonstruktion von Politikbewusstsein

Sven Heidemeyer/Dirk Lange

Die Schule hat den Bildungs- und Erziehungsauftrag, Schüler im Geiste der Demokratie zu erziehen (vgl. Brockmann / Littmann / Schippmann 2004: § 2). Daraus leitet sich die Zielperspektive der politischen Bildung im staatlichen Auftrag ab. Sie will Schüler nicht nur zur politischen Urteilsbildung, sondern auch und gerade zu demokratischen Verhaltensweisen befähigen und eine generelle demokratische Grundhaltung generieren. Doch wie kann das Thema „Demokratie" im Unterricht sinnvoll und fruchtbar behandelt werden? Als Antwort auf diese Frage sollen im Folgenden exemplarisch die einzelnen Untersuchungsaufgaben des Modells der Politikdidaktischen Rekonstruktion und ihre Relevanz für die Planung und Gestaltung von Unterricht am Beispiel von Vorstellungen über Demokratie entfaltet werden. Dabei wird auf das theoretische Konstrukt des Politikbewusstseins zurückgegriffen.

Politikbewusstsein

Das Bewusstsein ist der geistige Ort, an dem der Mensch Wirklichkeitsvorstellungen aufbaut. Es beherbergt die subjektiven Vorstellungen über die Wirklichkeit. Im Politikbewusstsein reduziert der Mensch die Komplexität der erlebten Gesellschaftlichkeit. Er konstruiert Modelle, die für ihn sowohl eine erkenntnisbezogene als auch eine handlungsbezogene Funktion haben. Einerseits stellen sie mentale Schemata zur Verfügung, welche die politische Wirklichkeit filtern und strukturieren. Andererseits ermöglichen sie einen geplanten Eingriff. Der Mensch benötigt und benutzt die Modellbildungen, um die vorgefundene Realität zu erklären und zu verändern. Die mentalen Strukturen des Politikbewusstseins produzieren den politischen Sinn, der dem Einzelnen Orientierung und Handeln in der Gesellschaft eröffnet. Dabei lässt sich Politikbewusstsein als der Bereich begreifen, in dem Menschen „politisch-gesellschaftliche Gesamtvorstellungen" (Giesecke 1973: 148) aufbauen. Wenn es „beim politischen Unterricht im Kern auf die Bearbeitung des politischen Bewußtseins" (Giesecke 1973: 159) ankommt, ist angedeutet, dass auch die unbearbeiteten Rohformen des Bewusstseins als Politikbewusstsein begriffen werden können. Die im Politikbewusstsein aufgebauten Vorstellungen von der Wirklichkeit sind prozessual und werden beständig verändert oder bestätigt. Entsprechend lässt sich Politisches Lernen als ein lebenslanger Prozess der Erweiterung und Erneuerung des Politikbewusstseins verstehen, der durch Erfahrungsverarbeitungen und Problembewältigungen in der sozialen Umwelt veranlasst wird. Dadurch avanciert das Politikbewusstsein zur politikdidaktischen Schlüsselkategorie.

Politikdidaktische Rekonstruktion

„Didaktische Rekonstruktion" bezeichnet ein Modell fachdidaktischer Lehr- und Lernforschung, das Lernervorstellungen und Fachkonzepte über Lerngegenstände empirisch erhebt und in einer Bildungsperspektive systematisch in Beziehung setzt. Das Forschungsmodell Didaktische Rekonstruktion ist in der naturwissenschaftlichen Didaktik entwickelt worden und hat dort eine breite Resonanz gefunden (vgl. Kattmann/Gropengießer 1996; Kattmann u.a. 1997; Gropengießer 2001; 2005). Im Rahmen des „Promotionsprogramms Didaktische Rekonstruktion" (ProDid) an der Carl von Ossietzky Universität Oldenburg hat sich das Fächerspektrum erweitert.

Aus der Sicht einer Politikdidaktik, die dem Modell der Didaktischen Rekonstruktion folgt, erscheint es sinnvoll, Schüler nicht als „black boxes" zu begreifen, in die man demokratische Inhalte einfach „hineinschütten" kann. Vielmehr gilt es, die im Politikbewusstsein der Schüler aufgebauten Vorstellungen zu erfassen und als Ausgangspunkt für Lernprozesse nutzbar zu machen. Die Kategorie des Politikbewusstseins eröffnet einen kategorialen Zugriff auf die Lernervorstellungen, welche den Ausgangs- und Endpunkt politischer Lernprozesse darstellen. Im Unterricht sollen die Vorstellungswelten von Schülern und Fachwissenschaftlern sinnvoll in Beziehung gesetzt werden.

Als Grundlage für eine derartige Herangehensweise an die Gestaltung von politischen Lernprozessen erweist sich das Modell der politikdidaktischen Rekonstruktion (vgl. Lange 2007b: 58-65).

Eine zentrale Kategorie der Politikdidaktischen Rekonstruktion stellt das Politikbewusstsein dar. Es gilt, die Politikvorstellungen als Lernhilfen zu nutzen (vgl. Lutter 2007). Dabei wird analysiert, von welchen Schülervoraussetzungen auszugehen ist, wie diese im Verhältnis zu fachlichen Vorstellungen ausgeprägt sind und welche Konsequenzen dies für die Gestaltung von politischen Bildungsprozessen hat. Dieser Prozess wird durch die Untersuchungsaufgaben

„Erhebung von Schülervorstellungen", „Fachliche Klärung" und „Didaktische Strukturierung" geleitet.

Im Forschungsprozess der Politikdidaktischen Rekonstruktion kann es sinnvoll und manchmal auch notwendig sein, die drei Untersuchungsaufgaben um eine vierte, die Zielklärung, zu ergänzen. Stärker als in den Naturwissenschaften ist in den sozialwissenschaftlichen Lerndomänen ein Wissenschaftsverständnis zu unterstellen, in dem der Erkenntnisfortschritt nicht nur genetisch nacheinander, sondern pluralistisch nebeneinander stattfindet. So gibt die Fachliche Klärung in den Sozialwissenschaften nur in seltenen Fällen einen eindeutigen Zielbereich vor. Er muss dann in einem eigenen Untersuchungsschritt, der Zielklärung, reflektiert werden.

So lassen sich für die Politikdidaktische Rekonstruktion vier Untersuchungsaufgaben unterscheiden: Die empirische Erfassung von Lernerperspektiven, die normative Zielklärung, die analytische Fachliche Klärung, und die quer zu den übrigen Aufgaben liegende Didaktische Strukturierung. Sie beziehen sich auf den jeweiligen sozialwissenschaftlichen Sachgegenstand und stehen in enger Wechselwirkung zueinander.

Schülervorstellungen von Demokratie

Das Erkenntnisinteresse dieser empirischen Untersuchungsaufgabe richtet sich auf individuelle Denkstrukturen zur Demokratie. Damit ist ein explorativer Charakter der Untersuchung angelegt, der standardisierte Befragungsformen ausschließt (vgl. Gropengießer 2001: 129). Dem nicht-standardisierten Vorgehen entsprechend werden in offenen qualitativen Interviews Aussagen über die Struktur und Qualität von Konzepten gesucht. Untersucht werden soll die Konstruktion einzelner Denkgebäude und nicht die Häufigkeit bestimmter Bausteine in den Denkgebäuden einer bestimmten Stichprobe von Schülern (vgl. Katmann /Gropengießer 1998: 6; Kattmann u.a. 1997: 12)!

Zu diesem Zweck wurde der Kontakt zu siebzehn- bis achtzehnjährigen Schülern einer Berufsbildenden Schule hergestellt. Während der Schulzeit – als „Unterbrechung" des Unterrichts – wurde den Schülern das Forschungsvorhaben in groben Zügen erklärt und betont, dass die Interviews in keiner Weise eine Wissensabfrage darstellen und auch außerhalb der Schule und der Schulhierarchie stattfinden sollen. 14 Schüler erklärten sich bereit an Interviews teilzunehmen. Es ist weder nötig, noch sinnvoll möglichst viele Interviews zu führen und dabei einen „repräsentativen" Durchschnitt abzubilden. Denn das Ziel besteht darin, individuelle Denkstrukturen zu erfassen und zu verallgemeinern. Bereits die Auswertung eines einzigen Interviews kann somit bereits Hinweise auf kategoriale Konzepte liefern.

Nach Rücksprache mit den Lehrkräften wurden deswegen für die Interviews acht „ganz normale" Schüler ausgewählt, die bisher weder in ihren politischen Einstellungen noch in ihrem Verhalten extrem aufgefallen waren. Um den außerschulischen Charakter der Interviews zu betonen wurde mit den Schülern stets ein Eiscafé oder ein Park als Interviewort vereinbart. Die Gespräche wurden anonymisiert aufgezeichnet und in mehreren Schritten methodisch ausgewertet. Die Auswertung mündet in der Einzelstrukturierung auf der Ebene von Konzepten, wodurch eine Zusammenführung und Verknüpfung mit den Ergebnissen der Fachlichen Klärung vorbereitet wird. Das recht aufwendige Verfahren der Interviewaufbereitung und -auswertung soll im Folgenden an einigen Aussagen der Schüler „Linda" und „Bruce" exemplarisch und in komprimierter Form vorgestellt werden.

Ausgewählte Vorstellungen von „Linda"

Linda äußerte sich im Interview z. B. so:

I:	Was fällt dir denn ganz spontan ein, wenn du diesen Ausdruck hörst, „Demokratie"?
L:	Ja, na ja, dass auch, dass, das Volk auch mitentscheiden kann und
I:	Jaa
L:	Ähm nicht alles vor vorgelegt bekommt, sozusagen.
I:	Ja. Jetzt hast du gesagt, dass das Volk mitentscheiden soll und nicht alles vorgelegt bekommt ähm, was genau meinst du damit?
L:	Naja, das halt auch wenn wenn die Politiker irgendwelche Entschei äh irgendwas machen wollen, dass das dann auch ähm auf die Meinung des Volkes auch ein bisschen zumindest Wert legen, also jetzt nicht komplett alles dem Volk überlassen.
(…)	
I:	Mhm. Kannst du einmal für mich ganz allgemein erklären, wie du dir vorstellst, wie Demokratie funktioniert?
(…)	
L:	Ja, das halt ähm --- irgendjemand ein äh etwas äh ein Vorschlag sozusagen entwickelt und dann alle die was damit zu tun hat die fragt was die dazu sagen
I:	Mhm
L:	und dann halt ähm ob der deren Meinung auch mal so beachtet und alles zusammen so zusammenpuzzelt sozusagen und dann entscheidet er auch ob jetzt noch was geändert werden soll oder so.

Und an anderer Stelle:

I:	(…) Demokratie, wenn man das wörtlich übersetzt, es kommt ja aus dem Griechischen und wenn man das wörtlich übersetzt, dann heißt es nicht anderes als „Herrschaft des Volkes".

L: Mhm.
I: -- Ähm – -- hast du das schon mal gehört, dass es das heißt? (L schüttelt den Kopf) Nein, gut. Kannst du dir denn vorstellen, wie man das machen kann?
L: Dass das Volk herrscht? (I nickt) Eigentlich gar nicht, also komplett das Volk herrschen, das ist das geht glaub ich nicht.

Aus diesen und weiteren ähnlichen Vorstellungen lassen sich folgende geordnete Aussagen zusammenstellen:

Das Volk entscheidet mit

Ganz spontan fällt mir zu dem Ausdruck „Demokratie" ein, dass das Volk auch mitentscheiden kann und nicht sozusagen alles vorgelegt bekommt. Dass, wenn die Politiker irgendetwas machen wollen, sie dann zumindest ein bisschen auf die Meinung des Volkes Wert legen, aber nicht komplett alles dem Volk überlassen, sondern denen einen Teil überlassen, der sie direkt betrifft. Gänzlich undemokratisch ist es für mich, wenn alles so gemacht wird wie der Chef es sagt. Das kommt dann eher so diktatorisch rüber. Ganz allgemein stelle ich mir vor, dass Demokratie so funktioniert, dass irgendjemand einen Vorschlag entwickelt und dann alle, die was damit zu tun haben, fragt, was die dazu sagen.

Vollendete Volksherrschaft führt zum Chaos

Ich habe bisher noch nicht gehört, dass „Demokratie" „Herrschaft des Volkes" bedeutet. Eigentlich kann ich mir gar nicht vorstellen, dass das Volk herrscht. Also komplett das Volk herrschen zu lassen, das geht – glaube ich – nicht. Die Gefahren von Demokratie sind halt, dass, wenn man alles komplett den anderen überlässt, zum Schluss nur noch Hickhack rauskommt und dass dann alles nicht mehr wirklich läuft. Die vielleicht zweitbeste Lösung [Terminus des Interviewers in Bezug auf die „Herrschaft des Volkes"] ist, dass es – wie es jetzt ist – dass es einen Kanzler gibt, der Vorschläge macht und sie (die) dürfen halt *mitentscheiden*. Aber nicht komplett sagen, das und das wollen wir und das wollen wir nicht.

Linda assoziiert mit „Demokratie" die unbedingte Entscheidungsfreiheit jedes Einzelnen und verbindet damit die Befürchtung, dass Demokratie im Chaos endet. Deswegen konstruiert sie eine Führungsinstanz, die dieses Chaos verhindert. Diese Führungsinstanz kennt sich aus und „weiß wie alles so abläuft"; sie bereitet politische Entscheidungen vor, und letztendlich trifft sie auch die Entscheidungen.

Linda erkennt die Gefahr, dass diese Art der Führung despotisch wird. Hier konstruiert sie den Sicherheitsmechanismus der Mitentscheidung durch das Volk. Es darf nicht so sein, dass das Volk „alles vorgelegt bekommt". Das wäre diktatorisch und damit undemokratisch. Das Volk muss vielmehr mitentscheiden können, und das heißt für Linda vor allem: Seine Meinung(en) kundtun können. Sie stellt in diesem Zusammenhang hohe Anforderungen an die Führungsinstanz. Diese muss nämlich alle Meinungen aus dem Volk wahrnehmen und zu einer Lösung „zusammenpuzzeln", die möglichst vielen gerecht wird. Sie erwartet von den Führungskräften, dass sie für andere als Ansprechpartner da sind, ihnen zuhören und nicht egoistisch sind. Die Rolle des Volkes will sie zum einen darauf beschränkt wissen, die Vorsitzenden aus einem Pool von Kandidaten auszuwählen; zum anderen sollen die direkt betroffenen Bürger zu politischen Fragen Stellung zu beziehen. Sie denkt dabei aber nicht an Plebiszite im eigentlichen Sinne, denn die Entscheidung wird letztlich autonom vom „Chef" getroffen, dem Linda per se Altruismus, Moralität und Sachkompetenz unterstellt.

Die bisherige Auswertung mündet in der Formulierung von Einzelkonzepten:

Elitäre Entscheidungsfindung unter Beteiligung des Volkes
Die politische Führung soll Vorschläge entwickeln und Rücksprache mit dem Volk halten, bevor sie die Entscheidung trifft.

Omnipotente Führung
Die Entscheidung soll letztendlich allein von der politischen Führung getroffen werden, die am besten in der Lage ist, gute Lösungen zu entwickeln.
Egalitäre Existenzbedrohung
Wenn das Volk allein über alles entscheidet, führt das zu Chaos und schlechten Lösungen.

Rolle der Bürger
Die Bürger sollen durch Wahlen bestimmen, wer politische Führungsaufgaben übernehmen soll und zu politischen Fragen Stellung nehmen. Sie sollen keine Entscheidungen treffen.

Ausgewählte Vorstellungen von „Bruce"

Bruce's zentrale Vorstellungen ergeben sich aus folgenden Äußerungen:

I: Also, was fällt dir denn ein, wenn du jetzt diesen Ausdruck hörst „Demokratie", ganz spontan?
B: Ähh Wahlen
I: Jaa
B: ---Politik -- dass man abstimmt jemanden z u m Oberhaupt oder was anders zu stimmen
(...)

> I: Jaa, ja gut. Glaubst du denn, dass Demokratie auch bestimmte Anforderungen an die Menschen stellt?
> B: Ja.
>
> I: Welche denn?
> B: Ähh, dass sie auch wenigstens klug entscheiden was sie da machen
> I: Jaa
> B: Dass sie nicht einfach stumpf jemanden wählen nur weil der ganz gut aussieht oder so.
> (…)
> I: Ja, okay. Und gibt es noch mehr Eigenschaften, die Menschen haben müssen?
> B: -------- Nein, doch einen eigenen Willen
> (…)
> I: Mhm. Und wo kann man diese eigene Meinung herbekommen, wie stellst du dir das vor?
> B: Man sieht sich die verschiedenen Parteien an und denkt sich mhm, ja, der vertritt meine Meinung, der nicht, der ist sogar dagegen, der würde sogar das ähm das Gegenteil machen.
> I: Jaa, was wäre denn, w e n n er keinen findet, der seine Meinung vertritt?
> B: Dann enthält er sich.
> I: Mhm --- Ja, gut.
> B: Oder er versucht, das kleinere Übel zu nehmen

Auf die Frage wie auf einer Südseeinsel mit 50 Bewohnern politische Entscheidungen getroffen werden sollten und ob sich daran etwas ändert, wenn es 50.000 Menschen wären, äußert Bruce diese Vorstellungen:

> I: Kannst du noch einmal für mich zusammenfassen den Unterschied zwischen diesen beiden Lösungen mit 50 und mit 50.000 Menschen?
> B: Ähm, das einzige ist halt, das bei 50.000 Menschen das leichter fällt, äh, auf die einzelnen Bedürfnisse einzugehen, bei 50.000 Menschen muss man halt immer alle zusammen äh zusammenfassen und dann immer einen von denen, der jetzt die allgemeinste Meinung hat rauszuwählen und als Vertreter darzustellen.
> I: Mhm.
> B: Und der ist halt repräsentativ für die anderen 500 zum Beispiel
> (…)
> I: Und kannst du mir noch mal erzählen wie das dann abläuft, wie du dir das vorstellst?
> B: Ja, dann beraten die [Vertreter] erst mal, was für ihre Parteien am besten ist und dann versuchen sie halt auch wieder den Mittelweg zu finden. Oder wenn es nicht anders geht, dann halt mehr zu der einen Partei, was den anderen aber nicht so sehr schaden würde.

Auf die Bitte seine Vorstellungen von Demokratie einmal zeichnerisch darzustellen, fertigt Bruce eine pyramidenförmige Skizze an, die er so erklärt:

> B: Das soll eine Pyramide sein.
> I: Mhm.
> B: Am untersten ist das Volk
> I: Jaa.
> B: Die wählen dann ihre Vertreter
> I: Mhm

B:	Die Vertreter wählen dann die Parteien, die Parteien geben dann ihre Vertreter bekannt.
I:	Mhm
B:	Die werden dann ins Rennen geschickt um das Oberhaupt zu werden.
I:	Mhm
B:	Das äh entscheidet dann aber das Volk und die Vertreter. (…)
I:	Aber vielleicht kannst du mir das hier noch mal erklären. Wer sind jetzt die Vertreter des Volkes, also warum ist noch diese Stufe zwischen den Parteien und dem Volk? (…)
B:	Man kann ja für eine ganz breite Masse wie zum Beispiel jetzt acht Milliarden Menschen kann man ja nicht einen einzigen Vertreter hinschicken, das geht ja gar nicht, der müsste ja von den acht Milliarden Menschen alle Meinungen mitvertreten.
I:	Ja.
B:	Deswegen gibt es auch verschiedene.
I:	Ja.
B:	Und diese werden dann halt verallgemeinert und dann auf die einzelnen Parteien losgeschickt

Diese und weitere Vorstellungen werden zu folgenden geordneten Aussagen zusammengefasst:

Wahl von Vertretern als geeignetes Partizipationsinstrument

Zu dem Ausdruck „Demokratie" fallen mir spontan Wahlen ein und Politik. Dass man abstimmt, jemanden zum Oberhaupt oder was anderes zu bestimmen. Die Menschen müssen klug entscheiden, was sie da machen, dass sie nicht einfach stumpf jemanden wählen, nur weil der ganz gut aussieht oder so. Außerdem müssen die Menschen eine eigene Meinung haben, in dem Sinne, dass sie nicht einfach jemanden wählen, weil sie dazu aufgefordert werden. Die eigene Meinung kommt daher, dass man sich die verschiedenen Parteien anguckt und sich denkt, ja, der vertritt meine Meinung und der nicht, der ist sogar dagegen, der würde sogar das Gegenteil machen. Wenn man keinen findet, der die eigene Meinung vertritt, dann enthält man sich oder versucht, das kleinere Übel zu nehmen

„Abstimmung" gewählter Vertreter in größeren Verbänden

Meine Vorstellungen von Demokratie lassen sich zeichnerisch in einer Pyramide darstellen: Am untersten ist das Volk, die ihre Vertreter wählen. Das Volk braucht Vertreter, weil es eine breite Masse ist und man sehen muss, dass diese breite Masse irgendwie angehört wird.

Wenn auf einer Insel 50.000 Menschen leben würden, dann müsste man versuchen, diejenigen, die so ungefähr gleicher Meinung sind, zusammen zu tun und dann von denen einen Vertreter wählen. Der ist dann repräsentativ für die anderen 500 zum Beispiel und vertritt dann ihre Interessen. Die einzelnen Vertreter der Gruppen kommen dann zusammen und beraten erst mal, was für ihre Parteien am besten ist und dann versuchen sie halt auch wieder den Mittelweg zu finden. Oder, wenn es nicht anders geht, dann halt mehr zu der einen Partei, was den anderen aber nicht so sehr schaden würde.

Für Bruce ist die Demokratie auf zwei Ebenen angesiedelt: Es gibt einmal die Parteien und das „Oberhaupt" als Entscheidungsträger und einmal das Volk und seine Vertreter. Politiker sind für Bruce keine Vertreter des Volkes, sondern auf der anderen Ebene anzusiedeln. Die Mitsprache des Volkes ist für Bruce ein konstitutives Merkmal von Demokratie. Die Ausübung des Mitspracherechts sieht sich Bruce zufolge zwei Herausforderungen gegenüber: Zum einen ist eine direkte Kommunikation zwischen beiden Ebenen aufgrund der großen Masse des Volkes nicht möglich, zum anderen besteht dass Volk aus Gruppen mit unterschiedlichen Interessen.

Die Lösung liegt für Bruce in der klugen und autonomen Wahl von Vertretern durch die einzelnen Gruppen. Die Vertreter repräsentieren die jeweiligen Gruppeninteressen und artikulieren sie gegenüber der politischen Führung. Sie sind dabei aber nicht an imperative Mandate gebunden, sondern autorisiert, im Namen der Gruppe zu verhandeln und Verhandlungsergebnissen zuzustimmen. Im Inselbeispiel kommen die Vertreter zusammen, beraten und finden einen Mittelweg für alle. In kleinen Verbänden können die Vertreter auch entfallen, da sich die Gemeinschaftsmitglieder alle persönlich treffen können. Repräsentation ist also nur ein Ersatz für das Treffen der Bürger in Person, welches nach Möglichkeit vorzuziehen ist. Im Nationalstaat kommen noch die Parteien und das „Oberhaupt" hinzu. Die Parteien haben die Aufgabe, die Interessen ihrer Wähler zu verwirklichen und Kandidaten für den Posten des Oberhaupts aufzustellen. Das gewählte Oberhaupt und seine Partei haben Führungsaufgaben. Auch wenn sie im Prinzip an den Mehrheitswillen gebunden sind, müssen sie auch die Minderheit beachten und den Weg der Mitte finden.

Die bisherige Auswertung führt zu Formulierung folgender Einzelkonzepte für Bruce:

Repräsentative Demokratie

Zur Demokratie gehören in erster Linie Wahlen und Abstimmungen. Gewählt werden Parteien, die dann die Meinungen der Wähler vertreten.
„Führerdemokratie"
Zu Demokratie gehört auch eine einzelne Führungskraft, die unangefochten an der Spitze steht.

> *„Wahlbürger"*
> Der einzelne Bürger muss sich eine eigene Meinung darüber bilden, welche
> Partei er wählen will. Im Zweifel muss er das kleinere Übel wählen oder sich
> enthalten.
>
> *Vertreter als alleinige Partizipationsinstanz*
> Die Artikulation der Interessen der Bürger im Entscheidungsprozess erfolgt
> allein durch ihre Vertreter.

Zusammenfassend kann festgehalten werden, dass in den Alltagsvorstellungen
der (befragten) Schüler vor allem Konzepte über „Führung durch Eliten" und
„Passivität der Bürger" leitend sind. Für die Planung und Gestaltung eines Unterrichts, der an den Alltagsvorstellungen der Schüler anknüpft, sind diese Befunde bei der Zielklärung und der Auswahl der Quellentexte für die Fachliche
Klärung zu beachten.

Zielklärung und Auswahl der Quellentexte

Theorien können als komplexe fachliche Vorstellungen von Wissenschaftlern
verstanden werden (vgl. Gropengießer 2001: 31). Die meisten (fachlichen) De-
mokratietheorien lassen sich in einem Kontinuum verorten, das durch die End-
punkte „elitär-demokratisch" und „egalitär-demokratisch" begrenzt wird. Elitär-
demokratische Vorstellungen werden auch als realistisch bezeichnet und basieren auf einem wenig ermutigenden Menschenbild. Die Bürger seien unfähig,
politische Entscheidungen zu treffen und müssten dies von ihnen gewählten
Repräsentanten überlassen. Demgegenüber postulieren egalitäre bzw. normative
Vorstellungen ein positives Menschenbild und treten für die tätige Mitarbeit des
Bürgers im politischen Prozess ein.
    Es ist nicht Gegenstand dieser Arbeit, den wissenschaftlichen Forschungs-
stand in seiner gesamten Breite wiederzugeben, vielmehr soll die Auswahl der
Quellen das bessere Verständnis von Schülervorstellungen ermöglichen bzw.
mögliche Zielperspektiven des angestrebten Wandels des Politikbewusstseins
aufzeigen. Ein Ansatz für diesen „conceptual change" könnte darin bestehen den
Schülern gleichsam einen Spiegel vorzuhalten und durch die Konfrontation ihrer
bestehenden Konzepte mit anderen (fachlichen) Konzepten eine Zerrüttung der
bestehenden Konzepte anzuregen und damit eine neue Strukturierung und Erweiterung des Politikbewusstseins auszulösen.
    MASSING meint, dass realistische Demokratiemodelle zusammen mit der
Abschaffung der Beteiligungsdemokratie sich auch von dem Konzept des Bür-

gers verabschiedet hätten und damit für diese Modelle auch politische Bildung funktions- und bedeutungslos geworden sei (vgl. Massing in: Breit/Massing 2002: 98). Daraus folge, dass es letztlich gleichgültig sei, ob die realistischen Demokratiemodelle in der Lage seien, die aktuellen Entwicklungen und Probleme angemessen zu beschreiben und zu erklären oder ob ihre Ergebnisse eher unbefriedigend seien, für eine theoretische und normative Fundierung politischer Bildung eigneten sie sich jedenfalls nicht (vgl. ebd.). Wie bisher schon gezeigt wurde, neigen die Schüler jedoch tendenziell eher der realistischen / elitär-demokratischen Sichtweise zu. Gleichwohl weisen ihre Aussagen auch auf Vorstellungen hin, die Anknüpfungspunkte für normative / egalitär-demokratische Theorien bieten. Für eine vom Politikbewusstsein der Schüler aus gedachte politische Bildung muss MASSING insoweit ergänzt werden, als dass realistische Demokratiemodelle dann, wenn sie Berührungspunkte zu den Vorstellungen der Schüler aufweisen, eben doch funktions- und bedeutungsvoll sein können. Gleichzeitig wird mit MASSING die Auffassung geteilt, dass die „Rückkehr des Bürgers" (ebd.: S. 98) den gemeinsamen Kern der normativen Modelle bildet und sich somit normative und theoretische Grundlagen für die politische Bildung nur in diesen Modellen finden lassen (vgl. ebd.: S. 103).

Aus diesen Gründen wurden – unter Berücksichtigung des Kontroversitätegebotes des Beutelsbacher Konsenses und der Anschlussfähigkeit an die Vorstellungen der Schüler – drei Autoren für die Fachliche Klärung ausgewählt: Joseph A. Schumpeter (Schumpeter 1950) als Vertreter einer elitär-demokratischen bzw. realistischen Denkrichtung, Benjamin Barber (Barber 1994) für eine egalitär-demokratische bzw. normative Sichtweise und weiterhin Fritz Scharpf (Scharpf 1970, 1993, 1998, 1999a, 1999b), der eine komplexe Demokratietheorie vertritt und versucht, die dichotome Denkweise aufzubrechen.

Fachliche Klärung

Unter dem Begriff der „Fachlichen Klärung" wird die kritische und methodisch kontrollierte systematische Untersuchung fachwissenschaftlicher Theorien, Methoden und Termini verstanden (vgl. Kattmann/Gropengießer 1998: 5). Diese liegen meist in Textform vor und müssen unter Vermittlungsperspektive interpretiert werden, damit Konzepte abgeleitet werden können. Dadurch sollen die fachlichen Vorstellungen auf eine Ebene gebracht werden, die sie mit den Schülervorstellungen vergleichbar macht. MAYRING nennt drei Grundformen des regel- und theoriegeleiteten Interpretierens: Zusammenfassung, Explikation und Strukturierung (Mayring 1993: 54).

Eine vollständige Darstellung der Fachlichen Klärung in den einzelnen Schritten Zusammenfassung, Explikation und Strukturierung für die jeweiligen Autoren würde den Rahmen dieses Artikels sprengen (es sei dazu verwiesen auf Heidemeyer 2006). Stattdessen sollen hier über-blicksartig die unterschiedlichen demokratietheoretischen Konzepte vergleichend auf den Punkt gebracht werden. In Vorbereitung auf die Darstellung der Untersuchungsaufgabe „Didaktische Strukturierung" werden an dieser Stelle nur solche fachlichen Konzepte aufgenommen, die eine hohe Korrespondenz zu den bisher abgeleiteten zentralen Vorstellungen der Schüler haben.

Fachliche Vorstellungen von Demokratie im Vergleich

Die Demokratievorstellungen von SCHUMPETER und BARBER etwa in Bezug auf die gesellschaftlichen Arbeitsteilung zwischen Bürgern und Politikern, die Reichweite demokratischer Entscheidungen und die Position zu Plebisziten unterscheiden sich fundamental. SCHUMPETER stellt sich eine strikte gesellschaftliche Arbeitsteilung vor und sieht Bürger als reine Wähler, da sie für ihn politisch unfähig sind und sich passiv verhalten müssen. Folglich lehnt er auch Plebiszite strikt ab und will die Reichweite demokratischer Entscheidungen begrenzt wissen. BARBER dagegen hat eine positives Bürgerbild und tritt für aktive Bürgerbeteiligung und insofern eine Aufhebung der gesellschaftlichen Arbeitsteilung ein. Die Reichweite demokratischer Entscheidungsprozesse will er ausweiten und moderat ausgeführten Plebisziten stimmt er zu.

Das Mehrheitsprinzip liegt für SCHUMPETER innerhalb der Logik des demokratischen Systems: Wer im Konkurrenzkampf um politische Macht mehr Unterstützung erfährt, gewinnt diesen Kampf eben. Eine Kontrolle dieses „Siegers" erfolgt dann erst bei der nächsten Wahl, wodurch er in die Lage versetzt wird, gesellschaftliche Uneinigkeit durch autonome Beschlüsse aufzulösen. Das eigentlich demokratische an SCHUMPETERS Vorstellungen ist die Möglichkeit, die führenden Kräfte frei wählen und abwählen zu können.

Für BARBER ist das Mehrheitsprinzip ein Auswuchs der Meinungsbekundung, der Aussprache und dem Versuch, andere zu überzeugen. In einer „starken" Demokratie entfällt die Notwendigkeit einer Kontrolle der Führungskräfte weitgehend und wird durch die Selbstkontrolle der aktiven Bürger abgelöst. Diese transformieren durch ihre tätige Beteiligung und Aussprache auch die gesellschaftliche Uneinigkeit. Demokratie verwirklicht sich für BARBER also vor allem in der Partizipation und der Selbstbestimmung der Bürger, während der repräsentative Charakter der liberalen Demokratie Partizipation und Bürgerschaft zerstöre.

SCHARPF steht vermittelnd zwischen diesen beiden Positionen. Von der Dichotomie zwischen elitären und egalitären Vorstellungen grenzt er sich ab und verfolgt einen „komplexen" mehr-dimensionalen Ansatz. Es geht ihm darum, eine Balance zu schaffen und sowohl die Inputseite differenziert zu stärken als auch die Autonomie der Führung im Sinne der Outputorientierung zu wahren. Insofern will er die gesellschaftliche Arbeitsteilung moderat abschwächen. Die Reichweite demokratischer Entscheidungen ist für ihn situativ angepasst moderat zu erweitern. Plebisziten steht er wohl eher skeptisch gegenüber. Die Vorstellung einer Partizipation aller an allen Entscheidungsprozessen hält er schlicht für naiv und setzt stattdessen auf eine „aktive Öffentlichkeit" als Artikulationsinstrument für die Interessen des Volkes. Das Mehrheitsprinzip hält er bei räumlicher oder inhaltlicher Distanz für notwendig. Aus einer inputorientierten Perspektive ist es für ihn aber schwer zu begründen.

Die – hier nur überblicksartig dargestellten – fachlichen Vorstellungen zur Rolle von Bürgern und politischen Eliten in der Demokratie lassen sich zu folgenden Konzepten verdichten:

Tabelle: *komprimierte Zusammenfassung fachlicher Konzepte*

Vorstellungen zur Rolle von Bürgern und politischen Eliten in der Demokratie *Ausgewählte* fachliche Konzepte im Überblick		
Joseph A. Schumpeter	Benjamin Barber	Fritz Scharpf
Gebilligte Regierung Im Normalfall moderner Gesellschaften muss sich das Volk freiwillig regieren lassen. Überforderung der politischen Laien Politik ist zu komplex, als dass einfache Menschen sie verstehen könnten. *Autonome Führung* Die Rolle des Volkes besteht darin, Männer (!) zu wählen, die für das Volk autonome Entscheidungen mit allgemeiner Verbindlichkeit treffen sollen.	*Entfremdung durch Ausschluss* Der elitäre Charakter der liberalen Repräsentativdemokratie führt zu Teilnahmslosigkeit und Entfremdung der Bürger. Paradoxie der repräsentativen Demokratie Repräsentation widerspricht dem Gedanken der Demokratie und zerstört Partizipation und Bürgerschaft. Heilung durch Partizipation Das liberal-demokratische Institutionengefüge bedarf partizipatorischer Anreicherung.	Zwei komplementäre Demokratieperspektiven Die Demokratie verfügt über eine Inputseite in Form von artikulierten Interessen und eine Outputseite in Form von verbindlichen Entscheidungen. *Notwendigkeit von Mehrheitsentscheidung* Räumliche und inhaltliche Distanz erschwert Partizipation und Konsens und macht Mehrheitsentscheidungen notwendig.
Arbeitsteilung Wähler müssen die Arbeitsteilung zwischen sich und den autonom-verantwortlich handelnden Politikern akzeptieren.	*Starke Demokratie* Demokratie kann dann als stark bezeichnet werden, wenn sie auf tätige Mitwirkung der Bürger und öffentliche Willensbildung durch Aussprache setzt.	*Differenziertes Partizipationsmodell* In begrenzter Form ist Partizipation sinnvoll und machbar und dient der Stabilität des politischen Systems.

Funktion der Stimmabgabe	*Fähige Bürger*	*Verbindung der Perspektiven*
Durch ihre Stimmabgabe entscheiden die Wähler dar- über, wer die politische Füh- rung innehaben soll. Nutzenmaximierende Politiker Politiker streben nach Macht und handeln dabei ökono- misch. *Begrenzte Kontrollmöglich- keiten* Wähler können Politiker nur in Zeiten der Wahl kontrollie- ren.	Bürger können, sollen und wollen sich in der Politik aktiv betätigen und dabei sinnvolle und autonome Entscheidungen treffen. *Gemäßigte Umsetzung* Die liberale Basis kann und soll durch partizipative Ele- mente ergänzt, nicht ersetzt werden.	Der Demokratie ist durch eine Maximierung politischer Beteiligung nicht gedient, sondern durch die Schaffung einer Balance zwischen Partizipation und unabhängi- ger Führung *Kommunikative Distanz zu Europa* Zwischen den nationalen Inputs und den internationalen Verhandlungsprozessen zur Lösung politischer Probleme besteht keine hinreichende Rückbindung.

In der Untersuchungsaufgabe „Didaktische Strukturierung" wird es darum gehen, die fachliche(n) Vorstellungswelt(en) mit den Konzepten der Schüler unter
Vermittlungsperspektive konstruktiv in Beziehung zu setzen.

Didaktische Strukturierung

Das Modul der Didaktischen Strukturierung zielt darauf ab, aus der Verknüpfung fachlicher Vorstellungen mit denen der Schüler Leitlinien für einen sinn-
vollen und lernförderlichen Unterricht zu entwickeln.

Ein möglicher Ansatz für einen Unterricht, der auf Veränderungen von
Vorstellungen abzielt, könnte darin bestehen, unterschiedliche Vorstellungen
hervorzulocken und diese in Konflikt zu bringen oder Probleme zu konstruieren,
die mit den vorhandenen Vorstellungen nicht befriedigend gelöst werden können.

Im Folgenden sollen zunächst anhand der bisherigen Erkenntnisse über
Vorstellungen zur „Führung durch Eliten" vs. „Partizipation durch die Bürger"
im Rahmen einer Leitlinie die Handlungsmöglichkeiten in der Demokratie thematisiert werden. Dabei sollen die Bezüge zwischen beiden Vorstellungswelten
noch einmal deutlich aufgezeigt werden. Im Anschluss daran wird ein kurzer
Ausblick auf die Ergebnisse der Gesamtuntersuchung und die weiteren daraus
resultierenden Leitlinien erfolgen.

Leitlinie: „Demokratie und Handlungsmöglichkeiten"
Mit den Vorstellungen zur Führungsrolle von Eliten geht bei den Schülern ein
erhebliches Maß an Vorstellungen zur Passivität der Bürger einher. Demokratie
ist aber nicht etwas, was „die da oben" für „uns hier unten" gestalten. Demokra-

tie zeigt sich vielmehr auch in alltäglichen Sphären. Dies wird ansatzweise auch von Schülern so gesehen – es ist für sie keine gänzlich unvertraute Vorstellung. Dies ist aufzugreifen, wenn das Demokratiebewusstsein der Schüler um den Baustein der Handlungsmöglichkeiten erweitert werden soll. Klassensprecherwahlen sind hierzu hervorragend geeignet, wenn sie nicht nur als Pflichtübung durchgeführt, sondern als Lernprozess gestaltet werden. Werden darüber hinaus Klassen- und Schulsprecher als echt demokratische Institutionen behandelt (Demokratische Schulkultur!), lassen sich auch Analogien zur betrieblichen Mitbestimmung herleiten – daran können Schüler (insbesondere solche Berufsbildender Schulen im kaufmännischen Bereich) lernen, dass Demokratie umfassender Bestandteil des Alltags ist. Demokratie wird als Lebensform erfahrbar.

Das Aufzeigen partizipatorischer Möglichkeiten in zivilgesellschaftlichen Institutionen wie Greenpeace, Amnesty International, örtlichen Bürgerinitiativen u. ä. oder sogar die aktive Partizipation an zivilgesellschaftlichen Projekten bieten weitere Lernpotentiale. Die Frage, welche gesellschaftlichen Funktionen die zivilgesellschaftlichen Institutionen wahrnehmen, lässt sich mit den Vorstellungen der Schüler von handelnden Eliten und passiven Bürgern ebenso kontrastieren wie SCHUMPETERS Menschenbild und sein Konzept der Arbeitsteilung.

„Demokratie heißt, sich in seine eigenen Angelegenheiten einzumischen" (Max Frisch). Was dieser Ausspruch bedeutet und wie er umgesetzt werden kann, zeigt sich in BARBERS euphorischen und SCHARPFS etwas gemäßigteren Konzepten zur Partizipation in der Demokratie. In der Auseinandersetzung mit diesen Vorstellungen können die Schüler lernen, dass Demokratie eine Outputseite, aber eben auch eine Inputseite hat.

Die bisherige Darstellung war auf die auffälligsten Vorstellungen der (befragten) Schüler und die entsprechenden fachlichen Konzepte zugespitzt. Insgesamt ergab die Auswertung der Interviews, dass Schüler über vielfältige Konzepte zur Demokratie verfügen. Diese lassen sich in verallgemeinerten Konzepten (siehe Tab. 3) zusammenfassen. Die Verallgemeinerung dient der Ableitung von typischen Vorstellungen über Demokratie.

Verallgemeinerte Schülerkonzepte

Tabelle 2: *Verallgemeinerte Schülerkonzepte (Q: Heidemeyer 2006)*

Systemweltorientierung Demokratie ist in erster Linie eine bestimmte Art der Regierungsbildung und des Regierungshandelns.
Abgeleitete Volksherrschaft Das Volk ist nicht in der Lage, Herrschaft über sich selbst auszuüben. Es wählt aus einem Kandidatenpool Anführer aus und bestimmt so, wer politische Führungsaufgaben übernehmen soll.
Berücksichtigung des Volkes Gewählte politische Führungskräfte unterliegen der moralischen (Selbst-)Verpflichtung, den Willen des Volkes in seiner ganzen Vielfalt zu erfassen und angemessen zu berücksichtigen. Gegen Mehrheitsinteressen darf nicht gehandelt werden, gleichzeitig ist die Minderheit zu beachten. Der Wille der Mehrheit ist leitend, aber nicht bindend.
Omnipotenz der Führung Aus einer speziellen sozialen Gruppe gehen Führungskräfte hervor, die fähig sind, autonom allgemein-verbindliche Entscheidungen zum Wohle des Volkes zu treffen.
Vertrauen statt Kontrolle Kompetente Führung bedarf keiner Kontrolle.
Positive Etikettierung Zur Demokratie gehören individuelle Freiheiten, Gerechtigkeit und Fairness im Umgang miteinander.
Demokratie in der Schule? Klassensprecherwahlen sind (potentiell) demokratische Einrichtungen in der Schule.
Prozesshafte Entscheidungsfindung Allgemein-verbindliche Entscheidungen werden in einem Prozess der indirekten Meinungsartikulation gefunden. Die politische Führung leitet diesen Prozess und schließt ihn ab.
Demokratie in Abhängigkeit von der Gemeinschaftsgröße Je größer eine Gemeinschaft ist, desto notwendiger sind politische Führer, die Entscheidungen treffen, um Probleme zu lösen.
Enttäuschung In der Realität berücksichtigen die Politiker die Interessen der Bürger nicht genügend. Sie verfolgen zu sehr eigene Interessen.

Auch diese Vorstellungen lassen sich mit fachlichen Konzepten verknüpfen. Aus dieser Verknüpfung lassen sich weitere Leitlinien formulieren, die hier – als Ausblick auf die Gesamtuntersuchung – in gekürzter Form wiedergegeben werden:

Leitlinie: Schüler und Demokratie

Die Erhebung von Schülervorstellungen ergab, dass typischerweise vor allem Konzepte über „Führung durch Eliten" und „Passivität der Bürger" leitend sind. In jeder Klasse, in jedem Unterricht aber müssen die Vorstellungen der jeweiligen Schülerschaft neu explizit gemacht werden – sowohl für den Lehrer als auch für die Schüler selbst. Hierzu bieten sich schüleraktive Erhebungsverfahren (z. B. Blitzlichtmethode, Brainstorming, Kartenabfrage u. ä.) an.

Leitlinie: Demokratie und Formenvielfalt

Schüler begreifen „Demokratie" vor allem als Regierungsform. Innerhalb dieses begrenzten Vorstellungsbereichs sind die Konzepte v. a. auf das Regierungshandeln ausgerichtet (z. B. „Omnipotenz der Führung", „Vertrauen statt Kontrolle"). Hier scheint eine Erweiterung der Schülervorstellungen im Hinblick auf die unterschiedlichen Erscheinungsformen von Demokratie angebracht zu sein.

So könnten Schülervorstellungen dahingehend erweitert werden, dass direkte und repräsentative, elitäre und egalitäre, parlamentarische und präsidentielle Demokratievorstellungen in ihre Gedankengebäude integriert werden, indem im Unterricht zum Beispiel

- der berühmte Ausspruch Abraham Lincolns („Democracy is government of the people, by the people and for the people") thematisiert wird,
- gemeinsam Bilder, die Volksversammlungen auf der attischen Agora (Marktplatz) zeigen, analysiert werden,
- us-amerikanische Präsidentenwahlen mit der „Wahl" des deutschen Bundeskanzlers verglichen werden.

Darüber hinaus könnten Unterrichtsarrangements getroffen werden, die den Schülern die Demokratie als „Lebens-, Gesellschafts- und Herrschaftsform" (Himmelmann 2001) begreifbar machen.

Leitlinie: „Demokratie und Konflikte"

In mehreren Konzepten drückt sich ein harmonieorientiertes Demokratieverständnis der Schüler aus. Dieses sollte unbedingt zum expliziten Unterrichtsgegenstand gemacht werden, da angesichts solcher Erwartungen das beobachtbare politische Geschehen nur enttäuschend sein kann und es infolgedessen zu einer Abkehr von der Politik kommen könnte. Diese Problematik wird unter dem Schlagwort „Politikverdrossenheit" lebhaft diskutiert.

Die Ergebnisse der empirischen Erhebung von Schülervorstellungen und der Fachlichen Klärung in dieser Arbeit legen es nahe, die systemimmanente Konflikthaftigkeit von Demokratie im Unterricht zu behandeln.

Der Ausspruch des Kabarettisten Dieter Hildebrandt („Was ist der Unterschied zwischen Demokratie und allem anderen? Alles andere ist einfacher!") kann einen Einstieg in diesen Themenbereich liefern. Weitere mögliche Ansatzpunkte für konkrete Unterrichtsplanung sind:

▪ Arbeit mit dem Grundgesetz (-kommentar)
▪ Analyse von aktuellen Politikprozessen
▪ Entscheidungs- / Rollenspiele (z.b. Genehmigung rechtsextremistischer Demonstrationen, Entscheidung über die Einführung gentechnologischer Verfahren, Klassenabstimmungen über Ausflugsziele, ...)

Leitlinie: „Demokratie und Politiker"

Die Schüler haben sehr hohe Erwartungen an die Konfliktlösungskompetenz der Politiker. Diese Erwartungen können nicht erfüllt werden und führen zu Enttäuschung und Unverständnis. Unter Rückgriff auf Konzepte SCHUMPETERS kann versucht werden, die Vorstellungen der Schüler dahingehend zu verändern, dass sie reflektiertere Kriterien heranziehen, um das Verhalten von Politikern zu beurteilen.

Weiterhin können durch Einbeziehung von BARBERS Konzept der Entfremdung durch Ausschluss Lernsituationen konstruiert werden, durch die die Schüler vor die Frage gestellt werden, inwieweit die Abgabe politischer Verantwortung an Politiker zur eigenen Entfremdung von Politik und damit auch deren Verstehen beiträgt.

Leitlinie: „Demokratie und Europa"

Die Vorstellungen der Schüler richten sich ausschließlich auf nationalstaatliche Demokratie. Das politische Geschehen verlagert sich aber zunehmend auf die europäische Ebene. Somit stellt sich die Frage nach dem Demokratiegehalt der EU. Diese Frage wird von SCHARPF in seinen Konzepten zur demokratischen Legitimation in Europa aufgegriffen.

Unter Einbeziehung dieser Konzepte und durch deren Verknüpfung mit den nationalstaatsorientierten Vorstellungen der Schüler und besonders des Konzepts zur Größenabhängigkeit von Demokratie, kann im Unterricht das Problem aufgeworfen werden, inwieweit europäische Entscheidungen demokratisch legitimiert sind.

Im Unterricht kann mit den Schülern über aktuelle und/oder besonders anschauliche europa-politische Problemfelder diskutiert werden, z. B. über die Frage, wie viele „ausländische" Fußballspieler bei einem Bundesligaspiel auflaufen dürfen (Bosman-Urteil) oder ob über die sogenannte „Europäische Verfassung" oder den EU-Beitritt der Türkei plebiszitär abgestimmt werden sollte.

Literatur

Barber, Benjamin (1994): Starke Demokratie. Über die Teilhabe am Politischen. Hamburg: Rowohlt Verlag

Böhret, Carl / Wewer, Göttrik (Hrsg.) (1993): Regieren im 21. Jahrhundert – Zwischen Globalisierung und Regionalisierung. Opladen: Leske + Budrich

Breit, Gotthard/Massing, Peter (2002): Die Rückkehr des Bürgers in die politische Bildung. Schwalbach / Ts.: Wochenschau Verlag

Brockmann, Jürgen / Littmann, Klaus-Uwe / Schippmann, Thomas (2004): Niedersächsisches Schulgesetz (NSchG). Kommentar. 24. Nachlieferung. Wiesbaden: Kommunal- und Schulverlag

Duit, Reinders/ von Rhöneck, Christoph (Hrsg. (): Lernen in den Naturwissenschaften. Kiel : Insitut für Pädagogik der Naturwissenschaften. 180-204

Giesecke, Hermann (1973): Didaktik der politischen Bildung. München: Juventa-Verlag

Gropengießer, Harald (2001): Didaktische Rekonstruktion des Sehens – Wissenschaftliche Theorien und die Sicht der Schüler in der Perspektive der Vermittlung. Diss., Carl von Ossietzky Universität Oldenburg, Didaktisches Zentrum, 2. überarbeitete Auflage., Oldenburg

Gropengießer, Harald (2005): Qualitative Inhaltsanalyse in der fachdidaktischen Lehr- und Lernforschung. In: Mayring, P./ Gläser-Zikuda, M. (2005): 172-189

Heidemeyer, Sven (2006): Schülervorstellungen und fachliche Vorstellungen von Demokratie. Ein Beitrag zur politikdidaktischen Rekonstruktion. Oldenburg: Didaktisches Zentrum, Universität Oldenburg

Himmelmann, Gerhard (2001): Demokratie Lernen: als Lebens-, Gesellschafts- und Herrschaftsform. Ein Lehr- und Studienbuch. Schwalbach/Ts.: Wochenschau-Verlag

Kattmann, Ulrich/Gropengießer, Harald (1996): Modellierung der didaktischen Rekonstruktion. In: Duit, R./ von Rhöneck, C. (1996): 180-204

Kattmann, Ulrich u. a. (1997): Das Modell der Didaktischen Rekonstruktion – Ein Rahmen für naturwissenschaftsdidaktische Forschung und Entwicklung. In: Zeitschrift für Didaktik der Naturwissenschaften, Jg. 3, Heft 3. 3-18

Kattmann, Ulrich/ Gropengießer, Harald (1998): Schulnahe fachdidaktische Lehr- / Lernforschung: Das Modell der Didaktischen Rekonstruktion. In: Oldenburger Vordrucke. Heft 364 / 1998

Lange, Dirk (2007a): Politikbewusstsein und Politische Bildung. In: Ders. (2007): Konzeptionen Politischer Bildung. Baltmannsweiler: Schneider Verlag Hohengehren

Lange, Dirk (2007b): Politikdidaktische Rekonstruktion. In: Lange, D./Reinhardt, V. (Hrsg.): Forschungs- und Bildungsbedingungen. Handbuch für den sozialwissenschaftlichen Unterricht, Baltmannsweiler: Schneider Verlag Hohengehren

Lutter, Andreas (2007): Schülervorstellungen. In: Reinhardt, V. (2007): 74-80

Mayring, Peter (1993): Qualitative Inhaltsanalyse. Weinheim: Beltz Verlag

Mayring, Peter (2002): Einführung in die Qualitative Sozialforschung – Eine Anleitung zum Qualitativen Denken. Weinheim und Basel: Beltz Verlag

Mayring, Peter; Gläser-Zikuda, Michaela (Hrsg.) (2005): Die Praxis der Qualitativen Inhaltsanalyse. Weinheim und Basel: Beltz Verlag

Merkel, Wolfgang / Busch, Andreas (Hrsg.) (1999): Demokratie in Ost und West. Frankfurt a. M.: Suhrkamp Verlag

Reinhardt, Volker (Hrsg.) (2007): Forschung und Bildungsbedingungen (Basiswissen Politische Bildung Bd. 4, hrsg. v. D. Lange u. V. Reinhardt). Bamannsweiler: Schneider Verlag Hohengehren

Scharpf, Fritz (1970): Demokratietheorie zwischen Utopie und Anpassung. Konstanz: Universitätsverlag

Scharpf, Fritz (1993): Legitimationsprobleme der Globalisierung. Regieren in Verhandlungssystemen. In: Böhret, C. / Wewer, G. (1993): 165-185

Scharpf, Fritz (1998): Demokratie in der transnationalen Politik. In: Streeck, W. (1998): 150-174

Scharpf, Fritz (1999a): Regieren in Europa. Effektiv und demokratisch? Frankfurt a. M. / New York: Campus Verlag

Scharpf, Fritz (1999b): Demokratieprobleme in der europäischen Mehrebenenpolitik. In: Merkel, W. / Busch, A. (1999): 672-694

Schumpeter, Joseph A. (1950): Kapitalismus, Sozialismus und Demokratie, 2. erw. Aufl.. München:

Streeck, Wolfgang (Hrsg.) (1998): Internationale Wirtschaft, nationale Demokratie. Herausforderungen für die Demokratietheorie. Frankfurt a. M. / New York: Campus Verlag

Am Anfang war die Politik.
Anregungen zur sinnstiftenden Verknüpfung von Demokratie-pädagogik und kategorialer Politikdidaktik am Beispiel des Falls „Kastanie"

Andreas Petrik

Anfang März 2007 fand die Ergebniskonferenz des BLK-Programms „Demo-kratie lernen und leben" in Berlin statt. Dort präsentierten AkteurInnen aus der gesamten BRD eindruckvolle Beispiele gelingender demokratischer Schulent-wicklung. Eine derart breite Mobilisierung in der strukturell konservativen Schullandschaft hat es lange nicht gegeben, in dieser Hinsicht kann das BLK-Programm als voller Erfolg gelten. In diesem Beitrag möchte ich mich damit beschäftigen, was wir noch besser machen können. Als Politikdidaktiker inte-ressiert mich besonders das noch wenig geklärte Verhältnis von Demokratie-Lernen und Politik-Lernen. Immerhin hat diese Frage zwischen Politikdidakti-kerInnen und DemokratiepädagogInnen zu einer derart heftigen Kontroverse geführt, dass man beide Ansätze für sich ausschließende Konkurrenzveranstal-tungen halten könnte. Beide werfen sich gegenseitig vor, Politikverdrossenheit zu verstärken. Und beide haben teilweise Recht. Ich werde mich zwischen diese Stühle setzen und für die Notwendigkeit einer Kooperation plädieren.

Was wissen wir bisher über den Status des Politik-Lernens im BLK-Programm? Während der Ergebniskonferenz gaben Eckhart Klieme und Her-mann Josef Abs erste Einblicke in die Ergebnisse der externen Evaluation. Er-hoben haben sie vier Kompetenzen, die eng mit den vier Modulen des Pro-gramms zusammenhängen: 1. Politische Kompetenzen, 2. Soziale und Selbst-kompetenzen, 3. Schulische Partizipation und 4. Integration der Schule in ihr Umfeld (Abs/Diedrich/Klieme 2004: 3). Laut Abs und Klieme ist absehbar, dass die im engeren Sinne politischen Kompetenzen weniger gefördert wurden als die übrigen drei. Die politischen Kompetenzen umfassen vor allem das Ver-ständnis demokratischer Prinzipien und Verfahren und die Fähigkeit zur Analy-se von Konflikten aus den gesellschaftlichen Teilsystemen Politik, Recht, Wirt-schaft und Lebenswelt. Es ist nicht auszuschließen, dass zukünftige Fallstudien zur *individuellen* demokratischen Kompetenzentwicklung, die bisher nicht er-hoben wurden, ein differenzierteres Bild über politische Lernanteile vermitteln würden. Doch generell ist die geringe Anwesenheit des Institutionell-Politischen nicht etwa eine Panne, sondern hat systematische Gründe. Das BLK-Projekt versteht sich schließlich als erfahrungsorientierte *Alternative* zum herkömmlichen Politikunterricht. Nicht zuletzt deshalb ist das Modul 1, der Unterricht, zahlenmäßig unterrepräsentiert. Zweitens ist dieses Modul, wie auch die entsprechenden Präsentationen auf der Konferenz widerspiegelten, weniger auf politisches Lernen, sondern überwiegend auf soziale Themen und fächerübergreifende Methoden wie Anti-Mobbing, Streitschlichtung, Mediation, Feedback und Kommunikation konzentriert. Zu den potenziell politischen Projekten der übrigen Module zählen Klassenräte, Schülerparlamente, Service Learning sowie eigenes kommunalpolitisches Engagement. Nur 2,5% der insgesamt über 2400 Projekte haben direkten Bezug zur Politik, die LehrerInnen sind meist keine ausgebildeten PolitiklehrerInnen (vgl. Beutel/Fauser 2005: 229).

Ist nun diese relative Abstinenz des Politisch-Institutionellen ein Problem, das Politikverdrossenheit verstärkt, wie viel PolitikdidaktikerInnen glauben, oder eine kluge Antwort auf die Politikverdrossenheit, die durch einen institutionell orientierten Politikunterricht vergrößert werden kann? Ich werde dazu exemplarisch eines der unmittelbar politischen Projekte untersuchen, den *Fall Kastanie* aus dem Jahr 1995. Er wird von demokratiepädagogischer Seite als Paradebeispiel für bürgerschaftliches Engagement betrachtet (vgl. Beutel/Lokies 2001) und gleichzeitig von politikdidaktischer Seite als Exempel verpasster politischer Lernchancen angesehen (vgl. Breit 2005).

Der Fall Kastanie

An das Friedrich-Schiller-Gymnasium in Weimar grenzt ein unbebautes, städtisches Grundstück, auf dem eine fast hundertjährige Kastanie steht. Per anonymen Brief wird der Schule angekündigt, dass der Baum einem Wohnhaus mit Tiefgarage weichen soll. Ein Investor hat das Grundstück erworben. Spontan beginnen mehrere SchülerInnen unanhängig voneinander, für das Überleben der Kastanie zu kämpfen: Sie verfassen Flugblätter, sammeln Unterschriften, berufen den Schülerrat ein, diskutieren im Ethikunterricht, schreiben Briefe an die Besitzer der Nachbargrundstücke, an die Stadtverwaltung, den Oberbürgermeister, den Bau- und Umweltdezernenten und informieren die Presse. Obwohl SchülerInnen am Wochenende das Grundstück überwachen, wird der Baum eines Sonntags gefällt: Der Investor veranlasst die Arbeiter dazu, die Jugendlichen auszutricksen. Die SchülerInnen sind wütend und verstört. Der Oberbürgermeister kommt sofort in die Schule und erklärt, die Stadt sei gegen das Fällen gewesen. Später finden die SchülerInnen jedoch heraus, dass zwar das Grünflächenamt Einwände erhoben, jedoch die Stadtverwaltung eine Fällgenehmigung erteilt hatte. Auch der Bau- und Umweltdezernent besucht die Schule und enttäuscht laut Bericht die SchülerInnen: Er habe nicht erklären können, wieso die Stadt als Vorbesitzerin den Baum nicht schützen konnte, habe nur „unangemessene" Handlungsvorschläge wie die Anrufung von Petitionsausschüssen unterbreitet und „nur von Paragraphen" geredet. Die Abholzungs-Aktion wirkt also wie eine abgekartete Sache, die SchülerInnen sind politisch frustriert. Dennoch organisieren sie Kundgebungen in der Schule und erreichen damit eine breite Öffentlichkeit, die Leserbriefe an die Tagespresse und Beschwerdebriefe an den Oberbürgermeister verfasst. Zwei SchülerInnen dürfen kurz im Stadtparlament sprechen, worauf die Verwaltung angewiesen wird, die Baumschutzordnung in Zukunft restriktiver auszulegen. Mindestens 20 Bäume können so gerettet werden. Die SchülerInnen widmen sich schließlich der Begrünung ihres Schulhofes.

Politikverdrossenheit durch institutionelle Politik?

Die Autoren des Projektportraits analysieren den Fall als gelungenes Beispiel für „ökologisches" und „politisch gehaltvolles Lernen und Handeln" (Beutel/Lokies 2001: 169). Zwar bezeichnen sie den Glauben der Jugendlichen, dass der Oberbürgermeister irgendwie den Investor noch stoppen könnte, als „naiv". Gleichzeitig zeigen sie Verständnis für den bleibenden „Vertrauensverlust" der SchülerInnen in das Handeln der städtischen Mandatsträger (ebenda: 170f.). Den eigentlichen politischen Erfolg der Jugendlichen sehen die Autoren nicht in ihrer Auseinandersetzung mit der *Demokratie als Herrschaftsform*, sondern in ihrem Einsatz für die demokratische Öffentlichkeit, also *Demokratie als Gesellschaftsform* und für ihre eigene Schule, also *Demokratie als Lebensform:* Das Engagement der SchülerInnen löst erstens „ein öffentliches Umdenken in Weimar aus" (ebenda: 173). Zweitens verleitet sie das politische Scheitern des Vorhabens, die Kastanie zu erhalten, nicht zu „dauernden Vorwürfen gegen die 'Verursacher',", sondern zu „eigenständigem konstruktivem Handeln im Lebensraum Schule" (ebenda: 169), nämlich zur Begrünung des Schulhofes.

Der Fall nährt also die demokratiepädagogische These einer von professionellen PolitikerInnen geförderten Politikverdrossenheit. Viele DemokratiepädagogInnen betrachten institutionelle Politik (zumindest aus der Sicht von Jugendlichen) als jugendfern, abstrakt, oligarchisch und destruktiv und wollen daher das politische Lernen „vom politischen Kopf auf demokratische Füße stellen" (Himmelmann). Sie bezeichnen ihr Konzept als „politikfern und dennoch politisch", weil es das Bewusstsein für die Spannung zwischen den Prinzipien der Demokratie und den tatsächlichen politischen Verhältnissen wachzuhalten beab-

sichtige (Edelstein/Fauser 2001: 86ff.). Der herkömmliche kategoriale Politikunterricht könne dies nicht leisten: Die begriffsgeleitete Analyse makropoliti-
scher Fälle werde von SchülerInnen als ähnlich abstrakt empfunden wie Ma-
thematikunterricht, obwohl das Politische doch eine gesellschaftliche Handlungsform darstelle.

Der kognitiven Analyse soll daher, in Anlehnung an John Dewey, eine
propädeutisch-experimentelle Phase eigenen demokratischen Handelns im mik-
ropolitischen Nahraum *vorgeschaltet* werden, um Demokratie *zunächst* als
„Form des Zusammenlebens, der gemeinsamen und miteinander geteilten Erfahrung" zu erleben (John Dewey). SchülerInnen sollen so „Zugehörigkeit, Mitwirkung, Anerkennung und Verantwortung" lernen, eine „kritische Loyalität" zum
politischen System aufbauen und schließlich ein „Netz von Vorstellungen" über
Demokratie entwickeln, um sich kritisch-solidarisch an ihrer Weiterentwicklung
zu beteiligen (Edelstein/Fauser 2001: 29; 77).

Bereits bei Dewey findet sich eine ähnlich explizite Abgrenzung gegenüber
dem (institutionell) Politischen: In seinem Klassiker „Demokratie und Erziehung" von 1916 verbindet er Politik mit dem „Auf- und Niedergang herrschen-
der Gewalten", also vor allem mit autoritärer Herrschaftsausübung. Er sieht
demzufolge die demokratische *Regierungsform* als „zweitrangig oder überflüs-
sig" an (Oelkers 1999: 6) und verortet den sozialen und demokratischen Fortschritt von Gesellschaften in deren kultureller Sphäre: Dafür seien „intellektuelle Entdeckungen und Erfindungen" sowie wirtschaftliche und künstlerische Aktivitäten verantwortlich, die „keine nationalen Grenzen" kennen. Dewey favori-
siert den „Austausch" existierender oder freizulegender *gemeinsamer Interessen*
und das Ziel der kooperativen und wissenschaftlich-experimentellen Lösung
kollektiver Probleme innerhalb von und zwischen verschiedenen Gesellschafts-
gruppen. Die unstabile, bedrohte oder verlorene Demokratie muss an ihrer Basis
deliberativ gefestigt werden – zum Beispiel in der embryonalen Schuldemokratie (vgl. Dewey 1993: 19; 284ff.; 113ff.; 133f.).

Demzufolge ist der aus politischer Frustration motivierte Schulhofgarten
ein Beitrag zur inneren Festigung der Demokratie, weil er durch zivilgesellschaftliches Engagement entstanden ist und eine Haltung gesellschaftlicher,
ökologischer Verantwortung verkörpert. Im Sinne des Selbstverstärkungstheo-
rems soll ein solches mikropolitisches Handeln für längerfristiges politisches
Engagement ermutigen und befähigen.

Politikverdrossenheit durch unreflektierte Erfahrung?

Gotthard Breit dagegen interpretiert den Fall als Paradebeispiel für die politik-didaktische These, dass Alltagserfahrungen und Engagement nicht ausreichen, um institutionelles Handeln angemessen verstehen zu können. Die Frustration der SchülerInnen erfolgt nicht durch falsches Politikerhandeln, sondern durch dessen alltagstheoretische Fehlinterpretation. Das liege daran, dass das BLK-Projekt in seiner noch „vordidaktischen Phase" (Breit 2005: 59) demokratische Erfahrungen nicht politisch reflektieren würde. Um dieses Defizit zu beheben, müssten die AkteurInnen im Fall Kastanie mithilfe von PolitiklehrerInnen das Ausgangsproblem gründlich definieren, die Interessenlagen und Argumentationsstrategien aller am Konflikt Beteiligten klären, den rechtlichen Rahmen ausloten, um die Handlungsmöglichkeiten aller Seiten zu prüfen. Sie würden nicht nur als Betroffene agieren, sondern den Fall als zyklischen Problemlösungsprozess, als Politikzyklus (vgl. z.B. Petrik 2007: 45) begreifen, der bei ähnlichen Konflikten ähnlich abläuft und ihnen ermöglicht, zentrale politische Kategorien wie Macht, Interesse, Recht und Entscheidung mit Inhalt zu füllen. Diese Analyse-Arbeit könnte, wie Breit herausstellt, zentrale Erkenntnisse über den Charakter des Politischen herausschälen:

1. *Moral, Recht und Politik:* Die SchülerInnen würden Moral und Recht trennen lernen, indem sie anerkennen, dass der Investor das Grundstück legal erworben hat und im Rahmen der Baumschutzordnung eine Fällgenehmigung besitzt. In einem Rechtsstaat lassen sich einmal erworbene Rechte nicht so einfach wieder zurücknehmen. Selbst wenn die Stadtregierung schnell dazu bewegt worden wäre, die Gesetzeslage zu ändern oder restriktiver auszulegen, so wäre dies für die Kastanie zu spät erfolgt: Recht kann nicht rückwirkend angewandt werden. Deshalb ist es verständlich, dass der Dezernent vor allem von Paragraphen spricht. Die moralische Entrüstung wird dadurch nicht etwa unbedeutender, aber geduld-fordernder: Eine politische Auseinandersetzung zeichnet sich gerade durch den Versuch aus, Recht (und somit *offiziell legitimierte* Macht und Moral) *als das, was gilt* und Moral als *das, was gelten könnte* in Einklang zu bringen.

2. *Demokratie und Pluralismus:* Die SchülerInnen würden einen Perspektivenwechsel versuchen, um nicht nur ihre berechtigten ökologischen Interessen, sondern auch die ökonomischen Interessen des Investors (Kapitalrendite, Mieteinnahmen) und der Stadt (Arbeitsplätze, Wohnraum) als legitim anzuerkennen. Der Oberbürgermeister, der das Anliegen der SchülerInnen offenbar verstehen kann, muss zwischen all diesen Interessen abwägen, auch das gehört zum Repräsentationsprinzip. Ein erfolgreicher Perspektivenwechsel erhöht auf Dauer die Argumentationskraft der SchülerInnen.

3. *Realistische Handlungsmöglichkeiten:* Hier sind die SchülerInnen überaus aktiv, sie nutzen nahezu alle ihnen zur Verfügung stehenden Möglichkeiten von Leserbriefen und Kontakten zu PolitikerInnen über Demonstrationen bis hin zur Anhörung im Stadtparlament. Sogar passiven Widerstand praktizieren sie in Ansätzen. Auch hier hätte eine politische Analyse den Schülerfrust verkleinern und die Effizienz ihres Handelns vergrößern können. Bei größeren ökologischen Konflikten, deren Rechtslage ähnlich eindeutig ist, greifen politische Gruppierungen wie Greenpeace zu Blockaden oder Besetzungen, um legal handelnde Eigentümer einer Chemiefabrik o.ä. mit öffentlicher Unterstützung zum Umdenken zu bewegen. Solche Aktionen können auf der Polizeiwache enden, jedoch auch dazu beitragen, WirtschaftsvertreterInnen an einen Verhandlungstisch zu bekommen. Vielleicht hätten die wachehaltenden SchülerInnen sich nicht so schnell von den Holzfällern hereinlegen lassen, wenn sie vorher die Interessen des Investors mit ähnlichen Fällen verglichen hätten, beispielsweise mit dem Kampf gegen die Airbus-Startbahnverlängerung im Alten Land.

All diese Wissenszuwächse können kurzfristig die politische Frustration erhöhen, zeichnen sie doch ein realistisches Bild von ungleich verteilter ökonomischer und politischer Macht. Entdecken SchülerInnen das im Grundgesetz abgesteckte Spannungsverhältnis aus Schutz und sozialer Verantwortung des Eigentums, so gewinnen sie einen realitätstauglicheren Blick auf politische Konflikte. Das macht ihr politisches Anliegen nicht etwa aussichtslos, jedoch erwartbar komplizierter. Frust entsteht häufig, wenn eine Aufgabe *unerwartete* Widerstände bietet. „In ihrem politischen Unverständnis", schreibt Breit (2005: 53), würdigen die SchülerInnen nicht einmal ihren immensen Handlungserfolg in Stadtrat. Sie ziehen sich enttäuscht von der Kommunalpolitik zurück. Dadurch wächst die Gefahr, dass sie ein Idealbild von Demokratie in ihren Köpfen behalten, dem reale Politik als schmutziges, interessen- und machtgeleitetes Geschäft widersprechen muss. Eine gute DemokratIn wendet sich also von der Herrschaftsform Demokratie ab.

Auf der Basis ähnlicher Einschätzungen hat das BLK-Programm den größten und schärfsten konzeptionellen Streit in der Politikdidaktik seit den politischen Zielkämpfen der 1970er Jahre ausgelöst (vgl. z.B. Breit/Schiele 2004; Himmelmann/Lange 2005). Zwar begrüßen alle KritikerInnen die einzelnen BLK-Bausteine ausdrücklich als sinnvolle Beiträge zu sozialem Lernen. Ihre Hauptsorge gilt jedoch einem verengten Politikbegriff, der „Parallelisierungsfalle", in die man durch „Kurzschlüsse" zwischen Mikro- und Makrowelt gerate. Wer dazu angeregt werde, Erfahrungen gelebter Harmonie oder mikropolitischer Entscheidungsstrukturen auf die institutionelle Politik zu übertragen, müsse sich anschließend befremdet und angewidert von ihr abwenden: Immer weniger bereit, die intellektuelle Anstrengung auf sich zu nehmen, um die Funktionslogik des Politischen zu verstehen, sinke das Verständnis für sie unweigerlich und vergrößere das Entfremdungsgefühl. Politik werde Entscheidungseliten überlassen. Der grüne Schulhof wäre damit kein befriedigendes Ergebnis, sondern ein resignativer Rückzug von der großen Politik. Der von Dewey gewünschte Transfer von gelebter Demokratie über die Öffentlichkeit zur Erneuerung der Herrschaftsform fände nicht statt.

Lebens- oder Herrschaftsform? Konsens oder Konflikt?

Beide Seiten, die Demokratiepädagogik und die kategoriale Politikdidaktik, weisen sich zu Recht gegenseitig auf Blindstellen hin, jedoch ohne ihre jeweils eigenen ausreichend wahrzunehmen.

Die Politikdidaktik möchte zwar dazu beitragen, die Entfremdung von politischen Institutionen im Sinne des Fortbestands und der Weiterentwicklung der Demokratie abzubauen. Doch sie leidet unter den nicht-intendierten Handlungsfolgen eines „unpolitischen Politikunterrichts", der sich in „verständnisloser Begriffsakrobatik" (Sutor) auf Seiten der SchülerInnen niederschlagen kann. Woran liegt das? Zentrale Kategorien des Politikzyklus zum Verständnis der Herrschaftsform wie Moral, Macht, Recht, Gewaltenteilung, Pluralismus usw. zeigen sich aus Schülersicht zumeist als abstrakte, verdinglichte Begriffshülsen, als „Funde einer abgeschlossenen Expedition" (Wagenschein). Ihre Herleitung aus historischem und – ebenso zentral – eigenem gesellschaftlichen Handeln bleibt zumeist im Dunkeln. Sie sind vom fertigen politischen System aus gedacht und werden dementsprechend subjektfern eingeführt – schlimmstenfalls an hochverdichteten Metatexten, bestenfalls an konkreten, aber hochkomplexen Fällen, die selbst Erwachsene kaum ergründen können. Das Dilemma der kategorialen Politikdidaktik besteht also darin, komplexe Wirklichkeit mit komplexen Kategorien erschließen zu wollen, die selbst einer elementaren Erschließung bedürfen. Ihr fehlt eine Anbindung an die Werteorientierung und die Alltagstheorien der SchülerInnen, kurz: an ihre zumeist noch schlummernde politische Persönlichkeit.

Die Demokratiepädagogik dagegen möchte zwar am Individuum und seinem gesellschaftlichen Erleben anknüpfen, operiert jedoch häufig mit dem harmonischen Bild einer lebensweltlichen Konsensdemokratie, das dem Charakter des Politischen ebenfalls nicht gerecht wird: Die politisch homogene Gruppe, die geschlossen für die „Erhaltung eines anerkannten Gutes" (Beutel/Lokies 2001: 169), gegen einen politischen Missstand in Schule oder Kommune streitet, dürfte in Wirklichkeit nicht oder nur selten existieren. Wissen wir mit Sicherheit, ob wirklich alle SchülerInnen gleichermaßen das Überleben der Kasta-

nie als dringlicher eingeschätzt haben als die ökonomischen Interessen des Investors und der Stadt? Wenn auch meine persönliche Sympathie bei den KastanienretterInnen liegt, so frage ich mich, wie stark die Rolle des Gruppendrucks
gerade bei Fällen ist, die mit großer persönlicher Betroffenheit einhergehen:
„Unser" Baum muss gerettet werden! Unter den SchülerInnen eines Gymnasiums sind sicherlich welche, deren Eltern in Branchen arbeiten, die – zum Teil,
um wirtschaftlich zu überleben – ökologische Handlungsfolgen ökonomischen
Primaten unterordnen. Da wir aus diversen Jugendstudien wissen, dass Jugendliche sich zunächst überwiegend an der politischen Grundorientierung ihrer
Eltern orientieren, wäre es schon allein deshalb verwunderlich, wenn neben der
ökologischen, profitkritischen Sichtweise nicht auch latent wirtschaftsliberale
Standpunkte vertreten wären.

Der (implizite) Tenor der Erfahrungsberichte vieler überzeugender Projekte, die Klasse sei ein Individuum mit *einem* politischen Willen, entspricht zudem
nicht meiner eigenen Unterrichtserfahrung (vgl. Petrik 2006): In Hamburg-
Altona soll ein beliebtes Jugendstil-Schwimmbad einem Kaufhaus weichen.
Erwartungsgemäß ist schnell ein Großteil der 9. Gymnasialklasse gegen die
„bösen, geldgierigen" Investoren und die „korrupten" PolitikerInnen, die „mit
ihnen unter einer Decke stecken" eingestellt. In der Verhandlungs-Simulation,
in der alle am Fall beteiligten Interessen gleichberechtigt zu Wort kommen,
werden auch Gegenpositionen erarbeitet und präzise dargestellt. In der Auswertung trauen sich dann auch SchülerInnen, die vorher ihre Position zurückgehalten haben, Partei für die Investoren und die ihnen nahestehende CDU zu ergreifen. An dieser Stelle fängt Demokratie erst an, wird sie als Regulativ für politische Interessenkonfrontation herausgefordert. Das Aha-Erlebnis der SchülerInnen lautet hier: Die kommunalpolitische Kontroverse ist auch eine gesellschaftliche, die Klasse, die Schule trägt in sich dasselbe kontroverse Potenzial. Ein
einfaches „wir SchülerInnen" gegen „die Politiker" oder „die Wirtschaft" wird
damit unmöglich. Kastanien- und Schwimmbad-RetterInnen haben so nicht
etwa ihre Möglichkeit verloren, für das „anerkannte Gut" zu kämpfen: Ihre
Arbeit wird jedoch zunächst anstrengender. Sie müssen schon in der schulischen
Lebenswelt gute Argumente für ihr Ziel finden. Das schult ihre Argumentationsfähigkeit und schützt sie vor späterer Frustration, wenn VertreterInnen ökonomischer Interessen und politischer Institutionen ins Spiel kommen.

Am Anfang war die Politik

Beide Seiten, die kategoriale Politikdidaktik und die Demokratiepädagogik, sind
sich einig, dass das Politisch-kontroverse primär in Institutionen stattfindet, die

allgemeine Verbindlichkeiten herstellen. Die einen kümmern sich um diese Institutionen, weil dort Politik gemacht, die anderen um den demokratische Nahraum, weil dort keine Politik gemacht wird. Damit verkürzen beide das Politische einseitig auf die Herrschaftsform und wirken noch relativ ratlos angesichts der Transferprobleme zwischen Mikrowelt und Makrowelt. Beiden fehlt ein nahräumlicher Politikbegriff, eine Vorstellung von Alltagspolitik. Zwar sind vielen DemokratiepädagogInnen die Transfer-Probleme zwischen Mikro- und Makrowelt durchaus bewusst, doch sie werden kaum auf eine mangelnde kontroverse Orientierung zurückgeführt. Die Wertvorstellungen in der Polis werden eben *nicht* weitgehend intersubjektiv geteilt – oder nur an der begrifflichen Oberfläche sehr allgemeiner, präzisierungsbedürftiger und zumeist kontrovers ausgelegter Werte wie Freiheit, Gerechtigkeit, Toleranz. Am Beginn jeder Demokratisierung, ob in kleinen Gruppen oder großen Gesellschaften, steht der bewusst gewordene, öffentlich gemachte Dissens, prallen Wertvorstellungen aufeinander, die mühsam koordiniert werden müssen. Diese alltäglichen Prozesse der Machtbildung und Normsetzung hat der Soziologe Heinrich Popitz eindrucksvoll dargelegt.

Wenn das BLK-Programm sich tatsächlich als politisch erweisen soll, dann fragt sich, wie das gelingen soll, „ohne jeweils gleich mit der [politischen, A.P.] Tür ins Haus zu fallen" (Himmelmann 2004): Das Politische bezeichnet den „Erhalt oder die Verbesserung bzw. Veränderung historisch wandelbarer demokratischer Herrschaftsverhältnisse" (Wiesendahl), repräsentiert also den *generativen* und damit den primären und umfassenderen gesellschaftlichen Handlungsmodus. Aus reflektiertem (alltags-) politischem Handeln heraus können und sollen demokratische Regeln erprobt werden. Das hieße aber didaktisch, nicht direkt mit der *demokratischen* Tür ins Haus zu fallen, sondern zunächst das Politische im Alltag aufzuspüren, um sich selbst als politisch denkendes und fühlendes Wesen zu verstehen.

Politische Elementarphänomene als Brücken zwischen Lebens- und Herrschaftsform

Die didaktische Synthese aus Demokratiepädagogik und politischer Kategorial-didaktik findet sich ausgerechnet bei jemandem, der in jungen Jahren John Dewey Schwierigkeiten bereitete, mit seiner Pädagogik in Deutschland Fuß zu fassen: bei dem Pädagogen Eduard Spranger. Als Angehöriger des demokratieskeptischen bis -feindlichen Weimarer Konservatismus hat Spranger Deweys „Learning by doing" als zu pragmatisch sowie „ökonomisch-technisch" kritisiert und abgelehnt. Sprangers spätere persönliche Demokratisierung dürfte der reflektierten Erfahrungen seiner eigenen zu unkritischen Haltung im National-sozialismus und seiner Nachkriegs-Freundschaft mit dem Physik-didaktiker Martin Wagenschein geschuldet sein.

In seinem vielbeachteten Nachkriegsaufsatz „Gedanken zur staatsbürgerli-chen Erziehung" (Spranger 1963) entwirft Spranger eine demokratiepädagogi-sche Politikdidaktik, die auf Martin Wagenscheins genetischem Verfahren auf-baut. Sie zielt darauf ab, persönliche Anschlussstellen an den politischen Pro-zess sichtbar zu machen. So wie Wagenschein ein Bewusstsein dafür wecken will, „wie Physik entsteht", strebt Spranger einen Unterricht an, der die Entste-hung des Politischen *in der Gesellschaft* mit der Entstehung des Politischen *im Bewusstsein von Lernenden* verbindet. Denn wer, so Spranger, schon die verwi-ckelten alltäglichen Zusammenhänge nicht verstehe, werde auch mit der Funkti-onslogik der Herrschaftsform Demokratie wenig anfangen können. In Sprangers propädeutischem Unterricht untersuchen Jugendliche zunächst soziale Instituti-onen wie Familie, Freundeskreis, Schule und Betrieb auf Prozesse der Macht-bildung und Rechts- bzw. Normsetzung – also auf politische Elementarphäno-mene. Oder sie stellen sich vor, auf einer Insel ein neues Leben anzufangen und den „Prozess der Staatswerdung" im Zeitraffer selbst zu vollziehen. An dieser Idee orientiert sich auch das BLK-Modul „Dorfgründung" (vgl. Petrik 2007; 2009): Die SchülerInnen besiedeln ein imaginäres Bergdorf neu und regeln, wie Entscheidungen getroffen, Güter verteilt werden sollen usw. Sie lernen, ihre latenten und meist heftig umstrittenen libertären, liberalen, konservativen und sozialistischen Werte zu politischen Grundorientierungen auszubauen, diese mit Andersdenkenden argumentativ auszuhandeln und demokratische Koordinati-onsverfahren zu entwickeln. Später üben sie den schwierigen Transfer des Ge-lernten auf makropolitische Fälle.

Im Sinne des genetischen Prinzips müssen SchülerInnen im schulischen Nahraum eine Art „Schnellkurs" durch das „Projekt der Demokratie" absolvie-ren, um dessen „Phylogenese" mit all ihren „Erfolgen, Brüchen und Fehlent-wicklungen" durch eigene Erfahrungen nachzuvollziehen, schätzen und weiter-entwickeln zu lernen (Himmelmann 2004: 12). Zu den Brüchen und Fehlent-wicklungen gehört vor allem die zentrale Erkenntnis, dass Demokratie schmerz-lich *vordemokratischen* Machtkonstellationen und totalitären Zuständen *poli-tisch* abgerungen wurde. Dieser Prozess wiederholt sich im sozialen Nahraum: Ähnlich wie willkürliche und absolutistische Zustände dem demokratischen Staat vorausgingen, gehören körperliche Gewalt, scheinharmonische Konflikt-vermeidung, Intoleranz, mangelndes Zuhören, Ignoranz, rhetorische Überwälti-gung, implizite oder autoritäre Normensetzungen und Entscheidungsprozesse zu den Barrieren alltäglicher demokratischer Kooperationsversuche. Daher rührt auch die Häufigkeit von Mediations- und Streitschlichtungsprojekten im BLK-

Programm. In mikro- wie in makropolitischen Sphären bedeutet Demokratisierung oder „politische Evolution" (Hannes Wimmer), aus dem Erleben nichtdemokratischer Machtkonstellationen heraus demokratische Werte und Prinzipien zu entwickeln, die schließlich durch demokratische Normen, Verfahren und Institutionen praxistauglich verfestigt werden. Im Zuge dessen müssen drei Aufgaben bewältigt werden: Erstens gilt es, das Grundproblem *ungleich verteilter materieller und geistiger Güter* zumindest abzumildern. Bleiben extreme Armut, Informationsgefälle und Unbildung bestehen, sind die *sozialen* Voraussetzungen für eine gleichberechtigte Teilhabe am Diskurs nicht gegeben. Zweitens müssen Rahmenbedingungen beseitigt werden, die eine *freie Meinungsbildung* und *gleichberechtigte Auseinandersetzung* über Konflikte *verhindern*. Drittens stellt sich die Herausforderung, ein funktionierendes *Entscheidungsverfahren* zu finden, das alle oder möglichst viele der Beteiligten und Betroffenen zufrieden stellt:

Tabelle: *Demokratische Verfahren als (alltags-)politische Errungenschaft (Petrik 2007: 154)*

	Problem/ Aufgabe	**Nicht- demokratische Konstellation**	**Demokratische Werte und Prinzipien**	**Demokratische Normen, Verfahren, Institutionen**
Alltags- politik (Inter- personal)	*Soziale Voraus- setzungen der Teilhabe*	Armut, Ausgrenzung, Wohlstandsgefälle, Abhängigkeit, Bildungsmangel, Ungleichheit	*Solidarität* Empathie	„Versorgen" und „Teilen" in Familie, Freundeskreis und unter Gleichgesinnten, Unterstützung Bedürftiger
	Meinungs- bildung, Auseinan- dersetzung	körperliche Gewalt, Konfliktvermei- dung, mangelndes Zuhören, Ignoranz, rhetorische Überwältigung	*Freiheit* Gewaltlosigkeit, Auseinander- setzung, Toleranz	Umgangsregeln, Argumentation, Gesprächsregeln, Mediation
	Entschei- dungsfindung	Implizite oder autoritäre Normen- setzungen und Entscheidungs- prozesse	*(Stimmen)-Gleich- heit* , Kompromiss- bereitschaft, Verantwortung Veränderungs- glaube, Anerkennung	Argumentation, Kompromiss- oder Konsenssuche, Abstimmung

	Soziale Voraussetzungen der Teilhabe	Armut, Ausbeutung, Wohlstandsgefälle, Bildungsmangel, staatliche Handlungsunfähigkeit	*Solidarität* Chancengleichheit, materielle Gleichheit	Sozialstaat, politische Umverteilung, Steuersystem, Schulpflicht
Institutionelle Politik (Transpersonal)	*Meinungsbildung, Auseinandersetzung*	Zensur, Verfolgung, Folter, Bevormundung, verselbstständigte Institutionen	*Freiheit* Meinungsfreiheit, Gewaltlosigkeit, Pluralismus, Menschenrechte	Rechtsstaat, freie Medien, Verbände, Parteienwettbewerb, Gewaltenteilung, staatliches Gewaltmonopol
	Entscheidungsfindung	Absolutistisches/ totalitaristisches Entscheidungsmonopol, Lobbyismus, Korruption	*(Stimmen)-Gleichheit* Minderheitenschutz Volkssouveränität	Parlamente, inner- und außerparlamentarische Opposition, Föderalismus, Wahlen, Volksabstimmungen, Zukunftswerkstätten

Das Problem der Parallelisierungsfalle und Kurzschlüsse lässt sich also dadurch auflösen, dass wir die „epigenetische Verwandtschaft" (Krappmann) verschiedener Erfahrungskontexte didaktisch nutzen: „Macht" kann als körperlich-emotionale, rhetorische, als Wissens- oder als institutionelle Macht auftreten. „Recht" kann als Diskussions- und Verhaltensregel oder Verhandlungs- und Entscheidungsverfahren der Demokratie etabliert werden. Bildung als „situationskluge Urteilskraft" (Tilman Grammes) wäre damit die Fähigkeit, aus Erfahrung gewonnene Erkenntnisse *angemessen* auf abstraktere Gegenstände anwenden zu können. Dieses analoge Schließen gilt in der Lernpsychologie als wichtige Teilkomponente der Intelligenz und als Voraussetzung für problemlösendes Lernen. Es beruht auf der Fähigkeit, Gemeinsames in Verschiedenem zu entdecken – ohne dessen Verschiedenheit zu leugnen – und dadurch Relationen und Regelhaftigkeiten im scheinbaren Chaos zu ermitteln (Oerter/Montada). Dem Lernpsychologen Jean Piaget zufolge prüfen Individuen ihre Wahrnehmungs- und Handlungskonzepte zunächst im Nahraum auf ihre Angemessenheit, entwickeln sie bereits weiter, um sie dann erst sukzessive, über trial and error, auf komplexere Kontexte zu übertragen. Über die Gemeinsamkeiten und Unterschiede der Demokratie als Lebens-, Gesellschafts- und Herrschaftsform sprechen zu können setzt also bereits übergreifende Kategorien voraus.

Übergänge von der Lebensform zur Herrschaftsform

Über den schwierigen Transfer von nahräumlich gewonnenen Erkenntnissen auf die politische Makrowelt wissen wir noch sehr wenig. Ich deute daher zum Schluss zentrale empirische Befunde meiner eigenen explorativen Untersuchung an (vgl. Petrik 2007). Dort habe ich die Lernprozesse dreier maximal kontrastierender SchülerInnen während einer Dorfgründungs-Simulation untersucht. Im Fokus meiner Auswertung stand die Entwicklung ihrer Konflikt- und Urteilskompetenz und der damit verbundenen politischen Identitätsbildung. Ich habe dabei das Kompetenzmodell von Behrmann, Grammes und Reinhardt (2004) zugrunde gelegt, erweitert und teilweise operationalisiert. In der Grafik sind die vier Lern-Niveaus des Modells auf der y-Achse eingezeichnet:

Schaubild: *Der idealtypische Lernweg von der Lebens – zur Herrschaftsform (Petrik 2007: 498)*

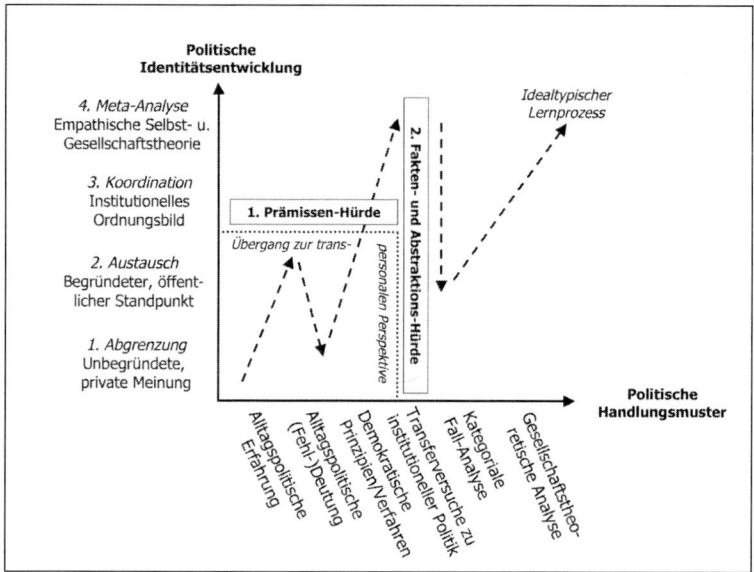

Die vier Niveaus markieren Wissensformen des politischen Bewusstseins, die nicht etwa streng altersabhängig durchlaufen werden. Lernen ist kein Prozess linearer Höherentwicklung, sondern wird durch Anwendungskontexte geprägt. Auch Erwachsene, die längst eine „objektive Perspektivenkoordination" beherrschen, betrachten politische Phänomene bei persönlicher Betroffenheit häufig aus einer rein privaten, egozentrischen Perspektive („mein Auto fährt auch ohne Wald"). Auf Stufe 1, der *Abgrenzung*, urteilt ein Mensch privat, personenbezogen und zumeist unbegründet. Zum Beispiel unter gleichgesinnten Familien- oder Cliquenmitgliedern genügt diese Darstellungsweise, um Anerkennung zu erlangen. Sie stößt an ihre Grenzen, wo Andersdenkende, Anderslebende und öffentliche Belange ins Spiel kommen. Auf Stufe 2, dem *Austausch*, beginnen Individuen nach Gründen zu suchen und beziehen fremde und öffentliche Interessen mit ein, um zumindest ein gegenseitiges Verständnis, einen „begründeten Dissens" zu ermöglichen. Auf Stufe 3, der *Koordination*, suchen sie demokratische Verfahren zur möglichst gerechten Vereinbarkeit der divergierenden Interessen, entwickeln ein „institutionelles Ordnungsbild". Auf Stufe 4, der *theoretischen (Selbst-)Reflexion*, können Lernende schließlich (vereinfachte) sozialwissenschaftliche Modelle heranziehen, die den demokratischen Koordinationsprozess erklären und kritisieren. Auf der x-Achse der Grafik sind Politikbezogene Handlungs- und Reflexionsformen aufgetragen, die von der Alltagserfahrung über die klassische Fallanalyse im Politikunterricht bis zur Beschäftigung mit Gesellschaftstheorien reichen.

Nahräumliche gesellschaftliche Konflikte (wie z.B. der Fall Kastanie oder die Dorfgründungs-Simulation) bilden fruchtbare Zugänge zum Politischen, wenn sie Deutungskrisen und Handlungsschwierigkeiten erzeugen, die SchülerInnen dazu verleiten, selbstständig und mit Lehrerhilfe nach elementaren demokratischen Prinzipien und Verfahren zu suchen. Diese Lernchance liegt darin begründet, dass in der Mikrowelt oder in der „Lebensform" Demokratie empirische Zusammenhänge, insbesondere die Macht- und Reichtumsverteilung, sinnlich zugänglich oder zumindest überschaubar sind. Statt sich also gleich mit einer komplexen Faktenlage (wie dem Konflikt um die Startbahnverlängerung der Hamburger Airbus-Werke) beschäftigen zu müssen, stehen viel schneller und unmittelbarer die verschiedenen Werteorientierungen und die demokratischen und undemokratischen Vermittlungsversuche der SchülerInnen selbst im Mittelpunkt der Auseinandersetzung. Der entstehende politische Rechtfertigungsdruck ermöglicht es ihnen, ihre eigene Haltung auf Argumente zu überprüfen, verborgene Prämissen, also Grundannahmen aufzuspüren und gegebenenfalls zu verändern, um schließlich zu ambiguitätstoleranten Positionen zu gelangen. Das nenne ich die *Überwindung der Prämissenhürde*.

Dieser Prozess wird, wie die idealtypischerweise zunächst sinkende Lernkurve der Grafik zeigt, zunächst Frust und undemokratische Machtkämpfe auslösen, weil liebgewonnene und identitätsstiftende Überzeugungen in Frage gestellt werden. Viele der sogenannten „Illusionen" über den Charakter der Politik und der Demokratie (vgl. Reinhardt 2005 u. Petrik 2007: 211ff.) können so jedoch von den SchülerInnen selbst als Hindernisse im kollektiven Prozess

enttarnt und nach und nach aufgegeben werden. Zu diesen „Fehlkonzepten"
gehören Haltungen wie: „Alle vernünftigen Menschen sind sich einig!" (Illusion
der Homogenität), „Ich kann machen, was ich will. Wir brauchen keine gemeinsamen Regelungen!" (Illusion der Autonomie), „Die Mehrheit hat immer
Recht!" (Illusion der Reduktion der Demokratie auf Mehrheitsentscheidungen)
oder „Ein Unternehmer *darf* keine Bäume fällen, um Tiefgaragen zu errichten!"
(Illusion der Identität von Moral und Recht). Insbesondere die zur Homogeni-
tätsillusion gehörende Fehleinschätzung, PolitikerInnen seien prinzipiell unfähig
oder unwillig zu Kompromissen, relativiert sich in nahräumlichen Auseinandersetzungen, die sich bereits als interessengespickt, kontrovers und langwierig
erweisen. So bilanziert eine SchülerIn:

> „Viele Menschen beschweren sich über die ewigen Tagungen der Politiker, doch wir sind
> mit 22 Leuten kaum zu Ergebnissen gekommen."

Die nahräumlich erlangten Kompetenzen müssen jedoch beim Übergang zu
transpersonalen Räumen erneut überprüft werden, um die komplexere Faktenlage zu klären. Das nenne ich die *Überwindung der Faktenhürde*. In der Dorfgründungs-Simulation fielen zahlreiche SchülerInnen zunächst wieder auf undemokratische und unbegründete Urteilsformen zurück, sobald sie ihre Dorf-
Erkenntnisse auf bundespolitische Konflikte übertragen sollten. Diese zweite
Prüfung der eigenen Kompetenzen verleitet die SchülerInnen nicht zwangsläufig dazu, ihre zuvor gewonnenen oder stabilisierten politischen Positionen inhaltlich zu verändern, sondern primär dazu, sie auf ein neues Argumentationsni-
veau zu heben.

Die Brückenfunktion von Elementarphänomenen besteht in ihrer Flexibili-
tät – darin, dass sie gleichzeitig *kontextübergreifend* und *kontextvariabel* sind.
Sie reichen in den nahräumlichen Fall hinein und werden durch die Grenzen
ihres *zu einfach gedachten* Transfers auf die Herrschaftsform relativiert und
erweitert. Je erfolgreicher die Anwendung noch relativ neuer mikropolitischer
Kompetenzen auf die komplexere Makrowelt verläuft, umso eher dürften sie
angenommen und in den persönlichen Denkfundus aufgenommen werden. Die
Klärung des politischen Selbst im Nahraum kann somit eine zunehmende Ur-
teilssicherheit gegenüber institutioneller Politik befördern.

Fazit: Politisch Demokratie lernen

Der Einsicht in demokratische Werte, Normen und Verfahren sollte die Erfahrung und politische Analyse der nahräumlichen Prozesse der Machtbildung
vorangehen, damit SchülerInnen aus eigener bewusstgewordener vordemokrati-
scher Erfahrung heraus selbst auf Toleranz und Anerkennung beruhende Ver-

fahren als notwendiges Regulativ einfordern können. Bleibt diese Phase aus, so kann die Komplexität demokratischer Prozesse und Institutionen frustrierend undeutlich bleiben, wie der Fall Kastanie zeigt. Es bliebe im Dunkeln, wieso Demokratie als Herrschaftsform so und nicht anders konzipiert wurde und wie man sie weiterentwickeln könnte und sollte.

Die erweiterte Konsensformel für den demokratiepädagogischen Bildungsauftrag könnte also lauten „Demokratisch Politik lernen" (Sutor). Politik wäre damit die „Klammer" um die Handlungsbereiche Lebenswelt, Gesellschaft und Institution. Um jedoch tatsächlich Demokratie als konsensuelles Ziel zu verdeutlichen und politisch-kontroverse Auseinandersetzungen als Weg dorthin, schlage ich die umgekehrte Formel vor: *Politisch Demokratie lernen*. Damit wird der Begriff des Politischen, im Unterschied zur vorherrschenden demokratiepädagogischen und politikdidaktischen Auffassung, auch für nahräumliche gesellschaftliche Zusammenhänge zentral.

Literatur

Abs, Hermann Josef/ Diedrich, Martina/ Klieme, Eckhard (2004): Evaluation des BLK-Modellprogramms Demokratie lernen und leben. In: Dipf informiert 6/2004. 2-6

Behrmann, Günter C./Grammes, Tilman/Reinhardt, Sibylle (2004): Politik: Kern-Curriculum. Sozialwissenschaften in der gymnasialen Oberstufe. In: Tenorth, H.-H. (2004): 322-406

Beutel, Wolfgang/Lokies, Ingo: Einmischen als Bürgertugend – Der Fall Kastanie. In: Beutel, W./ Fauser, P. (Hrsg.) (2001): 169-175

Beutel, Wolfgang/ Fauser, Peter (Hrsg.) (2001): Erfahrene Demokratie. Wie Politik praktisch gelehrt werden kann. Opladen: Leske und Budrich

Beutel, Wolfgang/ Fauser, Peter: Demokratie als Thema und Aufgabe der Schulentwicklung. In: Himmelmann, G./Lange, D. (2005): 227-244

Breit, Gotthard: Demokratiepädagogik und Politikdidaktik – Gemeinsamkeiten und Unterschiede. In: Weißeno, G.(2005): 43-61

Breit, Gotthard/ Schiele, Siegfried (Hrsg.) (2004): Demokratie braucht politische Bildung. Schwalbach/Ts.: Wochenschau

Dewey, John: Demokratie und Erziehung (1964). Eine Einleitung in die philosophische Pädagogik. Nachdruck der dritten Aufl. Braunschweig, Westermann. Weinheim/Basel: Beltz 1993 (1916)

Edelstein, Wolfgang/ Fauser, Peter: Demokratie lernen und leben. Gutachten zum Programm. Materialien zur Bildungsplanung und Forschungsförderung. Heft 96.

Himmelmann, Gerhard (2004): Demokratie-Lernen: Was? Warum? Wozu? Beiträge zur Demokratiepädagogik. Berlin www.blk-demokratie.de/materialien/beitraege-zur-demokratie paedagogik/himmelmann-gerhard-2004-demokratie-lernen-was-warum-wozu.html; 3.8.2008

Himmelmann, Gerhard/ Lange, Dirk (Hrsg.) (2005): Demokratiekompetenz. Beiträge aus Politikwissenschaft, Pädagogik und politischer Bildung. Wiesbaden: Verlag für Sozialwissenschaften

Oelkers, Jürgen: Demokratie und Bildung: Über die Zukunft eines Problems. Antrittsvorlesung in der Uni Zürich am 22.11.1999. www.paed.unizh.ch/ap/downloads/oelkers/Publikationen /Antrittsvorlesung.pdf; 17.12.05

Petrik, Andreas (2006): Schwimmbad oder Einkaufszentrum? Schüler simulieren einen lokalpoliti-schen Entscheidungsprozess. In: Praxis Politik 4/2006. 14-19

Petrik, Andreas (2007): Von den Schwierigkeiten, ein politischer Mensch zu werden. Konzept und Praxis einer genetischen Politikdidaktik. Studien zur Bildungsgangforschung Bd. 13. Opla-den/Farmington Hills: Barbara Budrich

Petrik, Andreas (2009 i.V.): Regiebuch zum Lehrstück Dorfgründung. Ein praxiserprobtes Simulati-onsspiel zur Einführung in das demokratische und wirtschaftliche System, politisches Argu-mentieren und Debattieren sowie politische Theorien. Für Sek. I u. Sek. II. Schwalbach/Ts.: Wochenschau

Reinhardt, Sibylle: Fehlverstehen und Fehler verstehen: Aus Fehlern lernen ist aktives Lernen. In: Himmelmann, G./Lange, D. (2005): 129-140

Spranger, Eduard (1963): Gedanken zur staatsbürgerlichen Erziehung. Erw. Ausg. Bochum: Kamp

Tenorth, Heinz-Helmar (Hrsg.) (2004): Kerncurriculum Oberstufe II: Biologie, Chemie, Physik – Geschichte, Politik. Weinheim/Basel: Beltz

Weißeno, Georg (Hrsg.) (2005): Politik besser verstehen. Neue Wege in der politischen Bildung. Wiesbaden: Verlag für Sozialwissenschaften

Möglichkeiten der Entdeckung von Demokratie bei Kindern

Bernhard Ohlmeier

1. Kinder auf dem Weg zur demokratischen politischen Kultur

Die Vermittlung der Demokratie als das zentrale Anliegen der politischen Bildung in einer demokratischen Gesellschaft verspielt ein reichhaltiges Potenzial, wenn sie sich allein auf das Jugend- und das Erwachsenenalter in seinen verschiedenen Phasen beschränkt. Man mag zwar gegenwärtig noch auf Skepsis bei einem Teil der Pädagogen und Lehrer/innen bezüglich der „Kindgemäßheit" politisch-demokratischen Lernens stoßen, doch wird in der Fachdidaktik mittlerweile übereinstimmend davon ausgegangen, dass Kinder und Politik bereits viel miteinander zu tun haben.

Empirische Erhebungen aus der Lebenswelt von Grundschulkindern weisen zum Beispiel darauf hin, dass diese bereits auf Politik bezogene Wahrnehmungs- und Verarbeitungsmuster, politisch-demokratische Bewusstseinsstrukturen in Vorformen und ersten Ausprägungen sowie politisch relevante Persönlichkeitsmerkmale, Orientierungen und Handlungskompetenzen entwickelt bzw. ausgebildet haben, die insgesamt als Schritte auf dem Weg zur politischen Kultur verstanden werden können (vgl. Ohlmeier 2006: 15 f.). Ebenso zeigen die Ergebnisse der empirischen Studie „Kinder und Politik", dass Kinder zu Beginn ihrer Schulzeit bereits über konsistente politische Orientierungen verfügen und das Niveau ihrer Themenkompetenz, ihres politischen Wissens sowie der unterstützten Werte und Normen bis zum Ende der ersten Jahrgangsstufe deutlich zu steigern vermögen (siehe im Einzelnen van Deth/Abendschön/Rathke/Vollmar 2007 sowie den Beitrag von van Deth in diesem Band).

Es macht daher Sinn, Kinder nicht nur im Hinblick auf ihr zukünftiges Dasein als erwachsene Staatsbürger zu betrachten, sondern bereits in ihrer Grundschulzeit als vollwertige Mitglieder der jetzigen Gesellschaft mit eigenen Interessen sowie politisch relevanten Orientierungen wahrzunehmen und in ihrer politisch-demokratischen Sozialisation zu unterstützen. Nicht zuletzt wird auch in der Kinderrechtskonvention der Vereinten Nationen (Übereinkommen über die Rechte des Kindes 1989) sowie von Seiten der Europäischen Union (Europäisches Forum für die Rechte des Kindes 2007) die politische Mitbestimmung von Kindern und Jugendlichen ausdrücklich gefordert. Für die demokratische politische Kultur ist diese Perspektive auf Kinder außerordentlich wichtig, insbesondere angesichts der treffenden Charakterisierungen der politisch-anthropologischen Ausgangslage, dass niemand als Demokrat geboren wird (Schiele 1996), der mündige Bürger nicht vom Himmel fällt (Eschenburg 1985) und Demokratie sich nicht naturwüchsig ergibt (Habermas 1992).

Dieser dynamischen Sichtweise des gleichzeitigen Hineinwachsens in die politische Kultur sowie des Mitgestaltens einer demokratischen politischen Kultur entspricht in der allgemeinen Sozialisationstheorie das *interaktive Modell des produktiv realitätsverarbeitenden Subjekts*, nach dem sich die Persönlichkeitsentwicklung in ständiger Abhängigkeit von und Auseinandersetzung mit der gesellschaftlich vermittelten, sozialen und dinglich-materiellen Umwelt vollzieht (Hurrelmann 2006: 9 f.). Sozialisationsinstanzen dienen dabei als Erschließer der äußeren Wirklichkeit und stellen so die intermediäre Verbindung zwischen Individuum und soziopolitischem System her. Als Subjekte der politischen Sozialisation befinden sich Kinder in einem fortlaufenden Prozess der produktiven Verarbeitung ihrer inneren und äußeren Realität, wobei die Ergebnisse dieser Verarbeitung wiederum auf die politisch-gesellschaftliche Umwelt zurückwirken. Das Modell bevorzugt eine handlungstheoretische Perspektive, die vor allem die interaktiven und kommunikativen Bezüge des Individuums zur gesellschaftlich-sozialen Umwelt fokussiert und den Sozialisationsprozess im Hinblick auf Entwicklung und Ausbildung von Handlungskompetenzen interpretiert.

Es verbietet sich daher, demokratische Sozialisation als reines Übertragungsgeschehen zu verstehen. Zutreffender ist es, den Weg der Kinder zur demokratischen politischen Kultur als einen eigenaktiven und in hohem Maße selbst gesteuerten Prozess zu begreifen. Dieser umfasst die Aneignung und Internalisierung politischer Orientierungen sowie die Entwicklung und Ausbildung von politischen Urteils- und Handlungskompetenzen. Realistisch eingeschätzt führt eine demokratisch-politische Sozialisation bei Kindern jedoch noch nicht zu einem Entwicklungsstand, der sich mit den gängigen Bürgertypen des politisch Desinteressierten, des reflektierten Zuschauers, des interventionsfähigen Bürgers oder des politischen Aktivbürgers (Detjen 2007: 222 f.) kategorisch beschreiben ließe. Denn mit dem Ende der Kindheit ist die Ausbildung der politisch relevanten kognitiven und prozeduralen Kompetenzen sowie habituellen Dispositionen natürlich keineswegs abgeschlossen. Umbrüche und Neuorientierungen in der personalen Entwicklung, die sowohl im Übergang zur Jugendphase als auch in dieser selbst noch in hohem Maße stattfinden, verdichten sich erst langsam zu einer lebensgeschichtlich integrierten Identität, die sich auch in einem abgrenzbaren politischen Selbstverständnis abbilden lässt. Dessen ungeachtet darf sich die politische Bildung auch im Hinblick auf Kinder im Sinne einer regulativen Idee ihrer Tätigkeit durchaus an der Zielvorstellung des demokratiekompetenten Bürgers orientieren, ohne das enthusiastisch-idealistische Bürgerleitbild der politischen Pädagogik in den 1950-iger und 1960-iger Jahren oder das Leitbild des politischen Aktivisten der emanzipatorischen politischen Bildung der 1970-er Jahre (vgl. ebd.: 215 f.) neu heraufzubeschwören. Denn es spricht nichts dagegen, dass bereits auch Kinder in die Rolle eines politisch-sozialen Aktivbürgers hineinwachsen. Dieser wird in den überschaubaren Bereichen von Nachbarschaft, Gemeinde, Schule, Verein, Kirche und Religionsgemeinschaft etc. im besten Sinne des Wortes bürgerschaftlich tätig, indem er in Form von Dialogbereitschaft, Gemeinsinn, Hilfsbereitschaft, Übernahme von Ehrenämtern, Selbstorganisation und Selbsthilfe etc. soziale Aufgaben verantwortlich übernimmt und damit insgesamt die demokratische Bürger- und Zivilgesellschaft stützt.

Dem entsprechend sowie vor dem Hintergrund, dass soziale Sachverhalte in einer demokratischen Bürger- und Zivilgesellschaft jederzeit politisch relevant werden können, lässt sich das potenzielle Spektrum demokratischer Sozialisation von Kindern mit Hilfe der *Unterscheidung eines weiteren und engeren Bereichs von Politik* aufzeigen. So wird in einem weiteren Sinne das Soziale vor allem dann politisch, wenn das Miteinander der Menschen als solches zum Problem wird, dessen Lösung spezifische Anstrengungen erfordert (Sutor/Detjen 2001: 29). Liegt eine hauptsächlich politische Zwecksetzung eines sozialen Gebildes vor, erweitern sich Rahmen und Anspruchscharakter der sozialen Problembewältigung. Daher versteht man unter Politik im engeren Sinne ein Handeln, „in dem es nicht mehr um Bewältigung konkreter Situationen bestimmter Gruppen geht, sondern um die Regelung der allgemeinen Verhältnisse beliebiger Personen und Gruppen, das heißt um die Ermöglichung des Zusammenlebens einer Gesellschaft und um die Bestimmung ihres Verhältnisses zu anderen Gesellschaften" (Sutor 1984/I: 63). Politisches Handeln im engeren Sinne hat demnach gesamtgesellschaftlich verbindliche Regelungen bzw. die „Herbeiführung von verbindlichen Entscheidungen über die Ordnung des menschlichen Zusammenlebens" (Grosser 1977: 62) zum Gegenstand. Vorauszusetzen ist allerdings, dass nicht alles Gesellschaftliche politisierbar ist und damit zwangsläufig zu einem im engeren Sinne politischen Problem gemacht wird, da auch eine Begrenzung und Eingrenzung der polischen Sphäre als Garant für die Erhaltung individueller Freiräume, insbesondere in Bereichen ohne und mit geringem sozialen Konfliktpotential, ein Wesensmerkmal von Politik überhaupt darstellt. Somit können einerseits die gesellschaftlichen Wurzeln von Politik in der Lebenswelt von Kindern in die Beschreibung ihrer politischen Sozialisation miteinbezogen werden, während andererseits ein definitorischer Kernbestand des Politikbegriffs bestehen bleibt. Aus diesen Überlegungen lässt sich ableiten, dass ein Großteil der Orientierungen und Handlungen von Kindern dem Bereich „latenter" Politik als der weniger sichtbare Bereich „ruhender" Politik im Unterschied zu eigentlicher „manifester" Politik als Bereich sichtbarer und offenbarer Politik (Rohe 1986: 351-353 sowie Dörner/Rohe 2000: 487) zuzuordnen ist.

Analog können nun in diesem Verständnishorizont auch *demokratische Sozialisationsprozesse* von Kindern als *politisch im engeren Sinne* und als *politisch relevant im weiteren Sinne* bezeichnet werden, wobei in der Realität von fließenden Übergängen zwischen beiden Bereichen auszugehen ist. In normativer Absicht bietet es sich darüber hinaus an, politisch-demokratische Sozialisation mit dem Begriff der *demokratischen Politisierung* gleichzusetzen. Denn unabhängig von seiner schillernden Verwendung im Alltag spricht für die Orientierung am Begriff Politisierung, dass in ihm die Grundprobleme der Politik im Sinne der Ermöglichung eines guten und würdevollen (Über-)Lebens als öffentliche Angelegenheit sowie grundlegende Kernmerkmale politischer Sozialisation aufgehoben und mit zentralen Charakteristika der Entgrenzung von Politik bereits verbunden sind (vgl. Claußen 1996: 15 f.). Unter einer didaktischen Zielperspektive lässt sich demokratische Sozialisation schließlich auch als *Demokratie-Lernen* verstehen, das sich nach Himmelmann (2001/2005) als *Lebens-, Gesellschafts- und als Herrschaftsform* entfaltet. Die kindliche sowie jugendliche Entwicklung und Aneignung demokratischer Kompetenzen auf dem Weg zur Bürger- und Zivilgesellschaft beziehen sich dementsprechend auf Ich-Kompetenzen, soziale Kompetenzen und politisch-demokratische Kompetenzen, die in Form von „Selbst"-Lernen, sozialem Lernen und Politik-Lernen erworben werden.

Auf der Basis des von Hurrelmann konstruierten interaktiven Sozialisationsmodells des produktiv realitätsverarbeitenden Subjekts liefert folgende Matrix eine synoptische Darstellung des Spektrums an Möglichkeiten für Kinder, auf ihrem Weg zur politischen Kultur (Elemente, Aspekte, Merkmale, Prinzipien etc. von) Demokratie zu entdecken.[1]

---

1 Auf detaillierte Erläuterungen zu den einzelnen Matrixsegmenten wird hier verzichtet. Diesbezüglich sei auf die „Politisierungs-Matrix" in Ohlmeier 2006, 119-121, sowie in Ohlmeier 2007, 60-63, verwiesen.

Matrix: *Spektrum an Möglichkeiten für Kinder auf ihrem Weg zur politischen Kultur*

Kinder auf dem Weg zur demokratischen politischen Kultur Demokratische politische Sozialisation Demokratie Lernen als Lebens-, Gesellschafts- und Herrschaftsform	Innenperspektive Demokratische/s Handlungsdispositionen/Bewusstsein (Wahrnehmungen, Vorstellungen, Orientierungen); Anteilnahme und Teilhabe an der demokratischen politischen Kultur	Außenperspektive Demokratische Handlungskompetenzen; Kulturschaffen und politische Gestaltung; Partizipation und Teilnahme an der demokratischen politischen Kultur	
bezogen auf **Politik im weiteren Sinne**			Demokratische Politisierung
bezogen auf **Politik im engeren Sinne**			

→ Demokratische Politisierung →

Wenn demnach Kinder offensichtlich bereits ab dem Grundschulalter für politisches und demokratisches Lernen empfänglich sind, dann sollte mit der „Politischen Bildung" im Sinne des „Demokratie-Lernen" auch so früh wie möglich – also „von Anfang an" – begonnen werden (vgl. Richter 2007). Es gilt mithin die Chancen und Potenziale zu nutzen, die das Kindesalter zum Erlernen von Demokratie bereithält. Dazu zählen vor allem die anthropologischen Voraussetzungen bei Kindern – wie zum Beispiel soziale Offenheit und Neugierde sowie das Bedürfnis nach Spiel, Aktivität und Erforschen der Umwelt –, die sich u.a. in den Prinzipien einer kindgemäßen Unterrichtsgestaltung, beispielsweise als „Handlungsorientierung" und „Entdeckendes Lernen", wiederfinden und bewährt haben.

Trotz dieses Plädoyers für eine politische Bildung im Kindesalter geht es nicht darum, überzogene Erwartungen zu schüren, denn die Möglichkeiten, mit gezielten Maßnahmen politisch-demokratische Lernprozesse dauerhaft zu beein-flussen, sind beschränkt. *„It takes a village to raise a child"* (Sprichwort, wahr-scheinlich afrikanischen Ursprungs). Demnach liegt Demokratiekompetenz als Ziel der politischen Bildung auch nicht im Aufgabenbereich einer bildungsrele-vanten Institution, sondern erwächst aus dem Zusammenwirken verschiedenster politisch relevanter Sozialisationsinstanzen. Neben Familie, Schule, informellen Gleichaltrigengruppen bzw. Peers, Massenmedien sowie neuen Informations- und Kommunikationstechnologien als zentrale Instanzen zählen dazu auch Kin-derhorte und Kinderfreizeitstätten, Einrichtungen außerschulischer Bildungsstät-ten für Kinder, Vereine, politische Verbände und Religionsgemeinschaften bzw. Kirchen etc. als sekundäre und tertiäre Instanzen. Darüber hinaus lassen sich politisch-ökonomische Rahmenbedingungen und individuelle wirtschaftliche Lage, Konsum- und Freizeitwelt, regionale Lebenswelt, Minoritätenstatus sowie Krisen, Gefährdungen und Katastrophen der Risikogesellschaft als flankierende Instanzen begreifen. Ferner können auch auf Kinder und Jugendliche ausgerich-tete Veranstaltungen politischer Parteien, politischer Interessensverbände/-orga-nisationen und politischer Bewegungen wie Kinderforen, Kinderparlamente, Kinderfeste, Demonstrationen etc. Bezugspunkte, Betätigungsfelder, Projekti-onsflächen und Stimulanzen der politischen Sozialisation darstellen (siehe ge-nauer in Ohlmeier 2006: 125).

2. Entdeckung der Demokratie im Rahmen von „demokratischen Lernkulturen"

In pädagogischen Kontexten haben sich im Laufe der Zeit methodisch struktu-rierte Konzepte demokratischer Kommunikation und Interaktion zwischen Kin-dern und verantwortlichen Erwachsenen entwickelt, die im Folgenden unter dem Begriff *„Demokratische Lernkulturen"* subsumiert werden. Im Kontext von Schule zählen dazu zum Beispiel „Stuhlkreisgespräche", „Meckerecke", „Klassensprecherwahl", „Klassenrat", „Klassenkonferenz", „Lehrer-Schüler-Konferenz", der „Große Kreis", „Schulparlament", „Streitschlichtung/Mediati-on", „Schülergerichte", „Just-Community-" und „Polis-"Konzepte im Schulpro-fil, Modelle der Schülervertretung/-mitverwaltung sowie weitere Formen der Selbst- und Mitregierung von Schülerinnen und Schülern. Außerhalb des öffent-lichen Schulwesens findet man Ausprägungen demokratischer Lernkulturen beispielsweise in Form von „Familienkonferenzen", im Rahmen von „Spielstäd-ten" und in den so genannten „Kinderrepubliken", die eine demokratische Re-publik, den Staat oder die sich selbstregierende Stadt zum Vorbild haben (bei-spielhaft hierfür die „Junior Republic", die „Ford Republic", das „Little Commonwealth", das „Q-Camp", „Summerhill", das Kinderheim Baumgarten, „Boys Town", „Bemposta" u.a.)[2]. Gemeinsam sind diesen Lernkulturen die Zielintentionen des Demokratie-Lernens in einer vorwiegend handlungsorientierten Ausrichtung. Im Vordergrund stehen eine methodisch geleitete Praktizierung von demokratischen Verfahrensweisen bei der Bearbeitung von sozialen Problemlagen und Konflikten, eine demokratische Willens- und Entscheidungsbildung sowie eine kontrollierte Verantwortung von gemeinsam gefällten Beschlüssen, die insgesamt die Partizipation der Kinder sowohl im gemeinsamen Zusammenleben, mit und ohne pädagogisch verantwortliche Autoritätspersonen, als auch an institutionellen Abläufen stärken und erweitern. Dabei kommen insbesondere demokratische Gesprächs- und Verhandlungsformen, aber auch Abstimmungs- und Wahlverfahren zur Geltung, die den Kindern die Möglichkeit bieten, Demokratie unmittelbar, das heißt in „face to face-Beziehungen" bzw. auf der Ebene der Lebensform, auszuprobieren, zu reflektieren und weiterzuentwickeln. In diesem Sinne lässt sich Demokratie von Kindern in Angelegenheiten, die sie selbst unmittelbar betreffen, erfahren und „entdecken", wobei die allseits beklagte Trennung von Leben und Lernen zugunsten eines ganzheitlich miteinander verwobenen Lebens- und Lernraumes aufgehoben ist.

3. Entdeckung der Demokratie am Beispiel der Klassenkonferenz

Der Begriff der Klassenkonferenz bezieht sich hier nicht auf das Gremium der in einer Klasse unterrichtenden Lehrer/innen, sondern auf die Zusammenkunft der Schülerinnen und Schüler einer Klasse einschließlich ihrer leitenden Lehrkraft, die gemeinsam in Form einer Konferenz über ihre klassenbezogenen Anliegen, Probleme und Vorhaben beraten und entscheiden.

Anknüpfend an gängige Verlaufsstrukturen im politischen Unterricht (z. B. nach Grosser 1977: 103: „Problem – Problemanalyse – Lösungsmöglichkeiten – Bewertung – Konsequenzen") lässt sich die Klassekonferenz im Kern durch folgende Artikulationsschritte kennzeichnen:

- *Artikulation eines Anliegens/Problems/Vorhabens*
- *Verschiedene Meinungen/Standpunkte zu dem Anliegen/Problem/Vorhaben*
- *Vorschläge/Lösungen für das Anliegen/Problem/Vorhaben*
- *Entscheidung/Abstimmung über die Lösungsvorschläge*
- *Aufschreiben und Ausführen der Beschlüsse.*

---

2 Ausführlichere Hinweise zu den ausgewählten Lernkulturen siehe in Ohlmeier 2006: 216 f.

Eine Erweiterung erfährt das Kerngerüst der Klassenkonferenz durch Vorschaltung der so genannten *positiven Runde*, die aus dem Konzept des Klassenrates entlehnt wurde und den Schülerinnen und Schülern die Gelegenheit bietet, positive Erfahrungen aus dem schulalltäglichen Zusammenleben im Plenum des Klassenverbandes zu artikulieren. Sie dient zum einen der Vorbereitung und Einstimmung in die Konferenz und trägt zum anderen dem kindlichen Bedürfnis und Interesse nach Wahrnehmung, Wertschätzung und Anerkennung seiner (auch sozialen) Leistungen, nach Ermutigung und sozialer Beziehungspflege sowie nach gelungener Interaktion und Kommunikation Rechnung. Gerade weil im Rahmen von Klassenkonferenzen vorwiegend Streitigkeiten, Konflikte und Probleme thematisiert werden, „setzen die positiven Runden Gegenakzente und verdeutlichen den Kindern, was alles im Unterricht, in der Schulklasse und unter den Gleichaltrigen in Ordnung ist" (Kiper 1999: 47). Diese Betonung von positiven Erfahrungen wird mit dem Standardsatz „Ich finde gut, dass ..." eingeleitet, wobei die standardmäßige Rückfrage des betreffenden Kindes „Wer findet das auch?" den anderen Schülerinnen und Schülern die Möglichkeit eröffnet, ihre jeweiligen Sichtweisen zu den angesprochenen Ereignissen kund zu tun. So entsteht ein transparentes wie auch differenziertes Meinungsbild zu den positiven Äußerungen, das grundsätzlich auch Abweichungen zu den jeweiligen subjektiven Einschätzungen zulässt.

Vor dem eigentlichen Beginn der Klassenkonferenz ist nach der positiven Runde zudem eine *Überprüfung vorheriger Beschlüsse* durchzuführen, die sich auf die Umsetzung bereits beschlossener Lösungen vorheriger Konferenzen bezieht und mit den Standardfragen „Hat es geklappt?", „Wollen wir es weiter ausprobieren?" und gegebenenfalls „Wie wollen wir es weiter ausprobieren?" eingeleitet wird. Haben sich die vormals gefassten Beschlüsse nicht zufriedenstellend umsetzen lassen, so können sie in der nachfolgenden Konferenz erneut thematisiert und gegebenenfalls durch neue Lösungen ersetzt werden.

Die Klassenkonferenz beginnt nun mit dem Ziehen und Vorlesen einer neuen *schriftlichen Eingabe* aus dem so genannten *Klassenkonferenzpostkasten*. Grundsätzlich besteht für die Kinder im Schulalltag die Möglichkeit ihre *Anliegen*, *Probleme* und *Vorhaben* auf einem Zettel schriftlich zu fixieren, jeweils mit Name, Datum und Unterschrift zu versehen, um eine eindeutige Zuordnung zu gewährleisten, und im Konferenzpostkasten zu deponieren. Bis zur Einberufung der nächsten Klassenkonferenz, die idealer Weise einmal wöchentlich stattfindet, sind die speziellen Anliegen, Probleme und Vorhaben der Schüler/innen somit „aufgehoben" und verweilen dort eine Zeit lang bis zu ihrer Verhandlung. Diese Vorgehensweise macht insofern Sinn, als es der Schulalltag in der Regel nicht zulässt, Anliegen der Kinder ad hoc aufzugreifen und zu thematisieren. Darüber hinaus kann es bei Streitigkeiten und Konflikten von

Vorteil sein, das Vorgefallene zunächst einmal ruhen zu lassen, bis sich die emotionalen Wogen geglättet haben, und bis zur nächsten Konferenz aufzuschieben.

Auf der Stufe der *verschiedenen Meinungen* erhalten zunächst die von dem artikulierten Sachverhalt unmittelbar betroffenen bzw. die an einem thematisierten Vorfall beteiligten Kinder die Gelegenheit sich zur Eingabe zu äußern. Anschließend sind die übrigen Schülerinnen und Schüler aufgefordert, ihre Sichtweisen und Standpunkte in die Diskussion mit einzubringen. Zur Vermeidung eines unproduktiven Schlagabtauschs bei Streitigkeiten im Sinne von „Behauptungsverfestigungen" („Doch, das war so!" – „Nein, das war nicht so!") ist hier seitens der Lehrkraft gegebenenfalls der Impuls angebracht, dass sich die Kinder in die Situation der Betroffenen und Beteiligten hinein versetzen sollen, wodurch tendenziell einfühlsamere Perspektivenübernahme ermöglicht werden und damit auch die Suche nach sozialverträglichen Lösungen vorbereitet wird. An dieser Stelle der Klassenkonferenz findet in der Regel ein Wechsel von zurückblickenden Äußerungen (Konfliktbeschreibung, Klärung und Bewertung des Vorgefallenen, Einbezug des situativen Kontextes etc.) zu vorausblickenden und lösungsorientierten Überlegungen statt.

Im nächsten Verhandlungsschritt begeben sich nun alle Schülerinnen und Schüler – wenn notwendig unter bewusstem Loslassen von der Fixierung auf das, was vorgefallen ist – auf die Suche nach *Lösungsvorschlägen*, die in geeigneter Formulierung an der Tafel fixiert werden. Hier sind mitunter sozialkreative Ideen gefragt, die jedoch auch realisierbar sein müssen. In der nachfolgenden *Diskussion der Lösungsvorschläge* werden die jeweiligen Vor- und Nachteile der anvisierten Lösungen kritisch reflektiert, gegebenenfalls modifiziert oder wieder ganz fallen gelassen.

Sind alternativ formulierte und realisierbare Lösungsvorschläge an der Tafel geordnet, *entscheiden* schließlich die Kinder in der Regel durch mehrheitliche *Abstimmung*, welche Lösung zur Geltung kommen soll. Zur Vermeidung von inhumanen „Bestrafungsaktionen" bei Streitigkeiten zwischen Schülerinnen und Schülern sollte die verantwortliche Lehrkraft hier gegebenenfalls den Schutz der unterlegenen Minderheit garantieren, der sich allerdings auch in Form eines ausgewählten Gremiums von Kindern mit der Befugnis von „Veto-Rechten" einrichten ließe.

Abschließend wird der verbindliche *Beschluss* der Konferenz im so genannten *Klassenkonferenz-Buch* niedergeschrieben, das jederzeit von allen Kindern – unter anderem auch zur Kontrolle der gefassten Beschlüsse – „öffentlich" eingesehen werden kann.

Mit der Durchführung von Klassenkonferenzen ist darüber hinaus die Vergabe von diversen *Diensten* bzw. *Ämtern* verbunden. Diese betreffen zum Beispiel das Vorlesen der Eingaben, die Moderation des Verfahrens (Diskussions-leitung, Beachtung der Artikulationsschritte), das Führen eines Protokolls, die Tafelanschrift, die Niederschrift ins Klassenkonferenzbuch etc.. Je nach Situation ist die Ämtervergabe dabei flexibel oder nach festgelegten Kriterien zu handhaben.

Die Klassenkonferenz verwirklicht sich in der Regel im Durchlauf des hier vorgestellten Artikulationsschemas, der jedoch nicht unbedingt vollständig erfolgen muss. Unverzichtbar bleiben jedoch die zentralen Kernelemente, die gewissermaßen das Grundgerüst des Verfahrens bilden und durchzuarbeiten sind, wenn es zu einer diskursiv fundierten und demokratischen Abstimmung kommen soll.

Im Unterschied zum konsensorientierten Verfahren der Konfliktlösung im Klassenrat orientiert sich die Klassenkonferenz insgesamt stärker an Merkmals-kriterien einer *demokratischen Streitkultur* (Dissens, kontroverse Meinungs- und Interessenbildung, mehrheitliche Abstimmung über Lösungsvorschläge etc.). Vor allem durch die angestrebte Abstimmung über vorgeschlagene und zur Diskussion gestellte Lösungsvorschläge gewinnt sie zudem ein über den Klassenrat hinaus gehendes kontroverseres und konfliktorischeres Verlaufsprofil. So können verbindliche Entscheidungen in der Klassenkonferenz nicht nur im allgemeinen Konsens, sondern auch im Dissens mit der Abstimmungsminderheit gefällt werden.

Die Lernerfahrungen, die Kinder in der Klassenkonferenz auf der Ebene der Lebensform machen können, sind insbesondere im Rahmen von metakommunikativen Reflexionen zu zeitnah durchgeführten Konferenzen anschlussfähig für politisch-demokratisches Lernen. Dabei kann es nicht darum gehen, das mikrosoziologisch erfahrene, konferenzorientierte Verhandlungsverfahren unreflektiert auf makrosoziologische Zusammenhänge zu übertragen („Parallelisierungsfalle"), sondern die Prinzipien und Verfahren der Demokratie auf der Ebene der Gesellschafts- und der Herrschaftsform kontrastiv zur Lebensform in ihrer Andersartigkeit, Abstraktheit und systembedingten Komplexität aufzuzeigen. Dies wird bei Kindern in der Regel nur teilweise und in Ansätzen möglich sein. Die Klassenkonferenz stellt mithin kein „politisches Verfahren im Kleinen" dar und führt auch nicht unmittelbar zum Verständnis politischer Sachverhalte, Prozesse und Problemzusammenhänge. Jedoch ermöglicht sie den Kindern die Ausbildung von sozialen Handlungskompetenzen, die für eine politische Demokratie auf bürger- und zivilgesellschaftlicher Grundlage letztlich unverzichtbar sind.[3]

---

3 Siehe hierzu die ausführliche qualitative Studie von Ohlmeier 2006 zur Arbeit mit Klassenkonfe-renzen, die insbesondere auf die Institutionalisierung einer demokratischen Streitkultur in der Grundschule abzielt.

Bernhard Ohlmeier

Die nachfolgend idealtypisch entfalteten Hefteinträge dokumentieren exemplarisch, wie sich die Einführung von Klassenkonferenzen in der dritten/vierten Jahrgangsstufe der Grundschule durch schriftliche Fixierungen seitens der Schüler/innen begleiten lässt. Die Auflistung der Verlaufsstruktur dient insbesondere der Vergegenwärtigung und Verinnerlichung des Verfahrens. Dabei ist zu beachten, dass die vorgeschlagenen Formulierungen lediglich Anhaltspunkte zu einer möglichst eigenaktiven und selbständigen Erarbeitung der Sachverhalte durch die Kinder – mit gegebenenfalls entsprechend modifizierten Formulierungen – darstellen. Der erste Hefteintrag dient der vorbereitenden Hinführung zur komplexen Methode der Klassenkonferenz, die anschließend in einem zweiten Eintrag vorgestellt wird. Haben die Schülerinnen und Schüler das Artikulationsschema als Ganzes bereits mehrmals „durchgespielt" und eine differenzierte Erfahrungsgrundlage im Umgang mit der Klassenkonferenz gewonnen, lässt sich das Beteiligungspotenzial der Kinder in Form von metatheoretischen Reflexionen stärken, wie sie im dritten Hefteintrag zum Ausdruck kommen.

1. Hefteintrag

<u>Wie können wir in unserer Klasse Probleme gemeinsam lösen?</u>

Zunächst erstellen wir eine Liste vorhandener Probleme in der Klasse.
Dann wählen wir ein Problem aus, das dringend gelöst werden muss.
Ein Kind beschreibt und erläutert das Problem.
Anschließend äußern sich die Kinder, die von dem Problem betroffen bzw. an ihm beteiligt sind.
Nun können auch andere Kinder ihre Meinungen zur Sachlage beisteuern.
Schließlich suchen wir gemeinsam nach Lösungen.
Falls es möglich ist, können wir über die Lösungsvorschläge abstimmen.

2. Hefteintrag

<u>Klassenkonferenz: Wir beraten und entscheiden gemeinsam über Anliegen, Probleme und Vorhaben</u>

Positive Runde
- „Ich finde gut, dass (...)"
- „Wer findet (fand) das auch gut?"

Überprüfung vorheriger Beschlüsse
- „Hat es geklappt?"
- „Wollen wir es weiter ausprobieren?"
- „Wie wollen wir es weiter ausprobieren?"

Neues Anliegen, Problem oder Vorhaben
- Ziehen der Eingaben aus dem Konferenzpostkasten
- Vorlesen der Eingaben

Verschiedene Meinungen
- Die betroffenen und beteiligten Kinder äußern sich
- Andere Kinder äußern sich
- Sich in die Situation der Betroffenen und Beteiligten hinein versetzen

Lösungsvorschläge
- Kreative Ideen entwickeln und äußern
- Notieren von Lösungsvorschlägen an der Tafel

Diskussion der Lösungsvorschläge
- Vor- und Nachteile kritisch reflektieren
- Gegebenenfalls Lösungsvorschläge verändern

Entscheidung, Abstimmung
- Mehrheitsregel
- Schutz der unterlegenen Minderheit

Aufschreiben der Beschlüsse ins Klassenkonferenz-Buch
Beschlüsse einhalten

3. Hefteintrag

<u>Wie können sich die Kinder an der Klassenkonferenz beteiligen?</u>

- in der positiven Runde etwas sagen, – seine Meinung kundtun, – die Beschlüsse überprüfen, – Eingaben schreiben, – Diskussionsleitung übernehmen, – Protokoll führen, – Mikrofon halten, – Eingaben und Beschlüsse vorlesen, – ein Anliegen, Problem oder Vorhaben genau beschreiben, – seine Meinung zur einem Anliegen, Problem oder Vorhaben äußern, – sich in die Kinder hinein versetzen, die einen Streit aushandeln bzw. die von einem Anliegen, Problem oder Vorhaben betroffen oder daran beteiligt sind, – Lösungen vorschlagen, – die Lösungsvorschläge kritisch reflektieren und gegebenenfalls verändern, –

Mitabstimmen über die Lösungsvorschläge, – Beschlüsse im Klassenkonferenz-
Buch notieren.

4. Entdeckung der Demokratie am Beispiel der Spielstadt Mini-München

Ein außergewöhnliches Beispiel einer demokratischen Lernkultur stellt vor
allem die *Kinderstadt* dar, die als *„Spielstadt Mini-München"* seit 1979 insgesamt 14 mal, zuletzt alle zwei Jahre, im öffentlichen Auftrag der Stadt München
vom *Kultur und Spielraum e.V. München* jeweils während der Sommerferien
auf dem Münchener Olympiagelände unter einem großen Zeltdach realisiert
wird. Für die Durchführung der Veranstaltung sind pädagogisch Tätige aus dem
Bereich der Kunsterziehung, der Schule, der Sozial- und Kulturarbeit sowie der
Spielpädagogik verantwortlich. Die Spielstadt lebt insbesondere von ihrem
unschulischen Charakter. Denn im Unterschied zum herkömmlichen, schulisch
organisierten Lernen, kommunizieren und interagieren die Kindern hier in de-
mokratieanalogen Handlungszusammenhängen, die politisch-demokratisch bil-
dungswirksam sind, ohne dass sie jemals „abgefragt" oder „evaluiert" werden.
Von den ursprünglichen Mitinitiatoren und begleitenden Autoren Grüneisl/
Zacharias (1989) wird die Kinderstadt als „eine Schule des Lebens" verstanden.
„Die Kinderstadt ist ein großes, aufregendes Spiel, in dem sich Leben und Arbeiten, Vergnügen und Lernen, Politik und Kultur, Kinderstadt und ‚echte' Stadt
vielfältig verweben" (Klappentext). An dieser „unschulischen Schule" beteiligen sich in der Regel Kinder und Jugendliche (zwischen sieben und 15 Jahren)
aller sozialer Schichten und Gruppierungen, zeitweise bis über 2000 Besucher
am Tag. Neben dem „Leben in der Stadt" als „Arbeiten/Freizeit/Kultur" sowie
den Schwerpunkten „Ästhetisch-kulturelle Bildung" und „Medienarbeit" ermöglicht die Spielstadt vor allem auch politisches Lernen. So umfasst zum Beispiel
der „Rathausalltag" folgende Institutionen und Handlungszusammenhänge:
Gericht, Ehrenamt, Gewerbeaufsicht, Projekte, die Arbeit des Stadtrats, Politik-
initiativen, Polizei, Wahlen, Wahlordnung, Wahlverfahren, „Vollbürgerrege-
lung", Bürgerversammlungen und öffentliche Diskussionen (vgl. Grüneisl/
Zacharias 1989: 14-15 und 183 f.). Auf der aktuellen Homepage von Mini-
München finden sich zudem unter der Rubrik „Ablauf und Spielregeln" Erläuterungen zu folgenden Themen: Der Start, Arbeiten und Geld verdienen, Studie-
ren und lehren, Vollbürger und mehr, Wahlen und Stadtpolitik, Betriebe und
Geschäfte, Bürgerpflichten und Regelverstöße sowie „Wer Regeln aufstellt,
kann sie auch verändern". In der Spielstadt 2008 wurde darüber hinaus der neue
internationale Bereich der „Botschaft" etabliert, in dem jede Woche Vertreter
eines anderen Landes residierten.

Im realen kommunalen Netzwerk fungiert das Projekt Spielstadt, das inzwischen Nachahmer in vielen Städten in Deutschland, Österreich, der Schweiz, Italien und Dänemark gefunden hat, als Modell, als urbanes Zentrum, als Ort und Forum für Kinderöffentlichkeit und als Zukunftswerkstatt, – letztlich als ein „Bei-Spiel" der wirklichen Stadt (vgl. Mayrhofer 1989: 88-96). Für Rumpf (1989, siehe Zitat unten), dessen Betrachtungen sowohl im Hinblick auf die Entdeckung von Demokratie bei Kindern auf ihrem Weg zur politischen Kultur als auch in ihrer Kontrastierung zum schulisch organisierten Lernen bemerkenswert sind, ist Mini-München daher auch ein ernstes Spiel und keine Kinderbelustigung. Somit bietet es sich für die politische Bildung in der Grundschule an, Elemente der Spielstadt in den Schulalltag zu übernehmen, damit Grundschulkinder auch als Schülerinnen und Schüler Merkmale und Prinzipien von Demokratie in unmittelbaren Lebenszusammenhängen erleben und reflektieren, das heißt letztlich erfahren und „entdecken" können.

„Da sitzen Kinder hinter Schaltern eines Arbeitsamtes und vergeben Arbeitsberechtigungen, vermitteln Stellen, bewirtschaften Knappheit, schlagen sich mit Anordnungen der Stadtverwaltung herum; knapp daneben sitzen sie in der Bank, prüfen Berechtigungen, zahlen das stadteigene Geld aus, das die in der Stadt geleistete Arbeit entlohnt und mit dem man in der Stadt kaufen kann (Essen, Zeitungen, Eintritte, Taxifahrten, Handwerksprodukte etc.); Kinder arbeiten in Werkstätten, in denen brauchbare, verkäufliche Gegenstände (unter Anleitung handwerklich kompetenter Erwachsenenbetreuer) hergestellt werden (...) Kinder arbeiten in einer Zeitungsredaktion, in der sich professionelle Hektik breit macht, wenn es gegen Mittag geht – denn um 17 Uhr muss die Zeitung fertig sein; an 10 Schreibmaschinen werden die Artikel, Anzeigen, Nachrichten, Leserbriefe getippt; Kinder sind mit Fernsehteams unterwegs, um Material für die Tagesschau zusammenzubringen, die täglich um 17 Uhr im TV Empfangsraum ausgestrahlt wird (...) Kinder sitzen auch an den immer prekär überlasteten Schaltstellen der Verwaltung dieser merkwürdigen Stadt: im Einwohnermeldeamt also, in dem jedes Kind, das in der Stadt arbeiten und leben will, registriert sein muss und, wie gesagt, im Arbeitsamt (...) dort gibt es die so genannten Arbeitskarten, deren Besitz dazu berechtigt, für einen Tag einen bestimmten Beruf auszuüben (...) Einmal in der Woche werden Stadträte und Bürgermeister von der Bürgerversammlung gewählt (...) Eine große Rolle spielt in Mini-München nicht etwa die Schule, sondern die Hochschule (...) Die Teilnahme an den Kursen wird mit demselben Lohn honoriert wie die andere Arbeit (...) Vollbürger kann man nur werden, wenn man auch eine bestimmte Zahl Hochschulkursstunden absolviert hat (...)

Die einzigartige Initiative der Münchner Pädagogischen Aktion geht von zwei Ideen aus: 1. Es müsste doch möglich sein, Kinder (...) tätig in eine soziale

Wirklichkeit zu verwickeln, die sie Tag für Tag nach durchsichtigen und von allen anerkannten Spielregeln erzeugen, in Gang halten und durch so etwas wie eine diskutierende und informierende Öffentlichkeit kontrollieren oder verändern (...) 2. Es müsste möglich sein, *die* Kräfte in Kindern anzusprechen (...) die Kräfte der sich an sinnlich greifbaren Gegenständen und Ereignissen entzündenden Imagination; die Kräfte der in fremde Häute und Rollen leicht hineinschlüpfenden Identifikation (...) Und wenn man sich vergegenwärtigt, welche Mühe es oft kostet, Kinder zum Schreiben in Schulzusammenhängen zu bewegen (...) der mag staunen, wie viel und wie engagiert in Mini-München geschrieben und aufgeschrieben wird: Die Stadtrat-Seite in der Zeitung enthält ein Beschlussprotokoll der öffentlichen Stadtrat-Sitzung zum Vortag (24 Tagesordnungspunkte); ein Protokoll der Bürgerversammlung erscheint in derselben Ausgabe. Auffällig der Ernst und die Präsenz der Protokollantinnen und Protokollanten (...) Und nie werden Fehler durch rote Striche und Noten bewusst gemacht – immer durch Handlungsfolgen, durch Proteste und Einsprüche anderer, die sich zum Beispiel schlecht oder falsch oder unverständlich informiert sehen (...) Es handelt sich also nicht um ein völlig gegen das echte München abgeschottetes Kinderparadies. Lang (ein Architekt und Karikaturist aus München, der den real ausgeschriebenen Architekturwettbewerb „Wie wünsche ich mir die Stadt von morgen?" vorstellt, – Anmerkung B.O.) berichtet über wirkliche Probleme, reale Initiativen. Die Ernstwelt wird immer wieder auch hereingeholt – eine erstaunliche Balance, die an vielen Beispielen dieses Stadtlebens in fünf Wochen zu zeigen ist (...) Es geht nicht um die unverbindliche und unverbundene Aneinanderreihung von didaktisch getönten Kinder-Freizeit-Belustigungen. Verbindlich sind die Beschäftigungs- und Entlohnungsregeln, desgleichen die Regeln zur Teilhabe an den Bürgerrechten (...) Und zu alledem kommt die Kontrolle der Stadtöffentlichkeit (...) Ich habe in den zehn Stunden, die ich durch zwei Tage diese Kinderstadt durchstreifte, nichts von dem gesehen, was unsere Schulen so schwierig macht (...) (Rumpf 1989: 58-65 in Auszügen).

Literatur

Claußen, Bernhard/Geißler, Rainer (Hrsg.) (1996): Die Politisierung des Menschen. Instanzen der politischen Sozialisation. Ein Handbuch, Opladen: Leske und Budrich-Verlag

Claußen, Bernhard (1996): Die Politisierung des Menschen und die Instanzen der politischen Sozialisation: Problemfelder gesellschaftlicher Alltagspraxis und sozialwissenschaftlicher Theoriebildung. In: Claußen, B./Geißler, R. (1996): 15-48

Detjen, Joachim (2007): Politische Bildung. Geschichte und Gegenwart in Deutschland. München: Oldenbourg Verlag

Deth van, Jan W./Abenschön, Simone /Rathke, Julia/Vollmar, Meike 2007: Kinder und Politik. Politische Einstellungen von jungen Kindern im ersten Grundschuljahr. Wiesbaden: VS Verlag für Sozialwissenschaften

Dörner Andreas/Rohe, Karl (2000): Politikbegriffe. In: Holtmann, E. (2000): 484-488

Eschenburg, Theodor (1985): Der mündige Bürger fällt nicht vom Himmel. In: Der Bürger im Staat. Heft 3: 239-243

Europäisches Forum für die Rechte des Kindes (2007), online unter: http://www.jugendpolitik-ineuropa.de/news-399.html

Grosser, Dieter (1977): Politische Bildung. Kompendium Didaktik. München: Ehrenwirth-Verlag

Grüneisl, Gerd/Zacharias, Wolfgang (1989): Die Kinderstadt. Eine Schule des Lebens, Handbuch für Spiel, Kultur, Umwelt. Reinbek bei Hamburg: Rowohlt-Verlag

Habermas, Jürgen (1992): Faktizität und Geltung. Frankfurt am Main: Suhrkamp-Verlag

Himmelmann, Gerhard (2005): Demokratie Lernen: als Lebens-, Gesellschafts- und Herrschaftsform, 2., überarb. Auflage. Schwalbach/Ts: Wochenschau-Verlag

Holtmann, Everhard (Hrsg.) (2000): PolitikLexikon, 3., völlig überarb. und erw. Auflage. München und Wien: Oldenbourg-Verlag

Hurrelmann, Klaus (2006): Einführung in die Sozialisationstheorie. Über den Zusammenhang von Sozialstruktur und Persönlichkeit, 9., unveränderte Auflage. Weinheim und Basel: Beltz-Verlag

Kiper, Hanna (1999): Kinder üben den qualifizierten Umgang miteinander. Die Arbeit im Klassenrat, in: Grundschule. 1999 (11): 24-26

Mayrhofer, Hans (1989): Spielstadt – ein Bei-Spiel der wirklichen Stadt. In: Grüneisl, G./Zacharias, W. (1989): 88-96

Mickel, Wolfgang (Hrsg.) (1986): Handlexikon zur Politikwissenschaft. Bonn: Schriftenreihe Band 237 der Bundeszentrale für politische Bildung

National Coalition für die Umsetzung der UN-Kinderrechtskonvention in Deutschland, online unter: http://www.national-coalition.de/

Ohlmeier, Bernhard (2006): Kinder auf dem Weg zur politischen Kultur. Politisch(relevant)e Sozialisation durch Institutionalisierung einer demokratischen Streitkultur in der Grundschule. Hamburg: Verlag Dr. Kovac

Ohlmeier, Bernhard (2007): Politische Sozialisation von Kindern in der Grundschule. In: Richter (2007): 54-72

Richter, Dagmar (Hrsg.) (2007): Politische Bildung von Anfang an. Demokratie-Lernen in der Grundschule. Schwalbach/Ts: Wochenschau-Verlag, herausgegeben auch von der Bundeszentrale für politische Bildung, Schriftenreihe Band 570

Rohe, Karl (1986): Politikbegriffe. In: Mickel, W. (1986): 349-354

Rumpf, Horst (1989): Ernstes Spiel – Mini-München, etwas anderes als eine Kinderbelustigung. In: Grüneisl, G./Zacharias, W.: 58-65

Schiele, Siegfried/Schneider, Herbert (Hrsg.) (1996): Reicht der Beutelsbacher Konsens? Schwalbach/Ts: Wochenschau-Verlag

Spielstadt Mini-München – Die Spielstadt für Kinder und Jugendliche, online unter:
- http://www.mini-muenchen.info/index.php5?pageid=0 sowie
- http://www.mini-muenchen.info/links/mm_tagebuch_2008.pdf

Sutor, Bernhard (1984/1): Neue Grundlegung politischer Bildung, Band I: Politikbegriff und politische Anthropologie. Paderborn: Schöningh-Verlag

Sutor, Bernhard/Detjen, Joachim (2001): Politik. Ein Studienbuch zur politischen Bildung. Paderborn: Schöningh-Verlag

Übereinkommen über die Rechte des Kindes 1989: UN-Kinderrechtskonvention im Wortlaut mit Materialien, – online unter:
http://www.national-coalition.de/pdf/UN-Kinderrechtskonvention.pdf

Die Konstituierung einer demokratischen Persönlichkeit – demokratiedidaktische Urteile von Schülerinnen und Schülern

Volker Meierhenrich

1. Demokratiekompetenz im Urteil der Schülerinnen und Schüler

Demokratische Gesellschaften sind auf die Demokratiekompetenz ihrer Bürgerinnen und Bürger angewiesen. Sind sich Abiturientinnen und Abiturienten dieser Voraussetzungsgebundenheit eines demokratisch organisierten Gemeinwesens bewusst? Durch welche Einstellungsdispositionen und Verhaltensmerkmale ist ein demokratiekompetenter Bürger ihres Erachtens gekennzeichnet? Die Demokratiedidaktik kann ihrem normativen Anspruch, durch Politik- bzw. sozialwissenschaftlichen Unterricht die Konstituierung demokratischer Persönlichkeiten zu fördern, nur gerecht werden, wenn sie zur Kenntnis nimmt, welche normativen Vorstellungen Schülerinnen und Schüler von einer demokratischen Persönlichkeit haben und welche Bedeutung sie personaler Demokratiekompetenz für die (Fort-)Existenz einer Demokratie als Lebens-, Gesellschafts- und Herrschaftsform (vgl. Himmelmann 2001) beimessen. D.h. der Ausgangspunkt demokratiedidaktischer Reflexionen sind subjektive Sinnbildungen, die die Lernenden hinsichtlich der Vergesellschaftung der Bürgerinnen und Bürger und der Herrschaftslegitimation entwickelt haben (vgl. Lange 2007).

Die vom Autor schriftlich befragten Schülerinnen und Schüler aus zwei Zusatzkursen Sozialwissenschaften der Jahrgangsstufe 13 schreiben dem Politik- und demokratisch-sozialen Bewusstsein einer demokratischen Persönlichkeit die folgenden Sinnbildungskompetenzen zu (vgl. Lange 2007): Auf der Ebene des Politikbewusstseins ist für sie das Bewusstsein der persönlichen politischen Mündigkeit ein wesentliches Merkmal von personaler Demokratiekompetenz. („Personale Demokratiekompetenz bedeutet für mich, sich seiner politischen Mündigkeit bewusst zu sein", „eigenständiges Denken und Abwägen", „freies Denken"). Hier zeigt sich die Überzeugung, dass nur derjenige frei leben kann, der mündig ist und dass Mündigkeit vom Einzelnen die Bereitschaft und die Fähigkeit verlangt, „frei und ohne Leitung eines anderen zu denken und zu handeln" (Breit 2002: 145). Nach Ansicht der Schülerinnen und Schüler erkennt eine demokratische Persönlichkeit in der Demokratie den unschätzbaren Vorteil, nicht über sich bestimmen lassen zu müssen und im Unterschied zu einem autokratischen Herrschaftssystem seine persönliche Meinung angstfrei äußern zu dürfen („keine Angst haben, die eigene Meinung kundzutun") und seine Mündigkeit – als kritische Urteilsfähigkeit (vgl. Moegling, 2007: 77) – nutzen zu können („andere Meinungen respektieren, jedoch nicht alles akzeptieren", „kritisch-reflexiv ausgebildetes Bewusstsein zur Bewertung politischer Sachverhalte").

Die befragten Abiturientinnen und Abiturienten sehen neben der Mündigkeit in der Akzeptanz einer freiheitlich-demokratischen Verfassung eine wichtige Voraussetzung dafür, eine demokratische Persönlichkeit sein zu können. Demokratiefähigkeit könne denjenigen attestiert werden, die in der Einhaltung der Menschenrechte und freien Wahlen demokratische Grundregeln sowie in der Gewaltenteilung ein Macht kontrollierendes, Verfassungsprinzip eines demokratischen Herrschaftssystems sehen. („Demokratiefähigkeit bedeutet für mich vor allem, sich an einen politischen Grundkonsens zu begeben. Das heißt bestimmte Dinge zu akzeptieren, z.B. Gewaltenteilung, Menschenrechte etc., im Gegensatz zu einer Anarchie", „Machtverteilung trotz Regierung", „Freiheitsprinzipien trotz klarer Regeln", „Festhalten am Grundgesetz", „mit den Grundlagen der Demokratie einverstanden sein und sich dementsprechend verhalten und anpassen", „Konsens-Bereitschaft"). Die Bereitschaft, das Mehrheitsprinzip zu akzeptieren („Toleranz gegenüber Mehrheitsentscheidungen"), ist für die Schülerinnen und Schüler ebenso ein Merkmal von personaler Demokratiekompetenz wie das Interesse daran, an demokratischen Meinungs- und Willensbildungsprozessen („dass ein Volk Interesse hat, eigene Meinungen zu bilden und diese auch zu vertreten") und an Wahlen teilzunehmen („Für jeden Einzelnen gilt, dass er im Idealfall ein gewisses Interesse an Politik aufweisen sollte, um mit einer begründeten Meinung bei Wahlen zu gerechtfertigten Ergebnissen beitragen zu können") . Über personale Demokratiekompetenz, so die Lernenden, verfügen jene, die in den demokratischen Prinzipien der Volkssouveränität und der Freiheit des Einzelnen wesentliche Vorzüge von Demokratien gegenüber Autokratien sehen. („´Demokratiefähigkeit´ bedeutet für mich: dass ein Volk in der Lage ist, sich selbstständig zu ´regieren´, dass es nicht von einer Führungsposition und dessen Meinung abhängig ist")

Für die befragten Schülerinnen und Schüler ist personale Demokratiekompetenz nicht nur an die Entwicklung bestimmter Sinnbildungskompetenzen auf der Ebene des Politikbewusstseins, sondern auch auf der Ebene des politisch-sozialen Bewusstseins gebunden: Der Einzelne sollte bestimmte soziale Verhaltensnormen oder Tugenden verinnerlicht haben, die an den demokratischen Grundwerten der Gleichheit („Toleranz", „Verständnis", „Kompromissfähigkeit", „Kulturen, Meinungen, Religionen etc. zu respektieren", „gegenseitiger Respekt und Sachlichkeit", „andere Menschen in ihrer Meinung akzeptieren"), der Solidarität („die Fähigkeit, sich in die Gesellschaft zu integrieren, diese zu respektieren, Zusammenhalt und Kollektivinteressen zu akzeptieren"), der Freiheit („Toleranz und Freiheit", „Kritikbereitschaft", „in einer kontroversen Diskussion seine Meinung klar und sachlich verteidigen"), an dem Fundamentalwert der Menschenwürde („friedliches Zusammenleben fördern") sowie an Reziprozität – im Sinne des in der Neuzeit etwa von Hobbes, Locke, Rousseau und Kant als gesellschaftsbegründend konzipiertes Grundprinzip des Gesellschaftsvertrages („geben und nehmen") – orientiert sind (vgl. Barbara Zehnpfennig 2007: 17).

Demokratiekompetente Bürgerinnen und Bürger müssen, davon sind die befragten Schülerinnen und Schüler überzeugt, „offen für andere Meinungen sein und diese nicht sofort ablehnen". Mündig zu sein, sich seines Verstandes ohne Leitung eines Anderen zu bedienen, impliziert den Schülerinnen und Schülern zufolge eine wissenschaftstheoretische Grundhaltung, die Karl Popper in seiner wissenschaftstheoretischen Position, dem Kritischen Rationalismus, formuliert hat. Er schlägt in seiner Wissenschaftstheorie vor, die tradierte Frage nach dem Grund unseres Wissens durch die völlig andere Frage zu ersetzen: „Wie können wir hoffen, Irrtümer zu entdecken und auszumerzen?" (vgl. Lenk 1991: 1003). Kritik, Prüfung, Selbstkritik, Wachsamkeit, Fehlerkorrektur und Lernen sind Schlüsselbegriffe in Poppers Wissenschaftstheorie. Kritischer Rationalismus lässt sich als das bewusste Lernen aus Fehlern und als permanentes Suchen nach Problemlösungen verstehen. Begründetes, d.h. rationales Urteilen über Politik setzt voraus, offen über Meinungen, Bewertungen, Urteile und Überzeugungen im Dialog zu kommunizieren und zu reflektieren (vgl. Detjen 2007: 156). D.h. die Bereitschaft zur diskursiven Erkenntnis ist nach Ansicht der Schülerinnen und Schüler eine wichtige demokratische Verhaltensdisposition und beruhe darauf, dass der Mensch ein soziales Lebewesen sei und den Grundwert der Gleichheit verinnerlicht habe. („Prinzipiell ist der Mensch für mich ´homo sozialis´ und damit grundlegend zugänglich dafür, sich mit seinen Mitmenschen dialektisch auseinanderzusetzen und gleichberechtigt zu arrangieren.")

Mit dem Grundwert der Gleichheit respektieren die Schülerinnen und Schüler die gleiche individuelle Freiheit, die allen gleichermaßen zukommt und nur deshalb Grundprinzip einer freiheitlichen Gesellschaft (vgl. Nida-Rümelin: 134) sein kann („die Fähigkeit, sich selbst zu verwirklichen, ohne seine Mitmenschen im negativen Sinne zu beeinträchtigen oder einzuschränken").

2. Kritikbereitschaft als Merkmal personaler Demokratiekompetenz

Unter Kritikbereitschaft lässt sich mit Brigitte Geißel „die normative Disposition, sich mit politischen Sachverhalten auseinanderzusetzen" verstehen. „Ein kritikbereiter Bürger postuliert somit politische Wachsamkeit als integralen Bestandteil seines Staatsbürgerkonzeptes" (Geißel 2006: 4). Kritikbereite Demokraten sind – unabhängig von ihrem Bildungsniveau und von ihrem sozioökonomischen Status – „überdurchschnittlich partizipationsfreudig, informiert, fühlen sich kompetent und wollen die Demokratie verteidigen" (Geißel 2006: 8). Die befragten Schülerinnen und Schüler sehen in Kritikbereitschaft ebenso ein Merkmal personaler Demokratiekompetenz („nicht alles akzeptieren") wie in der Bereitschaft, die Demokratie zu verteidigen (vgl. Detjen 2000: 11-20). („Mit einer Demokratie umgehen zu können und nicht dagegen vorzugehen", „in einem Land zu leben, wo Demokratie herrscht und man nicht dagegen arbeitet", „mit den Grundlagen der Demokratie einverstanden sein und sich dementsprechend verhalten und anpassen"). Die empirisch von Brigitte Geißel u.a. ermittelte Korrelation zwischen politischer Kritikbereitschaft und der Bereitschaft zur Verteidigung der Demokratie verdeutlicht, dass sich kritikbereite Bürgerinnen und Bürger stärker mit der Demokratie identifizieren als nichtkritikbereite und somit eine wichtige Ressource „für die Konsolidierung, Stabilität und Weiterentwicklung eines demokratischen Systems" (Geißel 2006:9) sind. Dieses empirische Ergebnis rechtfertigt die Schülerinnen und Schüler in ihrer Überzeugung, in der Bereitschaft zu politischer Kritik und zur Verteidigung der Demokratie wichtige Merkmale personaler Demokratiekompetenz zu sehen.

3. Förderung der Kritikbereitschaft durch die Projektarbeit „Politische Utopien"

Die befragten Schülerinnen und Schüler sind in der Mehrzahl der Auffassung, dass die Projektarbeit „Politische Utopien" ihre Kritikbereitschaft gefördert hat. Dies ist ihres Erachtens auf verschiedene Gründe zurückzuführen. Zum einen hat die Projektarbeit sie dazu angeregt, innerhalb der Arbeitsgruppe einzelne Ideen ihrer Utopie im Hinblick auf deren Realisierbarkeit kritisch zu hinterfragen. („Ja, weil wir auch kritisch an die Sache herangegangen sind und viele Aspekte an den Utopien diskutiert haben, welche bei der Durchführung der Utopien problematisch sein könnten." „Ja, weil die Projektarbeit gezeigt hat, dass nicht alle politischen Ideen notwendigerweise zu gesellschaftlicher Integrität führen.") Zum anderen hat die Entwicklung bzw. Diskussion politischer

Utopien ihre Kritikbereitschaft in zweifacher Hinsicht gefördert: Die Kritik der Mitschülerinnen und Mitschüler an der eigenen politischen Utopie ernsthaft zu reflektieren und konstruktiv für ihre Verbesserung zu nutzen, ist eine wichtige Lernerfahrung des durchgeführten Projektes. („Ja, man lernt, Kritik anzunehmen und seine Ideen zu verbessern.") Auch die kritische Auseinandersetzung mit den Ideen der Mitschülerinnen und Mitschüler fördert die persönliche Kritikbereitschaft. („Auf jeden Fall war es eine Erfahrung wert, mit anderen über seine Vorstellungen zu politischen Sachverhalten zu sprechen und dabei sowohl Kritik zu bekommen als auch selbst kritisch Aussagen gegenüberzustehen.") Die Projektarbeit „Politische Utopien" hat auch insofern die Kritikbereitschaft der Schülerinnen und Schüler gefördert, als die Utopiediskussionen im Kursplenum ein breites Spektrum politischer Themen umfassten und somit zahlreiche Möglichkeiten boten, vor dem Hintergrund vorgestellter Utopien politische Sachverhalte kritisch zu reflektieren. („Die Projektarbeit hat insofern geholfen, da man sich mit weiteren Themen beschäftigt hat, mit denen man sich sonst vielleicht eher nicht auseinandergesetzt hätte.") Das Utopieprojekt hat, so urteilen die Schülerinnen und Schüler, ihre Kritikbereitschaft auch dadurch gefördert, dass es ihnen die Möglichkeit geboten hat, sich intensiver als bei anderen Unterrichtsmethoden mit einem Thema auseinanderzusetzen. („Ja, stärker, da man sich so intensiver mit dem Thema auseinandersetzt.") Zu politischer Kritik fähig zu sein, setzt politische Bildung voraus. Dies hat das Utopieprojekt den Lernenden bewusst gemacht. („Gleichzeitig ist mir bewusst geworden, wie wichtig ein bestimmtes Bildungsniveau für die kritische Bewertung politischer Sachverhalte ist.")

Schülerinnen und Schüler, die sich bereits eine relativ ausgeprägte Kritikbereitschaft zuschrieben, führten dies auf ihren Philosophie- und Geschichtsunterricht zurück. („Nein, weil ich diese schon besaß und auch gelernt habe, vor allem im Philosophieunterricht. Jedoch denke ich, dass diese Unterrichtsweise die Kritikbereitschaft fördert." „Ja, ein bisschen, aber eigentlich ist meine Kritikbereitschaft bereits relativ hoch. Das liegt an der Reflexion historischer Ereignisse, was in der Schule insofern vernachlässigt wird, als nur im Leistungskurs-unterricht auf die tieferen Ursachen der jeweiligen Ereignisse eingegangen wird, während man sonst eher oberflächlich an den Ereignissen selbst herumkratzt.") Diese zwei Schüleräußerungen offenbaren, dass politische Kritikbereitschaft im Sinne von Wachsamkeit gegenüber politischen Sachverhalten (vgl. Geißel 2006) auch im Geschichtsunterricht – durch Reflexion historisch-politischer Ereignisse – gefördert und im Philosophieunterricht – im Sinne kritischen Denkens – angebahnt wird. Da Demokratielernen ein interdisziplinäres Lernen ist, muss es in fachspezifischen, sich gegenseitig ergänzenden Curricula angelegt sein.

4. Die Artikulation politischer Überzeugungen und Interessen als Merkmal personaler Demokratiekompetenz

Die Artikulation eigener politische Überzeugungen und Interessen ist ein integrales Merkmal personaler Demokratiekompetenz (vgl. Abschnitt 1). Dieser Sachverhalt fordert dazu heraus, das von den Abiturientinnen und Abiturienten durchgeführte Utopieprojekt unter der folgenden demokratiedidaktischen Fragestellung zu evaluieren: Hat die Projektarbeit die Schülerinnen und Schüler stärker als andere Unterrichtsmethoden dazu angeregt, ihre politischen Überzeugungen und Interessen zu artikulieren?

Die Lernenden sind der Auffassung, dass das Utopieprojekt sie stärker als andere Unterrichtsmethoden dazu angeregt, ihre persönlichen Überzeugungen und Interessen zu artikulieren und somit ihre Demokratiekompetenz zu erhöhen. Zu dieser Bewertung gelangen sie aufgrund der folgenden didaktischen Argumente: Die gemeinsame Entwicklung einer Utopie in Gruppenarbeit habe stärker als andere Unterrichtsmethoden (wie z.B. das lehrergelenkte Unterrichtsgespräch) dazu herausgefordert, gegenüber den anderen Gruppenmitgliedern eigene Stellungnahmen und Interessen zu artikulieren. („Da man sich während der Utopieentwicklung über seinen eigenen Standpunkt klar werden musste und mit anderen aus der Gruppe diskutiert hat, wurde man dazu angeregt, Interessen/Sichtweisen zu artikulieren." „Ja, ich denke schon. Da jede Utopie einen eigenen Ansatz hatte, musste man überlegen, wie man an das Thema herangeht und was einem persönlich wichtig erscheint, um argumentieren zu können.")
Die Artikulation politisch-moralischer Überzeugungen bedarf der selbstständigen Identifikation entsprechender guter Gründe, die sich bei ernsthafter – der Projektmethode geschuldeter freier – Reflexion, so die Schülerinnen und Schüler, im eigenen Menschenbild ausmachen lassen. („Ja das hat es. Im Gegensatz zu einem reinen Frontalunterricht kam man in die Auseinandersetzung mit seinem Menschenbild. Man hat nicht nur irgendwelche Modelle vorgestellt bekommen, sondern eine Utopie mit eigenen Interessen und Moralvorstellungen entwickelt, was sehr viel Denken erforderte.")
Die inhaltliche Offenheit des Utopieprojekts bot den Lernenden die Möglichkeit, ihre politischen Überzeugungen unter Bezugnahme auf zahlreiche Gesichtspunkte differenziert gegenüber den Gruppenmitgliedern zu begründen. („Durch die offen gestellte Aufgabe haben wir zunächst viele Bereiche angesprochen, die wir utopisieren könnten. Dadurch hat man sich zumindest innerhalb der Gruppe umfassender zu seinem persönlichen Standpunkt geäußert." „Hat in stärkerem Maße als andere Unterrichtsmethoden angeregt, weil man viel mehr Freiräume hatte, seine gesellschaftspolitischen Interessen und Sichtweisen zum Ausdruck zu bringen, weil man mehr Spaß dabei hatte.")

Die Gruppenarbeiten – als integrativer methodischer Bestandteil des Utopiepro-
jektes – ermutigten die Schülerinnen und Schüler, ihre persönlichen, politischen
Überzeugungen differenziert darzulegen und mit den Gruppenmitgliedern über
die verschieden Sichtweisen zu diskutieren. Dabei wurden wichtige Voraussetzungen rationaler Diskurse nach der Habermasschen Diskurstheorie wie die
Gleichverteilung kommunikativer Freiheiten, d.h. die allen zukommende gleiche Chance, Beiträge zu leisten, oder die Aufrichtigkeitsbedingung, der zufolge
Teilnehmer meinen müssen, was sie sagen, in diesen Schülerdiskursen erfüllt
(vgl. Steffens 2007:15). Die nachfolgende Schüleräußerung spiegelt exemplarisch wider, dass die Abiturientinnen und Abiturienten sich diese diskursethi-
schen Prinzipien verinnerlicht hatten. („Ja, weil man sich in einer kleinen Gruppe besser ausdrücken kann. Man erfährt die Meinungen der anderen und kann
somit diskutieren. Die persönlichen Sichtweisen kommen in einem Gruppengespräch gut hervor.") Die Kommunikation eigener politischer Überzeugungen
ermöglicht im Gruppengespräch das dialogische Prinzip der Rede und Gegenre-
de und regt den Einzelnen dazu an, seine persönliche Position zu überdenken,
gegebenenfalls auch zu revidieren. („Ich finde es immer interessant, sich mit
anderen in ein Gespräch zu begeben und meine Theorie darzustellen, aber auch
aufzugeben.")

5. Demokratiepräferenz und demokratische Ideale – Lernzuwächse des Utopieprojektes

Eine Demokratie gegenüber einer Diktatur vorzuziehen, ist noch kein Indiz für
Demokratiekompetenz bzw. für die habituelle Kompetenz, emanzipatorische
Werte verinnerlicht zu haben, die „mit der Akzeptanz unbeschränkter und un-
kontrollierter Autorität über die Menschen" (Welzel 2007: 58) unvereinbar und
starke Motive sind, sich für die Errichtung, Stabilisierung und Weiterentwicklung eines demokratischen Systems einzusetzen. Nur wenn Demo-kratiepräfe-
renz von emanzipatorischen Werten getragen wird, die am Leitbild eines selbstbestimmten und gleichberechtigten Menschen orientiert sind, liegen Indizien für
demokratisches Bürgerbewusstsein und somit Demokratiekompetenz vor. Dann
kann man Demokratie nicht nur als eine Methode des Machterwerbs unter konkurrierenden Eliten, sondern darüber hinausgehend normativ als eine Lebensform (vgl. Himmelmann 2001) verstehen, der ein bestimmtes Menschenbild zu
Grunde liegt: Es verankert demokratische Ideale im Wertesystem, macht damit
Demokratie als institutionelles Regelwerk für Menschen erst akzeptabel (vgl.
Welzel 2007: 36) und motiviert sie, die Demokratie aktiv zu praktizieren.

Hat das Utopieprojekt das Bewusstsein der Schülerinnen und Schüler dafür geschärft, dass funktionierende Demokratien – im Gegensatz zu autoritären oder diktatorischen Systemen – nicht nur die Chance bieten, demokratische Ideale bzw. Grundwerte (Freiheit, Gleichheit, Gerechtigkeit, Solidarität) verwirklichen zu können, sondern um ihres Bestandes willen auch darauf angewiesen sind, dass diese Chance immer wieder wahrgenommen wird (vgl. Münkler/Loll 2005: 39-45). Hat das Utopieprojekt in dieser Hinsicht dem Erwerb von habitueller Demokratiekompetenz gedient? Die befragten Schülerinnen und Schüler haben diese Frage mehrheitlich mit den folgenden Argumenten bejaht:

Die Demokratie versetzt Menschen in den Stand, sich selbst zu regieren. Ihr Leitbild ist der mündige, zur Selbstbestimmung und zum eigenen Urteil fähige Bürger. Diese Chance der Mündigkeit ist ein wesentliches Motiv für Demokratiepräferenz. Dies hat das Utopieprojekt den Lernenden bewusst gemacht. („Ich finde es sehr interessant, positiv interessant, dass die Bedeutsamkeit unserer politischen Mündigkeit immer herausgestellt wurde und viele auf dieses Thema, zum Beispiel in der Diskussion über Erziehungsstile, empfindlich reagiert haben.") Die Projektarbeiten zeigten den Schülerinnen und Schülern, dass Demokratien allen Menschen gleichermaßen den Bürgerstatus verleihen, indem sie ihnen Rechte zur Selbstbestimmung, persönliche Autonomierechte, garantieren. Zu den Autonomierechten gehören zum Beispiel die Vertrags- und Niederlassungsfreiheit, die Freiheit der Berufs- und Religionswahl, das Besitzrecht, das Recht auf körperliche Unversehrtheit oder das Klagerecht gegen staatliche Verwaltungsakte (vgl. Welzel 2007: 36). Die Menschen können selbstbestimmt leben, soweit sie nicht die gleiche Freiheit der Mitmenschen einschränken. In einer Demokratie stellt der Staat sicher, dass die Freiheit des Einzelnen nicht grenzenlos ist und für die Mitmenschen keine Gefahr darstellt. („An sehr vielen Referaten wurde deutlich, dass die Gesellschaft zwar größtenteils autonom handeln soll, es dennoch eine höhere Instanz geben muss, die eine Kontrolle darüber hat. Insofern wurde mir nur klarer, wie wichtig die Demokratie ist, da der diktatorische Staat keine Autonomie des Menschen, außer man selbst ist ein Diktator, zulässt." „Ja, nach der Unterrichtsreihe 'politische Utopien' haben sich die Vorzüge eines demokratischen Systems noch deutlicher als zuvor in meinem politischen Bewusstsein herauskristallisiert. Konkrete Vorzüge gegenüber einer Diktatur sind z.B.: freie Willens- und Meinungsbildung eines jeden Staatsbürgers, Rechtsschutz/-staatlichkeit anhand eines objektivierten und allgemein anerkannten Kanons von Menschenrechten, Kontrollmechanismen verschiedener Art schützen vor Machtmissbrauch Einzelner, Entscheidungswille liegt beim ganzen Volk.")

Die Schülerinnen und Schüler verständigten sich in rationalen Meinungs- und Willensbildungsprozessen auf ihre politischen Utopien. D.h. indem sie das

Habermassche Modell deliberativer Politik (vgl. Habermas 1992: 11-14) – im Sinne demokratischer Selbstbestimmung deliberierender Bürger – praktizierten und die Diskussionen im Kursplenum als unterrichtlich institutionalisierte Verfahren intersubjektiver, öffentlicher Verständigungsprozesse nutzten, erschlossen sich ihnen – kognitiv und affektiv – gute Gründe für eine demokratische Systempräferenz. („Ja, es zeigte, inwiefern ein jeder von uns totalitäre Züge aufweist, wenn ihm die Möglichkeit gegeben wird, ein gesellschaftliches Modell zu entwickeln, welches allein auf den individuellen Vorzügen basiert. Erst im Gespräch [frei, interessenlos] wurden absolute Positionen relativiert und durch eine dialektische Vermittlung kritisch durchleuchtet. – Utopien sind also erst dann wirksam, wenn sie in einer demokratischen Auseinandersetzung kritisiert und ausgearbeitet werden. Die Basis des Unterrichts war hier also eine funktionierende Demokratie und die ´erleuchtende Pluralität´. Die Vielfalt der Meinungen und Positionen führte zu konstruktiven Erkenntnisteilen über Politik, den Menschen und die Gesellschaft. Erst das demokratische Verfahren ermöglichte konstruktive, gleichberechtigte Diskussionen.")

Auf der Ebene prozeduraler Kompetenzen entwickelten die Lernenden nach dem Modell deliberativer Politik politische Utopien. Auf der habituellen Ebene politisch-moralischer Kompetenzen erkannten sie, dass die in der republikanischen Tradition stehende Bürgertugend für den Erhalt der Demokratie unverzichtbar ist. Bürgertugend im republikanischen Sinne ist eine politische Tugend. Sie umfasst das Wissen über die öffentlichen Angelegenheiten, die bürgerschaftliche Einsatzbereitschaft und die Gemeinwohlorientierung. In einer Demokratie muss der Bürger in seinem Handeln das Gemeinwohl berücksichtigen. „Er hat nicht nur Rechte und Pflichten von der Gemeinschaft zu erwarten, die geschützt werden, sondern ihr gegenüber auch Pflichten. Deswegen sind Fragen, die das Gemeinwohl betreffen, aus republikanischer Sicht gegenüber den privaten Interessen mit Vorrang zu behandeln, egal ob sie von Individuen oder gesellschaftlichen Mächten vertreten werden" (Münkler/Noll 2005: 47). („Wir haben versucht, in einer bestimmten Sache größtmögliche Zufriedenheit aller Beteiligten zu erreichen. Ein System, das für eine große Gruppe funktionieren soll, ist in der Regel wahrscheinlich leichter umzusetzen, wenn es zentral organisiert ist. Das Problem ist wohl einfach, dass zu viel im eigenen als im Gesamtinteresse der Gesellschaft gedacht wird, so dass Diktaturen immer an Ungerechtigkeiten scheitern.")

Neben dem sozialwissenschaftlichen Unterricht nimmt auch der Geschichtsunterricht die Aufgabe wahr, die Lernenden für die Vorzüge des demokratischen Systems zu sensibilisieren. Dies kommt in einer Schüleräußerung zu der Frage zum Ausdruck, ob das Utopieprojekt zu einer Sensibilisierung für die Vorzüge des demokratischen Systems beigetragen habe. („Nein, da ich schon vorher für die Vorzüge eines demokratischen politischen Systems sensibilisiert war. Ich habe Geschichte als Leistungskurs und der Verlauf der Geschichte sensibilisiert einen genug...").

6. Konstituierung einer demokratischen Persönlichkeit durch sozialwissenschaftlichen Unterricht – Möglichkeiten im Urteil der Schülerinnen und Schüler

Die befragten Abiturientinnen und Abiturienten sind mehrheitlich der Überzeugung, dass der sozialwissenschaftliche Unterricht zur Konstituierung einer demokratischen Persönlichkeit beitragen kann. Die Erreichung dieses Ziels ist, so die Schülerinnen und Schüler, an die Erfüllung verschiedener Voraussetzungen geknüpft. Sozialwissenschaftlicher Unterricht könne u.a. dadurch dazu beitragen, dass sie sich zu demokratischen Persönlichkeiten entwickelten, wenn er systematisches Grundwissen über die ideengeschichtlichen Grundlagen und die Funktionsweise der eigenen Demokratie (vgl. Patzelt 2005: 27-38) vermittle. („Beschäftigung mit der Funktionsweise einer repräsentativ-parlamentarischen Demokratie und ihren theoretischen Grundlagen", „Ja, da ich mich das erste Mal intensiv mit den Aufgaben und der Organisation unseres Staates beschäftigt habe."). Ein solches Grundwissen stärkt das demokratische Bürgerbewusstsein des Einzelnen und schützt ihn somit vor Anfälligkeit gegenüber radikalen, demokratiefeindlichen Einstellungen. („Ja, es ist grundsätzlich wünschenswert, ein solides Wissen über Politik zu haben. Man muss dann nicht zwangsweise zu einer demokratischen Überzeugung kommen, es ist aber durchaus wahrscheinlich. Diese 'Aufgeklärtheit' ist jedenfalls eine hervorragende Vorbeugung, um nicht auf radikale und populistische Aussagen von Politikern hereinzufallen.")
Eine demokratische Persönlichkeit schätzt die Vorzüge der Demokratie gegenüber autokratischen Herrschaftssystemen. Ein solches Politikbewusstsein wird nach der Überzeugung der Schülerinnen und Schüler durch die Beschäftigung mit diktatorischen Systemen sowie durch entsprechende Systemvergleiche im Unterricht gefördert. („Ja... Wie? Arbeiten über die Politik des Nationalsozialismus etc. Wer das 'Falsche' kennt, weiß das 'Richtige' zu schätzen." „Eine simple Methode wäre natürlich, sich ausgiebiger mit den Vorteilen einer Demokratie und Nachteilen anderer Staatsformen zu beschäftigen.")
     In Diskussionen versuchen die Diskussionsteilnehmer, die anderen für die eigene Position zu gewinnen oder übereinstimmende Positionen herauszufinden. In Diskussionen wird vor allem die Dialogfähigkeit der Lernenden entwickelt und trainiert. „Diese Fähigkeit ist zu einer Schlüsselfähigkeit in der Demokratie geworden. Sie ist eine entscheidende Voraussetzung für die politische Beteili-

gung und damit ein wichtiges Ziel politischen Lernens (Massing 2000: 25)." In Diskussionen wird, so die Schülerinnen und Schüler, die für eine demokratische Persönlichkeit wichtige methodische Kompetenz erworben und eingeübt, die Meinung des anderen zu verstehen und ihm gegenüber eigene Meinungen und Urteile zu artikulieren. („Durch den Dialog und den Austausch werden Horizonte erweitert und durch gezielte Fragestellung des Lehrers können Auseinandersetzungen stattfinden." „Möglichkeiten, sich selbst einzubringen, vor allem freie Diskussionen im Kursplenum!")

Anhand der nachfolgend wiedergegebenen Schüleräußerung wird deutlich, dass die Konstituierung einer demokratischen Persönlichkeit durch Diskussionen und wissenschaftspropädeutisches Arbeiten im sozialwissenschaftlichen Unterricht (vgl. Moegling 2006) gefördert wird. („Diskussionen stellen die Basis für ein demokratisches Grundverständnis dar. Doch auch die 'Ausstaffierung' der Auseinandersetzung durch konkrete Fakten und Theorien trägt zur Entwicklung einer kompetenten demokratischen Persönlichkeit bei. – Als 'Optimum des Unterrichts' würde ich ein polares Verhältnis zwischen freier Diskussion und wissenschaftlicher Lehre und Arbeit sehen.")

Hinsichtlich der Konstituierung einer demokratischen Persönlichkeit kommt den Lehrern nach Auffassung der Schülerinnen und Schüler die wichtige Aufgabe zu, engagiert das Interesse an Politik zu wecken und alle Lernenden zur Beteiligung am Unterricht anzuregen. („Das Engagement des Lehrers hat angesteckt und man wurde sich bewusster, was man eigentlich alles von der Politik mitbekommt", „demokratische Beteiligung aller Schülerinnen und Schüler am Unterricht, was durch den Lehrer als Moderator gewährleistet werden muss")

Sozialwissenschaftlicher Unterricht muss im Hinblick auf das Ziel der Konstituierung einer demokratischen Persönlichkeit nicht nur Interesse an Politik wecken und politisches Grundwissen vermitteln, sondern auch die Verinnerlichung demokratischer Grundwerte und politische Mündigkeit fördern. („Der Sowi-Unterricht kann zeigen, wie das System funktioniert, versuchen, die Werte Akzeptanz, Toleranz, eigenständiges Denken und Abwägen, Interesse an der Entwicklung von Politik zu vermitteln." „Reflektieren über eigene politische Ansichten und Erwartungen an Politik in gesellschaftlichem Kontext.")

Literatur

Breit, Gotthard/Schiele, Siegfried (Hrsg.) (2002): Demokratie braucht politische Bildung. Schwalbach/Ts: Wochenschau Verlag

Breit, Gotthard (2002): Interesse, Skepsis, Anteilnahme – Zur Entwicklung einer demokratischen Verhaltensdisposition. In: Ders./Schiele, S. (2002.): 196-212

Brocker, Manfred (Hrsg.) (2007): Geschichte des politischen Denkens. Frankfurt am Main: Suhrkamp Verlag

Detjen, Joachim (2000): Die Demokratiekompetenz der Bürger. In: Aus Politik und Zeitgeschichte (ApuZ), 25. 11-25

Detjen, Joachim (2007): Rationalität und Politische Bildung. In: Lange, D. (2007a): 150-156

Geißel, Brigitte (2006): Kritische Bürgerinnen und Bürger – Gefahr für Demokratien? In: Aus Politik und Zeitgeschichte (ApuZ). Heft 12. 3-9

Himmelmann, Gerhardt (2001): Demokratie Lernen als Lebens-, Gesellschafts- und Herrschaftsform. Schwalbach/Ts: Wochenschau Verlag

Himmelmann, Gerhard/Lange, Dirk (Hrsg.) (2007): Demokratiekompetenz. Beiträge aus Politikwissenschaft, Pädagogik und politischer Bildung. Wiesbaden: VS Verlag für Sozialwissenschaften

Lange, Dirk (Hrsg.) (2007a): Konzeptionen Politischer Bildung, Bd. 1 des Handbuches für den sozialwissenschaftlichen Unterricht Basiswissen Politische Bildung, hrsg. von Dirk Lange/Volker Reinhardt. Hohengehren: Schneider Verlag

Lange, Dirk (2007b): Strategien der Politischen Bildung, Bd. 2 des Handbuches für den sozialwissenschaftlichen Unterricht Basiswissen Politische Bildung, hrsg. von Dirk Lange/Volker Reinhardt. Hohengehren: Schneider Verlag

Lange, Dirk (2007): Politik – Sinn – Bildung. Das Bürgerbewusstsein als Diagnose- und Planungsinstrument. In: Polis, Report der Deutschen Vereinigung für Politische Bildung, H. 2. 7-9

Lieber, Hans – Joachim (Hrsg.) (1991): Politische Theorien von der Antike bis zur Gegenwart. Bonn: Bundeszentrale für politische Bildung

Lenk, Kurt (1991): Methodenfragen der politischen Theorie. In: Lieber (1991): 991-1016

Kuhn, Hans-Werner/Massing, Peter (Hrsg.) (2000): Methoden und Arbeitstechniken. Bd. 3 des Lexikons der politischen Bildung. Schwalbach/Ts: Wochenschau Verlag

Massing, Peter (2000): Diskussion. In: Kuhn /ders. (2000): 25

Moegling, Klaus (2007): Erziehung zur Mündigkeit, in: Dirk Lange (2007a): 72-82

Münkler, Herfried/Loll, Anna (2005): Sozio-moralische Ressourcen als Voraussetzung für Demokratie und Freiheit sowie als Aufgabe politischer Bildung. In: Himmelmann, G./Lange, D. (2005)

Nida-Rümelin, Julian (2006): Demokratie und Wahrheit. München: C.H. Beck Verlag

Patzelt, Werner J. (2005): Demokratie in Deutschland – Folgerungen für die politische Bildung. In: Himmelmann, G. /Lange, D. (2005): 27-38

Steffens, Gerd (2007): Politik als Diskurs. In: Lange, Dirk (2007b): 10-21

Welzel, Christian (2007): Ist Demokratie ein universell übertragbares Konzept? In: Die politische Meinung, Nr. 455. Heft. 10. 35-41

Zehnpfennig, Barbara (2007): Platon, Politeia (nach 385 v.Chr.). In: Brocker, M. (2007): 14-30

„Warum brauchen wir Demokratie?"
Ein Rollenspiel an der Kinder-Uni

Nils C. Bandelow/Stefan Kundolf/Hendrikje Pfau/Carina Vallo/Kristina Viciska

1. Problemstellung

Die Vermittlung von politischem Interesse, Grundkenntnissen der deutschen Demokratie und freiheitlich-demokratischen Grundwerten an acht- bis zwölfjährige Kinder ist eine besondere Herausforderung für universitäre Politikwissenschaftler. Am 6. Dezember 2008 stellte sich das Team des Lehrstuhls für Innenpolitik der Technischen Universität Braunschweig dieser Aufgabe. Im Rahmen der Kinder-Uni Braunschweig-Wolfsburg sollte in 45 Minuten eine fachwissenschaftliche Fragestellung im Audimax der Universität ca. 500 Kindern möglichst anschaulich vermittelt werden. Die Dauer orientiert sich an einer Schulstunde und entspricht daher der üblichen Konzentrationsphase der Kinder. Die Eltern haben an der Kinder-Uni Braunschweig-Wolfsburg die Möglichkeit, die Vorlesung zeitgleich in einem benachbarten Hörsaal mithilfe eines Live-Streams zu verfolgen. Im Vorfeld werden die einströmenden Kinder von einer Psychologin vorbereitet. An die 45-minütige Vorlesung schließt sich eine 5-minütige Fragerunde an, die von der Psychologin der Kinder-Uni moderiert wird.

Die Vorbereitung und Durchführung der Kinder-Uni wurde vom Team des Lehrstuhls gemeinsam verantwortet. Im Folgenden werden die Konzeption, Durchführung und Rezeption vorgestellt, um abschließend Schlussfolgerungen für die Möglichkeiten zur Demokratie-Erziehung von Kindern zu ziehen.

2. Konzeption

In einem ersten Schritt musste ein offizielles Thema des Vortrags für die Kinder-Uni festgelegt werden. Die Erfahrungen der Organisatoren zeigten, dass „W-Fragen" am besten geeignet sind, Interesse der Kinder zu wecken. Bei der Wahl des Themas spielte bereits die Frage eine Rolle, welche Möglichkeiten zur didaktisch-methodischen Umsetzung gegeben sind. Die letztlich gewählte Fragestellung „Warum brauchen wir Demokratie?" war nicht unumstritten. Die Fragestellung ist normativ und fachwissenschaftlich nicht eindeutig zu beantworten. In der Kinder-Uni Braunschweig-Wolfsburg wurden aber bereits vorher andere normative Fragestellungen behandelt, z. B. „Warum sind Abfälle wertvoll?" Bei der Entscheidung für den Titel spielte außerdem eine Rolle, dass eine Vermittlung von universitären Detailkenntnissen an die Zielgruppe der Kinder-Uni in 45 Minuten nicht möglich ist. Bei der Vorlesung ging es nicht nur um die Vermittlung fachwissenschaftlicher Informationen, sondern auch darum, spielerisch Interesse an der Demokratie zu wecken und ein Bewusstsein für grundlegende Spielregeln der deutschen Demokratie zu schaffen (Himmelmann 2007: 33).

Die Übertragung der Vorlesung für die Eltern im Nachbarhörsaal war bei der Konzeption zu berücksichtigen. Obwohl die Kinder die Zielgruppe der Veranstaltung waren, mussten auch die Eltern interessiert werden, um spätere problemorientierte Gespräche in den Familien anzuregen.

Bei der Veranstaltung handelte es sich um die letzte Vorlesung der Kinder-Universität in dem Semester. Die Kinder besuchten überwiegend mehrere Vorlesungen und waren daher mit den universitären Ritualen vertraut. Die Sonderstellung des Faches Politikwissenschaft an einer Technischen Universität führte aber dazu, dass bisher noch keine verwandten Themen behandelt worden waren. Die Kinder, die die Kinder-Uni besuchen, stammen vorwiegend aus Familien der Ober- und Mittelschicht und besuchen zu 91% die Grundschule oder das Gymnasium. Das politische Interesse der Kinder, welches sich im Verlauf der Vorlesung nicht nur an der regen Teilnahme, sondern auch an den mitunter kompetenten Fragen, Antworten und der Beteiligung an dem Planspiel zeigte, verwies deutlich auf diese sozialstrukturelle Zusammensetzung, da politisches Interesse und Bildung, wie Studien gezeigt haben, in einem positiven Zusammenhang stehen (Hadjar/Becker 2006: 183-184).

Daher sollte die Vorlesung mit einer Vorstellung des Faches beginnen. Diese Phase wurde als dialogischer Frontalunterricht konzipiert. Die Kinder sollten eigene Definitionen von „Sozialwissenschaften", „Politik" und „Politikwissenschaft" geben, um das Vorwissen einschätzbar zu machen. Die zu erarbeitenden Definitionen waren jeweils reduzierte Fachbegriffe. Im Kern sollte stehen, dass es in der Politik um verbindliche Entscheidungen geht. Entscheidungen können entweder Gesetze sein oder Verteilungsfragen betreffen. Um Entscheidungen treffen zu können, bedarf es Spielregeln. Politikwissenschaft dient unter anderem dazu, diese Spielregeln zu untersuchen und zu vergleichen. Demokratie kann als Sammelbegriff für mögliche Spielregeln und gleichzeitig für eine zugrundeliegende gesellschaftliche Kultur erfahren werden.

Bei der Wahl der exemplarischen Problemstellung konnte der Nikolaus-Tag als Termin genutzt werden. Gemeinsam mit der Platzierung als letzte Kindervorlesung des Jahres und des Semesters ließ der Feiertag eine gewisse Lockerheit der Kinder erwarten. Diese sollte dadurch aufgegriffen werden, dass ein als Nikolaus verkleideter Mitarbeiter einen Sack mit Keksen anbietet. Dabei wurde als Problem definiert, dass jedes Kind gern viele Kekse hätte, dann aber die Kekse nicht ausreichen würden.

Diese Problemstellung sollte zur Grundlage für ein partizipatives Rollenspiel dienen. In einem Kinderparlament, dessen Grundregeln dem deutschen Parlamentarismus entsprechen, sollte für die Kinder das Modell der parlamentarischen Demokratie erfahrbar werden. Wichtig war, dass die Prinzipien der gleichberechtigten Beteiligung, des Argumentierens, des Verhandelns und des Kompromisses verdeutlicht werden. Gleichzeitig sollten Basisinformationen über die Aufgaben und Arbeitsweise des Bundestages vorgestellt werden. Die Methode des Rollenspiels ist eine Möglichkeit, die aktive Bürgerrolle nachzuspielen, und dabei neue Verhaltensmuster zu entwickeln (Völler 1998: 22). Im Rahmen von Verhandlungen können die im Rollenspiel vorhandenen Konflikte aufgelöst werden und die Kinder können am Modell Aspekte lernen, die sie in der komplexen Realität nicht verstehen (Deichmann 2004: 125).

In der Kinder-Uni wurde für das Rollenspiel ein Kinderparlament mit 10 Sitzen auf der Bühne vorbereitet, das – entsprechend der Sitzordnung des Deutschen Bundestags – in einem Halbkreis mit Sitzgruppen für die „Fraktionen" konzipiert wurde. Mit einem speziellen Wahlrecht wurde ex ante sichergestellt, dass eine Koalitionsbildung notwendig wurde: Es sollten drei „Parteien" zur Wahl stehen. Die Partei mit den meisten Stimmen sollte vier Sitze und die anderen beiden Parteien jeweils drei Sitze erhalten. Da den Kindern eine tatsächliche Vertretung von Parteiinteressen auf der Bühne nicht abverlangt werden konnte, wurde die faktische Parteivertretung durch wissenschaftliche Mitarbeiter vorgenommen, die als „Parteivorsitzende" auftraten. Diese Form der Darbietung wurde gewählt, um den Kindern einerseits die Möglichkeit zu geben, durch das vereinfachte Modell das Sachwissen leichter zu verstehen und andererseits das Demokratie-Bewusstsein durch die Erfahrung zu schärfen.

Jede der drei Parteien bekam eine Farbe und ein Parteiprogramm zugewiesen. Die Farbe sollte möglichst keine Übereinstimmung zu bekannten deutschen Parteien haben, klar unterscheidbar sein und durch einen Schal symbolisiert werden können. Die Parteiprogramme mussten so zusammengestellt werden, dass keines der Programme die volle Zustimmung aller Kinder erhalten konnte und jeweils bestenfalls Partikularinteressen verdeutlicht werden. Konzipiert wurde eine „blaue" Partei, die für die Verteilung von Keksen nur an Mädchen eintrat. Eine „graue" Partei setzte sich dafür ein, die Kekse nur an Kinder zu verteilen, die nicht aus Braunschweig kommen. Die „beige" Partei wollte die Kekse an die Eltern im Nachbarhörsaal verteilen. Es wurde erwartet, dass die beiden erstgenannten Parteien etwa ähnliche Unterstützung erhalten würden, da in der Kinder-Uni jeweils hälftig Jungen und Mädchen sowie Kinder aus Braunschweig und aus Nachbarkreisen vertreten waren. Die „Elternpartei" wäre bei eigennützig-rationaler Wahl nur für Jungen aus Braunschweig interessant, da diese dann erhoffen konnten, die Kekse durch ihre Eltern zu bekommen.

Vor der Vorlesung wurden Wahlzettel mit Stiften auf den Tischen der Kinder vorbereitet. Die Wahl sollte mit allgemeinen Erläuterungen zum Wahlrecht begleitet werden. Zu erläutern waren allgemeine, unmittelbare, freie, gleiche und geheime Wahl.

Für die Auszählung der Stimmzettel wurden ca. 15 Minuten vorgesehen. Diese Zeit sollte genutzt werden, um Informationen zu vermitteln, die nicht zwingend im Alltag bekannt sind. Ein Ziel der Kinder-Uni besteht auch darin, den Kindern gezielte Wissensvorsprünge zu vermitteln, um ihr Interesse zu erhöhen und Debatten mit anderen anzustoßen. Mit vergleichenden Bildern wurde zunächst der Gegensatz zwischen dem konsensorientierten deutschen Arbeitsparlament und dem mehrheitsorientierten britischen Redeparlament angezeigt.

Vor allem sollte auch der Begriff und die unterschiedliche Rolle von Opposition gezeigt werden. Daher wurden aktuelle, kurze Filme mit den jeweiligen Oppositionsführern im Parlament eingespielt. Weiteres Auswahlkriterium war die Präsentation einer Konsensstrategie in Deutschland und eines Konflikts in Großbritannien. Die ausgesuchten Sequenzen der oppositionellen Redner unterstrichen die Unterschiede der jeweiligen Arbeitsweisen in den Parlamenten. Die bewusst starke Kontrastierung ist notwendig gewesen, da die Kinder nur anhand der kurzen Filmausschnitte und ohne Kontext-, bzw. beim englischen Parlament Sprachverständnis, die Hauptunterschiede eigenständig erkennen sollten.

Aus dem Vergleich war das Fazit zu ziehen, dass selbst in westlichen Demokratien unterschiedliche Demokratieverständnisse herrschen. In Großbritannien dient die Volkssouveränität dazu, Herrschaft zeitlich zu begrenzen und die Ergebnisse einer Herrschaftsperiode gegenüber dem Bürgertum zu verantworten. In Deutschland geht es dagegen um kontinuierliche Machtkontrolle und Kompromisssuche.

Dieses Ergebnis sollte nach der Bekanntgabe der Wahlergebnisse exemplarisch in Koalitionsverhandlungen verdeutlicht werden. Die Verhandlungen sollten zu einem Ergebnis führen, dass für alle nachvollziehbar „gerechter" ist, als die einzelnen Parteiprogramme (jedes Kind sollte einen Keks erhalten). Dabei ging es um eine vereinfachte Form eines Kompromisses, der auch eine Volonté Générale im Rouseeau'schen Sinn darstellt: Aus den egoistischen Einzelinteressen von Gruppen wurde ein Gemeinwohl für alle destilliert. Im Ergebnis sollte ein/e Bundeskanzler/in gewählt werden, um die Koalitionsbildung und die Wahlfunktion des Parlaments zu zeigen.

Nach der Wahl der Kanzlerin galt es, vereinfacht die Vorteile einer (deutschen Form der) Demokratie zusammenzufassen. Ausgewählt wurden die drei Aspekte der Verhinderung der Tyrannis, der Maximierung von Wissen durch argumentativen Austausch und der Erhöhung von Legitimität.

Insgesamt wurde folgender Ablaufplan festgelegt:

- Vorstellung des Teams, des Faches Sozialwissenschaft und der Disziplin Politikwissenschaft: 4 Minuten
- Darstellung der Problemstellung (Verteilung von Keksen): 3 Minuten
- Vorstellung von Parteiprogrammen: 4 Minuten
- Wahl mit begleitender Diskussion darüber, in welchen Ländern Demokratie existiert: 4 Minuten
- Theorieteil zum Vergleich zwischen deutscher Verhandlungsdemokratie mit britischer Mehrheitsdemokratie (gleichzeitig Auszählung der Stimmen im Hintergrund): 15 Minuten
- Bekanntgabe der Wahlergebnisse und Einberufung des Kinderparlaments: 3 Minuten
- Koalitionsverhandlungen und Wahl der Kinderkanzlerin mit Wahlprogramm: 8 Minuten
- abschließendes Fazit zur Fragestellung: 4 Minuten

3. Durchführung

Die Durchführung des Konzepts entsprach weitgehend den Planungen. Wichtig war hier zunächst die technische Vorbereitung. Zu berücksichtigen war weiterhin, dass Kinder aller Sitzplätze, Herkünfte und Geschlechter möglichst gleichermaßen partizipieren konnten.

Die Vorlesung wurde durch eine Powerpoint-Präsentation mit insgesamt 13 Folien unterstützt. Die erste Folie stellte neben dem Titel das Lehrstuhlteam vor. Folie 2 beinhaltete drei Punkte zur Klärung des Gegenstands der Politikwissenschaft, die mit Verkehrszeichen und einem symbolisierten Schiedsrichter verdeutlicht wurden. In der dritten Folie wurde die Frage „Wer bekommt die Kekse" als Beispiel für eine verbindliche Entscheidung dargestellt und mit Abbildungen der zu verteilenden Kekse verdeutlicht. Die Folien vier bis sechs stellten jeweils Bilder und Namen der Parteivorsitzenden sowie eine Kurzform des Parteiprogramms dar (z. B. „Kekse nur für Mädchen"). Zur Unterstützung der Wahl enthielt Folie 7 eine Abbildung des Stimmzettels ergänzt durch die Kurzformen der jeweiligen Wahlprogramme. Auf Folie 8 wurden die Vergleichsländer Deutschland und Großbritannien in Europa geographisch vorgestellt. Folie 9 enthielt Bilder aus den beiden Parlamenten. Folie 10 stellte die beiden Filmausschnitte gegenüber, die einer Internetplattform entnommen worden waren. Als „Fazit des Vergleichs" wurde auf Folie 10 die britische „Herrschaft der Mehrheit auf Zeit" mit einer Uhr symbolisiert und dem deutschen Demokratieverständnis „Kontrolle und Kompromisse" zwischen verschiedenen Gruppen gegenübergestellt. Als Symbol für die deutsche Konsensdemokratie diente ein stilisierter Händedruck. Die Folie 12 sollte die zentralen Ergebnisse sichern und unterstützte die drei zentralen Aspekte wiederum durch Bilder stilisierter Figuren. Mit der letzten Folie wurde der Abschluss der Vorlesung verdeutlicht und zu Fragen aufgefordert.

Die Powerpoint-Präsentation erfüllte neben der Visualisierung auch den Zweck der Strukturierung der Vorlesung für das Team. Da nicht von Zetteln abgelesen werden sollte, waren die Folien auch für die Vortragenden jeweils als Stichwortgeber sinnvoll. Sie haben dazu beigetragen, dass es gelungen ist, die vorgegebene Zeit von 45 Minuten exakt einzuhalten.

Benötigt wurden zudem weitere Materialien für das Rollenspiel (Wahlurnen, Wahlzettel, Stifte, Nikolauskostüm, ca. 700 einzeln verpackte Kekse, Schals für die Parlamentarier und Parteivorsitzenden), die teilweise von den Organisatoren der Kinder-Uni gestellt und teilweise preiswert besorgt werden konnten. Interessant war die spätere Auswertung der Wahlzettel. In wenigen Fällen hatten Kinder ihren Namen auf die Zettel geschrieben und damit verdeutlicht, dass sie das Prinzip der geheimen Wahl nicht verstanden hatten. Nur ein Wahlzettel war ungültig: Offenbar bewusst hatte ein Kind alle drei Parteien durchgestrichen.

Die Befragung der Kinder zu den Kernbegriffen der Vorlesung ergab, dass zumindest einzelne Teilnehmer/innen über relativ konkrete Vorstellungen zur Demokratie verfügten. Ausländische Beispiele wurden interessanterweise offenbar überwiegend von Kindern mit Migrationshintergrund vorgebracht und beinhalteten jeweils wahrscheinlich die Herkunftsländer.

Die Vorstellung der Parteiprogramme durch die Parteivorsitzenden führte zu lautstarken Bewertungen durch die Kinder. Etwas überraschend kam es dabei offenbar zu nicht erwarteten Herdeneffekten. Vor allem die „Mädchenpartei", deren Programm als erstes vorgestellt wurde, stieß auf unerwartet starke Ablehnung, die sich auch im Wahlergebnis niederschlug. Die Mädchenpartei landete weit abgeschlagen hinter der grauen Partei der „Pendler-Kinder" auf dem zweiten Platz. Die Eltern-Partei konnte immerhin ca. 15 Prozent der Stimmen auf sich vereinen.

Das Wahlergebnis hatte nur minimale Auswirkungen auf den Plan der Koalitionsverhandlungen. Im Kern konnten die Parteiführer die vom Vorlesenden moderierten Koalitionsverhandlungen entsprechend der ursprünglichen Planungen durchführen. Wie erwartet, erzielte die beige Partei (Verteilung an die Eltern) drei Sitze und verweigerte eine Zusammenarbeit mit anderen Parteien. Die beiden anderen Parteiführer einigten sich verabredungsgemäß auf eine Verteilung von einem Keks an jedes Kind. Dabei wurde anders als geplant keine Parlamentarierin der (blauen) Mädchenpartei zur „Bundeskanzlerin" gewählt. Die graue Partei (Verteilung an die Kinder von außerhalb) konnte als Wahlgewinnerin mit vier Sitzen die größte Fraktion und die Regierungschefin stellen. Diese wurde bei der Auswahl der Kinder durch den „Parteivorsitzenden" aus dem Kreis der Parlamentarier ausgewählt. Die Kinder wählten – in ihren Rollen als Parlamentarier – entsprechend der Absprachen.

Im Anschluss an das Rollenspiel wurden die Ergebnisse durch den Vorlesenden analysiert. Diese Analyse bezog sich einerseits auf das Zustandekommen des Kompromisses und andererseits auf das System, welches zur Lösung des Problems beigetragen hatte. Ziel dieser kurzen Analyse war es, die Kinder auf dem Weg der Lösung des Konflikts zu begleiten sowie ihnen die strukturellen Vorteile der Demokratie vor Augen zu führen und am vereinfachten Modell das Bewusstsein für Demokratie an zu schärfen.

Die Kinder folgten der Vorlesung durchweg aufmerksam. Der Lärmpegel in dem Hörsaal stieg lediglich während des Rollenspiels an. Dies war aber eher interessierter Beteiligung zuzuschreiben. Es gab keine Hinweise darauf, dass Kinder der Vorlesung phasenweise nicht mehr gefolgt wären.

4. Rezeption

In der Braunschweiger Lokalzeitung wird regelmäßig über die Veranstaltungen der Kinder-Uni berichtet. Bei der Vorlesung war ein Vertreter der Zeitung anwesend, der einen positiven Bericht veröffentlichte. Der Zeitungsbericht ist im Anhang zu diesem Text wiedergegeben (Thobaben 2008). Die Online-Fassung des Presseberichtes stellt den Aufbau und Verlauf der Kinder-Uni detailliert dar. Er rezipiert außerdem ein Interview mit der gewählten Kinderkanzlerin, die sich sehr positiv äußerte.

Die Kinder-Uni wurde außerdem komplett von einer studentischen Arbeitsgruppe auf Video aufgenommen und im Internet zur Verfügung gestellt (AGS 2008). Das Video erreichte hohe Zugriffszahlen und wurde auch im Kollegenkreis in den nachfolgenden Tagen umfassend diskutiert.

5. Schlussfolgerungen

Die Vorlesung hat gezeigt, dass bereits acht- bis zwölfjährige Kinder großes Interesse an konkreten politischen Prozessen entwickeln können (siehe auch Tausendpfund 2008). Die Methode des Rollenspiels ist für diese Altersgruppe offenbar geeignet. Die Prinzipien einer allgemeinen, unmittelbaren, freien, gleichen und geheimen Wahl sind dagegen noch nicht unbedingt vertraut und sollten auch in anderen Kontexten vertieft werden. Wichtig ist es auch für die Kinder zu erfahren, dass zwischen einzelnen Parteiprogrammen und den letztlich ausgehandelten Politikergebnissen ein Unterschied bestehen kann.

Literatur

AGS (2008): Videoaufnahme der Vorlesung an der Kinder-Uni Braunschweig-Wolfsburg am 6. Dezember 2008 von Nils Bandelow zum Thema „Warum brauchen wir Demokratie". Online verfügbar unter: http://www.ags.tu-bs.de/kinderuni_2008 und unter: http://www.tu-braun schweig.de/innenpolitik/aktuelles

Deichmann, Carl (2004): Lehrbuch Politikdidaktik. München/Wien: Oldenbourg

Hadjar, Andreas/Becker, Rolf (Hrsg.) (2006): Die Bildungsexpansion. Erwartete und unerwartete Folgen. Wiesbaden: VS Verlag für Sozialwissenschaften

Hadjar, Andreas/Becker, Rolf, (2006): Politisches Interesse und politische Partizipation. In: Hadjar, /Becker (2006): 179-204

Himmelmann, Gerhard/Lange, Dirk (Hrsg.) (2007): Demokratiebewusstsein: Interdisziplinäre Annäherung an ein zentrales Thema der politischen Bildung, Wiesbaden: VS Verlag für Sozialwissenschaften

Himmelmann, Gerhard (2007): Durch Demokratie-Lernen zum Demokratiebewusstsein. In: Lange /Himmelmann (2007): 26-40

Tausendpfund, Markus (2008): Demokratie Leben Lernen – Erste Ergebnisse der dritten Welle: Politische Orientierungen von Kindern im vierten Grundschuljahr. Arbeitspapiere – Mannheimer Zentrum für Europäische Sozialforschung. Nr. 116. Mannheim

Thobaben, Henning (2008): Politisches Tauziehen um Kekse. Mit einem Rollenspiel endete die letzte Vorlesung an der Kinder Uni: Warum brauchen wir Demokratie? In: Braunschweiger Zeitung, 8. 2008. Online verfügbar unter: http://www.newsclick.de/index.jsp/menuid/2048/ artid/9556958

Völler, Heribert (1998): Planung und Durchführung von Rollen und Planspielen im Wirtschaftsunterricht. In: Winklers Flügelstift 2/98. 22-28

Nachtrag: Presseartikel

Politisches Tauziehen um Kekse

Mit einem Rollenspiel endete die letzte Vorlesung der Kinder-Uni: Warum brauchen wir Demokratie?

Henning Thobaben, Braunschweiger Zeitung, 8. Dezember 2008, S. 10

Da stand der Nikolaus, mit einem Sack voll Kekse. Aber wer von den rund 400 Kindern im Audimax der Technischen Universität sollte etwas abbekommen? Dozent Professor Nils Bandelow wollte es jedenfalls nicht alleine entscheiden. Schließlich hieß der Titel der vorerst letzten Vorlesung an der Kinder-Uni: Warum brauchen wir Demokratie? Der Professor für Innenpolitik hielt sich von diktatorischen Bestrebungen fern und mampfte nicht alleine darauf los.

Stattdessen ließ er das einst von Herbert Grönemeyer besungene Motto Wirklichkeit werden: Kinder an die Macht! Da es in Deutschland eine repräsentative Demokratie gibt, mussten jetzt Parteien her. Bandelow hatte im Vorfeld drei wissenschaftliche Mitarbeiter zu deren Vorsitzenden ernannt.

Da war Carina von der blauen Partei. Ihr Argument für eine gerechte Verteilung der Kekse: Mädchen sind schlauer und fleißiger als Jungen. Also sollte das Naschen auch den Mädchen vorbehalten sein.

Heftige Buhrufe von den Jungen. Stefan von der grauen Partei plädierte dafür, das Gebäck als Entschädigung für die längere Anreise an Kinder von außerhalb zu verteilen – wogegen die Braunschweiger Kids lautstark protestieren. Besonders unbeliebt machte sich letztlich Kristina von der beigen Partei. Ihr Vorschlag: Die Eltern sollten die Kekse bekommen.

Bandelow hatte in den ersten Reihen Stimmzettel verteilt. Nun durfte gewählt werden. „Nicht vom Nachbarn abgucken", riet der Dozent und machte auf das Grundrecht der geheimen Wahl aufmerksam.

Von Politikverdrossenheit war bei den 8- bis 12-Jährigen nichts zu sehen. Jeder machte sein Kreuz. Die Zeit der Auszählung nutzte Bandelow für einen Theorieblock. Er erklärte, was eine Opposition ist und machte Unterschiede zwischen der deutschen und britischen Demokratieform deutlich.

Nach einiger Zeit stand das Wahlergebnis fest: Die graue Partei hatte gewonnen. Bandelow ließ die Parteivorsitzenden aus dem Publikum Fraktionsmitglieder zusammensuchen. Am Ende musste eine Koalition gebildet und ein Kompromiss gefunden werden: Jedes Kind im Saal bekommt einen Keks. Und damit war den Kindern auf gewohnt spielerische Art gezeigt worden, warum Demokratie wichtig ist.

Viel mehr als über den Abschluss-Keks freute sich die 10-jährige Janne über ihre Ernennung als Bundeskanzlerin. „War sehr lustig", urteilte die Wahlsiegerin aus Cremlingen über das Rollenspiel. Und gab als Merkel-Pendant ein klares Votum ab: Die Vorlesung heute hat mir von allen am besten gefallen. Meinungsfreiheit – auch das ist eben ein Grund, warum wir Demokratie brauchen.

Vorstellungen von Politiklehrerinnen und -lehrern und ihre Bedeutung für die Entwicklung einer Didaktik der Demokratie

Andreas Klee

Welche Relevanz besitzen alltagsdidaktische Vorstellungen von Lehrerinnen und Lehrern?

Professionstheoretische Forschungen zum Lehrendenhandeln belegen, dass Lehrkräfte über subjektive und fachbezogene Erfahrungs-, Wahrnehmungs- und Beobachtungskriterien verfügen. Im nachfolgenden werden diese als alltagsdidaktische Vorstellungen bezeichnet. So ist beispielsweise das eigene Fachverständnis der Lehrenden elementar für die didaktische und methodische Aufbereitung der zu vermittelnden Fachinhalte. Diese Vorstellungen sind eng an bisherige Unterrichtserfahrungen sowie an die Charakteristika der verschiedenen Unterrichtsgegenstände gekoppelt, beispielsweise an das naturwissenschaftliche Experimentieren, an das Modellieren in der Mathematik oder auch an das Kontextualisieren, Strukturieren und Beurteilen sozialwissenschaftlicher Gegenstände. Erkenntnisse über die Ausprägungen und vor allem Handlungskonsequenzen dieser Alltagsvorstellungen liefern entscheidende Hinweise für die Lehramtsausbildung bzw. der Weiterbildung von Lehrenden und entwickeln somit unmittelbare Bedeutsamkeit für theoretische Erwägungen der politischen Fachdidaktik. Wird diese Annahme ernst genommen, gerät die Verschiedenartigkeit von Alltagsdidaktiken und fachdidaktischer Theorie nicht länger zum Defizit, sondern die Praxisexpertise von Lehrerinnen und Lehrern wird produktiv in den didaktischen Diskurs eingebunden.

Notwendig wäre diesbezüglich eine übergeordnete fachliche Leitidee, die sowohl universitäre als auch schulische Kontexte zu vereinen vermag. Dies konnte in Bezug auf naturwissenschaftlichen und mathematischen Unterricht nachgewiesen werden (vgl. Ledermann; Zeidler: 1987; Brickhouse 1990; Köller et al. 2000). Überdies belegen Untersuchungen zu schulischen Lehr-Lernprozessen, dass die Philosophie eines Faches (Shulman 1986) immer auch impliziter Unterrichtsgegenstand ist (vgl. Bromme/Haag 2004: 783).

Mit der Absicht, Demokratielernen als einen derartigen Konsens zu etablieren wird ein Schritt in diese Richtung getan. Allerdings müssen Lehrerinnen und Lehrer dabei von Beginn an in die theoretische Konstruktion integriert werden. Die Voraussetzung hierfür stellt ein konstruktiver Problembezug auf Unterrichtspraxis dar, bei dem sich fachliche und alltägliche Expertisen kooperativ vernetzen und die beiderseitig vorhandenen Reflexionskompetenzen fruchtbar aufeinander beziehen (vgl. Kolbe/Combe 2004: 864 f.) In den nachfolgenden Darstellungen werden daher alltagsdidaktische Vorstellungen von Lehrerinnen und Lehrern erhoben und auf ihre Relevanz hin für das Lehren und Lernen von Demokratie befragt. Als exemplarischer Untersuchungsgegenstand dient dabei das politikdidaktische Theorem der Politischen Urteilsbildung, welches als konsensfähiges Moment der Konkretisierung demokratiedidaktischer Zielsetzungen angenommen wird.

Die Untersuchung kann dabei lediglich in Auszügen präsentiert werden, die ausführliche Darstellung der Grundlagen, Vorgehensweisen und Ergebnisse sind nachzulesen in Klee, Andreas (2008). Entzauberung des Politischen Urteils. Wiesbaden: VS Verlag für Sozialwissenschaften.

Welche Bedeutung hat die Politische Urteilsbildung im Rahmen demokratiedidaktischer Überlegungen?

Ein Selbstverständnis von Politischer Bildung, welches Bürgerinnen und Bürger als Akteure politischen Handelns begreift und dieses als Voraussetzung der Wahrung und Umsetzung demokratischer Kultur versteht, kommt nicht umhin, die individuelle Urteilskompetenz von Schülerinnen und Schülern als Intention politischen Lernens zu erachten. Eine am Leitbild des urteilsfähigen Bürgers ausgerichtete Demokratiedidaktik vermittelt die erforderlichen politischen Kenntnisse zur Teilhabe an der politischen Öffentlichkeit und schafft dadurch die notwendigen Voraussetzung für den gedeihlichen Fortbestand unserer parlamentarisch-repräsentativen Demokratie (vgl. Juchler 2005: 108). Im Hinblick auf eine anzustrebende demokratische Gesamtdisposition kommt man damit nicht umhin die Kompetenz, das politische Geschehen aufmerksam zu verfolgen und mit kritischem Verstand zu beurteilen, als zentralen Baustein des Lehrens im Politikunterricht zu erachten. Selbstbestimmt und ohne Leitung eines anderen zu denken, sich um eine eigene Beurteile zu bemühen und diese gegebenenfalls auch öffentlich zu vertreten, unterscheidet gerade demokratische Bürgerinnen und Bürger vom affirmativen Verhalten der Bewohner des Obrigkeitsstaats (vgl. Breit 2002: 148 f.).

Jenseits der fachlichen Dissonanzen um Kategorien, Kernkonzepte und Kompetenzen bleibt somit immer die Frage bestehen, welches über das jeweilige Vorwissen hinausgehende Wissen im Unterricht gelehrt und gelernt werden muss, um die politische Urteils- und Partizipationskompetenz von Schülerinnen und Schülern zu fördern (vgl. Henkenborg 2008: 84). Entsprechend dieser Feststellung scheint es stimmig, das Professionswissen von Lehrerinnen und Lehrern bezüglich der politikdidaktischen Leitidee der Urteilsfähigkeit zu untersuchen und diese im Hinblick auf ihre mittelbaren Konsequenzen des Lehrens von Demokratie auszudeuten. Zielsetzung ist es dabei Ansatzpunkte für eine produktive Begegnung theoretischer und praktischer Überlegungen zu identifizieren und dadurch den sinnstiftenden Wissenstransfer zwischen universitären und schulischen Kontexten zu befördern.

Im Folgenden soll daher aufgezeigt werden, welche Vorstellungen Lehrkräfte bezogen auf das fachspezifische Bildungsziel der Urteilsbildung aktivieren und wie dieses in der Strukturierung von Unterricht sichtbar wird.

Wie kann man sich den Aufbau alltagsdidaktischer Vorstellungen vorstellen?

Innerhalb der Professionsforschung wird davon ausgegangen, dass Lehrerinnen und Lehrer über wahrnehmungsleitende Kategoriensysteme in Form gedanklicher Konzepte und Schemata verfügen. Sie verstetigen sich durch unterrichtspraktische Erfahrungen und bilden ein umfängliches System über unterrichtliches Handeln (vgl. Combe; Kolbe 2004: 838). Die Entwicklung des Alltagsverständnisses vollzieht sich dabei durch die Eingebundenheit in eine kollektive, berufskulturelle Verständigungspraxis.

Die Professionsforschung konstatiert eine hierarchische Struktur des Alltagsverständnisses von Lehrenden. Gedankliche Schemata von Lehrerinnen und Lehrern werden dabei entlang der Dimensionen Einfachheit und Komplexität differenziert. Ausgangspunkt des Entstehens von Professionswissen ist dabei immer die praktische Verwendungsperspektive beziehungsweise die Bewältigung der Praxis. Die genuine Praxis-Anforderung an Lehrende offenbart sich dabei in der Organisation einer unterrichtlichen Aktivitätsstruktur und verlangt nach einer Situationswahrnehmung, die an unmittelbare Handlungsoptionen gekoppelt sind. Das heißt praktisch geronnene Erfahrungen müssen sich zunächst zu lösungsdienlichen Vorstellungs-Strukturen verdichten, die ein flüssiges Handeln in der pädagogischen Situation möglich machen. Mit zunehmendem Expertentum werden derart erfasste Konstellationen und Situationen unterrichtlichen Handelns dann als verallgemeinerte Kognitionen abgespeichert. Diese als *„chunks"* bezeichneten gedanklichen Kategorien enthalten Grundsätze, die sich letztlich zu übergreifenden Mustern im Sinne von Handlungsprinzipien, -maximen und Philosophien zusammenschließen.

In Bezug auf die Intention dieser Darstellung ist festzuhalten, dass die vorhandenen gedanklichen Kategorien von Lehrerinnen und Lehrern als maßgeblich für die die Planung und Durchführung tatsächlicher Lehr-Lernprozesse angenommen werden müssen. Für eine Fortentwicklung der Unterrichtswirklichkeit werden innerhalb der Professionsforschung daher zunächst die Rekonstruktion und hiernach (gegebenenfalls) die Differenzierung der kategorialen Wahrnehmungen von Lehrenden als entscheidend erachtet (vgl. Combe; Kolbe 2004: 839).

Hieraus ergibt sich nachfolgende Arbeitsdefinition: Alltagsdidaktische Vorstellungen umfassen die im Rahmen der beruflichen Sozialisation gewachsene Handlungs- und Reflexionskompetenz zur Gestaltung und Verarbeitung von fachspezifischen Lehr-Lernsituationen. Diese Vorstellungen sind hierarchisch strukturiert, d.h. sie differenzieren sich in gedanklichen Kategorien deren Grundsätzen sich zu übergreifenden Mustern zusammenschließen lassen (vgl. Klee 2008: 25 f.).

Wie wurden die alltagsdidaktischen Vorstellungen zur Politischen Urteilsbildung untersucht?

Die Forschungslogik des hier vertretenen Ansatzes der Vorstellungsforschung basiert auf der Grundannahme eines symmetrischen Dialogs zwischen Forschenden und Erforschten. Es ist Zielsetzung die Subjekte selbst zur Sprache kommen zu lassen; sie selbst sind die Experten für ihre eigenen Bedeutungsgehalte (vgl. Mayring 2002: 66). In der hier dargestellten Untersuchung wurde hierfür durch die Synopse zweier bestehender Verfahren, die Erhebungsmethode des Fokussiert Problemzentrierten Interviews entwickelt. Diese Interviewform basiert auf einer Kommunikationsstrategie, die zum einen auf die subjektive Problemsicht des Probanden abzielt, aber gleichzeitig anstrebt, die Narration durch theoretisch gestütztes Nachfragen zu ergänzen. Dabei gewährleistet das hier gewählte Verfahren jederzeit die notwendige methodische Offenheit, um die subjektiven Erklärungsmuster der Probanden zu explizieren. Die dialogische Grundstruktur ermöglicht es Gesichtspunkte zu ergänzen oder neu auftauchende Aspekte aufzugreifen und diese unmittelbar in die Interviewsituation einzubringen. Oberste Prämisse bleibt somit die Realisation eines diskursiv-dialogischen Verfahrens, denn „ein Ziel fokussierter Interviews ist es ja gerade, die Themenreichweite zu maximieren und den Befragten die Chance zu geben, auch nichtantizipierte Gesichtspunkte zur Geltung zu bringen" (Hopf 1995: 188).

Lehrerinnen und Lehrer werden durch diese Vorgehensweise als Experten unmittelbar in den angestrebten Erkenntnisprozess einbezogen.

Nach der Durchführung der Interviews und der Transkription der Tondokumente wurde das verschriftlichte Datenmaterial in Anlehnung an die Methode der Qualitativen Inhaltsanalyse von Mayring (2003) ausgewertet. Nachfolgend werden die dabei maßgeblichen Arbeitsschritte kurz charakterisiert:

1 Erstellen von geordneten Aussagen

Das vorliegende Datenmaterial wird zu kohärenten Aussagenkomplexe zusammengefasst. Durch diese Bündelung von Aussagen werden Interviewpassagen aus ihren ursprünglichen Zusammenhängen gelöst und in einer neuen Gestalt dargestellt. Bei dieser ersten typisierenden Strukturierung werden markante Bedeutungsgegenstände herausgezogen und einander zugeordnet Leitend sind dabei die vorfindlichen untersuchungsrelevanten Kategorien und Konzepte der interviewten Lehrerinnen und Lehrer.

2 Explikation

Im Rahmen des Arbeitschrittes der Explikation werden charakteristische Merkmale, sprachliche Aspekt sowie Brüche, Tendenzen und bestehende Probleme der vorliegenden Aussagen interpretativ erschlossen. Leitend ist dabei immer der Bezug auf den Untersuchungsgegenstand. Auf der Grundlage vergleichender oder wörtlicher Zitate aus den Transkripten werden die zentralen Vorstellungsmuster der Interviewten expliziert. Strukturgebend sind dabei die zuvor erstellten geordneten Aussagen. Die geordneten Aussagen werden durch den erneuten Bezug auf das gesamte Interview inhaltlich validiert und im Hinblick auf das angestrebte Herauspräparieren von Konzepten sprachlich ausgedeutet und fokussiert. Die Formulierung der Charakteristika erfolgt eng an der Sprache der Interviewpartner. Dabei werden gleichzeitig augenfällige Widersprüche, Tendenzen und bestehende Probleme innerhalb des untersuchten Professionswissens interpretativ erschlossen. Die Dokumentation individuell vorhandener Dissonanzen, aber auch Interessen und Neigungen der Interviewten, geschieht dabei im Hinblick auf die Verständigungsabsicht der vorliegenden Arbeit.

3 Verallgemeinernde Strukturierung zu Denkfiguren

Ausgehend von den erfassten individuellen Konzepten zur Politischen Urteilsbildung wird die Verallgemeinerung anhand einer Kategorienbildung vorgenommen. Damit können Klassen von Wissenstrukturen gebildet werden, die ähnliche oder verbindende Merkmale enthalten. Die Verallgemeinerung wird in der Weise erreicht, dass innerhalb des Professionswissens von Lehrerinnen und Lehrern nach Überschneidungen, aber auch nach verschiedenartigen Ausprägungen gesucht wird. Das Bestreben der Generalisation besteht darin, ein umfassendes Repertoire von Wissenselementen zu konstruieren, in dem sämtliche bedeutungsvoll erscheinenden Aussagen der Einzelfälle Berücksichtigung finden. Hierzu werden die dabei explizierten Wissensstrukturen in ihren gestalthaften Zusammenhängen dargestellt und zu bedeutenden Denkfiguren alltagsdidaktischen Denkens zusammengeschlossen. Das Explizieren von Denkfiguren orientiert sich dabei nicht an fachlichen Rastern, sondern nimmt die erhobenen idiographischen Wissensbestände von Lehrenden zum Ausgangspunkt.

Der explorative Charakter des Vorgehens fragt dabei nicht nach der Vollständigkeit der erfassten Denkstrukturen, sondern nach den Ansatzpunkten, die diese für die wechselseitige Kooperation fachdidaktischer und alltagsdidaktischer Vorstellungen eröffnen. Dadurch soll nicht ausgeschlossen werden, dass es weitere, nicht erfasste Figuren alltagsdidaktischen Denkens gibt (vgl. Gropengießer 2005: 183 f.). Allerdings eröffnet dieser Teil der Untersuchung ein Spektrum an alltagsdidaktischen Überlegungen zur Politischen Urteilsbildung, von denen angenommen werden kann, dass sie in entsprechender Form auch bei anderen Lehrerinnen und Lehrern auftreten.

Welche Vorstellungen zur Politischen Urteilsbildung konnten herauspräpariert werden?

Nachfolgend werden Beispiele der insgesamt explizierten Vorstellungen von Lehrerinnen und Lehrern dargestellt. Hierfür wird das Medium der Denkfigur gewählt. Denkfiguren werden hier als vielschichtige Modelle der Interpretation und Identifikation von politikdidaktischen Handlungsmöglichkeiten in Kontext der Politischen Urteilsbildung verstanden. Sie stellen Grundsätze alltagsdidaktischer Vorstellungen dar und beziehen sich auf einzelne Lehr-Lern-Episoden der Vermittlungspraxis. Es wird somit angenommen, dass Denkfiguren typisierende und verallgemeinernde Kategorien bilden und im Bezug auf die Reflexion und Antizipation von Vermittlungsprozessen erklärenden Charakter haben. Die, den Denkfiguren voran gestellten exemplarischen Passagen aus den Interviewtranskripten sollen die Denkfigur exemplarisch illustrieren.

Denkfigur Abstraktes Lernen

„Und so ganz handwerkliche Dinge, dass ich mir vornehme, im neunten Schuljahr dafür zu sorgen, dass sie bestimmte Namen und bestimmte Ordnungen in unserem Land kennen, dass sie den Staatsaufbau irgendwie begreifen, dass sie also irgendwo begreifen, was in ihren Kopf ja sonst gar nicht reinkommt, die würden sich ja nie ein, darüber einen Unterschied bilden über, was ein Bundeskanzler ist, was ein Bürgermeister ist."

Innerhalb der explizierten Vorstellungen kommt dem Vermitteln von abstrakten Kenntnissen als Voraussetzung zur Beurteilung politischer Entscheidungssituationen eine übergeordnete Bedeutung zu. Daraus ergeben sich alltägliche Vorstellungsmuster, die die quantitative Anreicherung des kognitiven Repertoires von Schülerinnen und Schülern unmittelbar mit der Qualitätssteigerung der Urteilskompetenz konnotieren. Insgesamt wird betont, dass ein vorwiegend emotional geprägter und ausschließlich auf soziale Kompetenzen fokussierter Unterricht nicht ausreicht, um die Fähigkeit zur Politischen Urteilsbildung bei Schülerinnen und Schüler anzubahnen. Letztlich wird hinter all diesen Konzepten die grundlegende Vorstellung sichtbar, dass ohne die Vorabvermittlung von Wissen kein Urteil denkbar ist. Lehrende gehen dabei von einem abstrakten Wissenskontinuum aus. Die Herkunft, Vollständigkeit und Struktur der zu vermittelnden Grundkenntnisse werden dabei nicht problematisiert, sondern als scheinbar gegeben erachtet, beziehungsweise intuitiv aus der eigenen Wahrnehmung politischer Prozesse abgeleitet. Politikdidaktische oder politikwissenschaftliche Erwägungen werden dabei nur unterbewusst angestellt.

Die Denkfigur Erfahrungsbezogene Legitimation

„Und das kann man dann eigentlich nur an schulinternen Dingen aufhängen, dass man sie dazu bewegt, sich zu interessieren oder an Dingen die in ihrem näheren Umfeld passieren. Alle Themen, die sie selbst ansprechen, also wo sie sich auskennen von ihrer eigenen Erfahrung her. Es darf auch nie weiter gehen, als diese Erfahrung, die sie selber mitbringen, weil diese Vorstellungskraft nicht da ist."

Alle Interviewpartner verfügen über alltagsdidaktische Vorstellungskonzepte, die die Bedeutsamkeit erfahrungs- und alltagorientierter Ansätze betonen. Politikunterricht, der die Kompetenz zur Urteilsbildung vermitteln will, muss nach diesen Vorstellungen immer an Erfahrungen ansetzen sowie bedeutsame Themen und persönliche Betroffenheiten aufgreifen. Nur so kann es gelingen, Schülerinnen und Schüler überhaupt für Politik zu interessieren. Die bei den interviewten Lehrerinnen und Lehrer erhobenen Wissenselemente betonen insgesamt eine Unterrichtspraxis, die intendiert, die vorhandenen Lernvoraussetzungen von Schülerinnen und Schülern unmittelbar aufzugreifen und sie zum Gegenstand und Ausgangspunkt der unterrichtlichen Auseinandersetzung zu machen.

Die Denkfigur Sozialisationsorientierte Kompensation

> „... ein Großteil der Schüler ist oberflächlich medienorientiert, in der Regel wirklich nur ober-
> flächlich, was heißt oberflächlich, so Schlagzeilen-Informationen sind das. Die stellen das
> größte Problem eigentlich dar. Ich habe auch den Eindruck, dass von Seiten der Eltern, aber
> das ist nur ein Eindruck, ich kann das nicht wirklich nachprüfen, also ich habe den Eindruck,
> dass da auch wenig Einflüsse von Seiten der Eltern vorhanden sind. Ich glaube Politik spielt
> bei dem größten Teil unserer Schüler eine geringe Rolle im täglichen Gespräch mit anderen."

Nach den Vorstellungen aller Interviewpartner gründen die vorhandenen Lernvoraussetzungen von Schülerinnen und Schülern unmittelbar auf deren außerschulische Sozialisation. Die anzutreffenden lebensweltlichen Vorprägungen
werden dabei durchweg als Gefährdung wahrgenommen. Die Beschäftigung
und Auseinandersetzung mit sozialisatorischen Vorbedingungen messen die
Lehrenden einen zentralen Bestandteil ihrer Tätigkeit als politische Bildnerin-
nen und Bildner zu. Dabei verfolgen sie die Zielsetzung, Schülerinnen und
Schülern ihre außerschulisch generierten Vor-Urteile bewusst zu machen und
dadurch Politische Urteilsbildung zu qualifizieren, beziehungsweise anzubahnen.

Welche Konsequenzen entwickeln sich aus diesen Ergebnissen für demokratiedidaktische Überlegungen?

Zunächst ist festzuhalten, dass Politiklehrerinnen und -lehrer über alltagsdidaktische Vorstellungen verfügen. Die explizierten Denkfiguren zeigen, dass Praktikerinnen und Praktiker mit dem erreichen politischer Bildungsziele spezifische
Vorstellungsstrukturen konnotieren. Es ist zudem davon auszugehen, dass die
Summe dieser Vorstellungen eine Alltagsphilosophie der Politischen Bildung
konstituiert. Mit den damit verbundenen Zuschreibungen seitens der Praxis
müssen politikdidaktische Innovationen umgehen. Strebt man im Rahmen der
Diskussion um die Demokratiedidaktik danach eine neue Mitte für die Politische Bildung zu etablieren, sollte und kann man dies nicht übersehen. Es wäre
aussichtslos, Demokratiedidaktik als ausschließlich universitäre Innovation top
down an die Praxis weiterleiten zu wollen.

Dies kann nur gelingen wenn Praktikerinnen und Praktiker von Beginn an
aktiv an der fachdidaktischen Theoriebildung beteiligt werden. Durch eine solche grundständige und stetige Theorie-Praxis-Reflexion (vgl. Duncker 2002)
kann ein demokratiedidaktischer Habitus entwickelt werden, der einen fortdau-
ernden Kooperationsprozess begründet. Die Voraussetzung hierfür stellt ein
konstruktiver Problembezug demokratiedidaktischer Überlegungen auf Unter-

richtspraxis dar, bei dem sich fachliche und alltägliche Vorstellungen kooperativ vernetzen und beiderseitige Reflexionskompetenzen fruchtbar aufeinander beziehen (vgl. Kolbe; Combe 2004: 864 f.). Die Bezugnahme von Theorie- und Praxisentwicklung ist in der erziehungswissenschaftlichen Handlungs- und Praxisforschung längst verinnerlicht und zeigt sich in der Überzeugung, dass Praktikerinnen und Praktiker nicht als Objekte, sondern ebenso wie Wissenschaftlerinnen und Wissenschaftler als Akteure in fachbezogene Diskurse zu integrieren sind (vgl. Altrichter; Feindt 2004: 417). Diese Haltung muss durch die Fachdidaktik übernommen werden.

Bei Blick auf die zuvor exemplarischen dargestellten Befunde zeigt sich, dass innerhalb der explizierten Alltagsdidaktiken eine Unvereinbarkeit zwischen der Erfahrungs- und Wissensorientierung politischen Lehrens und Lernens zu identifizieren ist. Die dabei aufgezeigten Denkfiguren „Abstraktes Lernen", „Erfahrungsbezogene Legitimation" und „Sozialisationsorientierte Kompensation" stehen einander beziehungslos gegenüber. Alle Vorstellungen der interviewten Lehrerinnen und Lehrer akzentuieren die Notwendigkeit erfahrungsbasierter Zugänge während gleichzeitig Vorstellungsmuster erkennbar werden, die auf die Notwendigkeit der Vorabvermittlung von Wissen und die Verdrängung außerschulischer erworbener Wissenselemente insistieren. Diese Brüche zwischen „Erfahrung und/oder Wissen" und „Erfahrung als Lernausgangspunkt und/oder Erfahrung als Lernblockade" lassen sich insgesamt als zentrale alltagsdidaktische Dilemmata verorten. Erstaunlich ist, dass sich beide Vorstellungsaspekte nahezu unvermittelt gegenüber stehen und dadurch teilweise paradoxe alltagsdidaktische Konzeptionen nach sich ziehen. Es liegt daher nahe, dass diese explizierten Vorstellungsbrüche mögliche Ausgangspunkte eines alltagsdidaktischen circulus vitiosus bilden, der als ursächlich für die teilweise vorhandene alltagsdidaktische Resignation, Verweigerung oder Nichtbeachtung fachdidaktischer Prinzipien (hier zum Beispiel: Politische Urteilsbildung) angenommen werden kann. Das heißt, die Schwierigkeiten der Kooperation begründen sich möglicherweise nicht nur durch die Uneinigkeit von fach- und alltagsdidaktischen Vorstellungen, sondern durch zusätzliche individuelle Vorstellungsparadoxien.

Ein weiterer bedeutsamer bereits implizit erwähnter Aspekt ist die Feststellung, dass alltagsdidaktische Vorstellungen zu einem großen Maß von dem Anspruch geleitet sind, außerschulische und alltagsweltliche Defizite zu kompensieren. Die ohnehin vorhandene gesellschaftliche Erwartungshaltung an Politische Bildung wird so durch das eigene Anspruchsdenken der Lehrenden potenziert. Das dabei wahrgenommene Scheitern des zum Teil selbstauferlegten Bildungsauftrags führt bei Lehrerinnen und Lehrern insgesamt zu einem defizitären didaktischen Selbstverständnis und zur Ablehnung fachdidaktischer Innovationen, die als weitere Überforderung interpretiert werden.

Demokratiedidaktische Überlegungen müssen daher besonderes Augenmerk auf die Legitimation alltagsweltlicher Zugänge zum Politischen legen. Dadurch könnten sie einen Ausweg aus dem dichotomischen Verhältnis von Wissen und Erfahrung aufzeigen. Alltagsdidaktiken müssten dabei beispielsweise von der in der Denkfigur „Sozialisationsorientierte Kompensation" angelegten Befürchtung befreit werden, durch die Bezugnahme auf die Lebenswirklichkeit der Lernenden den Kern des Politischen zu verfehlen (vgl. Lange 2004: 37). Eine so verstandene Didaktik sieht ihre Aufgabe nicht länger nur in der Konstruktion von Lerngegenständen, bei denen der Alltag lediglich die Treppe zum Wesentlichen darstellt, sondern vollführt eine lebensweltliche Entgrenzung des Politischen. Alltägliche mikropolitische Kontexte sind dabei analytisch ebenso bedeutsam wie staatliche oder überstaatliche Ebenen. Politisch sind letztlich alle Einheiten und Zusammenhänge, in denen informiert, überzeugt, manipuliert, abgestimmt oder angeordnet wird, um allgemeinverbindliche Entscheidungen herzustellen. Die Herstellung von Verbindlichkeiten ist dadurch nicht ausschließlich auf staatliche oder zwischenstaatliche Strukturen beschränkt. Subinstitutionelle Ebenen wie die Familie, die Klassengemeinschaft oder die Belegschaft eines Betriebs offenbaren dann kontextualisierte Erscheinungsformen des Politischen. Denn diese alltäglichen Praktiken des Politikgeschehens sind es, die die individuellen Sinnwelten der politischen Wirklichkeit mitkonstituieren. Der Alltag ist dabei nicht mehr nur die Nahtstelle zwischen Individuum und Gesellschaft, zwischen Mikro- und Makrowelt, sondern eröffnet durch die unterrichtliche Auseinandersetzung mit ihm das Wesen des Politischen und ermöglicht das Aneignen fachlich relevanter Wissensbestände. Alltägliche Situationen geraten dabei zum Schauglas gesellschaftlicher Wechselbeziehungen, von dem alle anderen Interaktionsformen – auch die politische – abgeleitet sind. Hierzu müssten Lehrerinnen und Lehrer über Kernkonzepte der Demokratischen Bildung verfügen, die es ihnen erlauben brauchbare Kontexte auszuwählen. Dies würde dem alltagsdidaktischen Anspruch nach einem „Wissenskompendium" nachkommen und eine Auswahl von Lernkontexten fachlich legitimieren.

Wenn sich demokratie- und alltagsdidaktische Vorstellungen über eine Konzeption politischen Lehrens und Lernens einigen, die den Ausgangspunkt in alltäglichen politischen Prozessen sucht, kann es gelingen, „den Alltagsbegriff theoretisch so aufzuladen, dass er nicht mehr mit trivialen und entpolitisierenden Lebensweltbezügen gleichgesetzt werden kann" (Lange 2004, 37). Damit wäre einer bedeutenden Sollbruchstelle alltagsdidaktischer Vorstellungen begegnet.

Indem beispielsweise die am Erfahrungslernen orientierten didaktischen Vorstellungen von Lehrerinnen und Lehrer im Bezug auf die kontextorientierte

Ausgestaltung von politischen Lehr-Lernprozessen gestärkt werden, kann es gelingen, Ansatzpunkte zur Überwindung der Barriere von Erfahrung und Wissen zu schaffen. Die alltagsdidaktischen Vorstellungen über die Bedeutsamkeit erfahrungsorientierter Zugänge im Unterricht werden dabei aufgenommen und konstruktiv in eine fachliche Auseinandersetzung mit Politik integriert. Hier müssen die theoretischen Konzepte der Demokratiedidaktik ansetzen. Zentrale Aufgabe für die Demokratiedidaktik ist es dabei Wege aufzuzeigen, wie alltagsnahes mit fachlichem Lernen in Gleichklang gebracht werden kann.

Abschließend lassen sich aus professionstheoretischer Sicht nachfolgende Anforderungen an eine Didaktik der Demokratie formulieren:

- die vorhandenen alltagsdidaktischen Vorstellungen von Lehrerinnen und Lehrern müssen in die theoretischen Überlegungen integriert werden,
- es müssen Wege aufgezeigt werden, die es ermöglichen die Lebenswelt der Lernenden konstruktiv in den Unterricht zu integrieren,
- es müssen Kernkonzepte identifiziert werden, die den inhaltlichen Kern des Demokratie-Lernens darstellen und diese
- Kernkonzepte müssen in persönlich oder gesellschaftlich relevante Kontexte eingebunden werden, die den Lernenden den systematischen und kumulativen Aufbau von Wissen und Verständnis ermöglichen.

Literatur

Altrichter, Herbert/Feindt, Andreas (2004): Handlungs- und Praxisforschung. In: Helsper/Böhme (2004): 417-435

Bastian, Johannes/Helsper, Werner et. al. (Hrsg.) (2000): Professionalisierung im Lehrerberuf. Opladen: Leske-Budrich Verlag

Baumert, Jürgen et al. (Hrsg.) (2000): Dritte Internationale Mathematik- und Naturwissenschaftsstudie: Mathematische und naturwissenschaftliche Bildung am Ende der Schullaufbahn. Bd.2: Mathematische und physikalische Kompetenzen am Ende der gymnasialen Oberstufe. Opladen: Leske-Budrich Verlag

Breit, Gotthard/Schiele, Siegfried (Hrsg.) (2002): Demokratie-Lernen als Aufgabe der politischen Bildung. Schwalbach/Ts: Wochenschau Verlag

Breit, Gotthard (2002): Mündigkeit als Ziel des Demokratie-Lernens. Konsequenzen aus der Geschichte des deutschen Obrigkeitsstaates für den Schul- und Politikunterricht. In: Ders./ Schiele (Hrsg.) (2002): 133-159

Brickhouse, Nancy W. (1990): Teacher's beliefs about the nature of science and their relationship to classroom practice. In: Journal of Teacher Education. 41, 52-62

Bromme, Rainer/Haag, Ludwig (2004). Forschung zur Lehrerpersönlichkeit. In: Bastian/Helsper, et al. (2000): 777-793

Duncker, Ludwig (2002): Schulpraxis „im Lichte von Theorien" – Die Bedeutung von Theorie und Praxis in der Professionalisierung des Lehrerberufs. In: Die Deutsche Schule H. 1, 21-38

Flick, Uwe et al. (Hrsg.) (1995): Handbuch qualitative Sozialforschung. Grundlagen, Konzepte, Methoden und Anwendungen. 2. Aufl. Weinheim: Beltz Verlag

Gropengießer, Harald (2005): Qualitative Inhaltsanalyse in der fachdidaktischen Lehr-Lernforschung. In: Mayring/Gläser-Zykuda (2005): 172-189

Helsper, Werner/Böhme, Jeanette (Hrsg.) (2004): Handbuch der Schulforschung. Wiesbaden: VS Verlag.

Henkenborg, Peter (2008): Kompetenzorientierter Politikunterricht und kognitives Lernen. Zum Streit über kategoriale Bildung und Basiskonzepte in der Politikdidaktik. Kursiv 3. 2008. 76-91

Hopf, Christel (1995): Qualitative Interviews in der Sozialforschung. Ein Überblick. In: Flick et al. (1995): 177-182

Juchler, Ingo (2005): Demokratische und politische Urteilskraft. Überlegungen zu einer normativen Grundlegung der Politikdidaktik. Schwalnach/Ts: Wochenschau-Verlag.

Köller, Olaf et al. (2000): Epistemologische Überzeugungen und Fachverständnis im Mathematik- und Physikunterricht. In: Baumert et al. (2000): 229-270

Kolbe, Fritz-Ulrich; Combe, Arno (2004). Lehrerbildung. In: Helsper/Böhme (2004): 853-877

Klee, Andreas (2008): Entzauberung des Politischen Urteils. Eine didaktische Rekonstruktion zum Politikbewusstsein von Politiklehrerinnen und Politiklehrern. Wiesbaden: VS Verlag.

Lange, Dirk (2004b): Alltagsorientierte politische Bildung. Vom politikfernen Alltag zur Alltagspolitik. In: kursiv, Heft 1. 2004. 36-4

Ledermann, Normann, G/Zeidler, D.L. (1987): Science teacher's conceptions of the nature of science: do they really influence teaching behavior? In: Science Education. 71(5). 721-734

Mayring, Philip (2002): Einführung in die Qualitative Sozialforschung. 5. Aufl. Weinheim/Basel: Beltz Verlag

Mayring, Philip (2003): Qualitative Inhaltsanalyse. Grundlagen und Techniken. 8. Aufl. Weinheim/Basel: Beltz Verlag.

Mayring, Philip/Gläser-Zykuda, Michaela (Hrsg.) (2005): Die Praxis der Qualitativen Inhaltsanalyse. Weinheim/Basel: Beltz Verlag.

Shulman, Lee S. (1986): Those who understand. Kowledge growth in teaching. In: Educational Researcher 15, 4-14

IV. Democratic Citizenship Education

Ich, Zivilgesellschaft und Europa

Wolfgang Berg

Chancengerechtigkeit, die lebenslang anhaltende Herausforderung der Wissensgesellschaft, die Leistungsfähigkeit im globalen Wettbewerb: Über die Schlüsselrolle von Bildung ist sich das institutionalisierte Europa einig. In der Präambel zum derzeit und weiterhin geltenden Vertrag von Nizza zeigen sich die Staatsoberhäupter denn auch „entschlossen, durch umfassenden Zugang zur Bildung und durch ständige Weiterbildung auf einen möglichst hohen Wissensstand ihrer Völker hinzuwirken". Wer nun für die Zugänglichkeit zu sorgen oder sich weiterzubilden hat, sei dahingestellt. Das patriarchalisch anmutende Statement kontrastiert indes stark mit dem Artikel 149 des gleichen Vertrags, der keinen Zentimeter von der Zuständigkeit der Nationalstaaten („Verantwortung der Mitgliedsstaaten") abrückt, der EU es nur überlässt, deren Zusammenarbeit zu fördern und zu ergänzen.

Für die politische Bildung gilt dies nicht minder, obwohl nicht nur die Mitgliedsstaaten selbst, sondern auch die EU erheblichen Bedarf haben, die Akzeptanz des politischen Systems, des Output insgesamt und einzelner Entscheidungen zu erhöhen. In herkömmlicher Weise an der Wahlbeteiligung festgemacht, ist die EU bei den Unions-Bürgerinnen und -Bürgern nicht wirklich angekommen. Die Schwierigkeiten, in Volksabstimmungen Mehrheiten für eine Verfassung oder den Lissabonner Vertrag zu erreichen, sind bekannt – man denke nur an das Nein" der Iren 2008 oder der Franzosen und Niederländer 2005.

In dieser Situation könnte man erwarten, dass die EU ein thematisches Netzwerk wie „Children's identity and citizenship in Europe" (CiCe) seit 1998 fördert, um für die europäische Integration zu werben. Tatsächlich hat das Netzwerk die Kommunikation und mithin wohl auch Verbundenheit zwischen Hochschullehrern, speziell in der Lehrerbildung, verdichtet und veralltäglicht. Dabei sind erhebliche Unterschiede in den Konzepten politischer Bildung deutlich geworden, d.h. eine Fülle von Anregungen und Impulsen vermittelt worden. Dies soll im 2.Teil dieses Artikels systematisch belegt werden, in dem der Inhalt der Jahreskonferenz 2007 ausgewertet wird.

Eine (Selbst-)Instrumentalisierung kann auch nicht ausgeschlossen werden, wenn unter reger Beteiligung von Pädagogen und Psychologen die Phasen in der Entwicklung von Kindern und Jugendlichen bestimmt werden sollten, in denen sie für die größeren Zusammenhänge der Kommune oder auch Europa empfänglich seien. Umgekehrt jedoch bietet die Verbindung von Identität und (politischer) Bildung, die vermutete Rolle des bürgerschaftlichen Bewusstseins bei der Persönlichkeitsentwicklung völlig neue Aspekte.

Das Subjekt politischer Bildung

Traditionell nehmen interessierte Kreise schwache Wahlbeteiligung, speziell bei jungen Wählerinnen und Wählern, den Stimmenzuwachs rechtsextremer Parteien, die Zunahme politisch-motivierter Gewalttaten und antisemitischer Umtriebe, generell Meinungsumfragen, welche Distanz zur Bundesrepublik und ihrem politischen System anzeigen, zum Anlass, mehr und bessere politische Bildung zu fordern.

Es wird unterstellt, dass speziell die junge Bevölkerung das politische System nicht genügend schätzt und unterstützt. Damit geht die Sorge einher, dass die Legitimation des Systems bröckelt, insbesondere aber die Demokratie gefährdet ist. Historische Erfahrungen, insbesondere der Weimarer Republik (Demokratie ohne Demokraten), sprechen für diese Sorge. Weit seltener schon werden Bedenken dahingehend formuliert, dass dem System damit wichtiger Input (Support und Demand) verloren geht, also letztlich der Output – bei aller Responsiveness – leidet.

Gemeinhin wird jedoch diese – angenommene – Situation mit einer Zuschreibung erklärt. Diese kollektive Attribuierung besagt: Die Jugend (als Generationskollektiv) hat kein Interesse an Politik, ist nur an Cash, Fun und Sex interessiert. Es liegt an den unreifen, ungebildeten, trägen Jugendlichen, wenn sie „Null Bock" auf Politik haben.

Dazu wären viele Fragen zu stellen:

- Stimmen die Fakten überhaupt? Ist es ein jugendspezifisches Problem?
- Was sagt z. B. Wahlbeteiligung über politisches Interesse aus? Ist Beteiligung nicht mehr und anderes als Stimmzettel ausfüllen? (Was ist zum Beispiel mit den Tausenden junger Leute, die als Freiwillige tätig sind?)
- Sagen die Fakten nicht mehr über das politische System als über die Bevölkerung/Jugendlichen aus? Ist das System überhaupt auf Beteiligung eingerichtet, an Beteiligung interessiert?

Die schulischen und außerschulischen Akteure der politischen Bildung stellen diese Fragen meist auch, nehmen aber zugleich den Auftrag gerne an: Es gilt, die Distanz zwischen Jugendlichen und dem politischen System zu überbrücken, für Beteiligung zu sorgen.

Was sagt eigentlich der Terminus „politische Bildung" mit Subjekt-Prädikat-Objekt aus? Wer bildet wen? Der Mensch bildet sich. Politische Bildung ist der Prozess, in dem Subjekte (wenn auch vielleicht junge, unerfahrene, wirtschaftlich abhängige etc.) ihre politische Persönlichkeit ausbilden. Das jeweilige Ergebnis des Bildungsprozesses kann aus der Sicht des aktuellen politischen Systems funktional oder dysfunktional sein.

Zunächst ist dieser Prozess geradezu naturwüchsig. Der Säugling schreit, er macht auf seine Bedürfnisse aufmerksam. Der Mensch lebt in Gemeinschaften, hängt von Gemeinschaften ab. Der Mensch hat einen eigenen Willen, eine eigene Meinung, eigene Bedürfnisse und Interessen, er hat Eigentum, es gibt Konflikte, er übt Macht aus – er unterliegt dem Willen anderer, er muss sich mit Meinungen und Interessen anderer auseinandersetzen, er erfährt Herrschaft. Der Mensch lebt in Gemeinschaften, in denen Meinungsbildung und Entscheidungsfindung geregelt sind, Macht und Herrschaft, Besitz und Eigentum verteilt. Der Mensch wird in diesen Verhältnissen groß, macht seine Erfahrungen, lernt damit umzugehen, reflektiert die Verhältnisse und sein eigene Rolle.

Kinder und Jugendliche, wie alle Menschen, sind eigensinnig, sind handlungsfähig, wollen die Kontrolle über ihr Leben behalten bzw. erringen, wenden sich gegen Ungerechtigkeit und Unfreiheit (nicht nur wenn sie selbst betroffen sind). Die Entwicklung jedes Menschen ist die, ein Subjekt zu werden: selbstbewusst, eigen-willig, für sich selbst verantwortlich, handlungsfähig. Die Abgrenzung vom personalen und sächlichen Nicht-Ich, der Umwelt und den Anderen/Fremden ist notwendigerweise inbegriffen.

Die *Identitätsbildung* (also das Bewusstsein, dass über den Wechsel von Zeiten, Orten, kommunikativen Gelegenheiten hinweg ein Ich, ein und dieselbe Person handelt) geht notwendigerweise einher mit *Selbstbewusstsein* im weiteren Sinne: „sich seiner selbst bewusst werden" einerseits, aber auch im engeren Sinne: „sich selbst wichtig und gut finden" andererseits, also im Sinne von Selfesteem (*Selbstwertgefühl*).

Dieses Selbstbewusstsein ist in beiden Varianten doch stark von der Umwelt abhängig: einerseits durch Abgrenzung und Vergleich, aber auch durch deren Anerkennung. Damit ich Selbstbewusstsein (in doppeltem Sinne) gewinne, ist aber vor allem die *Selbstwirksamkeits*- und *Kontrollüberzeugung* maßgeblich: Ich bin mir sicher, dass *ich* handle und dass ich *wirksam* handle.

Das Cogito-ergo-sum reicht nicht: Wenn ich erreiche, dass andere sich mir zuwenden, dass sie auf mich reagieren, wenn ich merke, dass ich meine personale wie sachliche Umwelt verändern kann, wenn ich etwas hin- oder herstellen kann, dann bin ich „gut drauf".

Es geht nicht nur um Aufmerksamkeit, allein die Wirksamkeit ist es, die „mich" als Subjekt konstituiert (Exkremente, Experimente, Bild malen, Schnee-

mannbauen, einen Stein ins Wasser werfen, Feuer machen, einen Käfer zertre-
ten, Fahrradfahren usf.). Diese Wirksamkeit macht an anderen Personen nicht in
jedem Falle Halt: Einem anderen Kind einen Ball zuwerfen, einen Spielkameraden umwerfen, die Sandburg eines anderen Kindes einreißen, andere Kinder
durch Lärm erschrecken, den Eltern ein Bild schenken.... Und die Wirksamkeit
kommt nur in Kommunikation/Kooperation mit anderen Personen zustande.

Und die Umwelt, die das Subjekt verändern will/kann, ist nicht lediglich
eine materielle, sie ist eine lebendige, menschliche: Ich kann meine Wirksamkeit erhöhen, ja vervielfältigen, wenn ich andere dazu bewege, es mit mir zu tun,
für mich zu tun!

Zweifellos erleben bereits Kinder *Macht* (nicht nur der Eltern), etwa der
Spielkameraden, und üben solche auch aus. Drohungen der Art „wenn Du
nicht..., spiele ich nicht mehr mit Dir" funktionieren ja, aber eben nur dann,
wenn das Zusammenspielen attraktiv ist.

**Individuen bilden ihre Identität u.a. dadurch aus, dass sie handeln und sich
als wirksam erleben.**

Aus der Lerntheorie und eigener Erfahrung wissen wir, dass sich vorzugsweise
diejenigen Handlungsweisen zu Mustern, Fähigkeiten verfestigen, die, sei es bei
eigenem Handeln (= Versuch und Irrtum), sei es bei anderen (= Lernen am Modell) zum Erfolg geführt haben. Und hier wird natürlich auch deutlich, dass die
Wirkung, der Erfolg, letztlich also die Verfestigung zu Handlungsmustern von
der Reaktion der Umwelt abhängig ist. Die Schlussfolgerung wäre: *Wer als
Kind durch kluges Verhandeln stets sein Ziel erreicht hat, wird es auch in Zukunft so handhaben.*

Die Selbstwirksamkeit beginnt natürlich schon dort, wo Individuen auf un-
angenehme Zustände stoßen, Situationen und Strukturen erleben, die ihnen nicht
„passen" – und diese verändern! (nicht: meiden). Zweifellos ist Vermeidung
eine rationale Handlungsweise: Wo die „falsche" Musik gespielt wird, wo das
Personal schlecht ausgebildet ist, wo es schlechte Ware/Dienstleistungen fürs
Geld gibt – gehe ich eben nicht mehr hin. Das funktioniert markttechnisch bei
Diskos, Fitness-Klubs oder Surf-Kursen ganz gut, bei der einzigen Disko weit
und breit, in der Fahrschule schon schlechter, am Ausbildungsplatz, in der Schule oder im öffentlichen Nahverkehr/Infrastruktur (Radwege?) wohl kaum so.
„Geld" ist dabei nicht notwendigerweise das private Portemonnaie unmittelbar,
sondern auch die Steuerzahlung der Eltern!

Die Selbstwirksamkeit mag aus unmittelbarem Einfluss auf andere Personen und aktuelle Situationen bestehen. Ich kann, um ein einfaches Beispiel zu

gebrauchen, die Tische im Jugendraum jetzt verändern oder auch die Verwaltung dazu bringen, dies in Zukunft wie gewünscht zu handhaben. Politik ist Macht, also die Möglichkeit, das eigene Handeln zu multiplizieren, zu effektivieren. Macht ist gut für das Selbstbewusstsein, das Selbstwertgefühl.

Politische Bildung am Thema Selbstbewusstsein/Selbstwirksamkeit festzumachen, bietet sich gerade in Hinsicht auf Jugendliche stark an. Sie sind in der Phase, in der sie ihren eigenen Weg suchen und nichts so sehr ablehnen wie Fremdbestimmung. Zugleich aber lassen sie sich – je mehr sie sich politisch enthalten – umso mehr auf die politisch vorgegebenen Strukturen und Inhalte ein! Diesen Widerspruch zu erkennen, ist ein erster Schritt.

So ähnlich führe ich Studierende dahin, dass sie politische Bildung als ein Moment der Identitätsbildung, als einen stets wirksamen Strang ihrer Persönlichkeitsentwicklung sehen; (keineswegs nur) junge Menschen bilden ihre politische Persönlichkeit aus, bestimmen ihr Verhältnis zu Macht und Ohnmacht, gewinnen (mehr oder weniger) Handlungsfähigkeit in sozialen Zusammenhängen.

Damit könnte unschwer die Verbindung zur politischen Theorie hergestellt werden: Demokratie ist die einzig erträgliche Herrschaft, da sie selbst- oder doch mitbestimmt ist. Autonomie oder Selbstbestimmung des Individuums ist ein Wert, der sich gesellschaftlich wie auch individualgeschichtlich immer deutlicher in den Vordergrund schiebt. Wer es für erstrebenswert hält, dass Menschen sich zu selbständigen Individuen entwickeln, achtet logischerweise die Autonomie des Anderen.

Damit sind auch die Methoden der (institutionalisierten) politischen Bildung angedeutet, die eben auch auf Handlungsfähigkeit abstellen: Probehandeln (in der Gruppe, Schulklasse) oder Simulation (Rollenspiel, Übung), sicherlich inklusive Reflexion und Feedback. Die Institutionen der Politischen Bildung, die Sozialkundelehrer inbegriffen, bieten folglich Lerngelegenheiten an, die junge Menschen für die Entwicklung ihrer Persönlichkeit nutzen.

Betont der Terminus „politische Bildung" mehr den Prozess und lässt die Akteure und ihre Rollen (Macht?) etwas im Dunkeln, sind die Englischen Texte, wie sie auch von dem besagten Netzwerk hervorgebracht werden, ebenso eindeutig wie absurd: Teaching citizenship! Lehren und Belehren passen in diesen Kontext nicht mehr.

Lerngelegenheiten zu arrangieren und interventiv Lernergebnisse zu sichern, bleibt weiterhin eine große Aufgabe. Es ändert sich auch nichts daran, dass politische Bildung darauf abzielt, Kompetenzen zu vermitteln, nämlich

- Wissen, kognitive Fähigkeiten (z. B. die Fähigkeit, eine Konfliktsituation zu erfassen und zu analysieren)

- Praktische Fertigkeiten (z. B. die Fähigkeit, zwischen Konfliktparteien zu vermitteln)
- Werte, Einstellungen (z. B. die Überzeugung, dass jeder Mensch das Recht auf Selbstverwirklichung hat).

Dies ist weiterhin der Fall, steht aber nicht – deduktiv- in dieser Systematik am Anfang des Lernprozesses, sondern induktiv an deren Ende.

Solange Curricula und Schulbücher den Wissenserwerb in den Vordergrund stellen, die Methodenfertigkeiten auch meist wieder intellektuellen Charakter haben, selbst handlungsbetonte Unterrichtsformen wie Rollenspiel oder Interview wieder dem Erkenntnisgewinn allein dienen, nicht aber als Einübung sozialer Interaktion stehen bleiben, wird sich die politische Bildung nicht mit der Persönlichkeitsbildung verbinden. Übersetzen wir freilich die Trias „Knowledge – Skills – Values (Attitudes)" in die Metaphern *Head – Hand – Heart*, so wird bewusst, dass sie zur Person gehören, wie sie Identität verkörpern.

Education for Citizenship

Für das thematische Netzwerk CiCe stehen die insgesamt 72 Beiträge, die bei der Jahreskonferenz 2007 in Montpellier vorgestellt wurden und in der Dokumentation enthalten sind. Sie sollen

- zeigen, welches Verständnis von „children's identity und citizenship in Europe" die beteiligten 130 Akteure der politischen Bildung, insbesondere der Lehreraus- und fortbildung, aber auch Sozialpädagogik in Europa entwickelt haben
- Hinweise auf Theorie und Praxis geben, die in Deutschland so nicht geläufig oder gebräuchlich sind, und daher einen Stimulus darstellen.

Der Konferenzbericht wird also als Korpus genutzt, der – sicherlich nicht repräsentativ – Auskunft gibt über den Diskussionsstand europäischer Expertinnen und Experten. Im Einzelnen wird auf die Beiträge nur über die Anfangsseite verwiesen, soweit von Belang auch mit dem Herkunftsland des/der Verfasser. Auf eine ausführliche Zitierung wird verzichtet.

Unter den Beiträgen sind ein Dutzend, die von Kolleginnen und Kollegen aus zwei oder mehr Ländern zusammen erarbeitet wurden und komparativ angelegt sind. Dem könnte bei Gelegenheit eine Übersicht gegenübergestellt werden, wie viele, d.h. wie wenige politikdidaktische Arbeiten als Gemeinschaftswerk deutscher und ausländischer Autorinnen und Autoren vorliegen.

Ausgangspunkt ist natürlich „Citizenship Education" (fortan: CE), ein Begriff, der deutlich weiter gefasst ist als die „politische Bildung" oder „Sozialkunde" deutscher Provenienz. Starke Impulse gehen dabei von England aus (CiCe ist ja auch eine englische Initiative, mit Sitz in London). Infolge des Gutachtens einer Beratergruppe bezüglich der „Education for Citizenship and the Teaching of Democracy in Schools", des sog. Crick-Reports, wurde CE in den 1990er Jahren flächendeckend in allen Schule von England und Wales eingeführt. Der Terminus ist auch in Skandinavien weithin in Gebrauch, ebenso in Spanien, wo 2007 das Pflichtfach „Educacion para la ciudadania" eingeführt wurde. Den Begriff mit „Staatsbürgererziehung" zu übersetzen, käme nur in Frage, wenn damit die herkömmlichen Bindungen an die Institutionenkunde und den nationalstaatlichen Rahmen abgelegt werden könnten.

Dem Konzept am Nächsten kommt, wer den Bezugspunkt „Civil Society" oder „Bürgergesellschaft" wählt. Es wäre viel gewonnen, wenn dies auch die politische Bildung in Deutschland täte, schon allein deshalb, weil sie so schulische und nicht-schulische Lernorte, soziales Lernen und „große Politik" miteinander verbinden könnte.

CE stellt in Methode und Ziel auf *aktive* Kinder und Jugendliche ab. Während einerseits die bürgerschaftlichen Kenntnisse, Fertigkeiten und Einstellungen vornehmlich aus eigenen Erfahrungen, aber auch – nicht nur bei den jüngeren Lernern – am Modell der Erzieherin, des Lehrers oder der Jugendgruppenleiterin gewonnen werden, dienen eben diese Kenntnisse, Fertigkeiten und Einstellungen letztlich der politischen Handlungsfähigkeit, nämlich der Teilhabe und Mitwirkung. Logischerweise ist deshalb Partizipation ein Kriterium zur inhaltlichen Beurteilung von Curricula und Schulbüchern, ebenso wie der Schulpraxis selbst, die nicht autoritär sein darf, wenn sie Partizipation vermitteln will und soll (Spanien 85). Das Kernstück der Beteiligung (Schüler werden und sind damit am Schulgeschehen, auch im Klassenzimmer beteiligt), der „pupil council" ist freilich oft nur Fassade, Theater, das die Lehrkräfte nicht ernst nehmen, was wiederum die Schüler maßlos enttäuscht (Schottland 71).

Die aktive „Citizenship" umfasst sowohl die herkömmliche Partizipation, also die Teilnahme an Wahlen, Übernahme von Ämtern, bis hin zur Freiwilligenarbeit („Voting and Volunteering"), als auch die Mitwirkung und Gestaltung gesellschaftlicher Entwicklungen („Social movements"), wie im einleitenden Beitrag klargestellt wird (England 1).

CE ist daran interessiert, welche Hoffnungen, aber auch Ängste Kinder und Jugendliche haben. CE beginnt nämlich immer bei der Person. Wer ein positives Selbstbild hat und sich (seiner selbst) sicher ist (dies gilt auch für die Pädagogen und Pädagoginnen selbst), tut sich auch nicht schwer damit, sich in die Lage anderer Menschen hineinzuversetzen (Empathie) und diese zu unterstützen (Solidarität), selbst wenn er nicht in allen Punkten mit dem Betreffenden übereinstimmt (England 175).

In diesen Zusammenhang gehört auch das Interesse für die Lebenswelt der Kinder und Jugendlichen. So wird von einem Projekt in der schwedischen Lehrerausbildung berichtet, mit dem Lehramtsstudierende erst einmal „ethnografisch" die Bewegungen von Kindern in öffentlichen Räumen erforschen (129). In welchen Lernumwelten Kinder und Jugendliche aufwachsen, welche Ausgangsbedingungen letztlich auch CE hat, ist auch hier zu thematisieren. Dabei sind es wohl vor allem Werbespots (Türkei 475) und Serien (Türkei 613), aber auch Computerspiele (Schweden 499) und die klassischen Kindersendungen am Samstagmorgen (Ungarn 521), die nicht ohne Auswirkungen auf die Einstellungen und Denkfiguren von Kindern bleiben. Man könnte hier aus hiesiger Sicht auch noch auf die Hörspielkassetten verweisen, die Kindern schon ab dem zweiten Lebensjahr mit hoher Intensität die Welt beschreiben und erklären. Dass die Kritik an Medieninhalten (nämlich die eigene soziale Kategorie betreffend) einerseits, die Produktion medialer Inhalte, nämlich eine Selbstdarstellung benachteiligter Jugendlicher in und mit einem eigenen Videofilm andererseits, zu den aktiven Methoden der politischen Bildung gehören, belegt in diesem Fall ein deutscher Beitrag (581).

CE beginnt konsequent in den pädagogischen Einrichtungen von Anfang an, d.h. also im Kindergarten und in der Vorschule. Dies sind die Orte, in denen die Kinder Respekt erfahren und Respekt gegenüber anderen erwerben können. Sie lernen, Entscheidungen mit anderen zu treffen (Slowenien 111 und 147, Finnland 169). Auch für die Förderung von Verantwortlichkeit für sich und andere ist hier oder in der Grundschule Platz (Polen 417). Interessanterweise kann an dieser Stelle auch der normative Hintergrund eingeführt werden, nämlich die Rechte des Kindes, wie sie mit der – in Deutschland zu wenig bekannten – Kinderrechts-Konvention (s.a. Frankreich 395) formuliert sind; dies betrifft die Frage, wie Schule die ökonomische Benachteiligung von Kindern (aus Migrantenfamilien, Alleinerziehenden, Mehrkinderfamilien) ausgleichen kann (Schweden 543). Die Konvention, geltendes Recht auch in Deutschland, spricht z. B. ungeniert von der Meinungs- und Versammlungsfreiheit, die Kinder zusteht. CE kann deshalb doch nicht anderes tun als Kinder und Jugendliche als Bürgerinnen und Bürger zu sehen: jetzt, nicht im Wartestand! (Schottland 71).

Aus der Begründung von CE ergibt sich nicht nur, dass sie – wie politische Bildung ja auch – an verschiedenen Orten von verschiedenen Trägern, also der Schule wie der Jugendarbeit (vgl. SGB XII, § 11.3) gestaltet wird, sondern dass sie – von der Schule aus betrachtet – innerhalb und außerhalb des Unterrichts, auch außerhalb der Schule als Raum stattfinden soll (Spanien 85, England 159, Rumänien 207). Für Lehrkräfte (bzw. Verantwortliche in der Lehrerbildung) aus England oder Schweden ist es völlig normal, dass sich Schülerinnen und Schüler in der benachbarten Asylbewerberunterkunft aufhalten (535) oder in der

Pfarrgemeinde einen Kuchenbasar organisieren (wieder 85, 159, England/Slowakei 207).

Hinweise auf CE im Sport (631) oder durch Musik (593) sind gegeben, aber wenig ergiebig. Hingegen spricht viel dafür, dass sich im neuen Curriculum Tschechiens der Bereich der Kunst als der Ort etabliert, wo Kinder und Jugendliche viele Kompetenzen erwerben, die sie brauchen, um sich in der visualisierten Welt zurechtzufinden und selbst „Zeichen zu setzen" (Tschechien 639). Dass die Medien unsere Sicht auf „die" Russen, Politiker oder Provinzler bestimmen, ist ja bekannt (Litauen 657).

Konsens besteht darin, dass CE auch Werte vermitteln soll. Dies wird auch häufig noch als moralische und soziale Erziehung bezeichnet (Polen 457). Spannender hingegen ist die Frage, wie Kinder und Jugendliche in den Transformationsländern mit dem Wettbewerb, was immer auch Gewinnen und Verlieren bedeuten kann, zurechtkommen (Ungarn, 465; Ungarn 663). Zu den neuen, über die Wirtschaft vermittelten Werten gehört zudem auch die Individualisierung: Das individuelle Wohlbefinden und der Erfolg sind der Maßstab, auch wenn die Schule soziale Tugenden dagegen zu setzen versucht (Estland 491).

Die demokratischen Werte werden, so eine Langzeitstudie an zwei Grundschulen in Schottland, deutlich stärker erkannt und befürwortet, wenn die Kinder über den Holocaust unterrichtet worden sind (Schottland 431). Ein weiterer Beitrag behauptet, dass Musik bürgerschaftliche Werte befördert, ohne dies wirklich zu belegen (445).

Schließlich präsentiert sich CE am vorliegenden Material als eine Bestrebung der sozialen Inklusion. Schule hat sich, wieder auf dem Hintergrund der Kinderrechtskonvention mit den materiellen Lebenslagen der Schüler zu befassen (Schweden 543), zumal damit auch die unterschiedliche Bedeutung von Geld einhergeht (Estland 561). Wenn Schule Exklusion bekämpfen soll, dann zählt dazu sicherlich auch, Kinder von Asylbewerbern in den Unterricht einzubeziehen (England 535). Die größte Herausforderung, der sich CE zu stellen hat, ist die multikulturelle Gesellschaft. Fast ein Dutzend Beiträge beziehen sich direkt oder indirekt darauf. Die aktiven Lehrkräfte wie auch die Lehramtsstudierenden scheinen mehrheitlich noch in einer „monokulturellen" Welt aufgewachsen zu sein (Großbritannien/Frankreich 221) oder sich in der „Provinz" multikulturelle Klassenzimmer noch gar nicht vorstellen zu können (Finnland 349).

Vielfach indes, gerade bei guten Lehrkräften und solchen, die es gut meinen, führt die Erkenntnis des multikulturellen Klassenzimmers zu einer kulturalistischen Sicht, also der Gleichsetzung von Person und Kultur: Ayse bleibt immer das türkische Mädchen, ganz egal was sie tut oder lässt. Da hilft tatsächlich nur der konsequent kindzentrierte Ansatz: Jedes Kind wird als Individuum gesehen. Zugleich arbeiten die Pädagoginnen und Pädagogen im multikulturellen Team, was sowohl praktische Vorteile hat als auch Modellfunktion für die Kinder (England 315). Dass Kinder mit Migrationshintergrund völlig unterschiedliche Voraussetzungen mitbringen, zeigt sich am Beispiel von zufriedenen, leistungsstarken Schülern und Schülerinnen aus chinesischen Familien in mehreren Ländern (331). Damit ist natürlich der Anspruch auf „equal opportunities" für andere Kinder und in anderen Ländern noch nicht eingelöst (Spanien 509). Ein schwedischer Beitrag warnt davor, Mädchen mit Migrationshintergrund so zu stereotypisieren, dass alle patriarchalisch unterdrückt seien; Selbst- oder Fremdviktimisierung lähmt die Handlungsfähigkeit (675).

In einigen Ländern Europas ist multikulturelle Gesellschaft eine Funktion der Minderheitenpolitik, wie sich etwa in Lettland zeigt: Die Letten bilden insgesamt knapp, aber nicht in allen Landesteilen die Mehrheit, vielen Russen werden die staatsbürgerlichen Rechte noch vorenthalten; der „Akkulturierungsdruck" nimmt zu (Lettland 343). Die völlig verquere Situation im EU-Mitgliedsstaat Zypern lässt wenig Erstaunen aufkommen, wenn türkische Zyprioten für Friedenserziehung werben und dabei vor allem persönliche Kontakte über die Grenze hinweg favorisieren (555).

Interkulturelles Lernen ist ein Aspekt von CE geworden, der alle drei Dimensionen des Lernens, also Wissen, Fertigkeiten und Werte betrifft (Polen u.a. 243). Interkulturelle Kompetenzen sind – in multikulturellen Gesellschaften wie in internationalen Handlungszusammenhängen – unabdingbare professionelle Qualifikationen geworden (Schweden u.a. 269). Diversity ist, wie zunehmend im Management erkannt wird, weniger Störung als Bereicherung, Zugewinn an Ideen, Lösungsansätzen, Perspektiven, Kommunikationsformen, Lebenserfahrung etc. (Portugal/Deutschland 325). Das Lernziel der Toleranz ist dabei genauer zu fassen (Türkei 723), da Unterschiede leicht zu akzeptieren sind, wenn sie einen nicht betreffen oder wenn man nicht darauf Einfluss nehmen könnte/wollte. Die Differenz, die ich toleriere, muss schon „wehtun".

Europa

Politische Bildung in Europa wird häufig auf Politische Bildung für Europa zugespitzt und auf das institutionalisierte Europa, die EU konzentriert. Dies ist natürlich möglich und in gewissem Umfang auch nötig – wenn nicht wieder (In Ersetzung des mehr oder minder desavouierten Nationalstaates) eine exklusive europäische Identität als ideologische Festung aufgebaut wird (s. dazu Berg 2001).

Gehen wir indes von der politischen Sozialisation der Kinder und Jugendlichen aus, die sich in ihrer – deutlich auch europäischen – Lebenswelt orientieren, sich als politische Persönlichkeiten bilden, dann sind neben den schulischen und insbesondere unterrichtlichen Einflüssen eben auch andere Faktoren, wie in Abschnitt 2 deutlich geworden, von Bedeutung.

Dabei könnten die intellektuellen, insbesondere argumentativen Auseinandersetzungen mit dem politischen Projekt „Europa" durchaus noch höheren Stellenwert gewinnen: Die Europäische Integration ist zwar in allen Curricula, vor allem Geschichte, schon weniger Sozialkunde gehörig vertreten – doch der Lebensweltbezug wie auch die politische Kontroversen dazu sind ausbaufähig.

Wenn wir allerdings in Betracht ziehen, dass Lernprozesse umso nachhaltiger sind, je mehr sie auf Erfahrung, eigener Aktivität und Reflexion beruhen, dass insbesondere auch Einstellungen und Werte weniger „gelehrt" denn „gelebt" vermittelt werden, dann sollte sich die politische Bildung in Deutschland noch mehr auf grenzüberschreitende, transnationale Praxis einstellen. Dass sich politische Subjekte bilden, schließt pädagogische Arrangements, das Herstellen geeigneter Rahmenbedingungen, das Inszenieren lernintensiver Situationen, ja auch die pädagogische Intervention nicht aus, ganz im Gegenteil. Sie sind maßgebliche Impulse und für die Reflexion von Erfahrungen und Festigung von Erkenntnissen fast unverzichtbar. Ein solches Setting, das politisches Lernen fördert, ist der Internationale Jugend- und Schüleraustausch. Veranstalter sind entweder außerschulische Träger, etwa Jugendbildungsstätten, Jugendzentren, die klassischen Jugendverbände, Initiativgruppen oder die weiterführenden Schulen, zunehmend auch Grundschulen.

Die Schulen organisieren meist Gruppenfahrten zur Partnerschule, die Schüler werden in Familien untergebracht; gemeinsamer Unterricht, Besichtigungen, Arbeiten an einem Projekt bestimmen den offiziellen Teil, daneben haben die Peers viel Zeit für informelle und private Kommunikation. Obwohl „Landeskunde" und interkulturelles Lernen das Konzept bestimmen, haben die Sozialkunde- und Geschichtslehrer/innen unverständlicherweise die Veranstaltungen weitgehend den Kolleginnen und Kollegen von den Fremdsprachen überlassen. Je nach praktischen Bedingungen, etwa Prüfungsterminen im Partnerland oder betroffenen Klassen, insbesondere jedoch vom Status innerhalb der Schule abhängig, fallen die meist zweiwöchigen Aufenthalte weniger oder mehr in die Ferienzeit, manchmal einfach damit nicht „so viel Unterricht ausfällt". Insgesamt scheint die Schulpädagogik die Lernpotentiale dieses außerunterrichtlichen Unternehmens noch nicht hinreichend realisiert zu haben.

Bei den außerschulischen Trägern, die (ebenfalls?) auf die Ferienzeiten angewiesen sind, ist die konzeptionelle Vielfalt fast unbegrenzt; die Möglichkeiten reichen von bi- zu multinationalen Treffen, von sportlicher Freizeit, ökologischem Workcamp bis zum Theaterworkshop, um nur einige Beispiele zu nennen. Je mehr die Kinder- und Jugendlichen die Inhalte der Veranstaltung bestimmen, je mehr sie auch für den Tagesablauf (Kochen!) verantwortlich sind, desto mehr Anlässe, aber auch Räume tun sich auf, um Diversity zu erfahren, zu bewältigen, zu genießen und zu reflektieren – dies immer auf der Basis angenommener oder erarbeiteter Gemeinsamkeiten, wie sie etwa durch die ähnlichen Verbandsziele oder Vorbereitungstreffen gegeben sein sollten.

Zu den Größenordnungen dieser Praxis ist in Hinsicht auf die schulischen Veranstaltungen kaum eine Aussage zu treffen, da hierfür die Bundesländer zuständig sind, die teils auch Fördermittel vergeben – so wie dies auch das Deutsch-Französische Jugendwerk tut. Eine Schätzung, dass jedes Jahr 100.000 Schüler und Schülerinnen teilnehmen, ist nicht zu hoch gegriffen. Für den außerschulischen Bereich liegen auch Förderstatistiken vor, insbesondere aber die Kinder- und Jugendhilfestatistik. Diese nennt für das Jahr 2004 über dreitausend Veranstaltungen, an denen – im In- oder Ausland – deutsche Kinder und Jugendliche zusammen mit Gleichaltrigen aus europäischen Ländern teilgenommen haben, insgesamt 113.653 junge Bundesbürger, z.B. über 24.000 allein an deutsch-polnischen Begegnungen (Statistisches Bundesamt).

Kinder und Jugendliche, die ja an diesen Gruppenveranstaltungen freiwillig teilnehmen bzw. sie vorbereiten, gestalten und auswerten, üben Demokratie ein, wenn sie sich mit Gleichaltrigen auseinandersetzen und zusammenfinden, die sich in manchen Einstellungen, Orientierungen unterscheiden, was auch mit Herkunft und Staatsbürgerschaft zu tun haben kann. Interkulturelles Lernen findet statt insofern, als Handlungsfähigkeit erworben bzw. bewiesen wird in Situationen, in denen die Akteure nicht alle Selbstverständlichkeiten des Alltags teilen, sondern nach unterschiedlichen Regeln handeln. Dass interkulturelles Lernen immer gelingt, ist damit noch nicht garantiert, oftmals werden Unterschiede ignoriert, verkannt, überspielt, durch ein „Machtwort" oder den Rückzug eines Beteiligten obsolet. Aber ein Lernfeld, das Kinder und Jugendliche gerne nutzen, um sich politisch zu bilden, ist es allemal.

Literatur:

Wolfgang Berg (1999): Internationale Jugendarbeit. In: Forum Politikunterricht. 2/99. 3 –32
Wolfgang Berg (2001): Identitätspolitik. Shaker. Aachen:
Alistair Ross (Hrsg.) (2007): Citizenship in Society. Proceedings of the ninth Conference of the Children's Identity and Citizenship in Europe Thematic Network. CD. London.
Statistisches Bundesamt, Mitteilung vom 21.5.2008, Az. VIIIB1-35152/39348

The informed democratic participation of young citizens: the challenge to civic education

Henry Milner

Introduction

It is well established that more politically informed citizens vote and participate in politics more. It is also well established that the democratic world in the past 30 years has seen a secular decline in the sense of civic duty to so participate. In the absence of such a duty, the political knowledge dimension becomes increasingly salient. Having informed citizens is a value in itself; it also becomes crucial as a means of stemming the decline in, if not boosting, political participation.

Moreover, there is no shortage of data to reveal that declining political participation combined with civic duty to vote is in good part a generational phenomenon. Young people arriving at the age of citizenship are in the process of developing habits that will affect choices they will make throughout their lives. Yet sociological and technological changes have made those reaching adulthood in the past 15 years less subject to the traditional socializing influences of family and community. Young adults have arrived at maturity in the world of the Internet and of digitalized information, one in which the shared social and informational network of the geographical (and political) community is increasingly replaced by an individualized virtual one, composed of persons distant both geographically and psychically. Hence a greater political-socialization burden is placed on the school, the only wide-ranging institution physically linking young people to the geographical community, even as it filters knowledge – including political knowledge – from increasingly electronic sources.

The set of activities and initiatives involved with carrying out this role are normally termed citizenship education, while the specific courses and related activities in the schools with this mission – where they exist – are usually termed civic education. Since the early 1990s there has been a resurrection in government-delivered civic education programs stemmed by compelling reports notably in the United Kingdom, the United States and Australia. In light of this new policy environment, many jurisdictions, including the Canadian provinces have implemented new civic education delivery through reformed school curriculum.

This paper briefly sets out what we know, first, of the political participation and political knowledge of young people, and then of the potential role of civic education in addressing the situation.

Youth political participation and political knowledge

Turnout in elections has been declining in the mature democratic countries in the last decade or two. And this is largely a generational phenomenon. In the 22 countries that participated the first wave of the European Social Survey (ESS) in 2002, overall turnout was lower among the 18–24 age group by 21 percentage points compared to the rest of the electorate. If we limit ourselves to first-time voters, the differential climbs to just under 27 percent (See Fieldhouse, Tranmer & Russell 2007. In the 2001 UK election, overall turnout sank to a post-war low of just 59 percent, with only 39 percent of young people casting a vote ((Phelps 2004). Canada provides a particularly clear case of these developments, with turnout in the October 2008 federal election just under 60 percent of registered electors (having fallen from 75 percent in 1988), a number similar to that in 2004 when an Elections Canada investigation found that 38 percent of 18-24 year olds turned out.). In the United States Youth voting steadily declined from 1972 until 2000. It rose in 2004, largely due to the Iraq war, and stayed high in the Obama 2008 election. It remains to be seen if this is a blip or a real reversal of the long term trend. (See Kirby et al 2008; Lopez et al. 2005).

While especially acute in the United States (until 2004), Canada, the United Kingdom, Ireland, Switzerland, Spain and Portugal, non-voting by young people is a contemporary international phenomenon: even some traditionally high turnout countries such as Finland and Norway, have not been spared (Fieldhouse, et al. 2007). The same is true, even more so, about involvement in political parties For example, a recent paper (Goerres, 2008); describes parties as „old school," finding only one partial exception out of 18 European countries, Denmark, to the trend of party membership both declining and aging.

Yet some do not see the problem in this light. For example, Dalton (2006) extends political participation to „engaged citizenship," which he distinguishes from „citizen duty." His criteria for engaged citizenship, like those of certain British observers (e.g. Henn and Weinstein, 2003, O'Toole, Marsh and Jones, 2003), are in good part a matter of expressed attitudes. Critics of young people, Dalton claims, have missed the „good news" about young Americans, manifested in „repertoires" of attitudes associated with such things as „forming one's opinion," „supporting the worse off," „understanding others," and „being active in voluntary associations."

Unfortunately, indicators that take the form of attitudinal expressions unconnected to any objective, measurable criterion are intrinsically unreliable since they costlessly invite respondents to place themselves in a positive light. In high schools and colleges in the United States especially, there are frequently powerful institutional incentives for (expressing an interest in) being active in voluntary associations that support the worse off. Indeed, the voluntary nature of such participation is dubious given the fact that in many schools and colleges such activity is obligatory. A recent study of young people in four US high schools found „a single theme about the meaning of civic engagement [that] appeared repeatedly: 'resume padding'...Young people of all class strata, races, and ethnic backgrounds told us that they needed „something" to put on their resumes, and this was so whether their goal was ... a state school with quasi-open admission...or a highly competitive private school" (Friedland, and Morimoto 2006: 32).

In a survey, one can express attitudes one does not hold, report votes one has not cast or voluntary activities never carried out, but one cannot demonstrate knowledge one does not have. Yet it is rare for proponents of „engaged citizenship" to pose the question – let alone pose questions – of political knowledge. The above-noted British observers can thus take at face value their young respondents' justification for abstention, i.e., that the parties are „all the same" or „none stand for me," since those questions were not accompanied by ones testing whether the response is based on at least a minimal knowledge of what the parties actually do stand for. Similarly, Dalton does not verify if young people who favour „supporting the worse off" are able to distinguish parties and candidates who do support the worse off, and the measure they favour. Asking such questions would likely result in findings such as those of the Canadian Election Study, that most young people opposed increased spending on defense, yet only 40 percent knew which party was promising to increase military spending (Gidengil et al, 2005: 8-9).

The data on youth political knowledge, while not as systematic as one would wish given the reluctance of cross-national surveys to standardize political knowledge questions, clearly indicates that younger generations are less politically knowledgeable than previous generations at the same stage of life (see e.g. Wattenberg 2007, Milner 2005; 2007, Howe 2003, Grönlund 2003). For example, young people's lack of knowledge is largely at the base of the decline to 2007, when only 69 percent correctly named Dick Cheney as the US Vice President and 66 percent could name their state's governor, from 1989, when 74 percent were able to name the much less prominent Dan Quayle as VP, and the same percentage was able to name the governor (Pew Research Centre, 2007). And comparing Canadian data from 2000 and 1956, Howe (2003), concludes: „Not only are the young less informed about politics today than they were forty-five years ago, they are also more likely to allow this condition to influence ... the decision to vote or not to vote".

Given the strong individual-level relationship between political knowledge and reported political participation, it is natural to look to civic education, the primary means by which political knowledge is transmitted to young people, when it comes to policies to address the situation. Yet we know very little about the actual relationship between civic education and political participation.

Civic education compared

Citizenship or civic education, as generally understood, seeks to promote citizen engagement, involvement, and interest in politics and public affairs (see, e.g., Crick Report, 1998), and to increase knowledge and reinforce the individual's sense of efficacy (Verba et al., 1995; see also Whiteley 2005). A substantial literature has pointed to, and begun to address, the need to know more about citizenship education and its effects – a recent development at least as far as political science is concerned. But, so far, work in this area has not been such as to allow for the development of a cumulative body of knowledge.

An important recent initiative has recently been taken at IDEA (The International Institute for Democracy and Electoral Assistance), which made youth and democracy the theme of its 1999 Democracy Forum (IDEA 1999). The link to political knowledge emerged first at an ECPR (European Consortium on Political Research) workshop on political knowledge and political participation in Turin in March 2002. An important contribution was made by the IEA Civic Knowledge Study (Torney-Purta et all 2001), which drew wide attention to the connection to civic education.

These concerns coalesced at the ECPR general conference in Budapest in September 2005, and a group, supported by IDEA, was formed. The lack of systematic data on civic education was identified as the key obstacle to the needed cross-national comparative work, and a working group was mandated to help it carry on with the task of comparatively studying youth political participation, political knowledge and civic education. By late October 2005, it had produced a questionnaire to be placed on a database hosted by IDEA. The questionnaire asked a series of questions about the provision of civic education (CE), including number of hours, regulations as to CE delivery (by week or term); mandatory vs. advisory CE course; compulsory CE for graduation; training of

CE teachers; targeted state funding; and national Evaluation, as well as series of questions as to content and delivery of CE. The questionnaires have now been distributed to over 55 civic education specialists in over 45 countries. Since 2006, data from the filled-in questionnaires has regularly been integrated into the database to provide a useful first slice of the accumulated data. Nevertheless, the website (www.civiced.idea.int) is still in an interim form, not having attained the needed level of reliability to statistically link an aggregate score on quantity and quality of civic education with indicators of political participation. The data remains incomplete, largely unverified, and, to some degree, unstandardized, having been put on hold since fall 2008 as IDEA suspended adding new data in order to simplify and consolidate its various databases.

The connection between civic education and youth political participation

We know that some countries are much more successful when it comes to having a politically informed and participating youth than others. For example, the National Geographic-Roper Global Geographic Literacy Survey assessed the knowledge of political geography of 3,250 young adults in 2002. Out of 56 total questions that were asked across the ten countries surveyed, young Americans on average answered only 23 questions correctly, with young people in Canada (27) and Great Britain (28) faring almost as poorly. Sweden (with 40) and Germany (38) led, followed by Italy (38), France (34) and Japan (31). These finding are consistent with my own work which includes Sweden and Germany along with the other Nordic countries and the Netherlands as high-civic literacy countries (Milner 2002).

In a 2006 comparative study, Kimmo Grönlund and I calculated the dispersion of political knowledge using the political knowledge questions in the national electoral surveys assembled by the CSES (Comparative Study of Electoral Systems). Our analysis was based on the comparative variation from the national mean, broken down by education level completed, which provided us with a comparative indicator of the education-based dispersion of political knowledge. Comparing the relatively low civic literacy (the United States, United Kingdom, Canada, and New Zealand) with the high civic-literacy democracies (Sweden, Norway, Germany, the Netherlands) in the CSES, we found that the lowest educational group of the Anglo-Saxon countries averaged 13.3 points below their countries' overall combined average score of correct answers compared to only 5.8 for the German-Scandinavian nations.

Similarly, Howe (2006) compared Canada with the Netherlands, a country that has not witnessed a significant turnout decline among the young. While he finds a large knowledge gap between age groups similar to Canada's, he adds that, unlike in Canada, in the Netherlands the decline in participation across knowledge levels is considerably less steep. The explanation for the difference, he hypothesizes, lies in comparatively few of the Dutch falling below a threshold comparable to that associated with civic literacy, i.e. the knowledge required to be effective citizens.

The crucial difference is thus at the bottom: the relatively low-civic literacy Anglo-American democracies exclude from minimal levels of political knowledge a far higher proportion of (young) people than the high-civic literacy Northern European ones. I have shown (Milner 2002) that many factors explaining these differences linked to longstanding policies and institutional arrangements. If we are to focus on differences in the political participation and political knowledge of young people in particular, however, we need to know more about policies and institutions related to citizenship and civic education. Are there commonalities in the approach of those countries which have seen the least decline in informed youth political participation? So far neither the data collected by the IEA (Torney-Purta et al, 2001; 1999) or the IDEA civic education project has produced adequate answers to this question. In my view, thus, this is the basic challenge before us.

In the absence of systematic data on the effects of policies and institutions related to citizenship and civic education, and of what distinguishes those countries which have seen the least decline in informed youth political participation, I offer below some suggestions drawn from an unsystematic survey of the comparative literature for general. Far from definitive, they are intended to stimulate discussion and research. The first suggestion, it goes without saying, is for a renewed and expanded engagement by comparative researchers to answer these questions systematically.

Epilogue: Some thoughts on Civic Education

Targets: The primary targets are found where civic literacy is low, i.e. young people for whom home support and social connectedness is weak. Frequently these are potential dropouts and the course needs to be offered at a time when they are still in school but close to voting age.

Stance and timing: The courses should be presented as practical, not moralistic. A good analogy is drivers' education – the value of which is apparent to young persons. When young people reach a certain age, it becomes practical to learn the rules of the road; the same applies to the age of citizenship and voting. Hence civic education should be concentrated on those nearing voting age.

Overall approach: The stress should be on knowledge and skills relevant to voting and other forms of political participation, as well as inducing the habits of attentiveness to relevant sources of information and skills required for acquiring and making use of that information. This is different from the mainstream American approach, which plays down (partisan) politics, stressing American history and the US constitution in the civics classroom and community-based volunteer activities outside it.

Content: There is no one-size-fits-all formula. It is largely a matter of learning from, adapting and refining what works in comparable civic education offerings courses when it comes to meeting the combined objectives of imparting the required knowledge and inducing the habits of attentiveness. Despite the lack of systematic data, we can accomplish much by looking at best practices elsewhere, exchanging course material via the Internet, etc.

Inputs from the media and political actors: For most young people their only contact with politicians is through the media (TV ads and ratings-driven news clips). As a result, many potential young voters are „turned off" by what they judge as the apparent inauthenticity of politicians who are put on the defensive by an adversarial and ratings-driven media (see Milner 2005). If representatives of political parties were as a matter of course invited to visit civic education classes, large numbers of young people could be exposed to another, potentially more authentic, side of those seeking their votes. This means countering the unwillingness, in the United States especially, to bring discussion of partisan politics into the classroom. In fact, such visits would make it more important and more natural for the teacher to strive for impartially. A useful pedagogical device is to have the students' prepare to role play journalists at a press conference given by the guest and write a report for their newspaper on what they learned, i.e. use the event to gain an appreciation for the informational role of the media.

The goal is not merely to accumulate information, but also to develop habits of attentiveness to – and the ability to pick up signals about – the political world. We are learning more about the kinds of electronic sources of information that are most promising, how news websites without being overloaded with high tech gadgetry can be made more attractive and informative to young people, about the effectiveness of specially created materials. Web based material, moreover, has the added advantage that it can be incorporated into modules of civics education courses irrespective of location.

Appropriate institutions: Movement in this direction is enhanced by a complementary institutional context. Planning such visits is easier under fixed election dates and proportional systems of elections (Milner 2005, 2005a). PR elections give small parties with distinct principle-based positions, such as

Greens or libertarians, a better chance of having democratically elected – and therefore legitimate – spokespersons to represent them in the classroom. Contacts with political figures can also be made by „virtual" visits through electronic means.

References

Crick Report (1998): Education for Citizenship and the Teaching of Democracy in Schools. Department for education and employment. Advisory group on education and citizenship and the teaching of democracy in schools. London: QCA

Dalton, Russell (2006): The Good Citizen: How a Younger Generation is Reshaping American Politics. Washington: Congressional Quarterly Press (2007)

Fieldhouse, Edward/Trammer, Mark/Russell, Andrew (2007): Something about young people or something about elections? Electoral participation of young people in Europe: Evidence from a multilevel analysis of the European Social Survey". In: European Journal of Political Research. 46. 6. 97-822.

Friedland, Lewis A./Morimoto, Shauna (2006): The Lifeworlds of Young People and Civic Engagement. In Levine, P./Youniss, J. (2006)

Gidengil, Elisabeth/André Blais/Everitt, Joanna/Fournier, Patrick/Nevitte, Neil (2005): Missing the Message: Young Adults and the Election Issues." In: Electoral Insight. February 2005 . Elections Canada

Goerres, Achim. (2008): Elections, Public Opinion and Parties presented at the EPOP annual Conference. Manchester September, 2008

Grönlund, Kimmo/Milner, Henry (2006): The Determinants of Political Knowledge in Comparative Perspective. In: Scandinavian Political Studies. Vol. 29 – No. 4

Grönlund, Kimmo (2003): Knowledge and Turnout – a Comparative Analysis. Paper presented at the 2003 ECPR Conference. September 2003. Marburg/Germany

Henn, Matt/Weinstein, Mark (2003): First-Time Voters' Attitudes towards Party Politics in Britain. Nottingham: ESRC

Howe, Paul (2006): Political Knowledge and Electoral Participation in the Netherlands: Comparisons with the Canadian Case. In: International Political Science Review 2006 27: 137-166

--------. 2003: Where have all the Voters Gone. Inroads #12

International IDEA (1999): Youth Voter Participation: Involving Today's Young in Tomorrow's Democracy. Stockholm: IDEA

Kirby/Emily/Hoban, Karlo/Marcelo, Barrios/Gillerman, Joshua/Linkins, Samantha (2008): The Youth Vote in the 2008 Primaries and Caucuses. CIRCLE: Tufts University

Lopez, Mark/Hugo, Emily/Sagoff, Kirby and Jared (2005): The Youth Vote 2004. CIRCLE

Levine, Peter/James Youniss (Eds) (2006): Youth Civic Engagement: an Institutional turn: Circle working paper 45. February 2006

Milner Henry (2002): Civic Literacy: How Informed Citizens Make Democracy Work. Hannover: University Press of New England

Milner Henry (2005): The Phenomenon of Political Drop-outs: Canada in Comparative Perspective. Choices: IRPP

Milner Henry (2005a): Do We Need to Fix our System of Unfixed Election Dates? Policy Matters. Montreal: IRPP, December 2005

Milner Henry (2007): Political Knowledge and Political Participation among Young Canadians and Americans. Montreal: IRPP

O'Toole, Therese/Marsh, David/Jones, Su (2003): Political Literacy Cuts Both Ways: The Politics of Non-Participation among Young People. The Political Quarterly. 74. 3: 349-360

Pew Center (2007): What Americans Know 1989-2007. http://people-press.org/reports/pdf/319.pdf

Phelps, Edward (2004): Young Citizens and Changing Electoral Turnout, 1964-2001. In: The Political Quarterly. 75: 3

Torney-Purta, Judith/Lehmann, RainerOswald, Hans/Schulz, Wolfgang (2001): Citizenship and Education in Twenty-Eight Countries: Civic Knowledge at Age Fourteen. Amsterdam: Eburon-IEA

Torney-Purta, Judith, Schwille, John, & Amadeo, Jo-Ann (Eds.) (1999): Civic education across countries: Twenty-four case studies from the IEA Civic Education Project. Amsterdam: IEA

Verba, Sydney/Schlozman, Kay Lehman/Brady, Henry E. (1995): Voice and Equality: Civic Voluntarism in American Politics. Cambridge, Mass: Harvard University Press

Wattenberg, Martin P. (2007): Is Voting for Young People, Pearson Education: Upper Saddle River, NJ

Whiteley, Paul (2005): Second Literature Review, Citizenship Education: The Political Science Perspective. London: National Foundation for Educational Research Research Report RR631

Benchmarking and democratic citizenship education for schools[1]

Murray Print

Introduction

The intention of democratic citizenship education in schools is to educate young people in the knowledge, skills and values required to become active citizens in a modern democracy. In this chapter democratic citizenship education relates to school-based activities and thus benchmarking relates to the performance of school students in those activities which are usually located under the name of civic education.

Learning about democracy and building democratic participation assists young people to become engaged citizens in many ways. Such learning is particularly helpful to federated countries like Australia, Germany, Canada and the United States that have additional layers of government and political decision-making. In recent years many of these and other governments and education systems have become increasingly concerned with identifying how well students in schools are learning to become democratic citizens. To understand this, and to create appropriate policy, they require assessment information on student performance. With such information governments and systems can identify what students are learning and how well that learning has been acquired. This provides the fundamental rationale for benchmarking in education in general and for democratic education in particular.

Benchmarking in democratic citizenship education (DCE) assist educators, policy makers, schools, and teachers with making decisions about what students should learn, providing information on what students have learnt, how well they've learnt that material and understanding which students learnt what material. Subsequently DCE benchmarks provide schools with the potential for improving teaching and learning and assessing students' achievement. By establishing such standards, these benchmarks will provide schools with an effective device for achieving a revitalization of democratic citizen education. And despite the misgivings of some, DCE benchmarks in education were not designed as a test, but were aimed at providing broad indicators of how much, and how

---

1 This chapter is based on a research project funded by the Australian Research Council.

well, civics is being learnt by students in existing subjects through the school curriculum.

Democratic citizenship education

All democracies, in some form, educate their young about their democratic system of government, albeit well or not and explicitly or not. Consequently educating the next generation about their government, political system, their rights and responsibilities as citizens as well as the rule of law are considered important components of schooling in democratic countries.

Given that healthy democracies are those where citizens participate, and despite the declared need for education about democratic citizenship which would enhance voting and build social capital (Print & Coleman, 2003), many established democracies have become curiously complacent about educating their future citizens. Other competing forces in society have impacted on the school curriculum and been more successful in gaining resources and curriculum time within schools. Until recently Australia was one of these countries. It relied upon some vague, benign expectation that young Australians would learn about their democracy through exposure to schooling.

Education for democratic citizenship, like citizenship itself, is a contested concept. Reviewing the international scene in this field, it may be said that schools which actively undertake democratic citizenship education utilize programs and approaches which may be synthesized into 'producing' citizens according to three categories – personally responsible citizens through a minimalist, traditional approach; active, participatory citizens through engagement; and third, values-based, justice oriented citizens through a change approach (McLaughlin, 1992; Parker, 2003 ; Kerr, 2003; Westheimer & Kahne, 2004; Sim & Print, 2005).

In utilizing citizenship theory the first approach argues citizenship in a democratic system is a legal status of rights and responsibilities. Democratic citizenship education should therefore prepare people to understand and act on these rights and responsibilities. This is a more traditional, conservative view, which draws heavily upon a thorough understanding of a nation's history and government and may be categorized as a minimalist view (McLaughlin, 1992) to prepare what Westheimer & Kahne (2004) called the personally responsible citizen.

In the second approach, citizenship is about active participation within the context of democratic societal structures and processes, such as voting and engaging in civic activities. Education for this type of citizenship requires active participation in both government and community issues (Print & Coleman, 2003; Print & Saha, 2006), for what Westheimer & Kahne (2004) call participatory citizenship. This type of citizenship education includes the acquisition of knowledge and skills from a variety of school experiences, including traditional school subjects as well as cross-curricular studies such as the environmental sciences and globalization as well as the informal curriculum (Print, 2006).

A third approach contends that citizenship is more about broadly supporting participation of all people in a democracy, where the citizen is one who pursues social justice, who purposively attends to matters of injustice and attempts to change people's values and attitudes towards their fellow citizens (Osler, 2000; Westheimer & Kahne, 2004). Education for this type of democratic citizenship would address issues of discrimination and oppression, and aim to help students be agents of social change (Osler, 2000). For Westheimer & Kahne (2004) this approach is designed to produce the justice oriented citizen, their ultimate goal of democratic citizenship education.

Democratic citizenship education, or civics and citizenship education (CCE) as it is known in Australia, may be defined as the opportunity to learn about our system of government, democracy, rule of law, rights and responsibilities, democratic values, and the knowledge, skills and values of active citizenship associated with political issues (CEG, 1994; Kemp, 1997; Print, 2006). It is clearly the direct intention of citizenship education in Australia (Kemp, 1997; Curriculum Corporation, 1998) to prepare young people for active citizenship, involving multiple forms of participation in democratic society.

In terms of the above categories, this definition is more consistent with a combination of the first and second approaches, personally responsible and the active, participatory citizens, than the third. Indeed, David Kemp, as the federal minister who initiated the *Discovering Democracy* program, argued that students should be able to „... distinguish between opinion and fact...evaluate an argument... recognize different points of view .... [and] use democratic processes and structure to manage conflicts." (1997, n.p.) But how do we know what students should and can learn? And how well they learn that material?

What are benchmarks in education?

Benchmarks are not a revolutionary concept, having been successfully applied to industry for some time. In the business world, for example, they have applied widely in promoting efficiency through intelligent investment, improved competition, better communication and enhanced professional growth. In the financial sector, for example, managed funds benchmarks have long been used to provide reliable, statistical information for investors regarding the expected performance of a fund, compared with its past and present achievement. Given the success of benchmarking in the business sector, it was only a matter of time before it was adapted to the school environment to identify what students knew, while also providing information that could improve learning and teaching strategies (Print 1999).

The rationale for employing benchmarks in education is to co-ordinate curricula goals (what should students learn?) and curriculum assessment (how do we know what students have learn?) with the concept of standards in student performance (how do we know how well students have learnt?). This relationship can be extended to ask – how do we know who learnt what? – from which remedial and targeted teaching can be directed.

Benchmarks were intended to find ways to measure students' learning outcomes with respect to knowledge and skills using a variety of assessments, while supporting student, and teacher, growth and development in civics. It was hoped that they might not only supply information that provides insight into students' performance and achievement, but also serve as models of appropriate activities and classroom practices. Since to set a benchmark is to set a kind of standard, benchmarking seemed to offer a way of setting publicly declared standards in this new curriculum area. It was recognised that benchmarking produces its greatest benefits when it is viewed as a strategy for implementing innovations that can be used for fundamental improvement in performance. Its performance enhancement role is accentuated when the process concentrates on the further development of schools over a period of several years.

Advocates of benchmarking argue that benchmarks have positive and non-threatening outcomes. They are designed to:

- identify problems quickly, particularly on the needs of students;
- contribute significantly to a reporting on student achievement; and,
- provide opportunity and motivation for professional development of teachers.

In short, they are intended to provide teachers with a landmark against which future measurements of student learning outcomes may be compared for the purpose of monitoring the extent of growth. Thus, their main purpose is to give a more detailed description of student achievement that would be helpful for students, teachers, educationalists and parents.

Within education we usually express benchmarks as a level of performance to be achieved by students. These levels are set rather arbitrarily, depending upon the political forces at play. Benchmarks could be set low, at minimal levels, so that almost all students would achieve the performance level. This approach may make education systems appear to be effective as almost all students would 'achieve the benchmark'. Alternatively benchmarks could be set high, as a goal to achieve high standards, as is usually the case with medical training. Or benchmarks could be set at 'industry averages', as is often the case in business, so that the standard would be set at what is expected of an 'average' student. Outcomes are then usually expressed in terms of the percentage of students reaching the standard or benchmark.

In Australia the key to understanding national benchmarks is recognising their emphasis on standards, usually set at minimum levels in Australian schools, for all students in a selected year group which then enables states and territories to report aggregate student achievement data. These data can then be reported against common standards to the Australian community through the media and such documents as the Annual National Report on Schooling. Setting a minimum standard is adequate in revealing what needs to be improved, but it tends not to encourage people to progress and grow on a positive and continuous basis, as they might, it the „bar" were raised to a higher level and participants were given room to maximise their potential (as is more commonly the case in business). The idea of having a common level that moves upwards through the processes of teacher contribution, and sharing, is more attractive, more efficient and user friendly. Thus, one of the advantages of this form of benchmarking is that it can encourage student and teacher potential, traditionally defined as „growth", intellectual as well as moral, which has long been recognised and valued (Dewey, 1938).

DCE Benchmarking in Australia

Background

Educational benchmarking in Australia has essentially taken two forms. Initially there was widespread support for the concept of benchmarks by educational policy makers and systems. Later this support was redirected towards the related concept of Key Performance Measures. The initial support saw the Civics and Citizenship Education Benchmarking Project, described later, conducted in New South Wales, (with a third of the Australian population) over the period 1997-2001, with benchmarking documents published in 2000 and 2002 (Hughes, Print & Gore, 2000, 2002).

At the national level educational benchmarking began with the 1997 Education Ministers agreement that every child leaving primary school should be numerate, and should be able to read, write and spell at an appropriate level.

Their sub-goal was that every child commencing school from 1998 will achieve a minimum acceptable literary and numeracy standard. Benchmarks were to describe nationally agreed minimum acceptable standards for literacy and numeracy for a particular year level. They were also designed to enable State and Territory reporting of aggregate student achievement data against these common standards to the Australian community through the Annual National Report on Schooling. These benchmarks were to provide accountability for expenditure and providing useful information that could be learned from reporting on students through performance against the benchmark.

In 1998, Year Three and Year Five literacy benchmarks were published and became central in achieving a new national goal of making every child literate and numerate to an appropriate level. In this context benchmarks were defined as:

> „....a set of indicators or descriptors which represent nationally agreed minimum acceptable standards for literacy and numeracy at a particular level. In this context 'minimum acceptable standard' means a critical level of literacy and numeracy without which a student will have difficulty making sufficient progress at school" (DETYA, 2001).

Benchmarking was intended to provide a means by which teachers could know they are making a difference in the area of civics. In quickly identifying problems in student learning, teachers could efficiently adjust learning strategies, reorganise the program and change the emphasis on various subjects and issues. In this way, benchmarking would become an aid to improved practice. It was expected that benchmarking could make explicit the connection between successful teaching and learning, and enable a comparison of the ways in which teaching and learning occur in different locations. Finally, it was hoped that external stimulus would encourage a „reflective environment of continuous learning" (Cox 1993, 14).

New South Wales DCE benchmarks

As democratic citizenship education, called civics and citizenship education (CCE) in Australia, was officially introduced in 1997 in New South Wales schools, the NSW Education Department wanted to determine the relevant critical learning and attitudes of students. This information would form a base for planning policy and resource allocation. To achieve this indicators were needed that measured student knowledge and attitudes in CCE. These indicators needed to be independent of normal school subject assessment procedures, as CCE would constitute an integrated component of subjects such as History, and not a separate subject in its own right, and therefore could not be identified by analysis of subject assessment.

The Civics and Citizenship Education Benchmarking Project commenced in 1997 with the aim of investigating and developing benchmarks in CCE (Print & Gray, 1997). After reviewing appropriate sources, including the literature in the field and educational contexts in Australia, England and the United States (CEG, 1994; Print & Gray, 1997; Nie, et al, 1996; Niemi & Junn, 1997; Crick, 1998; Patrick, 1999; Print, 1999), a framework was devised for DCE benchmarks in NSW based on three principal organizational themes (Hughes, Print & Gore; 2000):

- Democracy and Government,
- Being Australian; and
- Citizenship.

It was felt that the themes should be kept to a manageable number, yet comprehensively cover all aspects of the goals and agreed strategies of civics and citizenship education, especially in its broad social goal of active participation. In the first theme, it was expected that the history, and structure, of the Australian government should be covered, while the second included Australia's development as an independent identity and Australia's role in the international community. The third theme, Citizenship, included the rights and responsibilities of Australian citizens within a democracy. Under each theme were a list of sub-themes, but the intention was not to make the themes and sub-themes mutually exclusive, as elements cited for one can sometimes merit reference elsewhere (Hughes, Print & Gore, 2000).

The NSW benchmarks in DCE are broad statements of what students can do if they achieve the benchmark. The benchmarks consist of a content statement, followed by a set of indicators, or descriptors, accompanied by professional elaborations and sample work that describe desired standards of achievement. These were set at two levels, Year 6 and Year 10, being the levels of recognised key stages of student learning. The process consists of content statements, performance indicators, students' work samples and assessment instruments. Content statements provide teachers with descriptions of the knowledge students should acquire from participating in the civics program, as well as the skills and values associated with those understandings.

Work samples were included to illustrate evidence that some of the indicators of achievement were present, thus giving practical guides to varied assessment. It was expected that assessment instruments be creative and varied to promote communication skills that stimulate student interest and active learning. Examples included time lines, paragraphs, posters and charts, thus giving teachers practical, yet varied guides for student assessment. Included within a range of assessments were clear and simple examples of how to find the indicators in student work. In the final CCE benchmarks, it was expected that the publication would not only supply useful information that provides insight into students' performance and achievement, but also serve as models of appropriate activities and classroom practices.

Civics benchmarking was attractive in NSW because of its strong dissemination potential: others could see what people were doing, why they did it, what the results were and what produced the results. This meant that it contributed to understanding what students needed to know, especially about government, the constitution, law, rights, community participation and responsibilities at crucial stages of compulsory education. Teachers and educationalists wanted to know whether there were any significant changes in student attitudes and values after participating in the CCE program and whether the evaluation instruments were valid and reliable. In addition, they desired to discover whether different types of students learned differently from others and whether the school environment influenced outcomes. Apart from offering teachers valuable information to become more effective in the classroom, benchmarks were designed to provide an opportunity to raise the standard of information. Consequently, it was hoped that benchmarks could aid in raising the quality of the ongoing debate regarding strategies of teaching and learning, resource allocation and the general effectiveness of education systems (Boston 1995, 40). In short, benchmarking was designed to improve co-operation among teachers, schools and states, while helping to facilitate a popular demand that civics and citizen education be restored to its essential role in schools.

The emphasis on civics benchmarking was on process and growth, rather than on merely checking minimum standards. This explains why the content of CCE benchmarking was presented as a point of reference that can be reviewed, debated over time and changed were needed. It demonstrates that they were intended to be flexible and subject to the needs of teachers and their students. Thus, whatever information benchmarking provided on a continuous basis, it was intended to further enhance, and refine, current benchmarks. It was envisaged that to accomplish this goal required cooperation and contribution from teachers, especially through what goes on in the classroom (Boston 1995).

Classroom activities in civics education provide a natural basis for moral growth, since they stress the principles of constitutional democracy, the structure and function of Australian government, the values and attitudes of its citizens and the ways that people can actively participate as citizens. This gives students a wide range of educational experiences, both formal and informal, whereby they become informed about the requirements of responsible citizenship, while participating as active citizens in a political community. In short, students have the opportunity to experience formal learning as well as more informal learning in the wider society (Print & Gray, 1997). Benchmarks are the catalysts that provide the incentive and knowledge to develop more effective, imaginative and broader strategies of teaching and learning.

Key Performance Measures

During the late 1990s various efforts were made to develop an agreed program of national assessment and reporting in Australian education. The decision was made to refer to Key Performance Measures as the means by which student performance could be identified and reported. These are, in effect, a form of benchmarking, though that term is not employed, and have largely superceded earlier forms of benchmarking. In March 2000, Ministers of Education endorsed the definition of national key performance measures as *a set of measures limited in number and strategic in orientation, that provide nationally comparable data on aspects of performance critical to monitoring progress against the national Goals of Schooling in the 21st Century*. Key Performance Measures (KPMs) will be developed for each of the priority areas within the *National Goals*.

Within that context, a KPM quantifies a dimension of student participation or achievement and enables progress to be monitored against the National Goals. KPMs are expressed as a percentage or proportion of students achieving a performance standard; or the number or proportion of students participating in or successfully completing programs of a particular duration, or standard. As such, they reflect a type of benchmarking practice.

KPMs reflect good assessment practice, support open transparent reporting and are published in a manner which facilitates access by the public. They are policy relevant, cost effective and practical to collect, and of interest to the public. As a set, the national KPMs are limited in number, strategic in orientation, balanced in coverage across the priority areas, and provide nationally comparable data on aspects of performance critical to monitoring progress against the National Goals for Schooling. In Australia the development of key performance measures was premised on the following principles:

i.   Student outcomes information is the focus of the reporting agenda.
ii.   Performance measures take account of State and Territory curriculum and assessment frameworks.
iii. Assessment techniques are innovative and model good assessment practice, and wherever possible, assessment materials developed for

national sampleassessments are available for use by systems and schools.

iv. Collection and use of data for national purposes will in all respects conform to theguidelines provided in the report *Data Principles and Protocols*.

v. Access to data collections will be available to interested parties subject to privacyand confidentiality provision.

vi. Where performance across different student age cohorts years in a particular domain is the focus of measurement, a single scale should underpin themeasurement of student achievement.

vii. The key performance measures enable the range of student achievement to bereported. (MCEETYA, 2003).

National key performance measures in DCE

In Australia's federation, as with other federations, constitutional authority for education resides with the states. However, the Federal Government has increasingly applied its powerful financial powers to engage in and redistribute educational resources. With the 1997 release of the Australian Commonwealth Government policy on civics and citizen education, Discovering Democracy (Kemp, 1997), the argument for national benchmarks in CCE was clearly reinforced.

What was needed was a means to identify what were the essential aspects of Australian civics and citizenship. Benchmarking promised a means of measuring student understandings and attitudes critical to civics and a device to trace any changes that later result from engaging with the new syllabuses and curriculum materials. Benchmarks could provide a series of statements and work examples describing nationally acceptable standards of achievement that would give teachers crucial information to help their students.

The vehicle to handle national activities in Australia, such as benchmarking, is the Ministerial Council on Education, Employment, Training and Youth Affairs (MCEETYA). MCEETYA had responsibility for national reporting of education as well as overseeing the *National Goals for Schooling in the Twenty-First Century*. It sets out a basis for reporting progress towards the achievement of the National Goals by Australian school students drawing. To achieve that goal MCEETYA has established a national measurement framework for reporting student performance (MCEETYA, 2003). As part of this framework, student outcomes are reported for student cohorts disaggregated by gender, indigenous status, language background other than English, geographic location as well as socio-economic status and disadvantage.

Democratic citizenship education is concerned with the knowledge, skills and values that enable young citizens to participate fully in democratic, civic life. These include knowledge and skills to enable citizens to monitor and influence civic life by working with others, expressing points of view, accepting differences and managing conflict. Active citizenship seeks to enhance values which encourage citizens to engage in decision-making for the common good.

The subject matter from which the KPMs in CCE were drawn reflected three themes identified by analysis of relevant Commonwealth, state and territory curriculum documents, the *Discovering Democracy* program, Australia's component within the IEA Civics Study, the NSW Civics and Citizenship Education Benchmark project and the MCEETYA *Discussion Paper on Civics and Citizenship Education*. Together these sources suggest that DCE within Australian education encompasses three major themes:

- Australia's democratic heritage, government and law
- Australia's national identity, diversity and social cohesion
- Skills and values for active citizenship

These themes closely resembled the earlier developed benchmarks in NSW (Hughes, Print, & Gore, 2002). Each KPM was constructed to consist of three parts:

- A statement of the KPM for a specified year of schooling
- An explanation of the KPM which will facilitate teaching and learning as well assessment and reporting
- Indicators of student achievement of the KPM. Each indicator is supported by some brief illustrative explanations of what students should know value and be able to do.

In Civics and Citizenship Education, two KPMs were agreed to be reported for both primary and secondary education (MCEETYA, 2006, see appendix). The first was based on civic knowledge, the second on issues and values relating to active citizenship (Print & Hughes, 2001). This addressed the States and Territories requirements, meet MCEETYA's request, and addressed the *National Goals for Schooling in the Twenty-first Century*. The two finally agreed KPMS (MCETTYA, 2006), to be set at Year 6 and Year 10, are:

KPM 1: Civics: Knowledge & Understanding of Civic Institutions & Processes
Knowledge of key concepts and understandings relating to civic institutions and processes in Australian democracy, government, law, national identity, diversity, cohesion and social justice.

KPM 2: Citizenship: Dispositions & Skills for Participation
Understandings related to the attitudes, values, dispositions, beliefs and actions that underpin active democratic citizenship.

Each of these KPMs, set at Year 6 (around 12 years of age) and Year 10 (around 15-16 years), was amplified with a set of indicators (see appendix). To achieve the KPM, students had to achieve the indicators through forms of assessment. As such they achieved an accepted benchmark of student performance in DCE. Student performance was reported in terms of the percentage of students who achieved a level of performance ranging from one to five with a proficiency level (or benchmark) expected of students at both Year 6 and 10.

National assessment of students against these KPMs occurred in 2004 through a national sample assessment process with the report released at the end of 2006 (MCEETYA, 2006). In brief, the national assessment found that the performance of students at both levels was „…below that expected by the experts who participated in the proficiency standards setting exercise…(p xvii). Of the Year 6 students, only half of students reached their proficient standard while only 40% of Year 10 students reached their proficient standard. In other words, students were generally unable to reach the expected benchmarks set in DCE for students at the levels of Years 6 and 10 in Australian schools.

Conclusion

This chapter has explained the original aims of DCE benchmarking, indicating its usefulness and its essential role in the success of civics and citizen education. It has addressed the concept of benchmarking in education as well as explaining development within Australia in DCE. It then reviewed the development of KPMs in Australia as an extension of benchmarking.

Having seen the evolution of benchmarking, educators should now have the information, and equipment, to apply them in practice. Given that in Australia democratic citizenship education will be incorporated within established subjects, it is imperative that there be a widespread acceptance, and use, benchmarking, in order to identify student performance and to provide the necessary feedback for teachers and learners.

Over recent years the principles and protocols for collecting and reporting data for use in KPMs has changed marginally with the processes become more streamlined (MCEETYA, 2008). These have become an established component within the National Assessment Program which now reports on student performance in literacy, numeracy, science, ICT and civics and citizenship as well as a small number of international assessments. While benchmarking as a term is now used infrequently, the benchmarking process, including those created in DCE, have become the basis for the current approach to national assessment and reporting in Australia.

References

Bahmueller, Charles./Patrick, John. (Eds.) (1999): Principles and Practices of Education for Democratic Citizenship. Bloomington, Indiana: ERIC Clearinghouse

Boston, Ken (1995) 'Benchmarking education systems: professional and political possibilities', *Unicorn*. Vol. 21, No. 2.

Civics Expert Group (CEG) (Stuart. Macintyre, chair) (1994): *Whereas the people...Civics and Citizenship Education*. Canberra (Australia): Government Printing Service

Cox, Julie/Mann, Leon/Samson, Danny (1993): *Benchmarking as a mixed metaphor: disentangling assumptions of competition and collaboration,* Carlton, VIC, Melbourne Business School, University of Melbourne

Crick,Bernard (1998) (Chair) *Education for Citizenship and the Teaching of Democracy in Schools*. London: Qualifications and Curriculum Authority

DETYA – Commonwealth Department of Education, Training and Youth Affairs (Online, accessed 12 April 2001)

Dewey, John. (1938). *Experience and Education*. New York: Macmillan

Hughes, John, Print, Murray & Gore, John (2000): *Civics and Citizenship Education Benchmarks – Year 6*. Ryde, NSW: New South Wales Dept. of Education and Training Curriculum Support Directorate

Hughes, John, Print, Murray & Gore, John (2002): *Civics and Citizenship Education Benchmarks – Year 10*. Ryde, NSW: New South Wales Dept. of Education and Training Curriculum Support Directorate

Kemp, David (1997): *Discovering Democracy: Civics and Citizenship Education*. Canberra: Ministerial Statement

McGaw, Barry (1995): 'Benchmarking for accountability or for improvement'. In: *Unicorn*. Vol. 21, No. 2

Ministerial Council for Employment, Education, Training and Youth Affairs (MCEETYA) (1999) *National Goals for Schooling in the Twenty-first Century*. Adelaide: MCEETYA

MCEETYA (2003): *A Measurement Framework for National Key Performance Measure.,* Canberra: MCEETYA

MCEETYA (2006): *National Assessment Program – Civics and Citizenship Education Years 6 &10 Report*. Canberra: MCEETYA

MCEETYA (2008): Principles and Protocols for the Collection and National reporting of MCEETYA Key Performance Measures for Schooling in Australia. Canberra: MCEETYA

NSW Board of Studies (1996): *Citizenship Education K-10 Framework*. Sydney: Board of Studies

Nie,Norman, Junn,Jane/Stehlik-Barry,Kenneth (1996): Education and Democratic Citizenship in America. Chicago: University of Chicago Press

Niemi,Richard/Junn,Jane (1998): Civic Education: What makes Students Learn. New Haven,CT.: Yale University Press

Patrick,John (1999): Education for constructive engagement of citizens in democratic civil society. In: Bahmueller, C./Patrick, J. (1999): pp41-60

Print, Murray (1999): Building democracy for the twenty-first century: Rediscovering civics and citizenship education in Australia. In Bahmueller, C./Patrick, J. (1999) pp 187-208

Print, Murray/Gray, Mary (1997): *Civics and Citizenship Education Benchmarking Project: Discussion Paper.* Sydney: Centre for Research and Teaching in Civics

Print, M/Gray, M/Gore, J/Hughes, J (1997): *Civics and Citizenship Education Benchmarks: Draft.* Sydney, Centre for Research and Teaching in Civics

Print, M/Hughes,J (2001): *Key Performance Measures in Civics and Citizenship Education.* Canberra: MCEETA

Thomson, Pat (1995): 'Benchmarking: a school principal's response'. In: *Unicorn.* Vol. 21, No. 2.

Appendix: MCEETYA Agreed KPMs in Civics and Citizenship Education

Year 6 Civics & Citizenship Key Performance Measures

KPM 1: Civics: Knowledge & Understanding of Civic Institutions & Processes
Knowledge of key concepts and understandings relating to civic institutions and processes in Australian democracy, government, law, national identity, diversity, cohesion and social justice.

Within primary schooling this KPM anticipates that students can:
6.1: Recognise key features of Australian democracy.
6.2: Describe the development of Australian self-government and democracy.
6.3: Outline the roles of political and civic institutions in Australia.
6.4: Understand the purposes and processes of creating and changing rules and laws.
6.5: Identify the rights and responsibilities of citizens in Australia's democracy.
6.6: Recognise that Australia is a pluralist society with citizens of diverse ethnic origins and cultural backgrounds.

KPM 2: Citizenship: Dispositions & Skills for Participation
Understandings related to the attitudes, values, dispositions, beliefs and actions that underpin active democratic citizenship.

Within primary schooling this KPM expects that students can:
6.7: Recognise that citizens require certain skills and dispositions to participate effectively in democratic decisionmaking.
6.8: Identify ways that Australian citizens can effectively participate in their society and its governance.

6.9: Recognise the ways that understanding of and respect for, commonalities and differences contribute to harmony within a democratic society.
6.10: Understand why citizens choose to engage in civic life and decision-making.

Year 10 Civics & Citizenship Key Performance Measures

KPM 1: Civics: Knowledge & Understanding of Civic Institutions & Processes
Knowledge of key concepts and understandings relating to civic institutions and processes in Australian democracy, government, law, national identity, diversity, cohesion and social justice.

These Year 10 Civics KPMs assume the Year 6 KPMs have already been achieved by students.
Within secondary schooling this KPM expects that students can:
10.1: Recognise that perspectives on Australian democratic ideas and civic institutions vary and change over time.
10.2: Understand the ways in which the Australian Constitution impacts on the lives of Australian citizens.
10.3: Understand the role of law-making and governance in Australia's democratic tradition.
10.4: Understand the rights and responsibilities of citizens in a range of contexts.
10.5: Analyse how Australia's ethnic and cultural diversity contribute to Australian democracy, identity and social cohesion.
10.6: Analyse Australia's role as a nation in the global community.

KPM 2: Citizenship: Dispositions & Skills for Participation
Understandings related to the attitudes, values, dispositions, beliefs and actions that underpin active democratic citizenship.

These Year 10 Civics KPMs assume the Year 6 KPMs have already been achieved by students.
Within secondary schooling this KPM expects that students can:
10.7: Understand that citizens require certain knowledge, skills and dispositions to participate effectively in democratic political and civic action.
10.8: Analyse the role of a critical citizenry in Australia's democracy.
10.9: Analyse the relationship between democratic values and social justice as an important aspect of Australia's democratic tradition.

10.10: Analyse the reasons Australians make choices about participating in political and civic processes.

Verzeichnis der Autorinnen und Autoren

Professor Dr. Nils C. Bandelow,
Institut für Sozialwissenschaften, Technische Universität Carolo-Wilhelmina zu
Braunschweig

Dr. Hans-Peter Bartels,
Mitglied des Bundestages

Professor Dr. Wolfgang Berg,
Fachbereich Soziale Arbeit.Medien.Kultur, Hochschule Merseburg

Professor Dr. Silvia-Iris Beutel,
Institut für Allgemeine Didaktik und Schulpädagogik, Universität Dortmund

Dr. Wolfgang Beutel,
Institut für Erziehungswissenschaft, Universität Jena

Professor Dr. Jan W. van Deth,
Fakultät der Sozialwissenschaften, Universität Mannheim

Professor Dr. Tilman Grammes,
Fakultät für Erziehungswissenschaft, Psychologie und Bewegungswissenschaft,
Universität Hamburg

Sven Heidemeyer,
Diplomhandelslehrer an der Bremer Schule

Professor Dr. Gerhard Himmelmann,
Institut für Sozialwissenschaften, Technische Universität Carolo-Wilhelmina zu
Braunschweig

Professor Dr. Ingo Juchler,
Abteilung Politikwissenschaft und ihre Didaktik, Pädagogische Hochschule
Weingarten

Dr. Andreas Klee,
Institut für Politikwissenschaft, Universität Bremen

M.A. Stefan Kundolf,
Institut für Sozialwissenschaften, Technische Universität Carolo-Wilhelmina zu
Braunschweig

Prof. Dr. Dirk Lange,
Institut für Sozialwissenschaften, Carl von Ossietzky Universität, Oldenburg

Dr. Michael May,
Gymnasium Neue Oberschule, Braunschweig

Dr. Volker Meierhenrich,
Fachbereich Geistes- und Kulturwissenschaften, Bergische Universität Wupper-
tal

Prof. Henry Milner,
Departement de science politique, Université de Montreal

Dr. Bernhard Ohlmeier,
Philosophisch – Sozialwissenschaftliche Fakultät, Universität Augsburg

Prof. Dr. Werner J. Patzelt,
Insitut für Sozialwissenschaften, Technische Universität Dresden

Andreas Petrik
Philosophische Fakultät, Martin – Luther – Universität, Halle – Wittenberg

Hendrikje Pfau,
Institut für Sozialwissenschaften, Technische Universität Carolo-Wilhelmina zu
Braunschweig

Prof. Dr. Murray Print
Faculty of Education and Social Work, The University of Sydney

Prof. Dr. Sibylle Reinhardt,
Martin – Luther – Universität, Halle – Wittenberg

Prof. Dr. Volker Reinhardt,
Institut für Pädagogische Professionalität und Schulkultur, Pädagogische Hochschule Zentralschweiz, Luzern

Dr. Elisabeth Richter,
Fakultät für Erziehungswissenschaft, Psychologie und Bewegungswissenschaft,
Universität Hamburg

Prof. Dr. Peter Steinbach,
Historisches Institut, Universität Mannheim

Prof. Dr. Benedikt Sturzenhecker,
Fakultät für Erziehungswissenschaft, Psychologie und Bewegungswissenschaft,
Universität Hamburg

Carina Vallo,
Institut für Sozialwissenschaften, Technische Universität Carolo-Wilhelmina zu
Braunschweig

Prof. Dr. Hermann Veith,
Sozialwissenschaftliche Fakultät, Georg-August-Universität Göttingen

Kristina Viciska,
Institut für Sozialwissenschaften, Technische Universität Carolo-Wilhelmina zu
Braunschweig

Neu im Programm
Politikwissenschaft

Wilfried von Bredow / Thomas Noetzel

Politische Urteilskraft

2009. 301 S. Br. EUR 19,90
ISBN 978-3-531-15978-2

Dieser Band bietet eine Einführung zu den ideengeschichtlichen, historischen und kognitiven Grundlagen der politischen Urteilskraft, um auf dieser Basis und in praktischer Absicht eine Verhaltenslehre zum Umgang mit der komplexen politischen Welt zu entwickeln.

Wichard Woyke

Die Außenpolitik Frankreichs

Eine Einführung

2010. 337 S. mit 2 Abb. (Studienbücher Außenpolitik und Internationale Beziehungen) Br. EUR 24,90
ISBN 978-3-531-13885-5

Diese Einführung behandelt die gesamte Außenpolitik Frankreichs von 1945 bis zur Gegenwart. Sie bietet einerseits eine historisch-systematische Längsschnittanalyse zu den Präsidenten der V. Republik. Andererseits vermittelt sie systematisch das Grundwissen zu den wichtigen Feldern der französischen Außenpolitik: zum Verhältnis zu den wichtigen Partnerländern – etwa Deutschland, Großbritannien, die USA und Russland –, zur Europapolitik, zur Militär- und Sicherheitspolitik

und zur nachkolonialen Politik in Afrika und Asien. Das Buch bietet somit eine solide und unentbehrliche Grundlage für das Verständnis französischer Politik.

Roland Sturm

Politik in Großbritannien

2009. 252 S. mit 46 Tab. Br. EUR 19,90
ISBN 978-3-531-14016-2

Das britische Regierungssystem gehört zu den „Klassikern" der vergleichenden Regierungslehre. Das „Westminster Modell" des Regierens hat sich in den letzten Jahrzehnten jedoch weitgehend verändert. Wie und auf welchen Feldern, kann hier erstmals in einem Gesamtkontext der Reformen des politischen Systems nachgelesen werden. Stichworte: Devolution, Wahlsystemreformen, House of Lords-Reform, Civil Service-Reform, Freedom of Information Act und Human Rights Act. Diese Darstellung legt Grundlagen für das Verständnis des britischen Regierungssystems. Sie betritt aber auch Neuland. Denn sie führt in die innerbritische Diskussion zum politischen System Großbritanniens ein und untersucht Themen wie Protestbewegungen, Identitätspolitik, Multikulturalismus, das Verhältnis von Freiheit und Sicherheit in der britischen Politik und die Rolle des Vereinigten Königreiches in der Europapolitik.